金融财税法学前沿问题论丛 | 许多奇／总主编

Financial and Tax Fiscal Law

Tax Constitutive Elements

税收构成要件论

罗亚苍／著

6

法律出版社 | LAW PRESS

总　序

回顾历史可以发现,决定21世纪全球结构巨变的动因主要有两个,都发生在美国。一个是2001年9月的恐怖袭击事件;另一个是2008年9月的投资银行"雷曼兄弟"破产。前者引起了阿富汗战争和伊拉克战争,导致美国财政赤字激增。就在此时IT泡沫破灭,经济形势恶化,"钱从何处来"的问题变得非常尖锐。美国政府的对策是借助不动产政策来抬升景气,由于无法采取财政扩张手段,不得不采取信用扩张手段,借助金融技法获取必要的注入资金。然而增发货币和降低银行利息的结果是制造出了极大的住宅泡沫,最终因次贷问题诱发金融危机。后者——雷曼事件——则发出了政府不会救济大型证券公司的信号,接着在投资银行和券商中激起连锁反应,从不同角度严重冲击了世界的金融市场。正是这两大事件让美国政治和经济蒙受惨重打击,单极的帝国体制构想也终于土崩瓦解。

不言而喻,经济景气恶化势必造成国库税收减少,而反恐战争规模扩大势必增加政府开支。在一减一增之间,财政赤字必然会不断膨胀。这时,如果想提振景气、开拓资金来源,决策者会面临一系列困境。如果因为赤字压力无法进一步运用财政刺激方法来拉动经济,那就不得不增发国债或者扩大货币供应。但是,这样做总是有限度的。如果国债和货币发行过度,可能引发国债信誉暴跌和货币价值暴跌。在金融市场出现信用收缩之际,银行放贷行为随即会消极化,从而影响企业的生产绩效、雇佣以及销售。实体经济一旦恶化,又会反过来造成不良贷款率上升和金融市场的萧条,进而形成金融领域的恶性循环。为了阻止金融危机的蔓延,不得不硬着头皮按照凯恩斯的思路采取财政刺激手段,这就难免酿成政府债务危机或者加重企业和公民的税负。于是,很可能形成另一种财税领域的恶性循环。

在法学研究的视野中考察上述社会变迁及其经济形势,就会发现财税法与金融法之间其实存在某种奇妙的关联,似乎在凯恩斯学派与芝加哥学派之间出现了一个复杂的制度环路。一般而言,在风险性不断增大的状况中,仅凭确定的法律规则很难有效解决问题,政策性裁量的余地势必有所拓展。因此,在面临金融风险时,基于凯恩斯主义的财政扩张、金融救济以及企业援助等举措将陆续出台,政府对市场的干预和诱导会显著加强。显而易见,这些做法与全球金融资本主义体制所追求的市场原理主义和自由至上主义的理念是互相抵牾的。但是,如果不采取这些举措,一定要坚持芝加哥学派的那种货币主义立场,全球化的自由市场最终将被金融危机所摧毁。这是一个怪圈。

换言之,这也是一个自反性悖论。全球化的金融市场在强烈要求更大自由的同时就埋下了政府干预的契机,这样的逻辑似乎构成某种历史的讽刺。实际上,没有政府的干预和引导,20 世纪 30 年代的金融危机以及世界大萧条是很难收场的。实际上,在全球化的状态下,由于边界的流动化,通过货币供应量的维持或调节来保持经济平衡的效果已经越来越微弱,货币主义已经捉襟见肘。这就证明了纯粹的资本主义体制的确具有不稳定性、脆弱性,需要某种非市场的基础条件来克服其内在的无政府主义冲动。这种市场的非市场性基础,归根结底,就是适当的政府监管以及公平而有效率的法治。

然而我们不能仅仅从技术层面来理解监管和法律秩序的作用。的确,现代文明的一个本质特征是技术。在美国财政和金融领域,技术主义(technologism)的倾向尤其显著。众所周知,在 20 世纪五六十年代,庞德(Roscoe Pound)的“社会工程”法律观曾经风靡一时;20 世纪八九十年代,马科维茨(Harry M. Markowitz)开发的金融数理方法和通过复数证券的组合来分散风险的技术更成为华尔街的天之骄子。这样的金融工学,实际上暗设了一个前提,这就是人们的心理可以在一定范围内进行预测和计算。这样的理论预设,把个人金融动机的不确定性转化成了具有一定概率、可以进行控制的风险性,并通过拆解和重组的理性操作来分散和管理投资行为的风险。这种技术理性在微观上的确是可以存续的,也是有效的。但是,微观行为的合力未必能形成宏观的合理性。为此,我们需要超越个别行为和技术理性的维度,从信念、结构以及实践等不同侧面，把握金融领域的法治。

例如，信贷资产在细分之后进行证券化处理，在一定程度上转化为似乎很安全的金融商品，并大量出售给全世界的投资家，使得风险被极大地稀释。房贷是一种新式金融衍生品，全球金融资本主义体制为这种证券化商品的流转提供了最佳环境——这两者结合在一起，却于不经意间无限放大了美国2008年之秋次贷问题的危害。结果是一个国家内部住房泡沫的破灭竟然把欧洲乃至世界的金融市场冲得七零八落，激发了一场百年难遇的经济地震，至今余波荡漾。在这样的背景下，如何甄别和防止金融风险及其“蝴蝶效应”就成为一个世界性课题。分析与次贷危机相关的各种现象和效应后人们不难理解，金融市场的不确定性和脆弱性并非证券的固有品质，而是由作为金融市场的基础或者框架的制度和规范所决定的。不言而喻，金融自由化会加强市场的动态，即增加流动性。信贷资产的证券化因为分散了风险也会增加市场的流动性。这种人为的流动性越显著，越容易形成投机性价格，并使这种投机价格与正常的基础价格相距越来越远。反之，如果适当完善和坚持制度、规范以及监管，就会抑制投机的流弊，维护市场的稳健性。

金融法与财税法的贯通式研究是许多奇教授有意识追求的学术目标。她计划主编一套题为“金融财税法学前沿问题论丛”的系列研究成果，推动金融法与财税法的学科交叉合作，为学者、专家、律师以及金融管理者提供专精化的知识交流平台。对于这样的宏伟抱负和雷厉风行的执行力，我很欣赏，也非常钦佩，更乐观其成。鉴于金融法和财税法在中国还属于新兴研究领域，今后具有越来越重要的学术价值和现实意义，我希望法学界同人对有关动向给予更多的关注和支持，并愿意与大家共同促进相关学科的交流合作。金融危机及其对实体经济乃至财税制度的影响是当今世界不得不面对的最大风险，也是市场经济法律体系的一个关键性变量。相信这套丛书对于我们深入理解和把握风险社会的法治问题也大有裨益。

是为序。

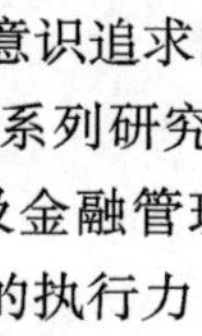
*

2015年12月2日于京沪旅次

* 上海交通大学法学院院长，教授，长江学者。

序　一

罗亚苍博士的大作《税收构成要件论》即将付梓出版,邀我作序,我欣然应之。亚苍博士是全国税务领军人才、国家税务总局财产行为税人才库成员,兼具税收实践和司法审判经验,是税收实务界具有相当理论素养的专家型人才。他善于观察、勤于思考、乐于写作,近些年来不少作品见刊见报,我乐见其成。而今几经修改,他的博士学位论文出版面世,我乐以推荐。

税收之债理论是税收实体法的重要内容,也是税收程序法的逻辑基础。税收构成要件之于税收债务成立,与犯罪学上之犯罪构成要件同等重要。德日税法学界有关税收构成要件理论相对成熟,《德国税收通则》明确规定将其作为税收债务成立的唯一法定标准。税收构成要件理论在德日诸国之成熟,并不意味着可搬来照用,而是亟须中国化和本土化。由于中国税法学科起步较晚,在中国法学学科门类中远不如民法、刑法等传统显学热门,目前其学科地位也难以与其应有之地位完全匹配,从事税法研究尤其相关理论研究的学者相对更少。更有甚者,税法学界对税收构成要件相关理论命题与实践价值重视不够,较少学者对其展开专题研究,其对立法、执法和司法等税务实践中的指导作用也被忽视。

该书具有较强的理论、实践价值和时代意义,在梳理国外税收构成要件理论轮廓的基础上,归纳出构成要件的要素成分、个性特征、内在效力和谱系类型,搭建起中国特色的税收构成要件理论框架，并对其实践运用空间展开探讨。该书概括税收构成要件的理论机能在于，是统摄权利和权力二元结构的税权博弈载体和利益平衡器，理应成为税收债务的理论模型和判断标准；还是税法完善与税制改良的理论基础，同时对税收核定、稽查及诉讼等税务实践具有十分重大的指导价值。并对税收构成要件各要素展开论述，坚持五要素说，认为税收构成要件主体主要强调税收债务的财产负担能力，一种以结果为导向的区别于身份或资格导向的权利能力和行为能力；税收客体兼具经济给付能力和法律负担能力，是对私法权利客体和经济财富客体的统摄化、类型化、法定化的结果；税基是对税收负担能力的定量评价，对税收客体的具体量化，财会计量与税收处理并非完全一致，税法通常进行特别调整；归属即税收客体与特定纳税人的结合关系，是基于经济或法律的双重关系；形式与实质的归属区别，是不同法律推理方式的反映；税率，是应纳税额与纳税对象之间的比例，计算应纳税额的尺度，立法上税率确定关系到量能课税原则及税制调节收入再次分配功能的实现。同时，以税收构成要件为理论指导工具，对企业所得税、个人所得税、增值税的构成要件提出立法完善建议。关于制度构建，该书建议补强作为税收构成要件源头规则的宪法规范，税收法定、量能课税等基本原则应入宪，明确规定税收构成要件基本要素的宪法条文；主张对税收构成要件末梢规范即税收规范性文件的质量实施系统控制。最后，对纳税申报和税收核定等税收债务确定的核心制度提出了完善建议。

该书是国内第一篇以“税收构成要件论”命名的著作，一定程度上具有填补该领域空白的重大意义。亚苍博士作为一名来自实务部门的同志，扬长避短、埋头苦干，以丰富实践经验之长补资料缺乏之短，以强烈问题意识之强补学术能力之弱，以深厚文字功底之深补概念抽象之浅，克服德语、日语等一手资料缺乏等诸多困难，完成了一部 20 余万字的著作，实属难能可贵，值得推介。该书必将对丰富税法理论、指导税收实践产生深远影响，我推荐给对税法学习和研究感兴趣的读者。

是为序！

*

2019 年 7 月 12 日

---

* 中国法学会财税法学研究会会长，北京大学法学院教授、博士研究生导师。

序　二

罗亚苍博士是一名长期在实务部门工作并且富有一定税法理论素养的同志，勤思善学、笔耕不辍，比较擅长将理论与实践紧密结合，形成一些很有见地的文字作品。非常偶然的机会与其相识，我很赞赏作者的勇气和才气，很愿意为这样敏思好学的后起之秀提供一切可能的帮助。在其《税收构成要件论》即将正式出版之际，我很乐意作序予以推介。

《税收构成要件论》一书具有强烈的问题意识和浓厚的实践旨趣，高度重视德日等大陆法系国家和地区税法研究成果，较为广泛地借鉴美英法系国家相关税制先进经验，并力图从我国本土鲜活实践中汲取养料，极力完成税收构成要件理论的本土化构造。该书主要创新之处在于：

一是研究思路遵循了开放共融的逻辑主线。该书充分凸显了税法作为新兴、交叉领域法的学术特征，坚持"实践—理论—实践"的试错、纠错循环验证过程；围绕立法、执法、司法、守法等法的逻辑轨道展开研讨，贯穿了税法和税制、税法和其他部门法、域内外税法税制，试图分出分界点和联结部，同时寻找法律共同体的税法与民商法、宪法与行政法等部门法之间的联系，以及法学与政治、经济等不同学科之间的共融关系，为税法学科发展开拓新的生长点。

二是初步建构了中国税收构成要件理论。具体包括税收构成要件本源论、税收构成要件机能论、税收构成要件原理论、税收构成要件要素论、税收构成要件各税论和税收构成要件制度论。在税收构成要件本源论方面，剖析税收内在因子超越了税收传统三性特征的论断，对构成要件进行了追根溯源，并横向比较犯罪构成要件和民事行为构成要件，提炼出了税收构成要件的要素类型、效力结构等框架内容。税收构成要件机能论，层分为理论与实践机能，是税权分配、税法建构与税制完善等理论指针，也是税收债务成立、税收债务事实查明的理论工具。税收构成要件原理论，阐释了税收法定原则对税收构成要件的法定、量能课税原则对税收构成要件的公定、实质课税原则对税收构成要件的确定等三层结构。税收构成要件要素论，肯定"主体、税收客体、税基、归属和税率"的五要素论，梳理概括了各要素的本质特征。税收构成要件各税论，在比较法视野下对我国企业所得税、个人所得税和增值税提出立法完善建议。税收构成要件制度论，提出了完善其源头规范和末梢规范相关建议，分析了纳税申报和税收核定的核心制度，并就相关邻接制度进行简要评析与理论完善。

三是提出了系列新观点、新论述和新建议。该书认为税收法定、量能平等课税和实质课税等税法原则，分别为税收构成要件的法定、公定和确定提供理论源泉。提出纳税主体的结果导向的负担能力；税收客体兼具经济和法律属性；从立法和实践角度归纳了归属的认定规则；探讨了税基计量的税会差异矫正；梳理了税率属性及具体适用。以税收构成要件为指导，以企业所得税、个人所得税、增值税和契税为例，提出了立法完善建议。指出应从宪法规范、反避税、税收核定、纳税申报制度以及审批改革、权力清单、两法衔接等临接制度等多个层面提供税收构成要件的制度支撑。

该书部分成果曾获得中国法学会法学家论坛征文三等奖、征文优秀奖，以及法学青年论坛征文优秀奖，数篇在北大和南大核心期刊发表，其中一篇被《新华文摘》全文转载。整体上看，该书是一本优秀的税法基础理论方面的专著，我乐意向学界以及喜爱税法的同志们推介，也希望作者产出更多更优秀的作品。

是为序！

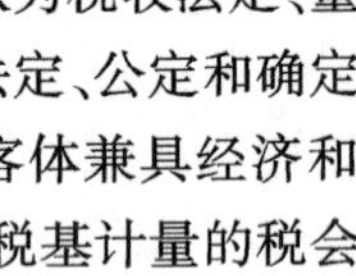
*

2019 年 7 月 19 日

* 复旦大学法学院教授、博士研究生导师。

序三　税收构成要件理论与中国古代税收思想

税收是法律共同体不可缺少的公法制度的重要内容。无论是国家共同体，还是地方共同体，抑或是区域共同体，都需要不同形式的税收制度。税收制度在宪法层面必须考虑几个基本问题，其中税收构成要件理论一直属于学术界研究不足的领域。罗亚苍博士的《税收构成要件论》一书属于该领域的开创性专著。

中华税收法律史表明，税收构成要件可以分为宏观、中观和微观等不同层次。在宏观层次上，税收构成要件框架的顶层设计必须符合儒家宪法理论的基本原理。民为贵、社稷次之、君为轻的人民、社会、国家和政府的关系不可颠倒。如何处理税收构成的顶层要件的关系反映出该税收制度的基本价值取向和政策取向。

王道、霸道、存道和无道是中国古代评价税收制度的基本标准。王者之国，使民富。霸者之国，使士富。仅存之国，使大夫富。无道之国，使国富。税收构成要件的合宪性问题取决于国家宪法所遵循的治国理念。推行王道的国家，税收受益群体倾向于人民；推行霸道的国家，税收受益群体倾向于士人；推行存道的国家，税收受益群体倾向于大夫；推行无道的国家，税收受益群体倾向于国家政府和君王。这是中国古代考虑税收构成要件合宪性时首先要明白的前提。

不同国家的税收制度的基本价值取向要符合该国宪法的基本规定和要求。税收制度的基本价值取向与税收构成要件之间的关系值得今人高度重视。税收制度的价值取向是民富还是官富,是商富还是国富,是使某一阶层富还是使若干阶层富,抑或是部分人先富,这些问题都是税收构成要件顶层设计所不能回避的问题。在古代,标榜王道的国家与标榜霸道的国家其宪法规定和标准是有区别的。不同国家的税收制度的基本价值取向要符合相应国家宪法的规定和要求。

古代税收制度在总体上注意税收的适度性、合理性与合宪性。《孟子》主张税什一为正。轻之於尧舜,为大貊小貊;重之於尧舜,为大桀小桀。《禹贡》税俱什一,而得为九等差者,人功有强弱,收获有多少。与此相应的税收政策是轻税租和薄赋敛。故管子认为,明王之务,在于强本事,去无用,然后民可使富;论贤人,用有能,而民可使治;薄税敛,毋苟于民,待以忠爱,而民可使亲。

先夏时期的伏羲宪法、神农宪法和轩辕宪法中逐渐形成的零关税政策在夏商周时期一直被沿用。关几而不征,市鄽而不税,表现出对国内外贸易活动的基本税收政策。齐桓公称霸得益于管子的税收政策指导。桓公问管仲:"将何行?"管仲对曰:"公内修政而劝民,可以信于诸侯矣。"君许诺。乃轻税,弛关市之征,为赋禄之制。然后齐国又派遣公子开方于卫,季友于鲁,蒙孙于楚,影响各国教化。轻税弛征,修政劝民,齐国深得国内民心和诸侯依附。齐国税收政策的实施效果很好,各国通齐国之鱼盐东莱,使关市几而不征,壥而不税,以为诸侯之利,诸侯称宽。

在税收构成要件中要处理好税基、税率和税种等之间的关系。齐桓公践位十九年,弛关市之征,五十而取一。赋禄以粟,案田而税。二岁而税一,上年什取三,中年什取二,下年什取一;岁饥不税,岁饥弛而税。对于免税、减税、缓税、缩小税基、确定税率包括比例税率和累进税率等问题,都是齐国税收政策要处理的问题。

古代对税收构成要件中的年份收成问题给予高度的关注。丰收年、歉收年、灾害年等或者上等年份、中等年份和下等年份不同,在确定税率时需要分别对待。齐之北泽烧,火光照堂下。管子入贺桓公曰:"吾田野辟,农夫必有百倍之利矣。"是岁租税九月而具,粟又美。桓公召管子而问曰:"此何故也?"管子对曰:"万乘之国、千乘之国,不能无薪而炊。今北泽烧。莫之续,则是农夫得居装而卖其薪荛,一束十倍。则春有以傳耜,夏有以决芸。此租税所以九月而具也。”不同的年份和收入情况直接影响到税收的完成情况。

如何借鉴古代的税收经验，针对不同年份收益的情况，对某些税收项目制定有关税收政策，需要在研究税收构成结构理论时予以重视。年份收益结构要素问题的研究需要结合当代税收法律和政策进一步深入和细化。

税基宽窄度构成要件需要考虑实物量和价值量等问题。在实物量和价值量的税收额度计算方面，古代有许多经验和做法值得借鉴。管子曰：“夫昔者武王有巨桥之粟贵籴之数。”桓公曰：“为之奈何？”管子对曰：“武王立重泉之戍，令曰：‘民自有百鼓之粟者不行。’民举所最粟以避重泉之戍，而国谷二什倍，巨桥之粟亦二什倍。武王以巨桥之粟二什倍而市缯帛，军五岁毋籍衣于民。以巨桥之粟二什倍而衡黄金百万，终身无籍于民。准衡之数也。”粟的实物量和价值量的税收额度可以根据不同标准进行计算。

借鉴周武王的巨桥税收政策，管子提出了促进齐盐业发展的税收政策。管子曰：“可。夫楚有汝汉之金，齐有渠展之盐，燕有辽东之煮。此三者亦可以当武王之数。十口之家，十人咶盐，百口之家，百人咶盐。凡食盐之数，一月丈夫五升少半，妇人三升少半，婴儿二升少半。盐之重，升加分耗而釜五十，升加一耗而釜百，升加十耗而釜千。君伐菹薪煮沸水为盐，正而积之三万钟，至阳春请籍于时。”盐的实物量的税收额度在盛产盐的齐国有条件与其他国家不同。

中国古代对税收构成要件的运用非常注重等级划分和量化标准。唐朝法律规定，凡诸国蕃胡内附者，定为九等，四等以上为上户，七等以上为次户，八等以下为下户；上户丁税银钱十文，次户五文，下户免之。在实物税方面，唐朝法律规定，凡岭南诸州税米者，上户一石二斗，次户八斗，下户六斗；若夷、獠之户，皆从半输。轻税诸州、高丽、百济应差征镇者，并令免课、役。凡天下诸州税钱各有准常、三年一大税，其率一百五十万贯；每年一小税，共率四十万贯，以供军国传驿及邮递之用。每年又别税八十万贯，以供外官之月料及公廨之用。凡水、旱、虫、霜为灾害，则有分数：十分损四以上，免租；损六以上，免租、调；损七以上，课、役俱免。若桑、麻损尽者，各免调。这些税收减免政策体现出对公平、公正和合理的追求。

罗亚苍博士在《税收构成要件论》中充分运用现代税收法律理论提出了系统的税收构成要件理论。罗亚苍博士的理论填补了学术界在该领域研究的空白，特别是关于税收债务债权关系的公权与私权的人权法分析，对于进一步完善中国税收法律和政策具有理论引导作用。我作为罗亚苍博士的导师得悉其著作即将付梓,很高兴为其作序。希望作者在未来研究中进一步注意中国古代税收法律和政策思想的资源,不断丰富罗氏税收构成要件论。从税收法律史的发展看,西方近代经济学和税法学的理论和实践的源头在古代中国。我相信罗亚苍博士会开拓思路,努力持续在税收构成要件理论领域辛勤耕耘,深耕细作,不断总结古今中外的理论和实践,形成独具特色的罗氏税收构成理论。

是为序!

*

2019 年 7 月 27 日

* 湖南大学法学院教授、博士研究生导师。

Contents

目录

第一章　绪　论

一、选题背景与意义

（一）时代意义

在未来较长一个时期，建设法治中国，推进财税法治建设将成为时代主旋律。深入开展税收构成要件研究具有显著的时代特征，凸显了时代使命和责任担当，可为全面深化财税体制改革、实现税收现代化目标提供理论支撑和智力支持。近年来，税制改革和税法建设如火如荼。2011 年中央在重庆、上海等地先后试点房产税改革；2012 年 1 月 1 日起在部分省市、部分行业开展“营改增”试点；2013 年 8 月 1 日推广到全国试行。2013 年 11 月《中共中央关于全面深化改革若干重大问题的决定》提出了完善税收制度的任务书、责任状和路线图。重点任务是深化税收制度改革，推进地方税体系完善，逐步提高直接税比重；深化增值税改革，合理简化税率；适当调整消费税征收范围、环节、税率；改革个人所得税制实行综合与分类相结合；加快推进房地产税改革和立法；深化资源税改革，推动环境保护费改税改革；加大对税收优惠尤其是区域性优惠政策的清理规范力度，提升税收优惠政策的法律化程度；更加完善国税、地税征管体制。同年，国家税务总局提出了 2020 年基本实现税收现代化的目标，建立完备规范的税法体系、成熟定型的税制体系、优质便捷的服务体系、科学严密的征管体系、稳固强大的信息体系、高效清廉的组织体系。财税法治已然成为法治中国建设的主攻点和突破口。2014 年 6 月 30 日中共中央政治局审议通过了《深化财税体制改革总体方案》等方案,2016 年 5 月 1 日"营改增"试点全面推开。近年来,"降税降费"背景下个人所得税、增值税等税制改革如火如荼推进。无论是税制改革推进、税法体系建构的宏观工程,还是税收政策清理、税收征收管理的具体工作,均与本论题密切相关。

(二)理论意义

当前,税法学科建设较其他法学学科远不成熟,税法学研究未提炼出足够支撑税法学科独立发展的话语体系、理论基石,税法学基础理论研究不够深入。2001 年刘剑文和熊伟等学者曾总结中国税法研究现状并剖析原因,指出目前税法学科仍处于较低水平徘徊状态,基础理论研究重视不够、研究方法尚显单一、研究人员知识结构不合理、缺乏可供挖掘的理论资源等。[①] 10 多年过去,经过我国税法学界同仁共同努力,产生了不少专著和论文,但税法基础理论研究薄弱的问题并未得到根本扭转。有学者总结了税法学理论研究面临的窘境:对财税法学作为经济法学基础模块的宏观调控功能仅从政府干预角度展开,更多从宏观视野、抽象层面探讨宪治、民主和公民财产权保护原则,而这部分内容无法在经济法学中被完全涵盖。就税法学而言,主流的税收债务关系说在现有的经济法学框架下无法展开深入论证;从私法领域引进的税收担保权和税收代位权等概念,更是无法在经济法学土壤上生根,难以解读和阐释。[②]今后,"领域法学""公共财产法""理财治国观"这三大现代财税法支柱理论的研究还有待全面铺开。[③]事实上,税收债权债务是财税法领域的核心内容,作为其支柱的税收构成要件理论远没有成为中国税法学术兴奋点,对其理论品格与价值功能、要素分析、制度构建、实践指导等诸方面进行系统研究的力作尚未出产,税收构成要件与税收法定、量能课税等相关范畴的内涵外延没有进行理论澄清,其支撑税法学科发展、突出个性特征、完善税法体系、推进税

---

① 参见刘剑文、熊伟:《中国税法学研究的现状与反思》,载《法学》2001 年第 5 期。

② 参见刘剑文:《作为综合性法律学科的财税法学——一门新兴法律学科的进化与变迁》,载《暨南学报》(哲学社会科学版)2013 年第 5 期。

③ 参见刘剑文:《在第一届"中国财税法治 30 人论坛"暨全面深化改革背景下地方财税法治建设研讨会开幕式上的致词》,载中国法学创新网:http://www.lawinnovation.com,最后访问日期:2016 年 1 月 6 日;罗亚苍:《基层税收执法风险探析》,载求是理论网:http://search.qstheory.cn/qiushi/,最后访问日期:2014 年 6 月 25 日。

制改革、建设税收现代化的作用未得到应有的重视。

(三)实践意义

在立法层面,本选题对完善税法体系、健全税制有指导意义。2011 年中国已向世界宣告中国特色社会主义法律体系已经建立,但我国税法体系年轻而不够完备,落实税收法定任务艰巨。长期以来,税收政策观念超位税收法制观念,中国税法体系尚不完善、位阶不高,全国人大立法仅为《中华人民共和国企业所得税法》(以下简称《企业所得税法》)、《中华人民共和国个人所得税法》(以下简称《个人所得税法》)、《中华人民共和国车船税法》(以下简称《车船税法》)、《中华人民共和国税收征收管理法》(以下简称《税收征管法》)少数几部,其他更多体现为行政法规、规章以及税收规范性文件,"补丁打补丁式"的政策制定方式造成了政策间的协调性、稳定性、体系性、科学性较差,导致实践中税法刚性不够,弹性太大,一旦进入诉讼程序,执法依据存疑。税种结构整体设计上存在缺陷,税制结构中间接税所占比重过大,而参与收入调控的以所得税为代表的直接税比重过小。从执法、司法实践来看,我国的税务行政诉讼比重很低,不是税法遵从度高、执法水平优的写照,而是行政协调、模糊执法等综合作用的结果,征纳双方对税收构成要件的陌生或漠视使核定征收、开票附征等简单征收方式大行其道,以至于税法刚性被大打折扣,执法守法偏离了税收法治轨道。税收构成要件理论,无疑是落实税收法定、提升税收立法层级、推进执法守法的稳压器、指向针和沟通桥,其立法指引、释法价值、指导功能,可以有效化解争议,降低执法风险,推进税收法治良性运行。

二、研究综述

为了较全面地掌握税收构成要件的研究现状,笔者从教材、专著、硕博学位论文、学术论文等层次进行资料搜集,并从理论溯源、概念建构、价值机能、原则原理、构成要素、制度构建等层面进行观点提炼。

(一)税收构成要件理论溯源

税收构成要件理论肇始于德国,是支撑税收债权债务关系学说的柱石,也是对税收权力关系说的最强力辩驳,并且逐渐占据上风最终超越后者成为主流学说。德国行政法鼻祖奥托·迈耶(Otto Mayer)提出的税收权力说,逐渐被以税收构成要件理论为基础的税收债务说取代。翻开德国税法学资料发现,德特·伯克(Dirter Birk)、佐恩(Sohn)、高何(Koch)、韦伯-格雷(Weber-Grellet)、伊森西(Isensee)、哈拉辛茨基(Halaczinsky)、柯希霍夫(Kirchhof)、拜塞(Beisse)、克鲁泽(Kruse)、格奥尔克雷泽留斯(Georg Crezelius)、保利克(Paulick)、帕皮尔(Papier)、科林斯(Krins)等一大批税法学者对税收构成要件理论的诠释和发展做出了积极贡献,留下了光辉的学术瑰宝。日本税法学者北野宏久、金子宏等在税收构成要件理论日本化方面建树良多,中里实等运用税收构成要件理论指导解决实践问题。总体而言,在英美税法学者眼中并没有所谓完整的税收构成要件概念或理念。英国税法学者丹尼尔·沙维尔在其著作《解密美国公司税法》中,主要从税制角度就公司税效率、经济学原理等方面探讨美国公司税。美国税法学者休·奥尔特与加拿大税法学者布莱恩·阿诺恩合著的《比较所得税法——结构性分析》,在比较分析英、美、法、德、日等国所得税时亦未运用税收构成要件的完整工具,但将税基、所得归属、税率等基本构成要件要素作为重要比较对象,总体上缺乏体系性研究。V. 图若尼主编的《税法的起草与设计》(第 1 卷、第 2 卷)基于纳税人、税基、税率等基本要件要素对各个税种起草与立法设计进行了虽欠缺系统性但未脱离税收构成要件基本框架的论述。刘剑文、张守文、张怡、陈少英、张馨、廖益新、熊伟、施正文、徐孟洲、许多奇、朱大旗、刘蓉、张富强、杨小强、周刚志、李刚等我国大多数税法学者认同税收债务学说,在其论文、专著或教材中对税收构成要件理论进行了简要介绍或个别阐述,推动了税法理论发展。

诚然,"构成要件"并非税法专有词汇,且无论在德国、日本还是我国本土,无论在刑法、行政法、民事法还是其他学科都被广泛使用。由于不为所知的原因,尚未有税法学者探究该词源,也不曾有人基于横向比较的视野对犯罪构成要件、民事构成要件、行政构成要件与税收构成要件渊源进行分析,未曾涉猎关于相邻学科构成要件理论的本质脉络和内在关联,因而给本书展开留下了较大空间。

(二)税收构成要件概念构建

关于概念话语,学者们表述不统一,但含义大同小异,均指成立税收债务的要素条件的总和。主要学说梳理如下:

1. 课税要件说(租税要件说)。金子宏著的《日本税法》(法律出版社 2004 年版,战宪斌、郑林根等译)将课税要件视为纳税义务的成立要件,即满足纳税义务成立的法律效果的法定要件,替代了税法上债务关系成立时所需意思要素。北野宏久在其名作《日本税法学原论》(第 5 版)(中国检察出版社 2008 年版,郭美松、陈刚译)中论述,课税要件,严格意义上指租税构成要件,简称租税要件,指纳税义务成立必备的法律要件。

2. 税收之债的构成要件说。刘剑文、熊伟在其合著的《财政税收法》(法律出版社 2009 年版,下同)一书中,称之为“税收之债的构成要件”。

3. 税收之债的构成要素说。陈少英的《税收债法制度专题研究》(北京大学出版社 2013 年版,下同)称之为“税收之债的构成要素”,以此为概念展开论述。

4. 课税要素(或课税要件)说。张守文的《税法原理》(北京大学出版社 2012 年版,下同)提出,课税要素或称课税要件,是国家征税必不可少的要素或国家有效征税必须具备的条件。

5. 税收构成要件说。施正文的《税收债法论》(中国政法大学出版社 2008 年版,下同)阐述,税收构成要件(又称税收要件、课税要件、课税要素),是指税收之债成立的必备法律要件,是税收实体法所规定的发生税收债务的各种法律要件的抽象和统称,具体确定了税收之债的内容,相当于合同之债的必备条款。刘剑文、熊伟合著的《税法基础理论》(北京大学出版社年 2004 年版,下同),在相关章节中以“税收构成要件”为名展开阐述。

6. 税法构成要素说。李昌麒主编的国家级规划教材《经济法学》(法律出版社 2008 年版)即持该观点,将纳税主体、征税客体、税率、税种与税目、减免税、纳税期限和违法处理等成为税法构成要素。邱本的《经济法研究》将税法的构成要素概括为:税收主体(征税主体和纳税主体)、税种、税率、纳税环节、纳税期限、税收特别措施、法律责任。①徐孟洲编写的《税法》(中国人民大学出版社 2015 年版)持同样观点,但具体构成要素内容略有不同,分别为税法主体、课税客体、税率、纳税环节、纳税期限、纳税地点、税收优惠、法律责任八大要素。我国官方权威亦称作税收或税种的构成要素,任何一部税法或税种的构成要素是,征税对象、纳税义务人、税率、纳税环节、纳税期限、税目、税的减免、附加和加成、违法处理。②

前面 5 种论述语义大体相同,仅为称谓差异。而“税法构成要素说”名称与内容严重不对称,税法是学科或部门法概念,法定税收之债为税收实体法的核心内容,二者混同将导致概念话语的科学性、规范性和确定性严重不够,偏离了从外国到本土的“构成要件”的理论对话与传承发展的原有轨道,不利于

---

① 参见邱本:《经济法研究》(下卷),中国人民大学出版社 2008 年版,第 146 ~ 157 页。

② 参见《中国大百科全书》编辑部编辑:《中国大百科全书》(法学),中国大百科全书出版社 2006 年版,第 466 页。

税法学科全球化的协调发展。而“要素”与“要件”之间通常表现为部分与整体、特殊与一般、具体与抽象等关系，本书主张采“税收之债的构成要件”，简称“税收构成要件”。税收构成要件，从实定法规范对应税的各种生活事实进行把握，原则上并不是根据一个法律规范，而是数个不同法律规范共同作用；是一个总括的概念，即实体税捐法规范中规定产生税收义务的各种抽象前提要件的整体，包括积极的（创设或提高税捐负担）要素和消极的（减轻税负）要素。税收构成要件，产生具体的税捐义务的法律效果，除体现财政收入目的，还蕴含社会、经济、文化、环保、国民健康等政策目的。

（三）税收构成要件要素组成

税法学界关于税收构成要件要素组成的见解并不统一。主要论说包括：

1. 三要素说。陈少英的《税收债法制度专题研究》总结税收之债的构成要素包括：税收之债的主体、税收之债的内容和税收之债的客体。

2. 四要素说。刘剑文、熊伟二人在《财政税收法》中主张税收之债的构成要件包括税收债务人、征税对象、税基、税率等四要素。

3. “两分法＋五要素说”。张守文的《税法原理》将课税要素分为广义的课税要素和狭义的课税要素。前者分为税收实体法的构成要素（或称实体法要素、实体要素）和税收程序法的构成要素（或称程序法要素、程序要素）。其中实体要素包括税法主体、征税客体、税目和计税依据、税率和税收特别措施；程序要素包括纳税时间和纳税地点。狭义的课税要素包括税法主体（征税主体和纳税主体）、征税客体、征税对象的归属、税率、税收特别措施。日本税法学者金子宏的《日本税法》将课税要件分为课税要件总论和课税要件分论，后者分为纳税义务人、连带纳税义务人、第二次纳税义务人、税理士；课税对象；课税对象的归属；课税标准；税率。

4. 五要素（内容）说。刘剑文、熊伟合著的《税法基础理论》中论述“税收构成要件的内容”包括税收客体、税收客体的归属、纳税人、税基和税率。陈清秀的《税法总论》将课税要件要素分为税收主体（纳税人）、税收客体、税收客体归属、税基和税率，将税收优惠列在课税要件之外。柯格钟在《公法债务与私法债务——税捐债务法之基本问题》一文中亦认为，税捐构成要件应包括税捐主体、税捐客体、归属、税基和税率等五构成要素。

5. 六要素说。施正文的《税收债法论》提炼税收构成要件的要素包括：税收主体、税收客体、税收客体的归属、税基、税率、税收特别措施。日本税法学者北野宏久《日本税法学原论》（第5版）提出了课税团体、纳入义务者、课税要件、课税标准、税率和归属等六要素说。

税收构成要件要素是指税收构成要件的基本要素，进言之，是指税收债务成立意义上的基本要素。国内学者论断分歧，集中在是否将税收特别措施与归属纳为基本要素。首先，税收特别措施并非内涵确定如一，其实是对特定纳税人优惠、税收客体优惠、税基式优惠、税率式优惠等优惠措施的泛称，并不决定税收债务的成立，而仅影响具体税收债务的确定，因而不属于税收构成要件基本要素；其次，归属直接影响到纳税人的成立、确定和税收负担的实现，应作为税收构成要件的基本要素。至于上述日本学者提出的将课税主体以及连带纳税义务人、第二次纳税义务人、税理士作为基本要素的主张断然无法成立，主要理由如下：其一，课税主体对税收债务成立并不起决定作用，课税主体恒定为征纳一方主体，不影响纳税人确定；其二，连带纳税义务人，可通过归属和纳税人两个要件要素确定，不是起始意义的纳税人；其三，第二次纳税义务人，属于税收债务的移转或变更，不是原始意义的纳税人；其四，至于税理士，属于税收债务人而为税收征纳辅助人。故本书主张将纳税人、税收客体、税收客体的归属（简称“归属”）、税基和税率等五大要素列为税收构成要件要素。

（四）税收构成要件机能分析

首先，税收构成要件是税收债务成立的标准。日本税法学者金子宏的《日本税法》认为，课税要件是使纳税义务成立的要件，即通过课税要件的充足产生了使纳税义务成立的这一法律效果的法律要件，替代了税法上的债务关系成立时所需要的意思要素。日本税法学者北野宏久在其名作《日本税法学原论》中也持基本相同观点，即税收构成要件是指纳税义务成立必备的法律要件。施正文的《税收债法论》指出，按照税收法定主义，纳税人何时承担债务应属法律保留范畴，必须由法律明确规定。当法定税收构成要件事实实现时，税收之债即告成立，不因其后有无课税处分或税款缴纳期间是否到期而受影响。征税机关核定税基或税额的课税处分，只可能影响纳税期限。他进而提出税收之债成立的两种标准：随时税即税收客体随时发生的税收之债，税收客体发生时即满足课税要件事实；期间税，税收之债在期间终了之时成立，但基于征税便宜的技术考量，亦以期间开始时或其他时点作为税收之债成立的基准时。并指出我国税法未对税收之债的成立时间进行统一规定，而在不同实体税法作出具体规定。陈少英在《税收债法制度专题研究》中，关于随时税和期间税两类税收之债成立的判断标准的见解大体相同，并进而提出，以税收要件满足作为税收债务产生条件和成立时间的判断标准，是法律和理论上的一般要求。但实践中,经常结合税基确定、征纳技术和效率等因素确定税收之债产生的时间。刘剑文、熊伟在其合著的《税法基础理论》中论断,我国虽没有法典对税收债务发生做出统一规定,但各单行税法中均有相应条款。税收债务发生时间并非一个单独的构成要件要素,仅为时间角度对税收客体的补充规定,与其说是税收债务的发生时间,不如说是确定税基的时间。陈清秀在《税法总论》中论述,税捐债权债务的成立时间,我国台湾地区并无统一明文规定,个别税法特别明文规定税捐债权的成立时期,并得出税捐债权依据法律而发生、独立于清偿期而发生、独立于协力义务之履行的结论。可以达成共识的是,税收构成要件是税收债务成立的唯一的法定标准,不受纳税人和征收机关的意思表示干涉。

其次,税收构成要件是税收债务变更的依据。刘剑文、熊伟二人在《财政税收法》中论述,税收债务变更是指税收之债的主体、客体和内容发生的变化。税收之债的主体变更包括税收债权人的变更和税收债务人的变更,变更理由为基于法律行为和基于法律规定。税收债权人基于法律行为的变更,通常表现为税收请求权的让与或出租,基于法律规定的变更必须经法律特别授权,表现为政府间税收收益权的调整,变更原因一般为政府间财政收支划分法的内容变动和地方政府行政区划变化;税收债务人基于法律行为的变更指不违反税收法定要求的税务承担,基于法律规定的变更则主要包括纳税人死亡、纳税人合并和分立等情形。债务内容的变更主要包括税务数额、清偿期(含提前清偿、延期清偿)等变更。刘剑文、熊伟二人合著的《税法基础理论》保持相同观点。陈少英《税收债法制度专题研究》总结税收之债的变更类型与前述大致相同,同时提出税收债务人的变更,原则上类推适用民法关于债务人变更的原则规定,一方面,无人身专属性、原则上允许承担或转让;另一方面,为法定之债、不允许对税收债务人进行任意变更。税收之债内容的变更,包括税收之债数额、种类、履行期间、履行地点的变更。税收之债客体的变更,即税收之债标的的改变,税收之债的标的以金钱给付为原则,以实物给付为例外。施正文的《税收债法论》则认为,与私法之债的变更相比,税收之债变更的可能性较低,仅在法律明确规定的特定情况下发生。税收之债的变更有广义和狭义之分,广义上指内容和主体的变更,狭义指主体变化,即税收债权让与与债务承担,谓之税收之债移转。税收债权的享有属于宪法层面的问题,变更应有法律依据,此外行政区划或管理体制变动,也会带来税收债权人的变更。税收债务具有两重属性:一方面,作为金钱债务的税收债务不具有高度属人性,其在性质上并非不可替代履行,原则上应适用债务承担;另一方面,作为法定之债的税收债务具有高度法定性,且以经济上的负担能力为基准而课征,强调税收债务人的个别性而不允许任意变更。变更性质具体分为约定变更和法定变更,应视税收债务承担类型而判断是否承认约定变更,法定变更通常为遗产继承和企业合并或分立。内容的变更包括税收之债数额、种类等变更。必须承认,税收义务在构成要件满足时成立,原则上不能变更但存在例外。税法不仅直接与实际生活事实关系连接,且多与法律行为、行政处分或公私法法律关系相联结,实践中发生的涉及溯及既往效力或溯及既往排除法律行为的变更情形,应具体情况具体分析。

最后,税收构成要件具有税法理论与实践双重价值。施正文著的《税收债法论》认为,税收构成要件具有推进税制建设和税法学科发展双重价值。税收法制建设方面的价值:一是充当税收立法的核心内容,提供了税收实体法基本体系框架,有利于其标准化和体系化;二是作为评判征税机关是否依法和公正执法的标准,征税机关应当按税收构成要件依法行政,约束其征税活动;三是为纳税人提供了法律生活的安定性、市场交易方式选择和税收负担预测的可能性。税法学科建设方面的价值:一方面,税收构成要件是税法学的重要范畴,以区别于传统民法,有利于税法独立地位的确立和学科科学化;另一方面,税收构成理论类似于其他法学构成要件理论,构成税法理论中颇具特色的内容,成为税收债务是否成立、国家征税是否有权的判断标准。陈清秀的《税法总论》将税收构成要件与课税权结合起来,将课税权即税捐高权区分为税捐立法权、税捐收益权以及税捐行政权;地方税立法权,原则上宜由国家统一立法,地方立法团体在不违反宪法及中央法规的范围内,自行制定地方税的课税要素。税基具有高度移动性或课税对象跨越数个地区的,应由中央统一立法。按照税捐收益权的划分理论,适用累进税率的税种、稳定国民经济和税捐客体在各地方团体之间并不均匀的税目,应归属国税;税基流动性大的税目,应归属中央以避免税捐竞争,反之应划归地方;容易形成税捐输出的税目,不适合划归地方税,避免税负转移削弱地方税与受益负担原则的关联性。税捐行政权的划分,理论上并不必须和税捐收益权划分高度吻合,首先考虑实用性(可行性)原则,其次考虑确保法律秩序与经济秩序的统一,实现课税平等与竞争中立性的目标。

(五)税收构成要件要素调整

张守文的《税法原理》归纳课税要素的调整,包括课税要素的确定和变动;基于法治原则所推演出的法安定性原则、可预测性原则和信赖保护原则,课税要素一经确定,即不应随意变动或调整;课税要件的调整表现为课税要素重新确定的过程,而在实质上则涉及课税要素的实际内容的变动和税收的三大职能的实现。影响课税要素调整的因素包括财政、经济、社会等政策,因而要素调整的过程也是相关政策融入税收立法的过程。

(六)税收构成要件类型概括

施正文的《税收债法论》将税收构成要件分为三类,即基本要件和特别要件、积极要件与消极要件、广义要件和狭义要件。日本税法学者金子宏的《日本税法》将税收构成要件列分为课税要件总论和课税要件分论。

(七)总体评价

总体来看,国外的相关研究成果相对丰富,国内尚未见系统研究税收构成要件的专著和硕博论文,研究税收构成要件具体要素的硕博学位论文也不多见。以"税收构成要件""构成要素"等关键词在知网搜索,可见饶昌新《我国企业所得税法税收构成要件探析》(贵州大学 2008 年硕士学位论文)、李冬《税收客体归属认定法律问题研究》(2013 年中国政法大学硕士学位论文),期刊论文施正文《论税收之债的溯及变更和消灭》、汤洁茵《税收之债的构成要件及其对税收征管的影响》等寥寥文章。此外,还有徐蓉博士学位论文《所得税客体研究》(法律出版社 2010 年版),刘凌燕《中外个人所得税法构成要素的比较研究》(2009 年山西财经大学硕士学位论文)。

税收构成要件理论属于舶来品,我国税法学界基本上停留在介绍、转述、解释阶段,未将其形成支撑税法学科独立发展和指导税收实践的中国化理论体系,没有拓展理论的本土化疆域,未及时在本国立法、执法、司法等实践中汲取营养并反哺指导实践。主要表现为:税法学界对税收构成要件理论介绍、探讨和体系化建设的重视程度不够,国内统编教材系统介绍税收构成要件的不多,未出产相关的学术专著,相关学术论文也不多。推进税法学科的独立性发展和提炼学术品格的作用发挥不多。税收构成要件在推进税法学科发展、健全税收制度建设、完善税法体系、指导税收法律实践等方面运用不多。没有将税收构成要件当作典型的理论分析工具,未与宪法、行政法、民商法等学科结合研究。这些问题,也为本书创作留下了思想空间和发挥余地。

三、研究思路与方法

中国税收构成要件理论的研究,必须坚持问题导向,建构理论体系,回应实践问题。第一，现有税法体系的法定化程度不高、授权立法任性、税收立法位阶低的立法惯性，导致税收构成要件法源效力有待提升。第二，社会经济发展背景下的税制改革和税法新设，未能妥善处理好改革与法治关系，一定程度上造成了税制改革和税法建设衔接不畅，税改“良性违法”现象时有发生。第三，税收政策优位税法的传统习惯，基于特定需要的税收优惠政策频繁出台，在很大程度上稀释、模糊了税收构成要件基本要素的法律保留内在刚性。还有，前些年经济高速增长驱引税收收入快速增长背景下收入主导模式的征管惯例，一定程度上引发执法的松弛、助长了违法冲动，税收征纳的“法外循环”现象比较突出。第四，民众的税收遵从普遍不高、逃税避税的动机旺盛，一定程度上归因于税收债务成立标准不清晰可辨。这些问题，需要从理论建构和制度完善等方面实施综合治理。

（一）研究思路

研究思路遵循5条主线：第一条是“辩证统一”原则，即认识事物、作出判断，坚持形式和实质相统一，形式是与实质统一的形式，实质是与形式统一的实质；第二条是“脚板贴地”原则，问题意识、搜集、求证和解答均力求贴近税收实践，坚持“实践—理论—实践”的试错纠错循环验证过程；第三条是“法律领土”原则，理论架构和实践延伸紧紧围绕立法、执法、司法、守法等法的逻辑轨道开展，冀求从理论上拔高、提炼以回应税法运行过程中的真实问题；第四条是“睦邻友好”原则，本书贯穿了税法和税制、税法和其他部门法、域内外税法税制等宏观和微观的相互鉴别检视，试图界分出他们的分界点和连接部，共生共荣、和谐相处；第五条是“互为我用”原则，基于法律共同体的税法与民商法、宪法行政法等部门法之间的联系，以及法学与政治、经济、社会等不同学科之间的共融，为税法学科发展新的生长点。这5条主线有时独立凸显，有时彼此交叉，共同勾勒出税收构成要件理论与实践的整体轮廓。

（二）本书框架

本书主体部分共分为6章，即税收构成要件本源论、税收构成要件机能论、税收构成要件原理论、税收构成要件要素论、税收构成要件各税论和税收构成要件制度论。在税收构成要件本源论方面，先从超越税收传统三性特征角度剖析税收内在因子，对构成要件追根溯源并比较犯罪构成要件和民事行为构成要件，提炼出了税收构成要件的要素类型、效力结构等框架内容。税收构成要件机能论，层分为理论与实践机能，成为税权分配、税法建构与税制完善等理论指针，是税收债务成立、税收债务事实查明的理论工具。税收构成要件原理论，坚持形式与实质统一，控制篇幅不展开法治、正义、平等、民主等基本法哲学价值探讨，分别从税收法定原则对税收构成要件的法定、量能课税原则对税收构成要件的公定、实质课税原则对税收构成要件的确定等三层结构，提供税收构成要件的理论源泉。税收构成要件要素论，对成立税收债务的构成要件基本要素，以主体、税收客体、税基、归属和税率为顺序逐一探讨。税收构成要件各税论，在比较法视野下对德国、法国、日本、韩国、英国、美国的企业所得税、个人所得税和增值税归纳概括，提出立法完善建议。税收构成要件制度论，提出了完善源头规范和末梢规范相关建议，分析了纳税申报和税收核定的核心制度，并就相关邻接制度进行简要评析与建构。

（三）研究方法

1. 交叉学科法。税收构成要件理论与实践涉及法学、历史学、哲学、社会学、政治学、经济学、伦理学、行政学等多个学科，须从相关学科汲取养分，然后进行理论建构并指导实践。

2. 概念建构法。从概念法学角度进行税收构成要件的概念、类型、要素、机能的理论建构，增强构成要件的明确性、可预见性和法的安定性，为完善制度建设提供指导意见。

3. 价值分析法。从法治、平等、人权等理论价值，税收法定、量能课税、实质课税和信赖保护等原则进行探讨，为税收构成要件理论的必要性、重要性、可行性和理论性提供价值基础和原则指引。

4. 利益分析法。层分权力和权利两个维度，考量征纳双方利益状态，从纳税人的经济负担能力和征税机关的财政收入目的切入，强制或指导手段出发制定公共政策实现公共利益，共同融合在税收构成要件的确定、变更和调整等。

5. 评价比较分析法。比较然后知长短，从过去、现在和未来三个时间向度进行比较，为税收构成要件的理论基石及制度建构功能提供开阔的视野。

6. 系统分析法。以犯罪行为、行政行为和民事行为等构成要件相关理论学说作为比较样本，为建立税收构成要件的理论框架体系提供参考样本。同时对税收构成要件的成分因子、基本要素、主要机能等展开系统检讨。

7. 案例分析法。鲜活的案例，是税法、税制在社会生活中运行的真实状况和反应，及时对实践中的案例进行样本分析并抽象成理论进而指导实践，既是理论要求也是实践需要。

8. 文献综合法。站在前人的肩膀上可以看得更远。前人研究成果是今后研究的基础和新的起点，广泛进行中外文献检索综述有利于明确研究的方向。

（四）创新之处

总体上，初步完成了税收构成要件理论的体系架构，从概念提炼、机能阐述、基础原理、要素分析、制度完善等方面，对相关理论范畴与实践问题展开了探讨，夯实了税收构成要件的理论基础，拓展了其实践维度。

具体而言，提出税收构成要件具有理论与实践双重机能。税收法定、量能平等课税和实质课税等税法原则对税收构成要件的原理指导价值，分别为税收构成要件的法定、公定和确定提供了理论源泉。对税收构成要件的基本要素逐一深入剖析，提出了纳税主体的结果导向的负担能力；从经济和法律属性两个维度分析税收客体；从立法和实践角度归纳了归属的认定规则；探讨了税基的税法计量标准及对财会计量矫正；对税率属性及适用进行简略探讨。对税收构成要件的税法完善，以企业所得税、个人所得税、增值税和契税为例，提出了立法完善建议。关于税收构成要件的制度建设，从宪法规范、反避税、税收核定、纳税申报制度以及审批改革、权力清单、两法衔接等多个层面提供制度完善力量。

税收构成要件理论源自德国，承继日本，英美法系国家缺乏直接对应的理论研讨工具和直接学说成果。英美税法学界更多关注公平、效率等方面，旨趣在于完善税制而非理论建构。受制于德语、日语等语言障碍，在相关资料搜集方面无法做到尽而全，第一手的德国、日本资料极其有限。这些原因在很大程度上影响了本书研究角度、广度和深度，需要在以后的学习研究过程中加以不断完善。而且由于受篇幅及论述限制，无法就更多实务问题展开探讨，需要以后不断充实。

第二章 税收构成要件本源论

一、税收因子分析:超越传统三性

"因子",英文"factor""agent""ingredient",基本含义是"元素、因素、成分"。孙中山在《实业计划》中指出,"一切人类智识,以印刷蓄积之,故此为文明一大因子"。深刻剖析税收因子,是税收构成要件理论展开的前提基础。

长期以来,受理论与实践双重拘囿,传统的税收三性学说久居话语体系之冠,以至于一谈税收特征必称"强制性、无偿性、固定性"。① 本书认为,传统的三性特征显然已经无法全面覆盖税收内涵价值。"强制性",过度强调国家权力的单方性,事实上税收强制性根本表现为法律的强制力,而具有强制力的法律应是经过民主科学程序并吸纳民智的立法成果,"闭门造车"式的单方主导立法渐被"开门纳谏"型的多方参与立法取代,"良法善治"理念正彻底战胜"恶法亦法"观念。② "无偿性",过于突出税收取得的单向性,强烈表现为私有财产权基于社会义务而无代价地转换

---

① 参见刘隆亨:《流转税法》,北京大学出版社2002年版,第2页;李昌麒主编:《经济法学》(第2版),法律出版社2008年版,第433页;徐爱国:《论纳税人权利的历史与理论根基》,载《月旦财经法杂志》2009年第22期;邱本:《经济法研究》(下卷),中国人民大学出版社2008年版,第135~136页。

② 这里做宽泛意义理解,即无权规定税收的法源或因程序瑕疵等原因导致效力不定的法律法规等。

为国家运行成本，事实上这种单向取得特征正在被逆向反哺所中和，虽然不是一对一的支付对价，但无偿取得私有财产与无偿提供社会服务正获得某种平衡，而且税收开支花在公权运行的部分将远少于保障私权实现。简言之，税收"取之于民、用之于民"。"固定性"，则完全拘泥于税收法律的单质性，普遍关注法律的形式特征而忽视了法的内在价值，侧重凸显法律形式上的抽象纳税义务的天然性、平等性、稳定性和确定性以及具体纳税义务的均等性、一致性和无差异性，对基本权保障等内在价值及量能负担、税收特别措施及其经济社会调节功能等缺乏关注。要全面分析税收特征必须渗透深入对其内在因子进行立体剖析。

（一）本质因子：君主供奉·国家收入·权利成本

1. 君主供奉与国家收入的剥离

历史上，我国赋税和劳役始于夏。君即为国，君王收入即为国家收入。"普天之下，莫非王土，率土之滨，莫非王臣。"①据《史记》记载，"自虞、夏时，贡赋备也"。有赋有税，赋税有别，各有所用，《汉书·食货志》曰："殷周之时，有赋有税，赋供车马、甲兵、士徒之役，充实官府赐予之用。税给郊社宗庙百神之祭，天子奉养百官禄食庶事之费。"我国历史上最早的成文税法，是公元前594年春秋时期鲁宣公颁布的"初税亩"法，用"什一税"取代"赋"。②

关于西方税收的起始期，民法学者徐国栋提出了"两必要条件说"，即税收必要条件之一是铸币产生，无铸币则无税，实物税不是税；必要条件之二是国家出现。徐国栋指出公元前579年至公元前535年图流斯王朝时才出现铸币，据此推论罗马税收亦始于此。③对此，笔者不敢苟同，铸币并不能作为证明税收出现的必要条件，亦不能否认人类历史上实物税的税收形式；无论东西方国家，实物以及劳役等都曾经作为税收对象在很长一段时间内存在，这是不容抹杀的客观存在。西方社会初期，公务关系由一种"有求有应"的松散的非制度化机制维系，国家收入无须支付公务成本，公务由满足于享受崇高地位的无薪俸的行政司法长官执行，只获取办事人自愿赠礼。④最初罗马人筹集军费并不依赖税收，实行免费兵役制，后虽被废止但无疑是罗马帝国盛极而亡的重要

---

① 《诗经·小雅·北山》。

② 参见刘隆亨：《流转税法》，北京大学出版社2002年版，第2页。

③ 参见徐国栋：《罗马公法要论》，北京大学出版社2014年版，第215页。

④ 参见[英]坎南编：《亚当·斯密关于法律、警察、岁入及军备的演讲》，陈福生、陈振骅译，商务印书馆1962年版，第245页。

原因。雅典人对外征战也是自筹费用,到了封建诸侯时代,出兵打仗仍是封臣和佃户的义务。[①] 当政府(国家)发展到一定程度时,建筑宫殿及其他办公场所等用途必须课征税收。古代法兰西共和国的国家收入几乎全部来自直接征税。[②] 在法兰西封建王朝时代,"税"和"赋"这两个词被任意使用,将罗马人时代的税,同时表述为税和赋。而据孟德斯鸠考证,法兰西王国的所谓税,并非针对所有人普遍征收的税,而是主人对农奴征收的特殊税;包括国王、神职人员和领主向各自领地上的农奴征赋,这种赋是经济税而非财政税,是纯私人性质的而非公共税收。[③] 英国早在12世纪,免服兵役税就取代了封臣为领主承担打仗的骑士义务。14~15世纪,服兵役税曾经连同大多数可移转后代或自由保有土地的其他封建权力一并消失。中世纪晚期,国家关系发生了从庄园领主制向近代领主主权国家的深刻转变,专制统治关系不再区分中世纪的原有身份等级和社会经济地位,国家主权集中到一个统治者手中。[④]很长一段时间公共收入全部来自王室所有产业所得,承担了大部分国家费用开支;[⑤]整个中世纪国家收入等同于国王收入,国王收入其实就是国王个人所有的东西。[⑥] 一言论之,王室经费与国家费用难以分开,公共收入不能与王室私产分离。国家收入与国王私人金库之间的区别在法律上成长得如此之缓慢,以至于直到议会意识到其有责任划拨开支时二者之间的界限才变得清晰。[⑦] 税收收入,纳税主体分为神职人员和普通臣民,且征税对象和范围、计税依据等均不一样。英国国王获取收入包括"常规收入和非常规收入",[⑧]非常规收入包

① 参见[英]坎南编:《亚当·斯密关于法律、警察、岁入及军备的演讲》,陈福生、陈振骅译,商务印书馆1962年版,第245页。

② 参见[法]孟德斯鸠:《论法的精神》(上卷),许明龙译,商务印书馆2012年版,第266页。

③ 参见[法]孟德斯鸠:《论法的精神》(下卷),许明龙译,商务印书馆2012年版,第719页、第720页、第723页。

④ 参见[德]乌茨·施利斯基:《经济公法》,喻文光译,法律出版社2006年版,第15页。

⑤ 参见[英]戴雪:《英宪精义》,雷宾南译,中国法制出版社2001年版,第347页。

⑥ 参见[英]梅特兰:《英格兰宪政史》,李红海译,中国政法大学出版社2010年版,第199页。

⑦ 同上书,第279页。

⑧ 戴雪亦谓之"经常岁入"和"非常岁入",经常岁入指王室历代传授的产业入息;非常岁入指巴力门以法案确定的新起赋税。参见[英]戴雪:《英宪精义》,雷宾南译,中国法制出版社2001年版,第344页。

括法定的什一税等18种赋税。[①] 随着历史推进,英国国王和国家收入逐渐分离,独立出满足宫廷和皇室的服务开销以及其他必要的支出和需求的费用,称为"总专款"(the aggregate fund),议会对其限额控制。"总专款"后来发展成为"统一基金"(Consolidated Fund),[②]国王从该基金获得拨款。英国拥有了带薪俸的国王,握有从统一基金中发放津贴的有限权力。[③]后来,划拨和分配经费事项,通过《拨款法》调控,即通过法律形式对国王全部开销提出预算,由下议院的经费委员会进行预算审核,由负责拨款委员会按清单事项拨付分配。[④] 1689年英国《权利法案》对国王取得收入进行了严格控制,"凡未经国会准许,借口国王特权,为国王而征收,或供国王使用而征收金钱,超出国会准许的时限或方式的,均属非法。"[⑤]税收在法律层面实现了国家财政收入与国王收入的分离,或者说国王收入在国家财政收入中比重被大大压缩而不占主要部分。在16世纪的德国封建法中,财产法和契约及其他债务法之间并没有明确的法律界限。王侯作为最高封建领主,财产不止及于王室所有的土地和动产,而且包括其封臣进贡的封建税金和劳役以及各等级代表投票决定的征税。君主个人财产和封建财产、政治财产混作一体。[⑥]德国国库的概念来自罗马法,随着警察国的形成,国库权力被融入国家权力。国库作为服务国家目的的财政权的拥有者的作用越来越重要,最终国家观念要求国库财产从君主的个人财产和私人钱柜中分离出来。[⑦]有学者甚至将国库等同为国家,认为当国家作为财产法上的权利义务的主体时则称为国库。[⑧]

---

① 参见[英]威廉·布莱克斯通:《英国法释义》(第1卷),游云庭、缪苗译,上海人民出版社2006年版,第311页、第314页、第338页、第343页、第348页、第351页、第353~355页。

② 1816年大不列颠的统一基金和爱尔兰的统一基金,联合成为大不列颠及爱尔兰统一基金,即公共收入或国王收入,依据法律征收,大部分由税收收入和政府垄断经营所得组成,少部分来自王室领地和其他。

③ 参见[英]梅特兰:《英格兰宪政史》,李红海译,中国政法大学出版社2010年版,第280~281页。

④ 同上书,第286~287页。

⑤ 英国《权利法案》(1689年10月)第4条。参见[德]格奥尔格·耶利内克:《〈人权与公民权利宣言〉——现代宪法史论》,李锦辉译,商务印书馆2013年版,第66页。

⑥ 参见[美]哈罗德·J.伯尔曼:《法律与革命——新教改革对西方法律传统的影响》(第2卷),苗文龙、袁瑜琤译,法律出版社2008年版,第177~178页。

⑦ 参见[德]奥托·迈耶:《德国行政法》,刘飞译,商务印书馆2014年版,第52页。

⑧ 参见[德]格奥格·耶利内克:《主观公法权利体系》,曾韬、赵天书译,中国政法大学出版社2012年版,第55页。

国王与国家分离,导致税收作为国王个人收入与国家收入的完全剥离。即便仅仅实现最有限的目的,国家也必须有足够的收入。[1]一般来说,国家无外乎3种收入来源:国家保有或创造的财产或收益;直接税收;间接税收。[2]从性质上来讲,无外乎强制性的公法收入和非强制性的私法收入两种方式。主要表现为征税,以及国有土地出让、国有企业资产增值、专营专卖、发行公债等。18世纪以前,国有土地及其他国有财政收入在国家财政收入中占重要地位。当期德国官房学派即缘此而兴起,非常注重对国有财产的管理和利用。[3]宪法保障私有财产权,原则上禁止国家自行营利,因而税收构成国家财政需求的大部分,也是私有财产秩序中的主要内涵。[4]

2. 国家收入到权利成本的升华

税收成为权利保障的成本是历史发展的必然结果,事实上也背离其最初人为设定的曲线轨迹。根据柏林考察,古希腊罗马时代的权利意识并未萌芽,诸如个人隐私权之类的权利观念最早不超过16世纪才在西方出现。[5]可以说,早在古代社会就存在一条铁律,臣民享有的自由越多则税收越重。在政治宽和的国家,对于过重税赋的一种补偿就是自由和权利;而在专制国家,对自由的补偿则为较轻的税赋。[6] 那时候的大多数共和国增加税赋不被抵触的主要理由在于人民缴税是为了自身权利且也有负担能力;君主政体增加税赋的正当理由则基于贤明君主对法律的尊重;专制国家则不可能增税因为劳役已达于极端。[7]英国洛克(1632~1704年)提出,政府需要大量经费才能维持,每个人都需要拿出一部分财产来维持政府。[8] 而孟德斯鸠(1689~1755年)则认为,国家税收是每个公民给付的自己财产的一部分,以确保他快乐而安全地享

---

① 参见[德]威廉·冯·洪堡:《论国家的作用》,林荣远、冯兴元译,中国社会科学出版社1998年版,第169页。

② 同上书,第170页。

③ 参见葛克昌:《税法基本问题》,北京大学出版社2004年版,第49页。

④ 参见葛克昌:《所得税与宪法》,北京大学出版社2004年版,第11页。

⑤ 参见[英]以赛亚·柏林:《自由四论》,陈晓林译,台北,联经出版事业股份有限公司1986年版,第238~239页。

⑥ 参见[法]孟德斯鸠:《论法的精神》(上卷),许明龙译,商务印书馆2012年版,第260页。

⑦ 同上书,第261页。

⑧ 参见[英]约翰·洛克:《政府论》(下册),叶启芳、瞿菊农译,商务印书馆1964年版,第88页。

受其他财产。[①]现代(民族)国家的确立,民族认同使现代政治共同体得以形成,通过立法保障私有产权、市场经济以及现代价值的主导地位,个人权利成为社会活动和制度正当性的最终根据。[②] 从现代意义讲,税收是权利的成本。个人的绝对权利,是指最基本、最严格意义上的个人权利,即在自然状态下享有、无论置身任何社会均有权享受的权利。保障个人的绝对权利及其行使是社会首要目标。绝对权利产生于国家和社会形成之后,是社会权利即相对权利的起源,因此,人法的首要目的显然就是维护并规范个人的绝对权利。[③]到了现代美国,个人权利,包括私有财产权,一般由税而不是由费保障的。个人权利被视为公共物品,不是私人物品。权利保护的质量与程度依赖于公共成本,也依赖于私人支出。权利有预算成本,也有社会成本。专门地关注预算也是关注于个人自由如何从根本上依赖于政府机关操持的集体捐赠的最简单办法。[④] 私人自由有公共成本,不仅包括获得社会保障的权利,而且适用于财产权、言论自由等传统权利。[⑤] 从某种意义上讲,公共财政成了保护个人财产和自由的集体资产。于是,一种以纳税人为中心的税收概念逐步建构,即税收不仅追求财政收入而且应考量纳税人和国民整体福祉。简言之,"税收取之于,民用之于民",即纳税人有按照宪法法律纳税的义务,国家亦承担按照人权保障等宪法价值进行财政开支的义务;即在征收上符合平等量能课税原则,在使用上符合公共福祉。

世界上没有比确定公民缴纳多少和保留多少更智慧的事情了。确定国家收入的依据不在于公民能拿出多少,而是应该拿多少。[⑥]单从结果来看,税收已经成为公民权利的成本,但并不要求对价给付、对等享受,对纳税人的课税不以受益付费为原则,即个人税收负担不以受领国家给付的多少为标准,而是按个人的税收负担能力承担税收债务。[⑦] 而且对纳税人的权利保护同样贯穿

---

① 参见[法]孟德斯鸠:《论法的精神》(上卷),许明龙译,商务印书馆2012年版,第252页。

② 参见金观涛:《探索现代社会的起源》,社会科学文献出版社2010年版,第28页。

③ 参见[英]威廉·布莱克斯通:《英国法释义》(第1卷),游云庭、缪苗译,上海人民出版社2006年版,第142~144页。

④ 参见[美]史蒂芬·霍尔姆斯、凯斯·R.桑斯坦:《权利的成本——为什么自由依赖于税》,毕竟悦译,北京大学出版社2011年版,第7~8页。

⑤ 同上书,第160页。

⑥ 参见[法]孟德斯鸠:《论法的精神》(上卷),许明龙译,商务印书馆2012年版,第253页。

⑦ Klaus Tipke, Die Steuerrechtsordnung I, 2. Aufl., 2000, S. 402f. 转引自陈清秀:《社会国家原则在税法上之运用》(上),载《台湾法学杂志》2010年第164期。

到了税收征收的全过程,对纳税人权利的重视程度并非片面强调纳税权益为唯一要素,而在于实现税法上的利益平衡,即实现国家利益、社会公共利益、关系人利益和纳税人利益和谐共处、互促共赢。①

(二)政治因子:个人治权·法律意志·公共服务

1. 绝对的个人治权到相对的法律意志

直至公元前6世纪,人类才开始仔细思考人与人之间的关系,第一次反思固有信仰、法律等制度,并决心进行变革和重整。②古希腊的柏拉图、亚里士多德等"哲学王""乌托邦"学术思想影响了几个世纪。后来,在古罗马治权概念基础上,主权被重构为一种为王权辩护的工具,通过正义手段保障和平的义务和权力,蕴含在王位本身,成为重构"治权"概念的基本要素,而"治权"成为国王的财产,还是一种绝对权。国王通常被认为享有一种独立于土地的人身权力;王位不仅是一种宗主权,还是一种财产权,发布命令的权力也是一种类似财产权的权利。③ 正如卢瓦索所言,国王根据法定的财产权享有主权权力;"治权"是一种贵族身份权,必然是一种财产权。④ 国王是神圣的人物,即便他自己不是神,至少也是神权化身。⑤ 从奴隶社会到封建社会,国王仍然是伟大的公正赐予者,国王负责根据正义原则维持和平。正如卢夏尔(Luchaire)指出,教会不仅使国王成为正义源泉,而且世俗性的封建制度建构的共识基础也在于正义与和平的君主职位目的。⑥从11世纪下半叶开始,主权从王室贵族享有变为君主独享。博丹理解的主权就是单纯的王权。第一个在本源封建意义上使用"主权"一词的莱勒也认为,主权就是国王行使的权力的总称。⑦当个人履行国家职能时便成了国家机关,个人身份不是独立的权利,而是拥有国家

① 参见陈清秀:《利益均衡在税法上之运用》,载《东吴法律学报》2009年第20卷第3期。

② 参见[英]赫伯特·乔治·威尔斯:《文明的故事》,高尧译,时代出版传媒股份有限公司、安徽人民出版社2012年版,第267页。

③ 参见[法]狄骥:《公法的变迁》,郑戈译,中国法制出版社2010年版,第11~12页。

④ 同上书,第13页。

⑤ 参见[英]伯特兰·罗素:《权力论——新社会分析》,吴友三译,商务印书馆1991年版,第25页。

⑥ 参见[法]狄骥:《公法的变迁》,郑戈译,中国法制出版社2010年版,第11页。

⑦ De la Souveraineté du roi, liv. I, ch. li. 转引自[法]狄骥:《公法的变迁》,郑戈译,中国法制出版社2010年版,第13页。

职权;在法律层面,统治者不是君主个人人格而是国王。[①]中世纪的普通法视国王为一国之父,国王保护臣民福祉,臣民效忠国王;国王承担增强社会福祉的职责并拥有与现代类似的警察权力。[②]一般而言,贤明的国王都尽可能通过王权来实现社会财富增长和社会福祉保障,尽管法院始终坚持王权应在法定范围内行使。现代意义上的国家概念直至16世纪末才姗姗来到,特指"与统治者和被统治者相分离的公共权力,它构成了某一有限领土内的最高政治权威"。[③] 拉班特(Laband)指出,"所谓统治,是命令自由人行为不作为和给付及强制其遵从的权利"。[④]斯金纳(1904~1990年)认为,现代国家概念发端于意大利完成于法国,其标志为博丹的《国家论六卷》。[⑤] 17~18世纪,法国主权被视为国王手中的命令权,与财产权同类。1770年法令强调主权至上,宣称所有人制定的法律均不得限制主权。[⑥] 1821年黑格尔提出王权本身包括3个环节即:国家制度和法律的普遍性,作为特殊对普遍关心的咨议和作为自我规定的最后决断。[⑦]英国法学家威廉·布莱克斯通(1723~1780年)指出,英国国王最根本的职责是依照法律统治他的人民。"国王应服从于上帝、服从于法律,因为法律创造了国王。如果不根据法律治理国家,他就不是名副其实的国王。"[⑧]个人财产和国家财产的界分和平衡,国家如何管理,私人财产的有效保护,开始进入政治视野。在这个过程中,国家(国王)取得财产的方式和保护私产的职能也发生了变化。人们渴望用国家来取代国王,国王是权利主体,主权的持有者,国家主权也无本质区别。

很长一段时间,国家的本质被理解为一种发布命令而不必服从任何其他意志的意志。[⑨]国家是否应服从法律,或者是否存在一种超乎国家的法律,不

---

① 参见[德]格奥格·耶利内克:《主观公法权利体系》,曾韬、赵天书译,中国政法大学出版社2012年版,第124页。

② 参见[美]罗斯科·庞德:《普通法的精神》(中文修订版),唐前宏等译,法律出版社2010年版,第39页。

③ [英]昆廷·斯金纳:《现代政治思想的基础》(下卷),剑桥大学出版社1978年版,第353页。

④ [日]美浓部达吉:《公法与私法》,黄冯明译,中国政法大学出版社2003年版,第76页。

⑤ 参见宝成关主编:《政治学思想史》,湖南教育出版社2004年版,第117~118页。

⑥ 参见[法]狄骥:《公法的变迁》,郑戈译,中国法制出版社2010年版,第15页。

⑦ 参见[德]黑格尔:《法哲学原理》,范扬、张企泰译,商务印书馆1961年版,第292页。

⑧ [英]威廉·布莱克斯通:《英国法释义》(第1卷),游云庭、缪苗译,上海人民出版社2006年版,第260~261页。

⑨ 参见[法]狄骥:《法律与国家》,冷静译,中国法制出版社2010年版,第8页。

受任何意志支配的主权国家与高于自己制定的法律规则成了一对悖论。德国法学家关于“国家有权划定自身的管辖范围”[①]的破解之策并非根本奏效。1789年法国和美国,将主权国家的概念建立在社会契约或原始契约的假定上,[②]即个人自愿牺牲部分天赋人权,形成一种集体自我或称公共的自我。个人自治优先于国家意志,国家存在的目的就是保障这种自治,促进自由发展。个人负有内在的义务而将个体组织成国家。[③]事实上,国家在从君主国到警察国再到法治国的演变过程中,国家的普遍性权力也被纳入法律形式和结构中了。[④]

2. 纯粹的国家权力到积极的公共服务

国家是一个伟大的制度,各种制度有机垒成,从某种意义上讲乃是一种权力的组织,以公共服务理念为基础并存续。国家被看作一种以公共服务为理想塑造而成的继续性的权力组织。[⑤]国家不仅是法律的渊源,还是法律的产物;国家和国家法不是两个不同事物,而是不同视角下的同一事物。[⑥]国家是一个客观存在的法人实体,具有一定权利能力的公共权力主体(支配权主体),拥有支配权的国家根据自己的意志服从法律,[⑦]因而属于“法治国”。也就是说,法律必须对国家职能进行限制,国家和公民互负义务。[⑧]而权力和法律本身并非目的,只是达成目的的手段,国家目的及权利与法律的目的都是保护维系社会。从而,演变为掌权者的两种义务:[⑨]积极方面,介入并提供有利于实现社会连带的个人活动的保障;消极方面,不得妨碍个人与社会和谐依赖共存的活动。1791年《权利宣言》宣称,主权的所有来源来自国家,属于国家。[⑩]从那时起,公共服务的概念逐渐将主权的概念取而代之并成为公法的基础。[⑪]那么,权力不再是一种权利,而成为一种纯粹的行为能力,即采取行动的

---

① 参见[法]狄骥:《法律与国家》,冷静译,中国法制出版社2010年版,第8页。
② 同上书,第14页。
③ 同上书,第51页。
④ 参见[德]奥托·迈耶:《德国行政法》,刘飞译,商务印书馆2013年版,第58页。
⑤ 参见杨兆龙:《大陆法与英美法的区别》,北京大学出版社2009年版,第242页。
⑥ 参见[德]拉德布鲁赫:《法学导论》,米健译,商务印书馆2013年版,第53页。
⑦ 参见[法]狄骥:《法律与国家》,冷静译,中国法制出版社2010年版,第146页。
⑧ 同上书,第152页。
⑨ 同上书,第220页。
⑩ 参见[法]狄骥:《公法的变迁》,郑戈译,中国法制出版社2010年版,第16页。
⑪ 同上书,第33页。

权力，即便权力走向衰落其义务仍旧存留，掌权者只能在履行职责的范围内要求人们服从。①国家的权利，无论是刑罚权还是财政权等，并非单为国家自身利益，而是内含义务性并受为社会公共利益而合法正当行使拘束。②主权者，无论形式怎么样，其职责取决于人们赋予主权所要达到的目的，最初的目的在于求得安全。③ 纯粹意义上的有限政府对内对外只有保障身体安全这一个职能，对外安全也可以保留在私人领域。④ 然而，国家的职责在不断扩张延伸，从最初的一种与法律秩序联系非常松散的军事联合体，到后来增加了两项重要职能即确定国王为国家永久和确保追随者的财富；⑤此后延伸至保障援助权、就业权和受教育权。⑥ 国家不仅应履行其所有的义务，还须组织建立保障其义务实现的实体。⑦国家既要维护个体的存在，也要促成权利实现，促进个体福利，这种追求福利成为国家的一般性行动。安全、公正和保护是政府的最重要职能，而其他职能大体表现为鼓励非政府性质的主动性，并且宽容地为其存在创造机会。⑧ 掌握权力与履行义务之间变得更加密切，公共服务成为政府的义务行为。经济变革让家庭经济被民族经济取代，个体自给自足有了国家的兜底保障。政府具有了某种必须实现的功能，国家存在的目的，成了保障社会安全和福祉。

国家的一切事务，根本上都是为了人民的利益。国家的职能在不断拓宽和扩张，公用事业的组织与运营成本也在不断增加，提供公共产品需要人民给付税收成本，税收成本的提高相应拓展了政府的控制领域。然而，即便是对人民有利的行为也并非不加控制，其合法性关键在于其行为目的应与国家客观法、社会价值相吻合。超出公共服务目标的行为动机属于权力滥用，而动机良

---

① 参见［法］狄骥：《公法的变迁》，郑戈译，中国法制出版社 2010 年版，第 39 ~ 40 页。

② 参见［日］美浓部达吉：《公法与私法》，黄冯明译，中国政法大学出版社 2003 年版，第 109 页。

③ 参见［英］霍布斯：《利维坦》，黎思复、黎廷弼译，商务印书馆 1985 年版，第 260 页。

④ 参见［美］理查德·A. 波斯纳：《正义/司法的经济学》，苏力译，中国政法大学出版社 2002 年版，第 121 页。

⑤ 参见［奥］尤根·埃利希：《法律社会学基本原理》，叶名怡、袁震译，中国社会科学出版社 2009 年版，第 101 页。

⑥ 参见［法］狄骥：《法律与国家》，冷静译，中国法制出版社 2010 年版，第 16 页。

⑦ 同上书，第 18 页。

⑧ 参见［英］伯特兰·罗素：《权威和个人》，储智勇译，商务印书馆 2010 年版，第 76 页。

好但超出权限的则为误用职权。[①]因而传统公法假设的权力关系和国家功能很多方面被修正,社会法大量地赋予人民对国家的给付请求权,国家不仅保护人民财产和安全而且提供财产;环境法则使国家负有保持生态环境"永续"存在的义务。[②]当国家责任制度成熟起来,国家成为政府基于共同利益提供公共服务的整体,[③]为了人民、国家或社会的共同利益、保障和安全而设立政府,在所有政府形式中,能提供最大幸福和安全且能有效防止弊政风险的政府就是最好的政府。[④]

(三)经济因子:任性征税·有限干预·课税禁区

1. 重农主义下的任性征税

从某种意义上来讲,农业社会的直接税制的征税对象和限度是不设禁区的,既直接伤及税本,也打击再生产和商业繁荣。农业和牧业在人类历史的很长时间内一直是最古老的行业,这构成了早期人类的一个基本特征。我国古代社会稳定的原因在于宗法阶级和农田等制度,[⑤]宗法渐衰,从人关系变为从地关系,[⑥]渐而衍生出重农抑商观念。此观念初成于春秋战国时期,成熟于汉唐,稳定地成为中国封建专制的基本国策,使国家富庶、社会稳定从根本上取决于国家能否把人民与土地捆绑起来,对商人压制,减轻农民赋税而引导民众归于田亩。[⑦]因而在前现代的国家,税收往往依赖土地和矿产等容易衡量的自然资源,[⑧]以及大量具有明显人身依附关系的劳动力。我国古代税收有3种基本征收形式,即劳役、实物和货币。在重农主义制度下,人的力量因其作用连工作也变成了商品,人力也必须同样被征税。[⑨]因商品货币经济不发达,到封建社会后期,货币形式才成为国家税收的基本征收形式。农业是古代社会

---

① 参见[法]狄骥:《公法的变迁》,郑戈译,中国法制出版社2010年版,第119页。

② 参见苏永钦:《寻找新民法》,北京大学出版社2012年版,第252页。

③ 参见[法]狄骥:《公法的变迁》,郑戈译,中国法制出版社2010年版,第182页。

④ 美国弗吉尼亚《权利宣言》(1776年6月)第3条。参见[德]格奥尔格·耶利内克:《〈人权与公民权利宣言〉——现代宪法史论》,李锦辉译,商务印书馆2013年版,第63页。

⑤ 参见萧公权:《中国政治思想史》,新星出版社2010年版,第13~14页。

⑥ 同上书,第74页。

⑦ 参见宝成关:《政治学思想史》,湖南教育出版社2004年版,第364~365页。

⑧ See Margaret Levi, *Of Rule and Revenue*, pp. 34–36. 转引自林宗弘:《户口的政治——中国大陆与台湾户籍制度之历史比较》,载《中国大陆研究》第57卷第1期。

⑨ 参见[德]威廉·冯·洪堡:《论国家的作用》,林荣远、冯兴元译,中国社会科学出版社1998年版,第170页。

最主要的物质生产部门，也是古代国家赋税的主要来源。[①] 在我国古代，绝大部分时期征税对象均与土地、盐、铁、人力等基本生产要素有关，实行简单的比例税率或从量、从价计征；因"重农抑商"政策的连续实施等原因，绝大部分时期工商税不占主要地位。[②] 我国汉代轻徭薄赋，田赋为主，主张耕者有其田，税额规定十五税一；辅之以禁区捕鱼伐木的关税；最后政府实行"盐铁专营"[③]取得收入。[④]唐朝的田赋制度为"租庸调"；[⑤]宋朝将一切税赋项目合并，将对田地的"租"、对丁役的"庸"和对户籍的"调"并入田租。[⑥] 即便到了商品经济萌芽发展的明朝，征税对象仍是基本的物质资料甚至主要是生活必需品。这种以实物为主要征税对象的税制，最易伤害税收根本，侵害人民权益，引发社会动荡，直至政权更替。明朝有盐税、茶税、矿税、关税、门摊市肆税、契税、塌房税、酒醋税、鱼课和织造等。[⑦]田赋仍是明朝最重要的税收形式。黄仁宇考察明代后期的田赋，其复杂程度丝毫不亚于美国20世纪的个人所得税。[⑧] 但明朝始终未将白银确定为官方标准，仍以粮食的石数作为基本财政单位。[⑨]当时带有财政责任的服役原则上由富裕人家承担，貌似有了一些累进税制的影子。[⑩] 可见，处在中国历史上即将转型的关键时代，封建后期的明朝只是被动地呈现为一个兼具内向和非竞争性的国家，其历史具有极纵横曲折的多面性格。[⑪] 重农抑商主义的源远流长并发挥作用，是中国始终没有走向资本主义发展道路的重要原因之一。

18世纪中叶，法国仍处在农业经济主导的落后封建社会，国家财政收入

---

① 参见张守军：《中国古代的赋税与劳役》，商务印书馆1998年版，第7~8页。

② 宋代农业仍是社会主要经济部门，但田赋在赋税结构中却不占主导，专卖收入、商税、矿税等逐渐升居主要地位。宋元时曾一度有超过田赋收入的趋势，但明清，田赋仍是主要财政收入。参见孙翊刚主编：《中国赋税史》，中国税务出版社2007年版，第163页、第192页、第239页。

③ 盐铁专营和官卖制度，钱穆先生称之为与德国人首创的"国家社会主义"类似。

④ 参见钱穆：《中国历代政治得失》（新校对本），九州出版社2012年版，第21~25页。

⑤ 同上书，第60~61页。

⑥ 同上书，第91页。

⑦ 参见王奕编：《中国工商税收史资料选编》（明代），中国财政经济出版社1992年版，第17~826页。

⑧ 参见黄仁宇：《十六世纪明代中国之财政与税收》，生活·读书·新知三联书店2007年版，第119页。

⑨ 同上书，第123~124页。

⑩ 参见黄仁宇：《中国大历史》，生活·读书·新知三联书店2007年版，第203页。

⑪ 同上书，第197页。

主要来自农业,缺乏工业的支撑,导致农民税费负担过重、农业经济破坏极大。新兴的资产阶级提出恢复和振兴农业,于是产生了重农主义经济学派。该学派的创始人和最重要代表人物为魁奈,其认为农业是唯一的税收来源,农业产出的"纯产品"是唯一可靠的征税对象,对其他环节征税最终也会转嫁到"纯产品"。①美国殖民地时期,各殖民地货币稀缺,修筑道路时普遍采用劳务税。每个成年人有义务以货币、产品或劳务等任一种形式缴税。②纵贯美国历史的多数时期,美国人也一直在处理关于什么样的经济安排最适合自治的问题。托马斯·杰弗逊在其1781年左右隐退期间所著的《弗吉尼亚札记》中指出,反对国内大规模发展制造业,因为农业生活方式有利于塑造有品质的自治公民,"那些在土地上劳作的人是上帝的选民""真正美德的化身"。③

2. 重商主义下的有限干预

古希腊的经济生活关系主题是为了满足而生产和分配,在一定程度上的货币经济发展促进了商业发展和商品交换。罗马经济历史也沿着类似的发展轨迹,从自给自足的小农经济孕育出规模经济,为罗马社会脱离农业经济形态发展工商业经济奠定了基础。④重商主义诞生于西欧封建制度解体和资本主义生产方式兴起时期,16~17世纪该理论学说蓬勃兴旺。从根本上说,英国是重商主义的策源地。16世纪下半叶以后西欧国家间往来贸易增多,晚期重商主义者开始认识到货币投入流通和增加货币财富的重要性。英国晚期重商主义的著名代表托马斯·孟主张对出口商品课税要轻,以利于本国商品以较低价格进入外国市场,繁荣对外贸易增加国家财富。⑤重商主义某种意义上催化促进了现代国家的产生,直接导致王公收入增加,间接提高了居民纳税能力。重商主义理论家和政治家清醒地认识到,纳税能力是国家富裕的源泉,因而从政策上鼓励最大可能增加人口并养活他们,提高纳税人基数,最大限度向

---

① 参见曾康华:《当代西方税收理论与税制改革研究》,中国税务出版社2011年版,第157页。

② 参见[美]劳伦斯·M. 弗里德曼:《美国法律史》,苏彦新等译,中国社会科学出版社2007年版,第58页。

③ 参见[美]迈克尔·桑德尔:《民主的不满》,曾纪茂译,江苏人民出版社2012年版,第146页。

④ 参见[德]乌茨·施利斯基:《经济公法》,喻文光译,法律出版社2006年版,第11页。

⑤ 参见曾康华:《当代西方税收理论与税制改革研究》,中国税务出版社2011年版,第155页。

国外销售本国产品(成品而不是原材料)。[①]亚当·斯密(1723~1790年)总体认为,税收会阻碍社会财富的增长;少的税收是好的税收,繁重的赋税会促使商人减少经营规模;最好的税收是不干预经济自由发展,既不进行补贴,也不对货物征税。[②]即各种税收均对再生产产生侵蚀效应,因而必须把税收对生产的负面作用降到最低。重商主义在国民经济发展史起过的作用毋庸置疑,后来逐渐被自由贸易主义的浪潮所吞噬。

国家干预在以个人本位为中心的启蒙主义思想盛行的经济时代大幅减弱,经济自由主义成为时代主旋律,主张市场竞争是调整经济的“看不见的手”,竞争成为个体经济自由排除国家经济妨碍及限制获得财富的过程和条件。[③]古典经济学派极度排斥国家干预经济,认为国家仅承担维护国家安全、立法及调整人们关系、建立公共机关和提供公共工程。除此之外,国家不得介入经济运行,主张政府应为最低开支成本的廉价政府。[④]国家是夜警国家,担负着“守夜人”角色;而实际上纯粹的经济自由主义并未在德国全面实行,这时期德国废除了境内关税并确定了工商业自由。[⑤]到了近代,经济生活也纳入专制君主统治范围,经济统治成为满足自我经济和实现政治权力的重要手段,而新出现的“福利经济”的国家职能成为统治正当性的理论基础。[⑥]德国的重商主义,又称计臣学。尽管当时德国被划分为不同的诸侯统治领地,但国家通过农业、民族或宗教政策干预实现提升经济能力和满足本国自给自足也是专制统治的基本要求和重要内容。国家财政向税收财政的转变,促进了财政管理和商业管理等部门的设立。强烈的国家干预是重商主义时期的显著特征,这种干预对象包括国家自己从事的经济活动。[⑦]

3. 市场主导下的课税禁区

市场,是一种以法治为基础的良好秩序。“秩序”,从狭义来说意味着服

---

① 参见[德]马克斯·韦伯:《经济与社会》(下卷),林荣远译,商务印书馆1997年版,第727~728页。

② 参见[英]坎南编:《亚当·斯密关于法律、警察、岁入及军备的演讲》,陈福生、陈振骅译,商务印书馆1962年版,第36页、第31页、第221页、第244页、第196页、第235页。

③ 参见[德]乌茨·施利斯基:《经济公法》,喻文光译,法律出版社2006年版,第16页。

④ 参见曾康华:《当代西方税收理论与税制改革研究》,中国税务出版社2011年版,第4页。

⑤ 参见[德]乌茨·施利斯基:《经济公法》,喻文光译,法律出版社2006年版,第17页。

⑥ 同上书,第15页。

⑦ 同上书,第15~16页。

从,政府应得到人民的服从,这是完成其他目的之必要条件。“秩序”是保持一切已有种类和数量的利益,而“进步”则界定并增进这些利益。[①] 财政税收制度是人们熟悉的秩序领域事项,一个促进秩序的财税制度,同样也有利于进步;反言之,一切有碍于人民财富增长和道德提升的失效财税制度,如严重失误则可导致人民贫困和道德败坏。[②]换言之,大自然对人类是公平的,人越辛劳获得的报酬越多;倘若专横剥夺自然对人类的报酬,会让人对劳动再度厌恶,极度挫伤创造社会财富的热情。[③]是以国家通过在宪法上设权保障私有财产及权利自由、营造良好经济秩序,激发个体活力和私有财产营利可能,从而在参与分配中得一杯羹。

从广义上来讲,国家对社会生活的任何介入都归属于国家干预的范畴,从这个意义上来说,所有法律都是国家干预客观存在的社会经济生活的方式和结果,经济法上的国家干预是狭义的,[④]其特定内涵与外延体现在国家干预的有效性、有限性和救济性。几百年前就有先哲对此保持警醒。1817 年英国学者大卫·李嘉图指出,“凡属赋税,都有减杀蓄积力的倾向。要看出赋税的害处,与其在对象上观察,毋宁在总结果上观察”。[⑤] 1831 年英国经济学者理查德·琼斯就注意到了研究税收与“社会财富”(经济生产)的关系,[⑥]“作为整体的税收,也许实际上可能估计国家可以从人民的共同财富中分享到多大程度而不会引起生产后退,以及多大限度,超过这个限度会促使财富来源枯竭”。[⑦]德国新历史学派的代表人物阿道夫·瓦格纳(1835～1917 年)提出了国民经济原则,即国家征税不得阻滞国民经济发展、伤害税源;应慎重选择税源,征税对象以所得为最优,辅之以某些资产或财产;也要慎重选取税种,考量税负转嫁问题;尽可能促进资本升值集聚,推动经济发展。[⑧] 英国经济学家凯

---

① 参见[英]J. S. 密尔:《代议制政府》,汪瑄译,商务印书馆 1982 年版,第 15～16 页。

② 同上书,第 18 页。

③ 参见[法]孟德斯鸠:《论法的精神》(上卷),许明龙译,商务印书馆 2012 年版,第 253 页。

④ 参见李昌麒主编:《经济法理念研究》,法律出版社 2009 年版,第 139 页。

⑤ 参见[英]大卫·李嘉图:《政治经济学及赋税原理》,郭大力、王亚南译,凤凰出版传媒集团、译林出版社 2011 年版,第 79 页。

⑥ 马尔萨斯定义,财富是由那些对人类是必需的、有用的,或者惬意的物质东西构成的。参见[英]理查德·琼斯:《论财富的分配和赋税的来源》,于树生译,商务印书馆 1994 年版,第 1 页。

⑦ 参见[英]理查德·琼斯:《论财富的分配和赋税的来源》,于树生译,商务印书馆 1994 年版,第 18 页。

⑧ 参见张守文:《税法学》,法律出版社 2011 年版,第 19 页。

恩斯指出,国家从总体经济调控角度作出经济计划和调控是必要的,可避免经济问题和经济危机。目前来看,国家干预凸显为现代经济法的本质特征。①税收成为国家财政收入的主要来源,成为国家干预的成本,作为国家保障经济和营业自由的对价。且言之,税收法定,属于具有双方代表性的"事前同意",该"约定"不得违反;任意开征或随意减征税收,二者均或可引发"租税国危机"。② 国家干预是主观的、有限的和矫正性的资源配置,只是补充手段,市场失灵的范围就是国家制度补位的空间。政府虽基于公共利益而介入市场,但因其组成人员的自然人特性,因为难以完全摆脱经济人追逐利益最大化的本能驱动,一方面应尽可能扩大政府干预的外部综合效益,另一方面应尽可能抑制政府干预的内在利益冲动。比例原则是宪法上的基本原则,比例原则在税收领域的运用表现为"过度禁止原则",不能因过度追求国库利益而戮力征税,否则可能导致私人财产权制度乃至整个社会经济基础分崩离析。为维持人类的既有财富,国家赋税政策宜附加在收入上而不是资本上,尽量不伤害经济存量而只针对经济增量。

(四)法治因子:社会契约·形式法治·实质法治

1. 对社会契约论的集中批判

卢梭1762年在其旷世名作《社会契约论》中构想的理想社会,人们以社会契约联合,必须绝对服从区别于虽同为全体人民的意志却以个人利益为取向的"众意",这种"公意"总以公共利益为取向且始终被当作正确意志,同时被视为社会存在的基础和国家统治的依据和法之源泉。卢梭眼中的法治国家,无论何种行政形态都统称为共和国;理由是此种状态下公共利益才能优先,公共事务才具有某种重要性;③主张从人治或有组织的权力的统治,转向一般法则的统治,即向作为公意行为的法治的方向发展。④

稍加考察,卢梭的社会契约学说并没有获得西方学界的一体认同,而是一直饱经责难和广受质疑。亚当·斯密提出公开质疑,认为政治社会并非起源于社会契约,因为任何一个社会都有类似政府的东西,而且税收早于社会契

---

① 参见李昌麒主编:《经济法理念研究》,法律出版社2009年版,第138页。

② 参见葛克昌:《租税国危机及其宪法课题》,载葛克昌:《国家学与国家法》,台北,元照出版公司1997年版,第99页。

③ 参见[日]大木雅夫:《东西方的法观念比较》,华夏、战宪斌译,北京大学出版社2004年版,第52~53页。

④ 同上书,第54页。

约;因代际隔阂,前一代人的契约无法直接移转为下一代人的契约;社会契约难以解释外国人纳税问题。[①]约翰·奥斯丁(1790~1859年)对原始契约理论预设给予了彻底否定:社会契约的假设,不仅是一个虚构而且是一个毫无现实可能的虚构;国家的建立或独立政治社会的形成从来不可能以一个所谓的准确意义上的原始契约或类似的东西为基础。[②] 泰奥多·德萨米(1803~1850年)认为卢梭错误的真正原因在于,他缺乏哲学和社会科学的一套清晰而完整的思想,因而很难使其道德充盈活力。[③] 梅因(1822~1888年)在其《古代法》中对卢梭毫不留情地进行了批判,认为他既犯了法律上的错误,也犯了通俗的错误;把理论完全建立在原始"社会契约"学说的基础上,这个"社会契约"正是错误所形成的一种最具系统性的形式。[④] 耶利内克(1851~1911年)更是一针见血地指出,社会契约理论实际上只有一条规定,即个人权利完全地转化为公意。个人从进入国家的那一刻起就不再享有任何个别的个人权利。公意本身是它自身界限的唯一判断者,它不应该也不能被任何关于权力的法律所限制。[⑤]其实,早在卢梭提出其理论之前,1740年大卫·休谟就在《人性论》明确提出,文明社会并非源自社会契约,而是基于人们对他人合作能够获得利益的认识。[⑥] 利益才是驱动社会发展的动力和源泉,也是人与人和谐相处的关键所在。进言之,对社会契约论的批判可集中概括为以下几点:[⑦]前提不存在,即所谓的"自然状态"从未曾存在;条件不现实,即"完全自主的个人"不现实;程序不真实,即人民从未真正表达过"同意";目的不明确,即人民为了更大利益而牺牲少量私益。

---

① 参见[英]坎南编:《亚当·斯密关于法律、警察、岁入及军备的演讲》,陈福生、陈振骅译,商务印书馆1962年版,第38~39页。

② 参见[英]约翰·奥斯丁:《法理学的范围》,刘星译,中国法制出版社2002年版,第346~347页。

③ 参见[法]泰奥多·德萨米:《公有法典》,黄建华、姜亚洲译,译林出版社2014年版,第189页。

④ 参见[英]亨利·萨姆奈·梅因:《古代法》,高敏、瞿慧虹译,中国社会科学出版社2009年版,第236页。

⑤ 参见[德]格奥尔格·耶利内克:《〈人权与公民权利宣言〉——现代宪法史论》,李锦辉译,商务印书馆2013年版,第6~7页。

⑥ 参见[英]彼得·斯坦、约翰·香德:《西方社会的法律价值》,王献平译,中国法制出版社2004年版,第22页。

⑦ 参见[美]布莱恩·Z.塔玛纳哈:《一般法理学:以法律与社会的关系为视角》,郑海平译,中国政法大学出版社2012年版,第78页。

实质上，他的理论贡献在于唤起人们对自由的渴望、对权利的觉醒，争取思想解放，挣脱封建专制束缚，而非提供制度建构的可行性方案。而且这种由集体感性抽象出来的“公意”，一是不能确保永远正确，二是对如何达成统一的一致意见缺乏可行性。忽视卢梭理论的社会背景和历史局限性，照搬过来解决中国理论问题，难免会让人大跌眼镜。事实上，社会契约理论最终没有成为法国大革命建立政权的直接指导思想根源，而是以革命者制定的实定法替代了以“公意”为基础的观念法，并且严格贯彻实定法。追求法治国家的目的在于利用法律来约束公权力，特别是行政权。1789 年 8 月 26 日颁布的《人权宣言》本身就是反对《社会契约论》的，仅某些条款受后者影响，其观念本身是从其他来源而来的。①1795 年宪法尊严宣告，“不坦率、不虔诚地遵守法律的人，就不是一个善良的人”，“公然违反法律的人，应视为与社会对抗”。1804 年颁布的《法国民法典》，使法的神圣观念和法的绝对观念得到绝对确立。种种表明，革命政权的方针明显在于贯彻法治。②因此，此时法国的形式法治国，法的绝对观念、法律至上在一定程度上异化成了法条至上。

2. 对法治国家梦的不懈追求

国家是一个靠法律秩序力量而取得的民族政治生活的形式。③一个共同管理的政治世界，起初由国家及其权力促建，而法律秩序则将权力武断控制在合理的最低限度，确保有组织、有秩序的生活。法治国，德文为“Rechtsstaat”，英文为“law-based state”，源于近代德国思想家康德、费希特等人的政治学说，强调权力控制和权利保障的有机结合，国家与法律合一，国家即法律秩序。④凯尔森发展了国家与法律的统一性学说。这种学说好像将国家一直置于法律之中，亦不曾有过不法行径。然而，国家不仅是法律实质概念，还是法律内容概念。⑤保障法的安定性成为国家立法的法律基础，则它必然也是立法的界限，即国家仅能基于法律的效力稳定而拥有立法权。但是，还应注意，原始状态下的法治国思想意指国家受到先验人权和超然自然法的约束，并且应当肯

---

① 参见［德］格奥尔格·耶利内克：《〈人权与公民权利宣言〉——现代宪法史论》，李锦辉译，商务印书馆 2013 年版，第 8 页。

② 参见［日］大木雅夫：《东西方的法观念比较》，华夏、战宪斌译，北京大学出版社 2004 年版，第 54 ~ 57 页。

③ 参见杨兆龙：《大陆法与英美法的区别》，北京大学出版社 2009 年版，第 228 页。

④ 参见张文显：《法哲学范畴研究》（修订版），中国政法大学出版社 2001 年版，第 157 页。

⑤ 参见［德］G. 拉德布鲁赫：《法哲学》，王朴译，法律出版社 2005 年版，第 184 页。

定法律理念运用的意义,而不仅是个人与国家之间关系的法律概念的运用。[1]

最初的德国传统学说将税收征收权视为国家一项当然的无限制的权力,只要满足法律规定的形式要件,国民就应无条件的向国家履行金钱给付义务。在德国,由于过分强调实定法的重要性,忽视了法所应有的实质内涵,这种只重形式、不重法的实质内涵的"形式意义法治国"不幸被纳粹政权所利用,希特勒在"法律"的掩护下推行极权统治,恣意践踏人权。[2] 法律的终极权力来自国家的强制力,而法律不得人心的时候就没有力量可言了。[3]经历国家社会主义的暴虐时代后,德国波恩基本法重新把自由精神列入法治国的核心内容,转向保障市民人格自由和政治自由,使所有公权力的行使都要受法的约束的方向。形式的法治国以行政行为的合法性为满足,而实质的法治国追求法本身应实现人的尊严、自由、平等理念,实质法治国达到了针对自由现代社会所带来的各种矛盾,国家机关的任务不是一味放任和无条件保护,而应当在国民生活的各个领域积极发挥并干涉、计划、分配和形成的功能。[4]法治国,根植于人性尊严的维护及由此派生的基本权利保障和权力分立原则;[5]依法统治,国家治理经由个人为之受法律约束;追求实质正义亦应遵守正当程序;不得重复处罚;维护人民权利、法秩序安定和诚实信用。民主法治国家,税收非仅为政治现实,而是寓含宪法理念,象征主权,确保多数统治和代议意思的形成与实现。[6]

现代社会国要成为法治国,必须在社会政策上严守补充性原则。两种现代社会形式具有互补性。[7] 国家仅是个体自由实现的协助者,协助方式主要通过税收且与自我救助相比仅得作为补充,国家不得握有资源分配权。自由法治国,因严格遵守最小政府理念,故税收目的仅限于财政收入。辅助原则倡

① 参见[德]G. 拉德布鲁赫:《法哲学》,王朴译,法律出版社2005年版,第186页。

② 参见李贵连:《法治是什么——从贵族法治到民主法治》,广西师范大学出版社2013年版,第106~107页。

③ 参见[英]伯特兰·罗素:《权力论——新社会分析》,吴友三译,商务印书馆1991年版,第25页。

④ Hesse, aaoO. S. 565f. 转引自[日]大木雅夫:《东西方的法观念比较》,华夏、战宪斌译,北京大学出版社2004年版,第74~75页。

⑤ E. Schmidt-Assmann, Der Rechtsstaat, HStR1, 1987, 24Rn, 69f. 转引自葛克昌:《税捐权利救济之法治国要求》,载《月旦法学教室》2011年第99期。

⑥ J. Isensee, Steuerstaat als Staatsform, in FS für Ipsen, 1977, S. 426. 转引自葛克昌:《行政程序与纳税人基本权》,北京大学出版社2005年版,第103页。

⑦ 参见葛克昌:《制度性保障和地方税》,载《法令月刊》2008年第5期。

导社会小团体自助优先规则，社会大团体只有在小团体不能或不再能自我救助时才伸出援助之手；不仅适用公权力主体之间，也适用国家和社会之间，即私人自我实现和利益追求优先于国家行为。20 世纪中叶以来，社会法治国理念勃兴，倡导国家不仅系国家秩序的维护者，而且是国家秩序的形成者。[①] 随着国家职能和任务扩张，财政收入不再为税收唯一目的，为了塑造社会正义秩序，国家须得穷尽一切手段包括财税政策，如通过税收优惠或额外税收负担等方式引导公民行为。社会国家指国家有义务建构一个经济发展、文明繁荣、保障基本生存的社会制度。社会国家原则，并非一条一般性的纲领原则，而是一项具体的有约束力的宪法规范，主要约束立法者。社会国原则可推演出禁止放任经济完全自由发展的原则，即宏观调控的宪法原则；但本身并不能推导出具体的国家任务，故只能通过立法来规定国家的具体社会调控任务，如通过规定或调整税收、国家救济救助与公共投资等多种方式。[②] 国家对社会功能的介入须有充足理由，且当国家职权与社会职能存在冲突或疑义时，则该事项或领域应划归社会。在经济领域，凭私人力量即可实现经济目的则排除国家干预。总体经济平衡原则，即经济宪法的国家目标要求必须根据总体经济平衡的需要编制财政预算，即有利于国家履行如下义务：促进市场经济制度下的物价水平稳定、就业率维持较高、外贸经济平衡和经济持续稳定增长。财政预算具有经济政策功能，通过国家财政政策可影响国民经济内需，还需通过立法预防和克服财政赤字，[③]还要充分发挥中央和地方的积极性，促进城乡、区域协调发展。

二、构成要件溯源：脱胎刑事程序

（一）构成要件词源：从程序到实体

“法律就是这么写的”（lex ita scripta est），法律事实就是立法早已设定了的，何必多费心思去探求其渊源和理据呢？[④] 给予肯定答案的，正好与 1868 年耶林讥讽的“法律机器中毫无思想可言的齿轮”言论者对号入座，即他号召

---

① 参见葛克昌：《奢侈税及其宪法界限》，载《月旦法学杂志》2009 年第 169 期。

② 参见［德］乌茨·施利斯基：《经济公法》，喻文光译，法律出版社 2006 年版，第 105 页。

③ 同上书，第 108～109 页。

④ 参见［德］鲁道夫·冯·耶林：《法学是一门科学吗？》，李君韬译，法律出版社 2010 年版，第 47 页。

法学应与其“殊死斗争”[①]的实证主义者。不可否认,法学的科学品格及其科学特性必须扎根于实证法的土壤,也生长在教义学的疆域。

构成要件脱胎于刑事程序,后发展为实体概念,这条轨迹已经被众人佐证。据日本学者小野清一郎、德国学者布伦斯和哈尔等考证,“构成要件”一词源自拉丁语的“corpus delicti”(犯罪的根本事实简称“罪体”)。[②] 继续向上追溯词源,则是从13世纪中期意大利的纠问程序中的“constare de delicto”(犯罪的确证)衍生而来。那个年代意大利的纠问程序中法官与追诉人是同一人,分为一般纠问(inquisitio generalis)与特别纠问(inquisitio specialis)。一般纠问,确定是否实施了犯罪行为,如被确认即进入特别纠问程序。在一般纠问中,对实施犯罪事实的证明就称为“constare de delicm”。1581年意大利刑法学者法利那休斯(Pfosper Farinacius)最先使用该词,用来指“已被证明的犯罪事实的东西”。[③] 1796年库莱因将“corpus delicti”翻译成德语“Tatbestand”(构成要件),但仍是程序法的概念。此后经斯鸠贝尔和费尔巴哈发展演绎成为一个实体刑法意义上的概念。[④]由此可见,所谓的“构成要件”,经历了“constare de delicto”—“corpus delicti”—“Tatbestand”的词源演变过程,而且由于实体法与程序法分离,“Tatbestand”成为刑法上的概念,而“corpus delicti”保留为刑事诉讼法的概念。但19世纪,刑法学上并未出现现代意义上的构成要件理论,“Tatbestand”仅使用在犯罪事实和法定犯罪成立诸条件上,并被区分为一般构成要件和特殊构成要件,以及主观构成要件和客观构成要件。可是这个时期,构成要件已经超越刑法学科,成为通用法学概念,并且移用到哲学、心理学等领域。作为法学通用概念的构成要件,指一定法律效果发生所必

---

① 耶林称,每个时代的法律科学都会清楚看到,它的死敌就出在实证主义身上,它必须通过与实证主义进行殊死斗争的考验。

② 参见[日]小野清一郎:《犯罪构成要件理论》,王泰译,中国人民公安大学出版社2004年版,第2页。

③ 同上书,第2~3页;马克昌:《犯罪通论》,武汉大学出版社2006年版,第60页;[日]齐藤由纪:《犯罪事实与构成要件》,齐虹丽译,载《昆明理工大学学报》(社会科学版)2009年第3期。

④ 参见陈兴良:《犯罪构成的体系性思考》,载《法制和社会发展》2000年第3期;马克昌:《犯罪通论》,武汉大学出版社2006年版,第60页;欧阳本祺:《犯罪构成诞生的权力分析》,载《法律科学》2012年第4期;王充:《论德国古典犯罪论体系——以贝林(Beling)的构成理论为对象》,载京师刑事法治网。

备的法定事实条件的总和，是法律上的、抽象的、观念性的概念。[①]可见，"Tatbestand"经历了从刑事程序到实体法，从事实层面到抽象法律概念的演变过程。

德语"Tatbestand"，其含义源远流长且飘忽不定，在早期德国刑法学中泛指构成刑罚的法律效果的一切法律要件。然而时过境迁，非从旧不变，有学者考证构成要件（Tatbestand），当前在德国语境中至少具有3种基本意义与用法：[②]法理学上指法律规范中作为构成法律后果前提的要素或情节总和；刑法学上禁止行为的抽象描述；刑法学上禁止行为类型违法内容的诸要素。即构成要件，既是法理学中的通用概念，也可作为刑法上构成要件整体意义上的抽象概念，也使用在刑法具体犯罪构成要件的要素上。那么，作为法理学通用概念，加上不同前缀则可表达不同意义，如税收构成要件、侵权构成要件、犯罪构成要件等。连德国学者也莫衷一是，认为构成要件具体指什么，取决于构造这一概念的功能；以至于有学者说，构成要件既是法理学上包罗万象的概念，也是刑法学中颇具争议的基础概念。[③]有学者统计，仅德国法学中加了修饰词的构成要件的用法就达21种之多，[④]进一步归纳无外乎3种情形，即犯罪构成要件、广义的构成要件和狭义的构成要件。[⑤]

通过上述对构成要件的溯古论今，不难发现其内在特征：(1)开放性。既是法学概念，也是哲学、心理学等学科概念；不仅是法理学通用概念，而且广泛用于部门法学；既有特定内涵，也可加其前缀赋予新的含义。(2)功能性。尽管用法繁多、含义多样，但是一旦用于某一特定学科或特定领域即具有特定构造和特有功能。(3)后果性。往往与某种法律效果相联系，一旦满足其全部条件或者违反某一要件即产生法定后果。(4)规范性。其内容一般事先由法

---

① 参见[日]小野清一郎：《犯罪构成要件理论》，王泰译，中国人民公安大学出版社2004年版，第5页。

② 参见蔡桂生：《构成要件论》，中国人民大学出版社2015年版，第5～6页。

③ 参见[德]韦塞尔斯、博伊尔克：《刑法总论》42版，第116页；[德]拉克纳、屈尔：《刑法典评注》27版，第15页。转引自蔡桂生：《构成要件论》，中国人民大学出版社2015年版，第7页。

④ 具体有：法定的构成要件、犯罪论总论意义上的构成要件、不法构成要件、刑罚构成要件、犯罪的构成要件、指导形象构成要件、客观构成要件、主观构成要件、故意构成要件、整体不法构成要件、罪责构成要件、体系的构成要件、刑罚威胁构成要件、认识错误的构成要件、保障的构成要件、法理学意义上的构成要件、广义的构成要件、整体的构成要件和狭义的构成要件等。参见蔡桂生：《构成要件论》，中国人民大学出版社2015年版，第8～13页。

⑤ 参见蔡桂生：《构成要件论》，中国人民大学出版社2015年版，第13页。

律作出规定,设置了明确的、具体的条件、假定和法律后果,规定了规范的事实构成和确定的法律结果。(5)整体性。作为一个整体性概念,概括了所有要素和条件,既有学理上的意义也有实践指导价值。(6)个素性。它往往由多个单个具体的要素、条件构成,其符合性既指整体要件的符合性也包括具体要件的满足性。

(二)构成要件涅槃:从法学到法外

截至2015年11月29日的数据,以"构成要件"为关键词在"中国知网"搜索,按显示的学科分类分组统计结果见表1:

表1 构成要件学科呈现统计

学科	"构成要件"为关键词的相关子学科及分组文章篇数							
法学	民商法(60680)	刑法(54873)	经济法(31633)	诉讼法与司法制度(30301)	行政法及地方法制(25098)	法理、法史(23694)	国际法(10037)	宪法(2629)
政治学	中国政治与国际政治(3701)	行政学及国家行政管理(3656)	政治学(1205)					
经济学	宏观经济管理与可持续发展(5899)	企业经济(5261)	金融(5218)	贸易经济(2979)	工业经济(2276)	农业经济(2244)	证券(1883)	财政与税收(1658)
其他学科	人才与劳动科学(3169)	环境科学与资源利用(2809)	高等教育(2666)	新闻与传播(2383)	出版(1879)	医药卫生政策及法律法规(1518)	中国文学(1455)	社会学及统计学(1291)

备注:括号内数字为截止检索目的相关文章篇数。

可初步得出这样的结论:"构成要件"一词在我国的活跃程度早已超出法学领域,成为政治、经济、社会、文化等诸多学科的通用主题词;不能否认的是,法学仍然是该关键词活动最频繁、涉及面最广、学术成果相对最多的学科,从法学通论到具体法学,从根本大法到部门子法,从公法学到私法学,从国内法学到国际法学,概莫遗漏;而且在具体使用频次上与前文对"构成要件"的词源追溯轨迹基本吻合,民商法、刑法、经济法仍是前驱的"三驾马车",尤以民商法和刑法为盛,可谓并驾齐驱。可断定,某一词汇概念的生命力取决于它的内涵和外延,也决定于历史与未来一脉相承的纽带,从某种意义上讲,这也是该词作为本书核心主题的某种合理性论证。

三、构成要件类型:鉴视相邻学科

(一)犯罪行为构成要件:犯罪行为的类型化

1. 犯罪类型的指导形象

一般认为,现代的大陆法系犯罪构成理论形成于20世纪初期,集大成者公推德国刑法学者恩施特·贝林。1906年他提出了"抽象的、特别的、客观的构成要件",即"刑事法律的构成要件"。[①] 他强调区分法定构成要件和一般事实要件,把构成要件视为"犯罪类型的外部轮廓",后变更为"犯罪类型的指导形象",构成要件是纯客观的、纯粹记叙性的、形式上规定的。贝林认为,有责的违法性行为只有在法有明文规定下才具有可罚性。法定刑与犯罪类型相生相存,划分犯罪类型的根据为:法定刑与犯罪类型相配;而法定刑又在法定犯罪类型基础上有所波动。[②]犯罪类型是一个由不同要素组成的整体,这些要素多且复杂,要单独可辨必须回到"观念的指导形象"即法律的构成要件。[③]如果把犯罪类型分解成构成要素,则首要要素即"法定的构成要件"。他提出,法定构成要件是纯粹的功能性概念,与规定的犯罪类型只有对应才具有价值。进而推论:任何一种行为方式,无法一眼判断出属于现行法定构成要件;存在一种行为方式同时归属不同犯罪类型构成要件的可能;存在同样的法定构成要件包含数个犯罪类型的可能;从两个不同构成要件中提炼出来的指导形象能够揭示出本质相同的或宽或窄的观念印象。[④]贝林认为,依据构成要件一般可认定行为的违法性及可罚性,且同样适用判断行为的有责性。犯罪类型不是法定的构成要件,而法定构成要件是先于犯罪类型存在的指导形象;犯罪是类型化的违法有责行为,且无法律的刑罚排除事由。[⑤]故此,构成要件成为刑法学中当仁不让的统一标尺。M. E. 迈耶随后以贝林构成要件理论基础进行修正,认为构成要件符合性应区别于违法性,前者是认识后者的最重要的根据,二者是烟与火的关系,构成要件是违法性的表征。他同拿格尔、费歇尔等一同主张构成要件中应包括主观要素,并首次提出还应包括法官评价的规范

---

① 参见[德]恩施特·贝林:《构成要件理论》,王安异译,中国人民公安大学出版社2006年版,第1页。

② 同上书,第2页。

③ 同上书,第4~5页。

④ 同上书,第7~8页。

⑤ 同上书,第27页。

要素的观点。[1]迈耶构成要件理论并没有脱离贝林理论的整体框架，没有真正划清违法性和有责性的界限。

2. 违法有责的法律类型

1926年左右，日本学者引进构成要件理论时将“Tatbestand”译成“构成要件”，至今仍被普遍接受，[2]但时至今日定义口径不一。通说认为，现实的犯罪行为符合构成要件称作“构成要件符合性”，和违法性、有责性并列为犯罪成立三大要件之一。日本学者小野清一郎（1891～1986年）是日本较早研究构成要件、做出重要贡献的学者之一。他将构成要件概括为，对违法且应负道义责任的行为进行类型化的观念形象（定型），是作为刑罚根据的概念性规定；[3]是违法有责行为类型化、抽象化的法律概念。[4] 同时指出，贝林和迈耶把构成要件、违法性和有责性并列考虑不妥，这三者并非并列而是有所重合。[5]进而提出，将违法性和有责性分开讨论，只是理论需要。他认为，构成要件本质上在特殊的类型化的形式中就一并包含违法性和道义责任；构成要件既是不法类型、违法类型，也是责任类型，是违法且有责的行为类型、犯罪类型；[6]是违法性的类型化，也是道义责任的类型化；是可罚的违法有责行为的法律定型。[7] 小野清一郎认为，犯罪的构成要件，包括规范要素和主观要素。构成要件的规范要素，是指构成要件中不仅要有确定的事实，而且将规范评价视为必要部分。[8]同时认为构成要件主观要素本质上属于违法性类型化还是道义责任类型化，这个问题并不重要，仅因分顺序、分阶段才有必要在理论上区分。一般责任条件的故意和过失，在类型化和特殊化限度内应属于构成要件。[9]构成要件的核心问题是行为，[10]刑法上的责任，本质上是伦理的、道义上的责任，

---

① 参见马克昌：《比较刑法原理——外国刑法学总论》，武汉大学出版社2002年版，第104～105页。

② 同上书，第100～101页。

③ 参见［日］小野清一郎：《犯罪构成要件理论》，王泰译，中国人民公安大学2004年版，第17页。

④ 同上书，第57页。

⑤ 同上书，第29～30页。

⑥ 同上书，第38页。

⑦ 同上书，第40页。

⑧ 同上书，第56页。

⑨ 同上书，第69页。

⑩ 同上书，第70页。

但最终是行为责任;[①]构成要件是类型性、概念性的,一般的、抽象的把握行为事实。[②] 构成要件作为不法行为的观念形象,包含主观方面和客观方面,并且应作为一个整体考虑。

3. 一维的犯罪判断标准

马克思学说为社会主义犯罪构成学说解决犯罪构成的主观结构和客观结构的关系问题提供了一把钥匙,对犯罪主体及其行为进行辩证评价。犯罪构成的要素包括表明主体本身和表征行为本身两类情况。责任能力不是犯罪构成的要素,而是认定有罪和判刑的条件;年龄是责任的主观要件。每个犯罪行为都是危害社会的行为,犯罪构成的事实特征的总和决定行为的危害性质。行为的社会危害性是每个犯罪构成的本质属性。[③]社会危害性和违法性不是犯罪构成的个别要件,而是要件总和。苏联学者特拉伊宁认为,犯罪构成的要素,就是决定犯罪具有危害性及危害程度的全部事实特征中的每一个特征。凡是法律规定的犯罪构成的要素,不存在可有可无,而是同等重要,缺一个要素则犯罪构成不能成立。[④]关于犯罪构成的分类,特拉伊宁提出首先要摒弃犯罪构成的主观结构和客观结构的划分方法。犯罪构成是诸犯罪的具体要素总和,永远是现实的、具体的、统一的,[⑤]所有的犯罪构成都搜集和归纳在分则里,按结构的基础、[⑥]行为的社会危害程度[⑦]和构成的法律结构分为三类。[⑧]他不赞同将客体、客观方面、主体和主观方面当作犯罪构成要素,而将犯罪构成的要素分为 4 类:犯罪客体的构成要素、犯罪客观方面的构成要素、犯罪主体的构成要素和犯罪主观方面的构成要素。[⑨]最终,苏联犯罪的成立标准以一维的犯罪构成取代了西方构成的符合性、违法性和有责性

---

① 参见[日]小野清一郎:《犯罪构成要件理论》,王泰译,中国人民公安大学 2004 年版,第 72 页。

② 同上书,第 73 页。

③ 参见[苏]A. H. 特拉伊宁:《犯罪构成的一般学说》,薛秉忠等译,中国人民大学出版社 1958 年版,第 61 ~ 63 页。

④ 同上书,第 70 页。

⑤ 同上书,第 81 页。

⑥ 简单的犯罪构成,分为叙述的和空白的两类;复杂的犯罪构成,分为选择的构成、包括两个行为的构成、包括两个罪过形式的构成、包含两个客体的构成。

⑦ 分为社会危害性较小的、基本的、社会危害性较大的三类。

⑧ 参见[苏]A. H. 特拉伊宁:《犯罪构成的一般学说》,薛秉忠等译,中国人民大学出版社 1958 年版,第 81 页。

⑨ 同上书,第 99 ~ 100 页。

的三维标准。

我国解释"犯罪构成"(constitution of crime),是指依照刑法规定的,决定某一具体行为的社会危害性及其程度,决定该行为构成或成立犯罪所必需的一切主观要件和客观要件的有机统一。①传统的犯罪构成,包括犯罪客体、犯罪的客观方面、犯罪主体和犯罪的主观方面。② 犯罪构成要件理论,"它的意义在于为决定是否科处刑罚这一重大的利益侵害提供尺度",③既是犯罪成立的标准要件,也是对何种行为科处刑罚的深刻理由。目前,至少可以在以下层面获得共识:应从整体上把握犯罪构成要件,其核心问题是刑法行为,它统摄了违法性、有责性,是类型化的违法有责行为的法律类型,是判断犯罪成立的统一标尺。构成要件的要素既是客观的、记述的,也包含规范的、主观的要素;既有积极要素,也有消极要素。从理论探讨深度和层次来看,更多是在实定法框架下对行为的"入罪与出罪"多划定一条私权保障的理论安全线,是一种被动防御而没有主动注重立法指导。

(二)民事行为构成要件:民事行为的规范化

在德法民法典中搜寻构成要件的影踪,《德国民法典》并未见其滴墨构成要件;《法国民法典》④规定"契约有效成立的要件"为:一是负担债务当事人的同意;二是订约能力;三是构成义务承诺内容的确定标的;四是债的合法原因。⑤

我国民法标杆性人物均在其著作中对"构成要件"进行了专题论述,开展债法理论研究。罗马法泰斗周枏(1908~2004年)专门研究了罗马法上法律行为的构成,分为要素、常素和偶素。法律行为的要素指法律行为缺一不可的条件,包括:(1)当事人。须有行为能力,意思表示真实。(2)标的。确定性,可能性,正当性,利益性。(3)方式。即行为人意思表示的表现形式。法律行为的常素,不是成立要件,而是法律对某一种具体法律行为所规定的当然条

---

① 参见《中国大百科全书》编辑部编辑:《中国大百科全书》(法学),中国大百科全书出版社2006年版,第97页。

② 参见马克昌:《犯罪通论》,武汉大学出版社2006年版,第87页。

③ [日]西原春夫:《构成要件的概念与构成要件的理论》,陈家林译,载《法律科学》2007年第5期。

④ 《法国民法典》1804年施行,至今年过200,多次修订已经成为一部现代资本主义社会的民法典,修订内容主要集中在身份能力、产品责任和人身保护上,尤其2004年来对婚姻家庭及继承方面的修改幅度较大。

⑤ 参见《法国民法典》,罗结珍译,北京大学出版社2010年版,第296页。

款,排除或变更与否不影响其成立。法律行为的偶素,既不是成立要件,也不是法律规定的当然条款,而是当事人合法合理的任意约定的附加条款。①他指出,罗马法上致人损害的违法行为的构成要件为:(1)行为造成损害;(2)须有不法侵害行为;(3)不法行为与损害之间须有因果关系;(4)行为人须有责任能力;(5)行为人须有过错。②民法学者梅仲协(1900~1971年)的《民法要义》(1943年初版)将构成法律行为内容的种种元素分为要素、常素和偶素三种。③芮沐(1908~2011年)在其《民法法律行为理论之全部》(1948年初版)一书中将法律行为成分界定为要素、常素和偶素三端。④民法大师史尚宽(1898~1970年)的《民法总论》(1970年初版)将法律行为定性为发生私法上效力的法律要件,将法律行为的成立要件(Tatbestand)称为法律行为成立所必要之事实。法律行为内容有效要件包括内容确定、内容可能、内容合法、社会内容妥当性。⑤其更早著作《债法总论》(1954年版)将债权成立要件概括为:主体要件、内容要件和主观要件。⑥侵权行为要件大体分为3个要件:须有归责性的意思状态、存在违法行为、因果律致损。细分为6个要件:责任能力、故意过失、不法或不当行为、侵害或损害他人权益、损害发生、侵害行为与损害之间具有因果关系。⑦民法大师谢怀栻将“法律事实”⑧视为法律要件。⑨ 张俊浩总结侵权行为的法律构成要件包括:损害要件、因果关系要件、违法性要件、过失要件和责任能力要件。⑩梁慧星将法律行为的要件分为成立要件和生效要件,均分为一般要件和特别要件。一般成立要件包括当事人、标的和意思表示等3项;一般生效要件则指当事人具有相应行为能力、意思表示真实、标的合法、标的须可能和确定。⑪张新宝主张侵权责任的四要件说,即侵害行为的违

---

① 参见周枏:《罗马法原论》(下册),商务印书馆2005年版,第632~649页。

② 同上书,第842~845页。

③ 参见梅仲协:《民法要义》,中国政法大学出版社2004年版,第90~91页。

④ 参见芮沐:《民法法律行为理论之全部》,中国政法大学出版社2003年版,第76页。

⑤ 参见史尚宽:《民法总论》,中国政法大学出版社2000年版,第306~334页。

⑥ 参见史尚宽:《债法总论》,中国政法大学出版社2000年版,第14页。

⑦ 同上书,第111页。

⑧ 罗马法谚有云:“请给我Tatbestand(事实情况),我将给你正义。”

⑨ 参见谢怀栻:《外国民商法精要》(增补版),法律出版社2006年版,第182页。

⑩ 参见张俊浩主编:《民法学原理》(修订版第3版,下册),中国政法大学出版社2000年版,第908页。

⑪ 参见梁慧星:《民法总论》,法律出版社2007年版,第168页。

法性、损害、加害行为与损害之间存在因果关系、行为人过错。①

（三）构成要件法律模型：公私行为的统摄化

由上可知，刑法、民法和经济法是“构成要件”最活跃的三个领域，而且已经形成了通识性的法律模型以及基本要素构成，限于篇幅，列表简述如表2所示：

表2 构成要件的法律模型和基本要素

构成要件法律模型	构成要件基本要素			
犯罪行为构成要件	犯罪主体	犯罪客体	主观方面	客观方面
行政行为构成要件	主体要素	内容要素	意思裁量	程序要件
民事行为构成要件	主体	标的物	意思表示	外在形式

备注：按法律强力高低，依次展示“构成要件”之于刑事法、行政法和民事法的法律模型及基本要素。

犯罪行为的类型化、行政行为的制衡化、民事行为的规范化，充分体现了构成要件法律模型的统摄功能。虽然不同法律关系的原则理念、调整对象等泾渭分明、界限明晰，但事实上这种界限并非没有勾连，公法和私法具有法律原因的共通性，②即二者发生、变更和消灭原因的法律事实即法律要件具有共通的倾向，而且共同服从于宪法法律的基本价值。无法律则无刑罚，无法律即无行为。无论是公法领域的国家债务，还是私法领域的民事债务，均是法律秩序下构成要件模型的具体体现，这些构成要件法律模型的设计，既体现了部门法的特殊性，也反映了法律体系的共通性，共同指法律规范规定的成立法律后果的所有前提要素和条件的总和，具有法定性、整体性、明确性、后果性等特征。区分不同部门法的构成要件，最大的区别是主观要件在具体的构成要件要素的地位和作用不同。法律行为，③旨在产生特定法律效果的私人意思表示，而且是人们希望依法产生的法律效果。法律行为的概念是所有在法律秩

① 参见张新宝：《侵权责任法原理》，中国人民大学出版社2005年版，第50页。

② 参见［日］美浓部达吉：《公法与私法》，黄冯明译，中国政法大学出版社2003年版，第89～90页。

③ 《德国民法典》未对法律行为的概念作规定；德国《民法典第一草案》的编纂者也有意回避其定义，但《立法理由书》I第126页作了详细表述。参见［德］维尔纳·弗卢梅：《法律行为论》，迟颖译，法律出版社2013年版，第26页。

序(民事法)中形成的各种行为类型(如买卖合同、债权让与等)的抽象,其目的在于使个体能够以意思自治的方式制定规则来形成、变更和消灭法律关系,即实现私法自治原则。[①] 事实上,法律秩序中意思自治形成法律关系的各种行为,虽然大多数非法律有意识的创造,但这些行为类型在进入法律秩序前就早已存在在人们的交易活动中。法律行为和意思表示在很多情形下被同义互用,其原因在于意思表示本身的重要性,或仅被作为法律行为构成要件看待。[②]公法上的法律关系,只要不是直接依法产生,就通常由公权机关单方面形成,即所谓的行政行为。普遍认为,行政行为并非私法概念上的法律行为,适用依法行政原则而非私法自治原则,所以意思要素退居其次,其主要问题在于内容的合法性。[③]福斯特霍夫曾对法律行为与行政行为在意思表示上的区别有过精辟论断:[④]"患有精神病的公务员实施的具有合法性且客观上正确的行政行为"属有效行为;而精神病人实施的法律行为即便对其有利,也会因欠缺意思自治能力而导致无效。

四、构成要件嬗变:融合公私法域

(一)税收构成要件理论轮廓

税收构成要件理论发端于德国,是构成公法之债之一的税收债务的基石。德国关于税收债务的成立,曾经有两种对立理论学说。德国行政法权威奥托·迈耶(Otto Mayer)力倡"权力说",强调征纳主体之间为权力服从关系,税收债权债务的存在与否,须征税主体的"课税处分"确定,强调行政权力对税收债权债务的重要性。课税行政处分是一种创设纳税义务而非单纯的确定纳税义务的行为,这种行政处分的性质等同于刑事判决,即当发生符合刑法上构成要件的行为时,并不当即行使刑罚权,而必须经法院审判定罪量刑。与警察权行使轨迹相似,征税权的形式为"法律—课税处分—滞纳处分—罚则"。学者保利克(Paulick)的观点与之一脉相系,认为税收法律关系是上下权力服

---

① 参见[德]维尔纳·弗卢梅:《法律行为论》,迟颖译,法律出版社2013年版,第27页。

② 同上书,第29页。

③ 同上书,第47~49页。

④ 《行政法》§11,2。转引自[德]维尔纳·弗卢梅:《法律行为论》,迟颖译,法律出版社2013年版,第49页。

从关系,即税收债权人与税收债务人之间的公法权力义务关系。[①]还有学者主张,税收债权的产生是继续性的,其成立始于税收构成要件实现,终止于税收核定,因而税收债务未被核定前是一种附停止条件的债权。查核的税款,除以扣缴方式征收外,直至被核定之时才具有实现的现实可能。[②]如果税法特别规定税收债务关系中请求权的主张以及金额大小的确定,以征税机关的裁量决定为前提,那么税收债权请求权直到行使裁量权时才发生。[③]与"权力说"不同,阿尔伯特·亨泽尔(Albert Hensel)提出"债务说",即税收法律关系是以国家行使税收债权、纳税人履行税收债务为主要内容的关系,国家与纳税人之间是公法债务关系,即公法上的债权人与债务人的关系。税收债务的成立与否,并不决定于征税机关的行政处分,而是决定于税法规定的税收构成要件是否满足。[④] 即税收债务成立与否,以税收构成要件的满足为条件,而构成要件的内容又直接由法律作出规定。征收机关和纳税义务人的行为不影响税收债务的成立与否,从这个意义上讲,在极大程度上排除了征纳双方协商的可能,维护了税法的权威性、统一性和严肃性。

1920年阿尔伯特·亨泽尔将税收债务关系学说体系引进日本,至今仍为日本税收法学的重要基础。有学者总结税收债务关系说的基本逻辑为:法律预先规定税收构成要件,如从事A交易须承担Y税义务;私人预期存在Y税义务仍从事X活动。[⑤] 笔者不尽赞同,第一项当无异议,然而第二项则不能成立,税收构成要件从理论到立法均不包括具体的纳税人主观要素,不必要求其主观意识,只需其经济活动等基础事实满足构成要件即成立税收债务。税法关系的逻辑起点,依附在经济关系、经济行为、经济财产等之上的第二次调整,是国家对私人财产的第二次分配。以税收构成要件理论为基础的税收债务关系直接拓开了公法债务领域,开辟了运用构成要件对税收债务进行系统化理

---

① Ick,Lehruch des allgemeinen Steuerrechts,3Aufl. 1977,Rz. 150. 转引自葛克昌:《税法基本问题》(财政宪法篇),北京大学出版社2004年版,第78页。

② Sohn,Steuerrechtliche Folgenbeseitigung durch Erstattung,1973,S. 24. 转引自陈清秀:《税法总论》,台北,元照出版公司2012年版,第296页。

③ Koch/Halaczinsky,AO,3. Aufl. ,1986,§ 38 Rn. 3. 转引自陈清秀:《税法总论》,台北,元照出版公司2012年版,第296页。

④ 参见[日]金子宏:《日本税法原理》,刘多田等译,中国财政经济出版社1989年版,第18~20页。

⑤ 参见[日]藤谷武史:《申报纳税方式下的纳税人权利保护》,郑庭侑译,载《月旦财经法杂志》2010年第20期。

论研究道路,进而驱动税法从特别行政法、民事法中脱离出来,发展成为一门独立的法学学科。但不可否认,税法关系是税收债务关系和权力关系的二元结构,尽管税收债务关系是税法的中心,但也不排除税法中存在权力关系,而税法关系是以私法法律关系为原因事实,离不开私法国家权力与公民权利,因而税收构成要件成为融通公私法关系的反应器和平衡塔。

笔者观察,税收构成要件理论,直接与税法先进性和税制发达程度相关,某种意义上是市场经济的产物。借鉴并建构税收构成要件理论体系,为立法、执法、守法等开凿理论源泉。我国亟须拓展税收构成要件说。事实上,我国税法学界虽未提出税收构成要件的完整理论学说,但在我国近代就已经存在按照税收构成要件构筑税法的雏形。如我国近代税法学者吴崇毅在其《财政立法原理》(1934 年商务印书馆出版)一书中将税法内容分为:租税设立、课税物及纳税人、租税税率、租税征收期、租税额估计方式、纳税地点、免税减税、违法处罚及制裁。目前,税收构成要件理论研究还有待深入,而各个税种构成要件的要素有待提炼并上升为法律规范。"税收构成要件"这个词作为整体,虽没有正式进入我国立法视野成为立法语言,仅在相关条文中依稀可看到其散落隐藏的身影。《中华人民共和国税收征收管理法实施细则》(以下简称《税收征管法实施细则》)和《税务行政复议规则》等规定的"纳税人、扣缴义务人、纳税担保人"在某种程度上与税收构成要件基本要素的"纳税主体"对应;"征税对象、征税范围、计税依据"与征税客体契合;税率为构成要件要素之一;"纳税期限、纳税地点、征税方式"等则属程序性要件。

(二)税收构成要件要素类别

"要素",《辞海》解释:构成事物必不可少的因素,组成系统的基本单元。税收构成要件是一个系统,其成分主要由构成要素决定。如前所述,民事行为的构成分为要素、常素、偶素,而对税收构成要件而言,尽管基础经济活动关系属于意思自治范畴,但并不允许主体增加、减少或任意变更构成要件要素而人为改变税收债务的成立与否,故并不能比照该分类进行论述。通过抽象概念形成构成要件,主要法律事件具备概念的要素,即可轻而易举将其统摄于构成要件之下。①

抽象要素和具体要素。抽象的构成要件要素,是指税收债务之所以成立、是否存在、不同税种债务均具备区分于其他公法债务的要件要素。具体的构

① 参见[德]卡尔·拉伦茨:《法学方法论》,陈爱娥译,商务印书馆 2003 年版,第 319 页。

成要件要素，是单个税种、具体纳税人确定具体债务的构成要件要素。

构成要素和超过要素。税收构成要件要素是纳税义务成立的要件要素，即税收债务成立意义上的要素，包括纳税义务人、税收客体、税基、归属和税率五大要素。至于申报期限、纳税时间、纳税地点等影响税收债务具体确定的要素，则属于超出构成要件的要素，更多体现为技术性要素。

主观要素和客观要素。税收构成要件要素中虽包括纳税人这一主观要素，但对其意思表示、行为能力、责任能力等并不关注，而是重点考量其客观的税收负担能力。如果需要纳税人认可或者以未意识到为由推脱纳税义务，那对国家财政收入的税收功能来说无疑不可想象。但并不因此否定主观要素对于超出税收债务成立上的意义，积极的主观要素有助于提高税法遵从度减低征收成本，消极的主观要素有助于辨识惩戒纳税人偷、逃、骗、抗等行为。至于税收客体、税基等要素原则上皆为客观要素。

规范要素和记叙要素。只需进行事实判断、感知的认识活动即可确定的要素为记叙的构成要件要素，如税法规定土地使用税的税基为纳税人实际占用的土地面积。税法上并非单纯的事实描述而是抽象概括的空白规定，需要进行规范评价、价值判断的即为规范的税收构成要件要素，如作为企业所得税法规定的征税对象“所得”。

（三）税收构成要件特征分析

哪些社会事实列为法律事实，从而具有规范意义，属于立法问题。法律事实的主要特征为：具体性、事实性和受规范性；而构成要件的特征在于一般性、抽象性和规范性。①税收构成要件是客观和主观的统一、形式和实质的统一、技术和规范的统一。

法定性。其属于税收法定的核心内容，要求合乎宪法的精神，对应形式法治国和实质法治国原则。② 税收构成要件的结构、内容、要素和法律意义等严格法定，作为整体而言，税收构成要件是税收债务成立的唯一法定标准；作为要素而言，税收构成要件的基本要素必须适用严格的法律保留原则，而非基本要件要素及超出构成要件的要素，允许通过行政立法或委托授权进行补充规定。

---

① 参见黄茂荣：《法学方法与现代民法》（第5版），法律出版社2007年版，第241页。

② Jescheck/Weigend, AT. S. 26. 转引自林山田：《刑法通论》（上册），北京大学出版社2012年版，第46页。

合致性。其或称符合性,即纷繁复杂的鲜活社会经济事实关系,一旦满足税收构成要件规定的类型事实,即产生税收债务;不得用完全不同的法定类型事实来套用不符合的经济事实关系,给纳税人产生额外负担。

可税性。其在某种意义上对应犯罪构成要件的可罚性,展开对某种客体、某类纳税人是否施加税收负担的伦理义务和法定义务的综合论证。不是所有具有可税性的客体均纳入税收构成要件要素,除考虑伦理、经济等因素外,还要考量征纳成本、技术可行性等要素。

实质性。税收构成要件是可税性和负担性的载体和表现形式,其实质内容在于确定应税与否、哪些税收客体纳入征税范围,以及具体的税目与可量化计算的税基和税率;并且区分所得、财产和行为等不同征税对象的税收负担能力,最终确定具有不同财产支付能力的纳税人的具体税收债务。

统摄性。税收构成要件事实是私法领域的经济生活事件和行为,本质上一个税收构成要件对应一个税种,而即便是同一税种下的具体征税事实也是复杂多样的,这就要求税收构成要件具有统摄性和包容性,因而立法事先对具体的、鲜活的、繁多的生活事实进行高度抽象,生成法律上的抽象构成要件要素。

体系性。税收构成要件是判断税收债务成立的要素体系,呈现多元要素与一元整体的统一结构,构成要件不混同于构成要素,①税收构成要件是构成要素的整体,而不是整体的要素。要素是构成要件的要素,包括基本的构成要件要素、补充的要件要素、超出构成要件的要素等。纳税主体、税收客体、归属、税基和税率是基本的构成要件要素。

类型性。类型化是将社会中的事实进行类型化的观念印象,因而不是具体事实而是法律事实。从某种意义上来讲,税法类型化方法是法理学上类型概念的进化,类型化方法是以典型的、常态化的事实置换个案事实,以标准化的评价取代个案评价。而评价类型概念更为开放、不确定,类型概念在法律构成要件运用时并非为该概念下定义,而仅是作规范性描述,即便当生活事实并不满足类型概念的规范性要素时,也可能统摄其中。②要件事实类型化包括实质类型化和形式类型化,实质类型化以拟制事实为基础不容举证推翻,形式类

---

① 有学者称,"课税要件或称课税要素"。这种说法是不严谨的。参见张守文:《税法学》,法律出版社2011年版,第54页。

② 参见盛子龙:《租税法上类型化立法与平等原则》,载《中正财经法学》2011年第3期。

型化以事实推定为基础在有证据证明的前提下可被推翻。[①]总额化是税基类型化的体现,实质总额化属于不可推翻的类型化,如薪资生计扣除的规定。形式总额化,如企业所得税的费用扣除规定。

记叙性。税收构成要件的法律事实、要件要素是记叙性的,除了广泛借用民事法概念,甚至公法概念的沿用,当然也包括税法的自创概念,因而存在税法解释适用及与其他法概念关系的融合问题。

简易性。税收构成要件的简化为税收正义的基石,由此基础上的税法简化,是法律平等适用与合理性,具有预见性和可预期性。[②]为便利行政效率,立法层面应考量税收简化或是可行性原则。[③] 税法简化的形式,即对税收构成要件各要素法律类型化,包括类型化、总额化规定、平均税率、基于简化目的而免除的税基、免税额和未达起征点免税等。[④]

明确性。其对应法的安定性原则,创设税收债务的税收构成要件的法律规定,目的、内容、标的、范围、法律效果等必须确定,具有可预期性和可计算性。税收构成要件各要素的确定且明确,税收负担理由清晰明确。征税与否、纳税人和非纳税人、征税对象的营利能力或营利结果、经营资产和私有财产、经营行为与非经营行为等严格区分。

无因性。税收构成要件满足是税收债务成立的法定条件和唯一标准,作为原因事实的基础法律关系即便存在无效、被撤销、效力待定、违法等效力瑕疵,即便嗣后发生被撤销、确认无效等情形,只要存在未恢复原状的经济结果,则不影响税收构成要件成立的法律效力。

中立性。税收构成要件的法律意义在于确定税收债务的成立与否,是对民事活动的第二次评价,既不影响作为征税基础法律关系的原因事实的法律效力,也无须判断该基础法律事实的合法性和有效性。

完整性。税收构成要件是个完整的要件要素组合,尽管具体的征税事实不同,但构成同一税种的基本的必要的构成要件要素大致相同且缺一不成,如个人所得税包括必须有取得所得(无论何种来源),以统一方式确定税基,适

---

① 参见盛子龙:《租税法上类型化立法与平等原则》,载《中正财经法学》2011 年第 3 期。

② 参见葛克昌:《所得税与宪法》,北京大学出版社 2004 年版,第 5 页。

③ Vgl. Tipke, Die Steuerrechtsordung, BandI, 2 Auflage, Köln: Dr. Otto, Schmidt, 2000, 348ff. 转引自盛子龙:《租税法上类型化立法与平等原则》,载《中正财经法学》2011 年第 3 期。

④ Tipke, Klause/Lang, Joachim Steuerrecht, 19. Auflage, Köln: Dr. Otto, Schmidt, 2008, 4Rn. 132. 转引自盛子龙:《租税法上类型化立法与平等原则》,载《中正财经法学》2011 年第3 期。

用统一之税率等完整要件要素。

规范性。税收构成要件是通过一个通常是多个法律规范进行规定，而且其要件要素内容也具有税法意义的逻辑性和统一性。通过法律规范确定的要件事实，产生了法的安定性，也提高了主体从事民事活动的税法合理预期。

伦理性。税收构成要件的法定性凸显了税收法定债务的不可规避性，但在特定情形下也体现了具有人文关怀的伦理性，如通过设置一些排除性、否定性条件，如生计成本扣除、特定纳税人免除等来阻止或减少税收债务负担。

（四）税收构成要件效力结构

正如德国学者耶塞克和魏根特所言，刑罚法规与其他所有的法命题一样，不仅包括含义，而且由构成要件与赋予权利或承担义务的法效果组成。①构成要件与法律效力之间的关系，或为条件关系，或定性为因果关系，②不仅是理论上阐述法律效力发生的思维过程或依据，而且具有实务意义。当我们把法律规范假称为假定的应然规范，那么其法律意义与假定的命令相同，如果一个所谓的逻辑假定的判断分为前句和后句，那么法律规范的前句为“事实构成”，后句为“法律结果”。③法律规范对象，发生法定结果，此为法律现象；发生法律现象的法律适用对象为法律事实；法律事实为因，法律现象为果，两者为法律因果关系。生活事实纳入法律规范对象即成为法律事实，法律事实引起法律效力即适用法律规范的结果。法律事实、构成要件和法律效力的三段论关系为：法律效力是构成要件的大前提，具体的法律事实成为构成要件的小前提，大前提和小前提推导出法律效力归因于法律事实的结论。④

法定税收构成要件的实现，成立抽象的税收债务。就具体的税种类型而言，随时税，即税收客体随时发生的税收，税收客体发生时即成立税收债务；期间税，即以年或月等一定期间的税收客体为征税对象的税收，原则上其课税要件事实于期满时实现，原则上税收债务于期间终了时发生。⑤基于稽征经济原则，有时也以期间开始时或其他时间节点作为税收债务成立的基准。如果税收构成要件包含附停止或解除条件的构成要件的免除，则该条件成就时，税收

---

① 参见张明楷：《刑法分则的解释原理》（第2版），中国人民大学出版社2011年版，第535页。

② 参见黄茂荣：《法学方法与现代民法》（第5版），法律出版社2007年版，第242～243页。

③ 参见［德］卡尔·恩吉施：《法律思维导论》，郑永流译，法律出版社2014年版，第32页。

④ 参见黄茂荣：《法学方法与现代民法》（第5版），法律出版社2007年版，第244页。

⑤ 参见陈清秀：《税法总论》，台北，元照出版公司2012年版，第298页。

债权成立。税收免除附解除条件，则条件成就时，溯及既往发生税收债权，进行税款追征。如果税收构成要件含附解除条件，则满足法律构成要件时，税收债权成立，但解除条件成就时则消减。① 一个事实关系可能满足数个税法规定的税收构成要件。期间税，如果课税基础调查错误导致税收债权被错误核定，则可以重新调查并撤销或变更原核定处分。②

1. 税收构成要件的法定力

税收构成要件的法定力是形式法定力和实质法定力的统一，区别于行政行为的合法性。行政行为的合法性是一种执法的、事后评定的法律效力，在很大程度上表现为官方行动与法律的一致性，主要由法院承担防止法律实际执行与公布的法律跑偏的职责。③ 税收构成要件的法定力是一种基于立法的、事先设定的法定效力，包括以下几个层次：一是形式法定力，是法的形式和法的实质的统一，税收构成要件法定力的法源自正当的形式法，道德、宗教等非法律规范以及不具有合法职权的法律规范不能产生，税收实体债务只能由税法规定，奉行税收法定主义。二是条件法定力，是税收债务形式与担税能力实质的统一。税收债权债务关系的发生，以税收法律规定的要件事实满足为标准，而税务机关的核定处分仅对已发生的税收债权债务关系予以确认。法律规定的偿付义务依托的事实构成一旦实现，即产生税收债务关系的请求权。④ 税收债务的具体数额，不仅可能因实际的生活事实关系安排受影响，而且可能因法的形成尤其纳税人提出申请或行使选择权而受影响。因此，原则上并非以特定生活事实内容的意思为准，即纳税人是否具有实现税收构成要件的特定意思，在所不问，因而不必要求纳税人具备权利能力或行为能力。⑤三是效力法定力，是形式强制力和实质服从力的统一。形式上的效力来自法的强制性，即国家强制力保障的实现；实质上的效力来自纳税主体的自觉性，即税法遵从度。四是效力独立力，是法律形式和经济实质的统一。税收构成要件的

---

① Kruse, aaO. , S. 114f. 转引自陈清秀：《税法总论》，台北，元照出版公司 2012 年版，第 301 页。

② Kruse, aaO. , S. 117. 转引自陈清秀：《税法总论》，台北，元照出版公司 2012 年版，第 301 页。

③ 参见[美]富勒：《法律的道德性》，郑戈译，商务印书馆 2005 年版，第 96 页。

④ 参见《外国税收征管法律译本》组译：《外国税收征管法律译本》，中国税务出版社 2012 年版，第 1685 页。

⑤ 参见 Kruse, aaO. , S. 114f. Tipke/Lang, Steuerrecht, S. 136。转引自陈清秀：《税法总论》，台北，元照出版公司 2012 年版，第 301 页。

法定力是设立依据的法定,不受基础法律关系效力的影响,但外观的基础法律事实与税收构成要件事实不一致时,可适用实质课税原则刺穿基础法律关系的外观。税收构成要件的法定力还表现为征纳双方法律地位法定、权利义务法定与对等、征缴程序法定等。

2. 税收构成要件的公定力

税收构成要件的公定力是形式公定力和实质公定力的统一,区别于行政行为的公定力。应当假定征税机关按照税收构成要件等作出的决定正确,但应允许纳税人提出证据来反驳。①后者是一个行政法基本原理,一种众多行政法规范体现的行政法精神,支持一系列行政法规则,②包括两层含义:一是体现为公权意志优先的实体性公定力。推定行政行为合法有效的理念,源于国家意志的优越性和权威性。③ 这种理念最初由美浓部达吉提出,公法关系的不对等性,首先表现为若国家意思有效成立,则其本身就具有决定公法关系的效力;该国家意思在被有权国家依法撤销之前,具有不容置疑的推定合法效力。④二是回归到公私权利平等的程序性的公定力。主要观点:无效行为不具有公定力,除重大且明确的违法行政行为,在撤销前推定有效;行政复议和诉讼是撤销的不二程序等。⑤ 事实上,笔者认为,所谓实体性和形式性的公定力概念,追求同一目的,是对同一问题论述的两个方面,形式上的效力显然无法取代实质上的效力,其背后法理在于法的形式性和实质性。法的形式性需要法的安定性来维持,行政行为虽不是立法行为但以公共利益为名进行,理当获得形式上的公定力保障,但应同时受法的实质性原则调控,当出现重大且明确的违法情形时,理当打破形式追求实质。

税收构成要件的公定力是实体性公定力和程序性公定力的辩证统一,根源于法的安定性和民主性;也是形式性公定力与实质公定力的统一,派生自税收上的形式平等和实质平等。税收构成要件的程序性公定力根源于法的民主

① 参见V. 图若尼主编:《税法的起草与设计》(第1卷),国家税务总局政策法规司译,中国税务出版社2004年版,第115页。

② 参见叶必丰:《论行政行为的公定力》,载《法学研究》1997年第5期。

③ 参见沈岿:《行政行为公定力与妨害公务——兼论公定力理论研究之发展进路》,载《中国法学》2006年第5期。

④ 参见[日]美浓部达吉:《日本行政法》,有斐阁1936年版,第86页。

⑤ 参见王天华:《行政行为公定力概念的源流——兼议我国公定力理论发展的进路》,载《当代法学》2010年第3期。

性，构成实体税收债务的税收构成要件基本要素受国会保留原则保护，而保障税收债务的基本征管程序也是法律保留范围，实体法和程序法的民主立法程序产生了确定无疑的程序性公定力。已然制定的规定税收构成要件实体和程序要素的税法规范，具有法的形式性和稳定性，不经立法程序修改变更废止则确定有效。由此，税收构成要件的公定力最终由税法规范获得保障，满足税法规定的构成要件则发生税收债务成立的确定无疑的合法效力。这种税收构成要件的公定力延伸至根据税收构成要件进行纳税申报或税款征收的执行上的公定力，也体现了纳税人自主申报的主体权利和征收机关的执法权力的相互尊重和有效平衡。税收构成要件的公定力还体现在其不容规避性，表现为对纳税人的平等适用，贯彻量能课税原则，相同负担能力同等负担；对税收规避和逃避行为要进行法治矫正，恢复税法价值调整的法治秩序。

3. 税收构成要件的确定力

税收构成要件的确定力是形式确定力和实质确定力的统一，区别于行政行为的确定力。行政行为的确定力理论，产生自司法裁判的既判力理论，大陆法系通说二分为形式上的确定力和实质上的确定力。形式上的确定力指不可争力，对相对人而言；实质上的确定力又称一事不再理，对行政主体而言。①从形式看，行政行为的确定力对行政行为的双方主体提出同等要求，均对双方意思表示(主观意思)产生约束力，根源于责任自担的主体性，已经作出的意思表示、已经产生的行为不得随意变更。但究其本质，是法的确定性在实施领域的具体体现。法的确定性是法律本质属性之一，作为法的延续性和法的和平正义，②只有通过承认具有确定性规则的存在，才能发现法律是什么。③ 民法、刑法等的法典编撰改善了法的确定性，使一贯保护公民权利的确定的司法活动成为可能，进而获得司法裁判的正确性。④事实上，从本质而言，法的确定性最终根源于社会经济生活关系的物质性，是社会关系的反映形式。

税收构成要件的确定性来自税法规范的确定性，行为人不仅可根据颁布的税法明确知道民事活动的税法效果，甚至可预期行为后果。税法对税种的

---

① 参见叶必丰：《行政行为确定力研究》，载《中国法学》1996 年第 3 期。

② 参见[德]阿图尔·考夫曼、温弗里德·哈斯默尔主编：《当代法哲学和法律理论导论》，郑永流译，法律出版社 2013 年版，第 137 页。

③ 参见刘星：《法律是什么》，中国政法大学出版社 1998 年版，第 129 页。

④ 参见[德]阿图尔·考夫曼、温弗里德·哈斯默尔主编：《当代法哲学和法律理论导论》，郑永流译，法律出版社 2013 年版，第 275 页。

共同构成要件要素、哪个税种应具备哪些要件要素、某个税种的具体构成要件要素，都作出了明确具体的规定，具有确定性、辨识性和可知性。比如，《企业所得税法》确定无疑地规定了企业所得税的构成要件。这种确定性是税法规范对民事法基础关系高度抽象的结果，既表现为法定债务的确定性，对应税收债务的不可规避性，一旦法定的构成要件要素事实满足即产生法定的税收债务，不允许人为变更构成要件事实以逃避税收债务；还表现为具体债务的确定性即确定具体税款，征纳双方均可按照满足税收构成要件事实进行纳税申报或核定征收税款。

4. 税收构成要件的公信力

税收构成要件的公信力是形式公信力和实质公信力的统一，区别于行政公信力和政府诚信。行政公信力是行政权运行的一种行为状态，呈现出政府诚信和社会认同的特征，是一种政府和社会的双向信任关系，包括严格执行力、严格确定力、严格信守力、严格承诺力等具体范畴。① 诚信是等同于宪法价值的政治道德，是民主政府的必备品质。②行政公信力更多是一种对外化行为的政治道德伦理要求和评价，而不涉及行为的依据和理由。税收构成要件的公信力是法的公信力，直接指向设置依据。法律被信仰，源于其内外结合的公信力，具体为：一是形式公信力，源自法的普遍性、规范性、一致性。法的普遍性即规定税收构成要件的税法在管辖权内的不特定的对象、时间和空间内具有普遍的适用性，目前我国税收立法权集中在中央，除委托授权地方立法外，税法在全国范围内普遍有效。法的规范性在于，税法是税法规范的总称，税收构成要件的各个要素由单个或多个税法规范构成，无论是结构还是内容均抽象的立法规范，规范性还体现在其告知、指引、评价、预测等规范作用。法的一致性即税收构成要件内容同一不变并对外公布，且对不同的对象同等适用。二是实质的公信力，源自法的平等、自由保障等法的价值，体现在立法、执法、守法和司法等方面。立法突出纵向征税权力与私权保障的平衡，不得过度征税，保障生存和发展权益，还体现横向的同等负担能力同等税负，不同税收客体不同对待、相同客体同等对待。执法要保护相对人对执法行为的合理信赖；要保护纳税人按照税法规范实施民事活动的合理预期，税法原则上不得溯及既往；要赋予纳税人信赖保护的司法救济权利。

---

① 参见关保英：《行政公信力研究》，载《求是学刊》2013 年第 4 期。

② 参见刘松山：《论政府诚信》，载《中国法学》2003 年第 3 期。

税收构成要件的公信力还具体体现为：税收债务的成立、移转、抵消、灭失、合并和撤销等应严格按照法定税收构成要件确定；纳税人依法缴纳税款，多缴的有权申请退还；征税机关依法征收税款，不得摊派、提前或延缓征收，多征的应予以退还；税收债权请求时效、起算点、终止点、中断等固定不变。

5. 税收构成要件的反制力

如果法定力、公定力、确定力、公信力是税收构成要件的正向法律效力，那么反制力则为其相反方向法律效力，即税收构成要件并非绝对的、超然的法律效力，而应受到量能课税、比例等原则的制约。税收构成要件的确定其实质是类型化立法，有取有舍。德国联邦宪法法院通过众多司法判例确认，[①]在类型化立法领域，一定程度的严苛和不正义的产生是必须被容忍的，但须满足下列前提条件：通过类型化立法产生不正义只影响少数人，而且背离平等原则的程度不严重。即类型化立法造成的一些轻微的、个案的或者少数人的、不十分严重的不平等应得到容忍。德国联邦宪法法院确定了一条规则，因类型化立法受到不平等对待的受规范人数大约占整体人数的 7.5%，就是处在可容忍的轻微界限范围。[②] 另一个判决则认定，该比例超过 10% 时则不再处于可容忍的轻微界限之内。[③]据此，被一些学者引用为相当少数的具体判断标准。违反量能课税原则的轻重程度判断标准，[④]即体系判断法。类型化立法违反量能课税原则的轻重程度，不应只是考量个别税收法规对税收负担的影响，而应将其置于整个税法体系中，比较其对税收负担和协助义务的影响，必要时要引入其他法规作为参照。类型化刚性，即是否允许纳税人提出证据予以推翻的可能，实质类型化立法比形式类型化立法对纳税人权益影响更大。比例原则制约，类型化立法违反平等课税量能负担原则的程度，是否在轻微的可容忍限度内，并能否因税收简化、行政便宜等理由而正当化，存在合理区间且应符合比例原则。对此，可能存在两种极端：一是因类型化立法受不平等对待的人虽非

---

① BVerfGE 26,265(276). 转引自盛子龙：《租税法上类型化立法与平等原则》，载《中正财经法学》2011 年第 3 期。

② BVerfGE 17,1(24f.)；BVerfGE 78,249(288). 转引自盛子龙：《租税法上类型化立法与平等原则》，载《中正财经法学》2011 年第 3 期。

③ BVerwGE 68,36(41). 转引自盛子龙：《租税法上类型化立法与平等原则》，载《中正财经法学》2011 年第 3 期。

④ 参见盛子龙：《租税法上类型化立法与平等原则》，载《中正财经法学》2011 年第 3 期。

相当少数，但不平等待遇程序极其轻微；二是受不平等对待的人为极少数，但不平等对待程度极其严重。因而，必须进行比例原则审查，类型化立法手段与其欲达到的税收立法目的是否符合适当性原则；必要性原则审查是否除了类型化立法，同样实现税收简化目的，立法者还存在违反量能课税程度更小的其他措施；狭义比例原则审查，类型化立法达成的利益与违反量能课税原则的损益，是否符合相当的比例关系。①

（五）税收构成要件类型谱系

要素是构成要件的组成部分，构成要件是诸要素的总和，二者是部分和整体的关系。广义的构成要件包括实体性构成要件和程序性构成要件，有学者称之为“税法的构成要件”；②狭义的构成要件，指成立税收实体债务的要素总和。本书不赞成上述将税法构成要件作为税收构成要件的上位概念的观点，广义的税收构成要件，应指税收债务成立构成要件和围绕其实现的相关程序性要件。

实体性构成要件和程序性构成要件。一般而言，事关税收债务成立的税收主体、税收客体、税基、归属和税率等要素组成实体性构成要件；而纳税方法、纳税期间、地点、申报方式等属于程序性要素构成要件。

实质的构成要件和形式的构成要件。为成立税收债务提供判断依据的要素，为实质的构成要件；不为税收债务成立提供判断根据而起其他作用的要素总和为形式的构成要件。

法定的构成要件和理论的构成要件。税法规范明确规定的构成要件为法定的构成要件；理论学说探讨的税收构成要件则为理论的构成要件。

抽象的构成要件和具体的构成要件。所有税种都共同具备的构成要素的综合即抽象的构成要件；单个税种的构成要件即具体的构成要件。

严格的构成要件和可授权的构成要件。构成要件诸要素均适用严格的法律保留原则，必须由法律作出规定，则为严格的构成要件；可授权立法规定的要件称作可授权的构成要件。

完整的构成要件和有待补充的构成要件。税法已就某一税种的全部构成要素作出了完整规定，则称为完整的构成要件；倘若税收构成要件并不完整，

① BVerfGE 21,12(27)；BVerfGE 65,325(354f.)；BVerfGE 96,1(81f.). 转引自盛子龙：《租税法上类型化立法与平等原则》，载《中正财经法学》2011 年第 3 期。

② 参见张守文：《税法学》，法律出版社 2011 年版，第 55 页。

而是存在空白要素留待事后补充或授权规定,则为有待补充的构成要件。

基本的构成要件和修正的构成要件。税法立法,同一类型税种,事先规定出基本构成要素即维持该税种独立特征的要素的总和,即基本的构成要件;根据经济社会发展形势要求或宏观调控特殊需要,对基本构成要素给予加重、减轻等优惠待遇的要件整合,即修正的构成要件。

一般的构成要件和个别的构成要件。一般的构成要件涵盖所有税收债务类型的可税性、应税性的共同要件,是高度抽象的税种分析理论模型,一般统一规定于税法通则中;个别的构成要件指单个的具体税种债务成立的构成要素的总和,是经过类型化、概念化、抽象化与条款化规定在单行税法中。

记述的构成要件与规范的构成要件。构成要件的要素事实,只需作一般的认识活动与基本的对比就可以判断得出结论的为记叙性要件;查明要件事实,需要以规范为前提判断的评价性概念和价值性概念,称为规范的构成要件。

成文的构成要件和主观的构成要件。税法对各要素明文作出规定的构成要件即成文的构成要件;税法文本未明确规定但从税法条文之间的相互关系、条文对相关要素描述能得出的,为主观的构成要件。

积极的构成要件和消极的构成要件。从整体上来看,税收构成要件为确定税收债务成立的积极要件,但在特定情形下,分别对纳税人、税收客体、税基、税率等给予某种税收豁免或优待。

第三章　税收构成要件机能论

机能，泛指在物质（物体）的系统中，某一部分应有的作用和能力。恰如犯罪构成要件有保障机能、个别化机能、故意规制机能、一般预防机能、违法推定机能等。[①] 税收构成要件具有理论与实践层面的双重机能，贯彻税收法定主义，制约国家税权，保障人民基本权利，提供建立税法基本体系的架构，有助于人民理解掌握复杂的实体税捐法规范内容。

一、税收构成要件理论机能：正当与否的理论模型

（一）理论机能之一：私权与公权的碰撞和平衡

1. 税权统摄载体

正确理解权力和权利是本命题顺利展开的基础。

首先，权力是一种客观的人类社会形象，与人类相伴相随，呈现出社会属性优先自然属性的特征。关于权力本质的理论学说，众说纷纭：（1）预期结果说。[②]

---

① 参见［日］大谷实：《刑法总论》，黎宏译，法律出版社2003年版，第83～84页；陈兴良：《教义刑法学》，中国人民大学出版社2010年版，第155页。

② 参见［英］伯特兰·罗素：《权力论——新社会分析》，吴友三译，商务印书馆1991年版，第23页。

(2)权威关系说。[1] (3)实现能力说。[2]与之相类似,[3]帕森斯提出了修正的能力说。[4] (4)反抗对象说。[5]这些关注重点各异、学科立场不同的权力观点学说,却隐蕴了以下共同特征:利益性,即权力与某种需求的满足或目标的实现密不可分;混合性,即权力的本质具有公权力(权利)和私权利(权力)的混合特征;多元性,权力的主体、类型与数量涵括了人类的所有社会关系;强制性,权力内容的实现及其权威的体现,依赖于某种共同规则的遵守及其强制力。

其次,权利是单个个体及整个人类生存的基础,是融合协调人的自然属性和社会属性的直接结果。但权利概念产生相对较晚。罗马法并没有提出明确的权利概念及其分类。[6]中世纪后期托马斯·阿奎那提出了正当要求的权利概念。直至17世纪,才完成自然法到自然权利的过渡。格老秀斯将权利看作一种作为理性动物的人的固有道德品质;[7]霍布斯和斯宾诺莎把权利理解为不干扰人类的消极自然自由;而霍姆斯则把权利看作政治组织社会对行使各种积极自然能力的许可;耶林开创性地提出权利就是受法律保护的一切利益;[8]罗斯科·庞德将权利归纳为广义的法律权利、法律权力等6种内涵。[9]从权利概念的发展演变来看,最初内涵源自人的道德品质、自然能力等自然属性,并严格与权力相区分;后来其内涵不断扩大,人的社会属性充实其内,用以

---

① 参见[奥]凯尔森:《法与国家的一般理论》,沈宗灵译,中国大百科全书出版社1996年版,第213页。

② See Max Weber, *Economy and Society* (Vol. Ⅲ), New York, Bedminister Press, 1968, p. 926.

③ See Dennis H. Wrong, *Power: Its Forms, Bases and Uses*, New York, Harper & Row Publishers, 1979, p. 2.

④ 参见[英]罗德里克·马丁:《权力社会学》,丰子义、张宁译,生活·读书·新知三联书店1992年版,第33页。

⑤ 参见[英]马克·尼奥克里尔斯:《管理市民社会》,陈小文译,商务印书馆2008年版,第108页。

⑥ 参见[美]罗斯科·庞德:《通过法律的社会控制》,沈宗灵译,商务印书馆1984年版,第40页。

⑦ 同上书,第41页。

⑧ 同上书,第41~42页。

⑨ 同上书,第42~43页。

处理人与人之间关系的平衡协调，英美法学界常将二词通用，①权力成为更广泛的权利概念含义。

分析至此，何为税权？学界观点纷纭：(1)一元结构说即税收公权力说。仅从国家税权或国家征税权角度理解税权，其特指国家的税收控制权力，②也指征税权，③即分配国家税收负担使得人民缴纳法定税额之权。④ (2) 二元结构说。张守文较早打破了税权一元结构论，提出将国内税权定位为国家与国民层面、立法与执法层面等。⑤ 国家税权包括税收权力(国家征税权)与税收权利(国家税收债权)，国民税权亦包括权力和权利。税权客体对国家而言实质上为税收收入，对纳税人而言即为应税商品、所得和财产性经济利益。⑥赵立新从税权的宪治逻辑角度提出，税权范畴是对税收法律关系中权力与权利同质性的概括抽象，其宪治构造包括国家税权和人民税权，统摄国家税收法权和人民税收法权。⑦张富强将税权理解为外观上的二元结构，即国家税权力与纳税人税权利，国家税权表现为国家课税权和公共产品提供权，纳税人税权为依法纳税权和公共产品使用权。⑧概言之，税权是个具有公私复合结构的统摄概念：(1)税权主体为复合结构，包括国家(政府)和纳税人；(2)税权客体为复合结构，是公法客体和私法客体的统一；(3)税权内容为复合结构，涵括权力和权利。

税收构成要件，是统摄权利和权力二元结构的税权的博弈载体和利益平衡器，是国家税权和人民税权共同发挥作用的较量场和指向标。立法上，税收构成要件的主体要素，是国家税权与公民税权博弈后，确定谁成为抽象纳税人

---

① 英语上，权利为"Right"，权力为"Power"，《牛津法律大辞典》有"民法上的权力" 这一词条，并定义为："有权做具有法律效力或作用的事情的法律概念，如立遗嘱；如果不还借款，债权人有权出卖抵物……通常认为权力只是更广泛的权利概念的含义之一。"这里所讲的权力，实即民事权利。

② "远察世界潮流，基于国际间之正谊，以恢复一切之自由，然后税权之收回能成事实。"参见晏才杰：《租税论》，北京新华学社 1922 年版，第 30 页。

③ "所谓租税权者，分配国家租税负担，使人民缴纳法定税额之权也。"参见吴崇毅：《财政立法原理》，商务印书馆 1934 年版，第 140 页。

④ 参见吴崇毅：《财政立法原理》，商务印书馆 1934 年版，第 140 ~ 141 页。

⑤ 当然，也有学者对此提出了质疑参见熊伟、傅纳红：《关于"税权"概念的法律思考——兼与张守文先生商榷》，载《法律科学》2002 年第 1 期。

⑥ 参见张守文：《税权的定位与分配》，载《法商研究》2000 年第 1 期。

⑦ 参见赵立新：《税权的宪政逻辑》，载《政治与法律》2007 年第 1 期。

⑧ 参见张富强：《论税权二元结构及其价值逻辑》，载《法学家》2011 年第 2 期。

负担税收债务的类型化结果；税收构成要件的客体要素，是国家税权与公民税权较量后，决定哪些财产、所得或行为等负担税收的类型化对象；税收构成要件要素，是国家税权和公民税权协商后，具体度量税收负担数量的类型化标准。执法上，关系国家公法债权的实现和公民基本权利的保障，执法机关与相对人围绕税收债务成立与否、具体数额等进行税权交锋，各自维护好税权边界。司法上，重点审查国家税权是否正当行使，是否在税收构成要件之外设立税收债务标准、范围等；纳税人是否正确行使税权，是否依税收构成要件依法诚信履行纳税义务等。

2. 税权分配逻辑

税权分配，张守文将税权分配分为两个维度，横向分配是指同级的不同国家机关之间的税权分割与配置，纵向分配发生在不同级的同类国家机关之间。①赵立新同样从横向、纵向两方面划分国家税权，横向分为立法权、司法权和行政权，纵向指中央税权和地方税权。②可以看出，二者观点略有差异，共同逻辑基础均立足于国家税权，仿佛与公民税权无涉。本书认为，国家和公民同为税权主体，而且同属于抽象的税收构成要件主体，双方同意将国家的税收构成要件主体身份进行隐形，而突出纳税人的构成要件主体地位。事实上，国家虽不作为税收构成要件为标准的税收债务成立意义上的主体，但在税收债务成立、确定和实现乃至税收管理使用中无处不在。鉴于此，笔者将税权分配区分成两个位阶：第一位阶的分配，即国家与公民之间的税权分配，其实质内涵是国家的政治权力（权利）和公民的自然权利（权力）转化为法律上的权力（权利），这种分配应统摄在宪法法律体系的整体框架之下。主要体现为国家税权和公民税权的原始来源和逻辑基础，现代意义的税权逻辑在于公民税权优位于国家税权，公民税权是国家税权的存在基础和依据来源，反过来国家税权促进公民税权的保障和实现。具体表现为二者享有的大致平衡的税权数量，如国家享有税收立法权等税权，而公民享有同意权等税权，共同发挥作用，体现在国家和公民就税收构成要件的各个要素的确定、变更、消灭等的协商。第二位阶的分配，即中央和地方之间的税权分配，其本质内涵是中央的权力（权利）和地方的权力（权利）转化为法律关系的权力（权利），这是央地财税关系法治化的重要内容，主要表现为基于税收构成要件成立的税收债权的划分、使用和管理。

---

① 参见张守文：《税权的定位与分配》，载《法商研究》2000 年第 1 期。

② 参见赵立新：《税权的宪政逻辑》，载《政治与法律》2007 年第 1 期。

首先,第一位阶税权配置,即税收构成要件隐形主体①和显形主体的税权配置,其核心逻辑在于税权平等制衡。众所周知,权力有扩张的本性,权力享有者有膨胀的欲望,权力极易被滥用。限制权力的途径无外乎两条:限制权力的数量和限制权力的行使;权力配置直接关涉权力底数,而正当性是权力存在的内在根源。从本质上,一切权力属于人民,人民基于公共需要而授权国家(政府)行使部分权力,而委托授予权力的多寡因政府扮演的角色不同而各异。从某种意义上讲,国家是公民组成的国家,公民是国家保障的公民,国家税权和公民税权处在动态发展平衡状态中,本书将第一位阶的税权分配分为前后两个秩序,并分别列举(见表3、表4)。

表3　第一秩序的税权分配

主体	税权类型				
国家(政府)	税收集体人权	征税权	管理权	使用权	……
公民	税收个人人权	同意权	参与权	监督权	……

表4　第二秩序的税权分配

主体	税权类型								
征税机关	政策制定权	调查权	审核确认权	税务检查权	税收处理权	征收权	管理权	代位权、撤销权	……
纳税人	知情权、参与权、表达权	保密权	依法申请税收优惠权	陈述和申辩权	税收救济权	税收监督权	申请延期申报权、申报方式选择权	申请延期缴纳税款权、退税请求权	……

其次,第二位阶税权分配,同为税收构成要件隐形主体的中央和地方的税权分配,其核心逻辑在于应以事权合理均衡。关于划分或分配依据,有政治权力说、事权决定说和补充原则说。在美国,税权被国会列为第一项权力,称为宪法的隐身巨人。联邦最高法院对征税权力作了大量的解释,亚历山大·汉密尔顿对其早期风险已明确描述,税收在联邦政府有无限期的权力可能,而且很可能会剥夺州政府提供自己生活必需品的手段,并完全服从于国家立法机构的摆布。② 德国学者德特·伯克(Dieter Birk)将政治因素作为税权分配的主要依据,提出任何联邦国家均需税收收益划分法律依据,收益划分和安排往

---

① 国家或国家机关恒为税收债权主体,不是税收债务成立意义上的税收构成要件主体。

② See Ruth Mason,"Federalism and the Taxing Power",*California Law Review* 99,2011,pp. 975 – 1035.

往取决于联邦与各邦甚至邦与邦之间的政治权力关系;而关于税收收益支配权,则决定其联邦和各邦的政治权力范围。①课税权划分属于宪法问题,是地方自治的核心问题,按垂直关系分为中央和地方,按权力性质分为立法和执行。所谓立法,即税收立法权;而执行,则主要指征税行政权和收入权。

关于补充原则说,其理论依据在于人人享有不受侵犯的人性尊严和自由发展的人格。现代实质宪治国家,以满足人性尊严和个人基本价值为中心,谓之正义国家。学者伊森西(Isensee)最初发展补充性原则处理国家与社会二元关系,体现在税权分配上,即凡是应由地方负责的不得交由国家,将小团体或下位团体自主完成的事上交给大团体或上位团体则有违正义。②地方管辖事务、财政规模由地方决定;地方履行财务责任,能使地方公共财产更符合居民偏好。政府因人民而存在,国家仅具有工具性,应遵守国家补充性原则,地方自治灵魂在于地方财政自主与财政责任。③学者冯兴元认为,"事权"在我国是一个通用概念,但含义却并非固定明确,在有关政治学与经济学的外文文献中找不到与之对应的词汇。④据他考察,"支出责任"(expenditure responsbility),用来表述经济学上的财政活动和政府公共收支;"政府权力"(government power),则论述政治学意义的政府强制。我国文件常将"事权"和"支出责任"并列使用,⑤即实际上我国通用意义的事权其实是一个融合职权和职责双重含义的复合词。本书认为,事权划分分为三级:事权的一级划分,政府与市场;事权的二级划分,政府与社会;事权的三级划分,政府与政府。政府之间事权的划分,从公共财政的角度,主要从受益范围和供应的规模效应两方面考虑。⑥奥尔森(Olson)对等原则论证了理想中的受益范围,即当一类公共产品

---

① Dirter Birk, Steuerrecht I, Allgemeines Steuerrecht, 1994, § 8, Rz1. 转引自黄俊杰:《财政宪法》,台北,翰芦图书出版有限公司 2005 年版,第 64 页。

② 参见葛克昌:《行政程序与纳税人基本权》,北京大学出版社 2005 年版,第 111 页。

③ Dirter Birk, Steuerrecht, 3Aulf. , 2000, Rn. 124, 126. 转引自葛克昌:《行政程序与纳税人基本权》,北京大学出版社 2005 年版,第 113 页。

④ 参见冯兴元:《地方政府竞争》,凤凰出版传媒集团、译林出版社 2010 年版,第 174 页。

⑤ 参见《中共中央关于全面深化改革若干重大问题的决定》"建立事权和支出责任相适应的制度……";《国务院关于改革和完善中央对地方转移支付制度的意见》(国发〔2014〕71 号)"受中央和地方事权和支出责任不明晰的影响……";"合理划分中央事权、中央地方共同事权和地方事权……"等。

⑥ 参见冯兴元:《地方政府竞争》,凤凰出版传媒集团、译林出版社 2010 年版,第 178 页。

的受益范围恰好与政府域界相等时最有效。[①]事实上,每一种公共产品存在不同的外溢空间,而政府治理疆域具有相对稳定性,因而政府公共产品受益范围与其管辖地域不重合的现象极为常见。而且,上一级政府供给的可能规模效应与地方政府偏好之间存在矛盾,当某类地方公共产品由较低政府提供时更符合地方偏好,但由较高政府提供时却能体现出显著的规模收益。[②]冯兴元提出的解决方案是,坚持“地方优先”原则。事权分配是首先考虑较低级政府,存在外部性时则通过转移支付方式纠正;如存在规模收益问题,则尝试政府联合供给或部分市场化运作;如不可行,则由上一级政府供给。[③] 冯兴元方案是补充性原则的变种,即自下而上、责任倒置,地方政府为主体,中央政府为补充。本书认为,从国情出发,中央政府宜统筹社会公共产品的最低保障线及基准线上升,整体提高政府公共服务保障水平,增加公共产品的种类和数量。地方政府则因地制宜,根据当地经济社会发展水平,在国家划定基准线的基础上,可提高当地公共产品的供应标准。因而,本书主张,税权的核心是立法权,立法权主导收益权,事权应与税权相匹配,通过事权或支出责任倒逼税权收益权的适当调整,即突出中央税权主导下的事权宏观指导和整体推进责任,发挥地方税权的机动性、灵活性和积极性,自上而下、以上为主,双向互动。

葛克昌认为,第二位阶税权主要为税收收益权,通过两阶段体现:一是税收划分与征收。分为国家税、地方税和共享税。二是税收收入划拨。对水平不均即区域不平衡,以统筹分配税方式调节;对垂直不均则央地不平衡,以补助款方式处理。[④] 笔者认为,事权和支出责任,对应税收收益权和使用权,前者影响后者的分配,后者则影响前者的实现,二者相互影响、辩证互动。事权需要财权保障,财权确保事权落实,税收收益权是税权的重要内容,主要由税收立法权和收入分配权决定,即通过税收立法权的纵向分配和对财政收入的分成比例实现。德国《基本法》规定联邦和联邦州之间立法权限分配存在3

① 参见冯兴元:《地方政府竞争》,凤凰出版传媒集团、译林出版社2010年版,第178页。
② 同上书,第179页。
③ 同上书,第179~180页。
④ 参见葛克昌:《行政程序与纳税人基本权》,北京大学出版社2005年版,第23页。

种关系："排他性立法权、竞争性立法权和框架性立法权。"①框架性立法权包括法律明确授权性立法或不需法律授权性立法。税收立法权，其核心在税收债务立法权，即对税收债务成立标准的税收构成要件的主体、客体、税基、税率、归属等要素在立法权的划分。税收立法权的纵向分配，从内在要素看，取决于一国的政治体制、社会经济发展水平和文化传统等；从技术要素看，则主要基于税收构成要件的各要素的特点。一般而言，对于影响全国市场发展的、税基具有高度移动性的、课税对象跨越数个省份的，应由中央统一立法；征税对象为房屋、土地以及资源等，主要和地方经济社会发展密切相关的，则可应授权地方一定的自主权。除了税收立法权，中央和地方的税权收益，还通过央地分成比例对财政收入进行机动灵活的调整，以确保中央和地方事权的履行。限于篇幅，本书暂不对央地税收收入分成比例的相关法律文件展开探讨（见表5）。

表5　列国第二位阶税权分配模式概览

国别	税权分配模式	中央	地方
中国	排他性立法权为主＋授权性立法权为辅	中央税、共享税和全国统一征收的地方税立法权集中在中央	立赋予省级适当的立法权，主要表现为税率调整权
美国	联邦、州和地方三级独立税收立法权限	联邦政府征收个人所得税、社会保障税、公司所得税、遗产与赠与税、消费税和关税	州政府主要开征税种包括销售税、个人所得税、公司所得税、消费税、财产税、遗产与赠与税、资源税和社会保障税；地方征税税种主要为财产税、消费税、个人所得税和社会保障税
英国	排他性立法权	中央高度集权，征收几乎所有税收	地方政府受国会和上级政府部门双重控制，不享有独立的税收立法权，征收财产税（包括家庭财产税和工商财产税）

① 竞争性立法权，是指联邦未对相关事项进行立法，联邦州才有权规定；排他性立法权，即明确规定某些事项属于联邦专属立法事项，联邦州无权规定；框架性立法权，即允许联邦州在联邦立法的框架内进行补充规定。

续表

国别	税权分配模式	中央	地方
德国	排他性立法权和竞争性立法权为基础+授权性立法权为补充	单独立法权+共同立法权,关税和贸易活动等几十个方面内容为联邦专有权力;联邦在联邦和州共同拥有立法权的范围内享有优先立法权。 税收立法权原则归属联邦,由联邦议会行使	联邦尚未行使某项法律的立法权,则各州有权立法。各州通过其在联邦、联邦参议院的代表在税收立法中起作用。 州和自治镇在各自管辖区内享有一定的税收立法权,有权决定某些地方性税种的开征、停征、税率和减免税优惠等
法国	排他性立法权	税收立法权、征收权、管理权均集中在中央	地方无税收立法权,只有某些执行税法的机动权
日本	排他性立法权为主+授权性立法权为辅	中央高度集权,负责央地税收立法	地方税包括都道府县税和市町村税,地方政府无开征权但享有法定范围内的税种征收选择权和税率调整权
俄罗斯	排他性立法权	中央统一制定征收的税种、税率、征收条件和分配;税收条例和法令由财政部和税务总局制定	地方政府按中央税收政策法令执行
韩国	排他性立法权	中央税和地方税立法权均集中在中央	省、市地方政府无税收立法权,仅有管理权
新加坡	排他性立法权	中央高度集权	地方政府无真正意义的税收,只征收诸如维修费之类的收费

备注:税收立法权在立法机关和行政机关的分配,本节暂不展开,后文税法体系、税法渊源、规范性文件质量管理等内容有所涉及。

本表综合概括自财政部税收制度国际比较课题组丛书《美国税制》《法国税制》《德国税制》等相关资料。

(二)理论机能之二:税法与他法的衔接和界分

1. 税收法律关系模型的替换

(1)质疑法律关系模型

据法理学者张文显考察,"法律关系"一词,自19世纪出现在德国民法学著作中以后,很长一段时间仅作为大陆法系民法学的概念。后来奥斯丁、温迪施切特、霍菲尔德等分析法学家把它引入法理学领域成为法学一般概念,并将其作为权利和义务的下位概念,很少专章论述。苏联法学将之列为权利和义务的上位概念。我国法学在中华人民共和国成立后全盘移植苏联法学,"法律关系"引入后经进行自我创新、修正。[①]张文显关于法律关系的释义,即指法律规范在调整社会关系、指引人们社会行为的过程中所形成的人与人之间的权利和义务联系,是社会内容和法的形式的统一。[②] 将主体、客体、分类和运行作为法律关系的主要内容。[③]总体来看,具有以下特点:从思考角度看,为法的实然角度,即法律在社会生活中的具体运用;从条件看,强调法律是法律关系产生的基础条件,无法即无法律关系;从方法看,追求法的形式与社会生活的实质辩证统一;从主体看,是人民之间的人际关系;从内容看,是权利义务关系;从保障看,由国家强制力保障。上述关于"法律关系的释义"具有时代价值,也隐含时代局限:①并没有真正摆脱法律关系与权利义务之间到底谁为上位概念的抽象纠缠,然后在"权利义务"加一"关系"后缀直接等同于"法律关系"。②不能涵括所有的法律生活,仅包括法的施行,未包含法的制定。③不能明晰不同法律关系的界限,事实上,"法律"的解释并非唯一,不同法律的功能、价值、权利义务等并非同一。④有落入"法的工具主义和万能主义"俗套之嫌,法律并非调控社会的唯一手段,且并非创设权利义务的唯一依据,而且法律也不能就所有权利义务作出事无巨细、周密完备的规定。⑤把法律关系、权利义务、人际关系和社会秩序等概念夹糅混杂在一起,以此稀释或者抵消诸多冲突分歧。

"法律关系"是否果真成为一般意义上的法理学概念?伯恩·魏德士《法理学》、卡尔·恩吉施《法律思维导论》、考夫曼《法律哲学》等数十本法理学著

---

① 参见张文显:《法哲学范畴研究》(修订版),中国政法大学出版社2001年版,第94~95页。

② 同上书,第96页。

③ 同上书,第100~115页。

作,均不见以法律关系为题进行专门论述。固然不能否认法律关系的存在,但质疑其作为法理学和法哲学基本概念或部门法基本模型的显赫地位。正如我国学者韩忠谟论述:法律关系是法律秩序的实质内容,即法所调整的人与人之间的生活关系,但法律所调整的人类生活关系仅为小部分,更多的委诸道德、礼俗和宗教等调整;法律关系以人们之间的现实生活关系为基础;法律关系是法律赋予的效果,其主要部分为权利义务;原因事实极其复杂,先有原因事实,后赋予法律效果,法律事实与法律效果之间互有区别,而法律事实本身也具有法律效力,成为重要的法律关系。法律关系是权利义务及其原因事实所构成,对同种法律关系归纳出共同点,设为普遍适用的原则,然后将各种原则分门别类,按相互关系排列,以成文法形式规定自成体系即法律制度。①德国民法学者迪特尔·梅迪库斯将"法律关系"当作"私法的工具",②卡尔·拉伦茨认为,法律关系是一种法律规定的相互尊重的人与人之间的关系,其主要要素是对人尊严的尊敬的权利,和予以对应的注意不损害他人的义务。③无独有偶,有学者对运用法律关系模型分析经济法问题也曾提出质疑,认为用法律关系的模型分析经济法问题,不仅存在理论框架的错用问题,而且存在理论方法的误用问题。法律关系模型建立在实证主义认识论基础上,其认识论是与自由主义相互依赖的个人主义,而经济法的核心是国家与市场的平衡,理论基础是国家适度干预主义。④不难看出,法律关系模型,可作为沟通法律与社会经济生活的一般性的法理学工具,法律与社会经济生活的动态变化,纳入法律调整的内容也随之变化,其主要内容为权利义务,一旦称为法律关系即为结果意义上的评价,即法律已经规定了的基础事实和权利义务,而不具有独立意义上的演绎推导功能,不能提供部门法发展的稳定而具体化的理论模型。

(2)扬弃税收法律关系模型

传统的税收法律关系模型逻辑混乱。有学者总结传统税收法律关系模型的四大主要特征:关系主体一方恒为国家或代表国家的征税机关;财产所有权或支配权单向转移关系;单方权利义务关系;以发生税法规定的行为或事件为前提。学者们关于税收法律关系要素认识不一:首先,税收法律关系主体,分

---

① 参见韩忠谟:《法学绪论》,北京大学出版社2009年版,第134~139页。

② 参见[德]迪特尔·梅迪库斯:《德国民法总论》,邵建东译,法律出版社2013年版。

③ 参见[德]卡尔·拉伦茨:《德国民法通论》(上册),王晓晔等译,法律出版社2003年版,第256~257页。

④ 参见李昌麟主编:《经济法学》,法律出版社2008年版,第95页。

为征税主体和纳税主体,但对征税主体范围的意见不统一,大部分认为包括各级权力机关和行政机关,以及具体履行税收征管职能的税务、海关等部门。其次,税收法律关系客体,大都认为包括物和行为,也有人将物细分为货币和实物。最后,税收法律关系内容,即权利义务,学者们意见概难统一。①从传统税收法律关系观点看,充盈着逻辑矛盾和实践阻隔,具体而言:首先,从本质看,所谓的4个主要特征只不过是税收传统三性理论的另一种表达,无法揭示现代税收内涵,前文已述不再重复。其次,从逻辑上看,将宪法关系、立法关系和执法关系揉作一团,混同了宪法、法律和具体执法主体,宪法关系上国家和人民对应,法律立法上国家权力机关与人民(抽象的纳税人)对应,执法中具有税务征管职能的行政机关与具体的纳税人对应,逻辑混乱造成认识不一。比如,征税主体包括各级权力机关和行政机关,其实是经不起推敲不加思考的简化思维,征税主体突出职权性不同于公法责任的国家性,各类国家机关在各自法定职权范围内代表国家行使职能,不具有征税职能的国家机关显然不能划为征税机关,其若进行征税则陷入滥用职权,实践中纳税人依常识也不会与其发生所谓的税收法律关系。事实上,这种逻辑混乱根源于法律关系模型的局限性,导致不同学者在宪法、立法和执法层面左右摇摆。再次,从机能看,税收法律关系很难发挥其假想机能,既无理论架构价值,也缺乏实践指导意义,纯粹是学者们对税收法律现象的一种自我陶醉式的解读,因为主体、客体和权利义务等均为法律规范事先确定,与所谓的税收法律关系模型关系不大。事实上,一旦发生涉税争议,税收法律关系模型本身的模糊性、事后性和不确定性等也无助于指导解决纠纷。最后,从内容看,所谓的税收法律关系模型无非是对既有法律规范的内容进行汇总,缺乏理论和实践的独立性,游离在税法的主体内容的产生、确定、变更、消灭等范畴之外,对税法的核心内容即税收债务何时产生、具体确定、怎么实现等毫无助意。

改良的税收法律关系模型无法有效。以前我国不少学者以"权力关系"理解和分析税收法律关系;现在大多数税法学者认为债务关系是税收实体法律关系性质的重点,税收程序法体现权力关系性质且以行政权力为基础。税收法律关系从抽象和整体上看,其性质是税收债权债务关系。②刘剑文认为,

---

① 参见李刚:《税法与私法关系总论——兼论中国现代税法学基本理论》,厦门大学2008年博士后出站报告,第46~47页。

② 参见刘剑文、李刚:《税收法律关系新论》,载《法学研究》1999年第4期。

税收法律关系的本质是“契约精神和平等原则”，在税收法律关系各个层面上贯彻体现。[①]还有学者将德国历史上的税收债务关系说和税收权力关系说的论战戴上“税收法律关系性质之争”[②]的帽子，不自觉混淆了税收债务说和税收法律关系模型的性质，认为“在域外税法学研究领域，对于税收法律关系素有所谓‘权力关系’和‘债务关系说’的理论争议”[③]的主要实质分歧，是税收债务发生时间不同和征纳双方法律地位不对等。[④]受限于对德语语言障碍，笔者未曾去考证奥托·迈耶时代的税法规范，仅从逻辑上就可推断这种“拉郎配式”论述的逻辑谬误。权力关系说鼎盛时期的税法被列为行政特别法，此时行政权一家独大乃至于成为税收债务具体成立的决定因素；税收债务说在某种程度上正是基于压缩行政裁量权而应运而生，是税收法定化的必要选择。而1919年德国《帝国税收通则》的制定则从某种意义上成为所谓税收权力关系说和债权债务关系说争辩的终止符。《德国税收通则》(1980年8月29日生效)第二部分即为“纳税债务法”，该第二节为“税收债务关系”，大致可资佐证。而且，两种理论学说论战的焦点是税收债务的成立标准而非所谓税收法律关系的性质，即纯理论的两种学说是一先一后、对立交锋直至后者取代前者的关系，一旦后者战胜前者即产生税法立法上的实质变更，不可能同时存在两种不同的税收债务成立的法定标准，更无所谓的超出税法的税收法律关系性质之争。

(3)确立税收构成要件模型

税收构成要件是取代税收法律关系模型研究税法的最优置换，是税收债务的理论模型和判断标准，是税法独立的理论工具。在我国税收之债曾经不被全面接受，王家林曾发出疑问，“如果税收是债，或者美其名曰‘公法之债’，要到期偿还，还要支付一定利息，国家存在的物质基础就没有了”。[⑤]他认为，主张税收债法理论，将必然导致税法偏离正确的发展轨道。目前，大多数税法学者已经接纳并发展税收债法理论，形式上在中国并无理论障碍，而且实质上

① 参见刘剑文、李刚：《税收法律关系新论》，载《法学研究》1999年第4期。

② 参见李刚：《税法与私法关系总论——兼论中国现代税法学基本理论》，厦门大学2008年博士后出站报告，第47页。

③ 周刚志：《财政转型的宪法原理》，中国人民大学出版社2014年版，第106页。

④ 同上书，第108～109页。

⑤ 王家林：《也从纳税人的权利和义务谈起——就一些税法新理论求教刘剑文教授》，载《法学杂志》2005年第5期。

已经被立法部门采纳。税收债务说带来税法学的革命和重生，是现代税法学理论体系的要基。[①]税法债法构建有助于根本改变我国税法学理论研究的立论基础、研究思路、学术范式和思维模式，有助于解释税法移用民法的税收优先权等相关制度，有助于在税收执法和司法实践中既确保国家税收债务实现，又有利于保障纳税人合法权益。[②]

税收法定主义下国家与公民的税收关系，不是纯粹的权力关系，而是按照税收法律构成要件，税收债务作为法定之债，无论发生之债权债务的构成要件还是法律效果，均通过立法机关实定法规范或授权行政机关立法规定。前者为税收构成要件法定，后者称为效果法定、合法性原则。[③]税法体系的核心部分，在于以税收构成要件为中心确定税收债务的内容、成立、继承、消灭的税收实体法，以及执行税收实体法而规定确定税收债务和征收程序的税收程序法，规范调整公私关系的税收诉讼法和对税收违法的税收处罚法。[④]税收法律关系的内容包括实体和程序两部分。实体部分指税收债务关系，基于法律经由纳税人的行为（法律行为和处分行为）而发生。而税收债权关系，亦经法律但不得经纳税人的上述行为发生。[⑤] 程序部分指税收程序关系。税收债务关系的成立，从税收主体、税收客体、客体归属、税基、税率以及加重减免等债务关系成立要件探讨。税收债权关系的实现，从一切金钱给付请求权包括税收债权、责任请求权、税收附带给付请求权、退税请求权和溢退税款返回请求权等。税收程序关系，指实现税收债务关系的请求权目的的一切权利和义务，包括作为、不作为和忍受等程序法上的义务，有法定的也有基于法律依据作出的行政处理决定的。[⑥]正如日本学者北野宏久所言，税法学研究应从认识论和实践论两个层面展开。认识论属于法科学和法社会范畴，解释税法现象的规范性，包括成文法和其他所有活的税法；而法实践论则以税法解释论、立法论为研究对象，在宪法秩序下解读税法理论，属于传统法学或适用法学范畴。[⑦]两个层面

---

① 参见刘剑文主编：《财税法学研究述评》，法律出版社 2015 年版，第 165 ~ 166 页。

② 参见刘剑文：《财税法专题研究》（第 2 版），北京大学出版社 2007 年版，第 178 页。

③ 参见柯格钟：《公法债务与私法债务——税捐债务法之基本问题》，载《月旦法学杂志》2014 年第 235 期。

④ 参见［日］中里实等编：《日本税法概论》，郑林根总校，法律出版社 2014 年版，第 31 页。

⑤ 参见陈清秀：《税法总论》，台北，元照出版公司 2012 年版，第 300 页。

⑥ 参见陈清秀：《税法学研究方法论初探》，载《台湾法学杂志》2012 年第 199 期。

⑦ 参见［日］北野宏久：《日本税法学原论》，郭美松、陈刚译，中国检察出版社 2008 年版，第 10 ~ 12 页。

均脱离不了以税收构成要件为主体的实体法研究，因而取代税收法律关系模型成为税法研究的基础模型。

税收构成要件理论模型的主要功能简要概述如下：①造法功能，税收构成要件是税法规范的基础性理论，其本身具有的类型化特点，为完善税制和各税种立法指引了改进方向。②释法功能。作为观念中的税收债务与现实中的税收债务的判断标准，对税收债务的纳税人、税收客体、税基、归属等要素分析，具有具体税收债务成立与否、数额多少、由谁承担等范畴的统一解释功能。③评价功能。一方面成为私权保障的防护器，另一方面是确保公法债务实现的稳定器。哪些客体作为征税对象、税收负担怎么样等，体现法的安定性，有利于保证人民实施经济活动的预期。④规范功能。对税法本身而言，税收构成要件成为税法规范的主体内容，以税收构成要件为中心的实体法律关系，确保债务实现的以税收征纳为中心的程序法律关系；对征纳双方而言，税收构成要件划定了双方权利义务的边界，税收债权债务是否成立、相关义务是否依法履行等了然在目。

2. 税法部门独立辩争的停止

(1)税法独立再独立的理论依托

第一，税收构成要件是税法独立于民法的理论依托。一般而言，税法独立的主题内容，集中在关于税法摆脱民法的由来已久的辩争，然而德国实质观察法的理论架构价值远不能支撑起税法独立的重任。大陆法系国家，不少学者提出税法“自治”(autonomous)的话题；当然税法自治并不是要否定其作为法律体系的一分子，而是要独立于民法。[1] 还有学者认为，“独立”可能比“自治”更合适。学者帝普克(Tipke)关于税法是否自治提出了3个问题：税法是否非得适用民法基本原则？税法是否当然使用民法术语？税法使用民法同一概念时，解释方法是否同一？[2]德国经验表明，税法学科的独立性在很大程度上取决于其独立的话语体系，但是完全脱离其他学科谱系并不能获得税法学科的自由生长；全面自由意味着没有自由，单靠实质课税等非基本原则或其他孤单的概念远不能支撑起独立的税法。完全忽视税法的独立性，最终导致税法成为民法附随法；反之，过于强调税法的独立性，忽视民法意义，则容易陷入

① 台湾学者葛克昌也持该观点，他引用德国学者Felix的观点，认为“税法之解放运动，其挣脱对象并非行政法，因自始税法即被视为特别行政法，而税法所欲挣脱之附庸地位之对象为私法”。参见葛克昌：《税法基本问题》(财政宪法篇)，北京大学出版社2004年版，第7页。

② 参见[美]维克多·瑟仁伊：《比较税法》，丁一译，北京大学出版社2006年版，第125页。

国库中心主义桎梏。最初,德国学者弗卢梅(Flume)、克雷泽柳斯(Crezelius)等认为,原则上民法优先于税法,税法基于民事法律事实存在,应反映民事法律构造,即税法为民法附随法。[①]第一次世界大战后德国百业待兴,大量不法商人借机发国难财,却因违反民法强制禁止规定而归入无效行为无法对其征税,引发财政危机,于是贝克尔(Becker)、鲍尔(Ball)等税法学者呼吁税法应从民法中全面分离。随后对经济观察法与租税规避行为之否认进行立法确认,使之成为税法学两个独立的关键概念。第二次世界大战结束后至20世纪50年代又走向另一个极端,实质课税原则遭到根本质疑。有学者甚至提出,税法概念,除非税法另有明文规定,一律不得与民法作不同解释。[②] 1991年12月27日德国联邦法院判决指出,民法相对税法,仅有适用的优先性,而不是效力的优先性;税法借用民法概念应考虑税法的自主性。葛克昌认为,税法之于民法,既非独立亦非依存,而是各自调整统一法秩序下的单独区域,一并统摄在宪法的指导理念之下。[③]从德国税法与民法关系这一发展过程来看,是税法对社会经济生活的一次被动调整和适应,在当时特定历史条件下具有非常积极的意义。但是,我们也应看到,这种从确保财政收入出发而灵机一动作出的非主动应对,其结果很难禁得住历史检验,而对税法学科发展而言,因没有抽象出其独有的基本原则而单靠纯经济目的的特殊原则,也未能在这种历史机遇中获得真正的独立。事实上,德国经验和本土实践已经证明了,缺乏内在基本理论支撑,强调自我而无视其他,或者没有自我而直接借用的做法均不可行。

笔者认为,税法学科要获得自身发展,一要从其他学科中汲取养料,处理好与其他部门法的衔接,二要独立自主发展起自己的理论体系。那么税法与民法的界限与联系,其沟通载体无疑是税收构成要件。税法常借用私法概念去定义税收债务,如财产权或取得法定收益权。私法与税法的关联是不言而喻的,私法的交易结果对税法使用具有关键性的意义。[④]税收主体和客体所涉及的标的等法律事实要件,是税法和民法共同规定的事项。在时间顺序上,民事关系优于税收法关系,二者以同一法律事实为规范对象,税收构成要件中的

① 参见葛克昌:《行政程序与纳税人基本权》,北京大学出版社2005年版,第168页。

② 参见葛克昌:《税法基本问题》(财政宪法篇),北京大学出版社2004年版,第7~8页。

③ 同上书,第8页。

④ See Victor Thuronyi, *Comparative Tax Law*, Kluwer Law International, 2003, p. 125.

事实或状态是在先适用民事法具有经济意义的事件或状态,因而无论是否使用了税法特有概念,在解释民事构成要件要素时必须回溯到民事法。二者在构成要件要素或事实上的内在关联,导致如当事人利用民事法律关系的形成自由规避税法时,则触发税法和民事法的紧张关系。而且,税法和民事法经常共享法律概念或类型,以确保统一的法秩序下规范事实的同一性。当然,为了满足税法规范的特别需要,税法也建构了其独立概念或类型,此时相对于原民法概念并无优劣位之分,而只是如何解释适用共同实现正义规范目标的问题。①税法的课税原因事实为民法行为或事实,民法为调控基础法律关系的第一次规范,税法为施加纳税义务及协助义务的第二次规范。即民法与税法虽对同一经济事实进行规范,私法虽具有适用上的时间优先性,但不具有评价上的优位性;与其过分强调各自特殊性,不如将其共同统一于宪法价值和统一法秩序。进言之,前述"民法优先说",即强调私法自治,宪法上的概括自由优先,在税法中亦应如此。而上述"税法独立说",其实质追求源自宪法平等原则的量能课税原则。然而,价值平衡说始符合税收正义,认为税法和民法为相邻的平等法域,各自立法应自行展开,税法借用其他法的构成要件应按税法理念解释。税法和民法,在价值上无孰轻孰重、谁先谁后的问题,都是统一法秩序下的部门法,各自立法及解释适用,应尽量避免伤害其他法域理念,破坏法秩序的整体性。税法中的构成要件要素,虽然源自民事法等领域,但应依照税法的目的和规范内容进行解释,如无效民事法律行为的履行、实质课税对实际纳税主体的认定、公法事由产生的课税事实等,税法与民事法的适用及效果出现截然分离。税收立法及解释应遵守下列原则:①除非社会和经济政策考量,税法不得干预市场经济活动自由;②税法应尽可能尊重私法自治和契约自由原则,不干涉企业组织架构、融资方式及法律行为;③税法在追求其自身目的时,不得违反民法基本原则。②

第二,税收构成要件是税法独立于行政法的理论依托。传统意义的行政法以行政行为理论构建,随着行政管理事域扩大,行政行为不仅包括权力性行政行为还包括非权力性行政行为。行政机关干涉社会经济的行为类型主要

① 参见黄茂荣:《法学方法与现代税法》,北京大学出版社 2011 年版,第 296 ~ 306 页。

② 参见黄茂荣:《税捐法与民事法》,载《月旦财经法杂志》2005 年第 2 期。

为:[1]以行政立法、行政行为和强制行政为主要手段的权力作用干涉行为;以法律行为和非法律行为为主要手段的非权力作用的干涉行为。第一次世界大战前,德国学界主要在一般行政法中论述税法,战后税法逐渐独立出来。到20世纪20年代,税法内容不在列入行政法教科书。1918年德国设立帝国财政法院,专门审理税务案件,已然成为税法独立的重要标志。[2]德国向来将税法与警察法列为典型的干预行政法。在审判机关设置上,早在1918年夏,德国就单设帝国财务法院,作为审理税务诉讼的特别行政法院。税法学的独立与发展,也离不开行政法巨擘奥托·迈耶、弗里茨·弗利纳(Fritz Fleiner)等的代表性行政法著作的开创性贡献,在这些著作中税法并未脱离行政法。开创税法一派的学者为西奥德赛皮斯托利斯(Theoder V. Pistorius),1919年春,他召集举办了一系列富有影响力的税法演讲,消除了法律人之前排斥税法的心理。之后,鲍尔(Ball)、享泽尔(Hensel)、布勒(Bunler)等税法学大家的名作如雨后春笋般问世。[3]日本的税法独立晚于德国,第二次世界大战后日本接受美国人夏普的建议设立税法课程,税法学成为一门独立分支学科才逐渐形成。而此前,日本学界仅把税收法律研究作为行政法分论的内容,从行政作用法角度研究税收。[4]我国行政法和税法都属于相对年轻的法学学科,因而二者的独立关系远没有德、日那么源远流长,税法与行政法各自独立似乎不成问题。行政法和税法虽同时具有经济社会干预的特性,但主要功能目的不同,税法在于组织财产收入,其主体内容在于规定税收构成要件的税收债务实体法,虽然税收管理和征收等程序法规范大量充斥行政法规范,但税收程序法主要为税收实体法服务,因而不能喧宾夺主表征税法特性。

第三,税收构成要件是税法独立于经济法的理论依托。在我国,税法归属于公法但独立于经济法,却是一个容易被忽视且对税法科学发展更具有紧迫性和现实意义的命题。税法是典型的传统意义的公共侵害法,为公法上的债

① 参见[日]丹宗昭信、伊从宽:《经济法总论》,吉田庆子译,中国法制出版社2010年版,第209页。

② 参见黄茂荣:《法学方法与现代税法》,北京大学出版社2011年版,第295页。

③ Kruse, Lebrbuch des Steuerrechts, Band I. 1991, S. 19. 转引自葛克昌:《税法基本问题(财政宪法篇)》,北京大学出版社2004年版,第6~7页。

④ 参见[日]北野宏久:《日本税法学原论》,郭美松、陈刚译,中国检察出版社2008年版,第8页。

法，应受宪法拘束。[①]任何征税行为均须有法律依据。经济法，指建立在市场机制上的经济政策立法体系，其核心是维持市场竞争秩序，即国家对“自由竞争的限制”和“阻碍公平竞争”行为进行规制的法律。传统观点认为，在我国部门法体系中，税法应划入经济法范畴。张守文认为，税法是经济法的组成部分，二者是个性和共性、特殊性和普遍性、部分与整体的关系。[②]李昌麒等编写的经济法教材，将财政法律制度作为宏观经济调控法律制度，对税收法律制度进行了专章论述。[③] 漆多俊指出，现代国家财税政策主要基于调节经济考虑，财政法归类为经济法体系；财政政策的法律化即为财政政策法，所谓财政法的经济法性质主要指财政政策法。[④]

笔者认为，税法不属于经济法。我国学者刘剑文教授也认为财税法是不属于任何现有部门法的相对独立的一个综合法律领域。[⑤] 杨建顺将经济法与税法并列，提出了基本法和应用法的分类方法，租税法与经济法、劳动法、社保法并列称为“应用法”。[⑥]日本学者北野宏久亦认为，税法独立原因与经济法、劳动法不同，缘于战后税法现象深刻变化所需，而非税法自身特征所为。[⑦] 潜台词是税法与经济法是各自独立的部门法。前有学者考证，在欧洲和美国，税法经常被视为商法的一部分。[⑧]笔者考察了德、法、日学者的经济法组成，发现税法并未归类其中。德国经济法学家费肯杰将经济法分为一般经济法和特殊经济法，[⑨]乌茨·施利斯基将经济法分为经济刑法、经济公法和经济私法三大类；[⑩]法国学者罗尔夫·施托贝尔关于经济法的分类包括经济私法、经济制裁

---

① Georg Crezelius, Steuerrecht Ⅱ, Die einzelnen Steuerarten, 1994, §1 Rz. 8. 转引自黄俊杰：《实质意义税法平等对待之立法政策》，载《月旦财经法杂志》2010 年第 21 期。

② 参见张守文：《税法学》，法律出版社 2011 年版，第 30 页；张守文：《税法原理》，北京大学出版社 2012 年版，第 32 页。

③ 参见李昌麒主编：《经济法学》，法律出版社 2008 年版，第 432 页。

④ 参见漆多俊：《经济法基础理论》，法律出版社 2008 年版，第 265 页。

⑤ 参见刘剑文：《收入分配改革与财税法治创新》，载《中国法学》2011 年第 5 期。

⑥ 参见杨建顺：《行政规制与权利保障》，中国人民大学出版社 2007 年版，第 64 ~ 65 页。

⑦ 参见[日]北野宏久：《日本税法学原论》，郭美松、陈刚译，中国检察出版社 2008 年版，第 10 页。

⑧ 参见杨小强：《中国税法原理、实务与整体化》，山东人民出版社 2008 年版，第 10 页。

⑨ 参见[德]沃尔夫冈·费肯杰：《经济法》(第 1 卷)，张世明等译，中国民主法制出版社 2010 年版，第 42 ~ 45 页。

⑩ 参见[德]乌茨·施利斯基：《经济公法》，喻文光译，法律出版社 2006 年版，第 4 页。

法、经济宪法与经济行政法,[1]税法赫然不在经济法类属之列。与此对应,日本学者丹宗昭信将经济法分为一般经济法和特别经济法以及国际经济法,[2]税法同样未列入经济法范围。同时,他将劳动法、社会保障法和经济法作为社会法学科,认为社会法是一种公私法的混合状态。[3] 本书认为,税法在历史发展长河中的时空轨道远超过经济法。税收伴随国家出现而产生,而"经济法是现代市场、现代国家和现代社会孕育的产物,是市民社会和政治国家相互联动的辩证法",[4]经济法律制度在早期的空想社会主义者那被贬低至极致。在泰奥多·德萨米眼中,理想的平等者共和国,只要在国家最高层设置一名会计和一份账簿,就足以妥善调度一国的全部政治经济即整个社会产业;[5]经济制度被他嘲讽为不平等政权下颠三倒四的管理制度和"黄油众手相递的揩油制度"。然而,经济法是国家为了克服市场失灵和维护社会公共利益的需要而制定的法律,调整在国家调节社会经济过程的各种社会关系,[6]其基本精神体现为国家公权力干预,干预广度和深度取决于市场和国家的需要。[7]

我国经济法学创设始于20世纪80年代。经济法成为新的独立法律部门,在世界范围内也不过是19世纪末以来的事。税法与经济法的区别主要体现在:其一,税法主体类型、资格取得、权利内容等不同于经济法主体。独具特色的主体和主体制度是法律部门独立的重要标志。事实上,经济法主体制度至今仍在讨论发展变化中,而税法主体制度相对成熟完善。①主体类型不同。仅就自然人而言,无论理论上还是实践中,自然人一直以来就是当仁不让的税法主体,而其是否成为经济法主体则经历了摇摆不定到最终纳入的过程。苏联时期并不将自然人视为经济法主体。[8] 我国经济法研究的起步阶段,对自

---

① 参见[德]罗尔夫·施托贝尔:《经济宪法与经济行政法》,谢立斌译,商务印书馆2008年版,第4页。

② 参见[日]丹宗昭信、伊从宽:《经济法总论》,吉田庆子译,中国法制出版社2010年版,第434页。

③ 同上书,第222页。

④ 李昌麒主编:《经济法学》(第2版),法律出版社2008年版,第119页。

⑤ 参见[法]泰奥多·德萨米:《公有法典》,黄建华、姜亚洲译,译林出版社2014年版,第31页。

⑥ 参见漆多俊:《经济法基础理论》,法律出版社2008年版,第68页。

⑦ 参见李昌麒主编:《经济法理念研究》,法律出版社2009年版,第2页。

⑧ 苏联时期的经济法主体不包括自然人,是指经济领导机关、经济联合企业、企业,其他社会主义组织,经济机关的分支机构和生产单位。参见[苏]B. B. 拉普捷夫:《经济法理论问题》,中国人民大学法律系民法教研室译,中国人民大学出版社1981年版,第36页。

然人是否属于经济主体见解不一,20 世纪 80 年代中后期到 90 年代初,才有学者逐渐将其纳入经济法主体范畴。即便发展到现在,最主要的基本被调节管理主体仍是法人和非法人的社会组织。[①] ②主体资格取得不同。经济法主体资格有“法定取得、授权取得和参与经济法调整的经济关系取得”[②]等 3 种,税法主体资格远宽于此,如自然人一出生就有依法纳税的义务。③权利内容不同。经济权利包括国有资产管理权、国有企业经营权、承包经营权和经济请求权,[③]而税法权利并不相同。而且公权部门的职权权力也各不相同。其二,税法与经济法的客体不同。经济法律关系客体,不是物、无形财产或其他,而是指一定行为。按经济法主体基本分类,主体行为主要分为基本经济行为和国家经济调节管理行为。[④]一般认为,税收法律关系的客体是指主体权利、义务所共同指向的对象,即课税对象。其三,税法调整对象不属于严格的经济法调整关系,且经济法调整对象的本身不确定性,导致不能涵盖税法调整范围。经济法调整对象是国家经济调节关系,[⑤]范围为宏观经济调控关系、市场主体调控关系、市场秩序调控关系、社会分配关系等。[⑥]而且我国经济法学界对经济法调整关系、范围的认识并非如上述整齐划一。耐人寻味的是,即便在经济法研究发达的德国,对经济法性质或调整对象也莫衷一是、概难统一,沃尔夫冈·费肯杰将经济法视为:[⑦]社会政策悬而未决的问题;交叉学科的方法;实用主义划定对象范围;与经济关系有关的全部法律规则;工业或企业法;干预法;冲突规则。雅克曼和施朗斯把经济法视作一种方法,哈默勒将经济法视为独立于公法和私法的法域。[⑧] 其四,税法的主要功能、内容和目的与经济法不同。税法虽有调节社会分配功能,但其直接目的在于组织财政收入,税收本质已经衍变为权利成本,税收法律关系的核心内容为税收债权债务关系。经济法体系总结为市场主体法、市场秩序法、宏观调控法和经济监管法,将财政税收法归结为宏观经济调控法律制度的子项目并不适当。税法是最富含宪法意

---

① 参见漆多俊:《经济法基础理论》,法律出版社 2008 年版,第 117 页。

② 李昌麒主编:《经济法学》(第 2 版),法律出版社 2008 年版,第 124 页。

③ 同上书,第 128 ~ 129 页。

④ 参见漆多俊:《经济法基础理论》,法律出版社 2008 年版,第 128 ~ 131 页。

⑤ 同上书,第 69 页。

⑥ 参见李昌麒主编:《经济法学》(第 2 版),法律出版社 2008 年版,第 63 ~ 69 页。

⑦ 参见[德]沃尔夫冈·费肯杰:《经济法》(第 1 卷),张世明等译,中国民主法制出版社 2010 年版,第17 ~ 28 页。

⑧ 同上书,第 29 页。

识的法律,[①]税法规范调整人民与国家最主要的法律关系。税法规范的主要内容是金钱给付和协力义务。但不能否认的是,一些散布在财经和社会法规中,具有财政目的以外的社会或经济目的的税收条款,以及个别主要以经济和社会目的的单行税法,按其功能可归类为税收经济法,[②]但不占多数。税法规范依其目的分为财政目的规范、行政简化目的规范、社会目的规范3类。[③] 其五,税法基本原则、基本理念不同于经济法。限于篇限,不展开论述。

(2)税法衔接再衔接的理论载体

公法和私法是大陆法系的二分法,二者关系密切,公法要件事实通常为私法的法律行为或事实。私法规范为第一次规范,形成基础事实;公法规范为第二次规范,是基础事实的法律后果。[④]公、私法的二元分类,根源于国家和社会的二元结构。帕夫洛夫斯基提出私法、公法和社会法的三分法取代公法、私法的二分法。拉德布鲁赫也提出,在公法和私法之外,产生了经济法和劳动法的第三法域。[⑤] 劳动法和经济法形成后,西方学者也认为,这些法律既不能说是公法,也不能说是私法。即便在德国、日本这样严格划分公私法的国家,一些学者也将法律划分为3类:公法、私法和第三类法。[⑥] 事实上,不管二分法还是三分法,仅适用于实体法;程序法被视为一种含有公法关系和私法关系复合结构的三方关系。笔者赞同卡尔·拉伦茨关于实体法非公法即私法的二元分类,[⑦]相应地细分为公法规范和私法规范,二者主要区别在于法律后果的归属不同,公法规范是为公权承担人或为任意的人在对公权承担人的关系中规定法律后果的规范。私法和公法,互有区别但应构成一个统一、协调的法律制度,二者往往追求相同的规范目的,但使用的手段并不相同。[⑧]日本学者美浓

---

① D. Birk, Steuerrecht und Verfassungsrecht Die Verwaltung 35(2002),91ff. 转引自葛克昌:《暂时权利保护与税法》,载《月旦法学教室》2011年第101期。

② Tipke/Lang, Steuerrecht, 17. Aufl., 2002, § 19. 转引自黄茂荣:《法学方法与现代税法》,北京大学出版社2011年版,第294页。

③ Tipke/Lang, Steuerrecht, 20. Aufl., 2000, § 4, Rz. 19ff. 转引自张永明:《宗教团体捐助设立医院之房产税探讨》,载《裁判时报》2011年第10期。

④ 参见葛克昌:《税法基本问题》(财政宪法篇),北京大学出版社2004年版,第155页。

⑤ 参见[德]拉德布鲁赫:《法学导论》,米健译,商务印书馆2013年版,第114页。

⑥ 参见谢怀栻:《外国民商法精要》(增补版),法律出版社2006年版,第55页。

⑦ 参见[德]卡尔·拉伦茨:《德国民法通论》(上册),王晓晔等译,法律出版社2003年版,第9页。

⑧ 参见[德]迪特尔·施瓦布:《民法导论》,郑冲译,法律出版社2006年版,第65~67页。

部达吉曾经总结“公法和私法的共通性”①以及“公法和私法的关联”②情形。

如前所述，税法归属公法，独立于民法、行政法和经济法，税收构成要件是作为税法衔接公法和私法的理论载体。税法不具有纯粹的社会法属性。邱本将税法规范分为两种：③税收权限分配规范，即中央和地方的税收立法权、征收征管权和税收分配权的规范；税收征纳规范，即征纳双方的权利(力)义务规范。税法具有公法的复合性，表现为：一是规范征税权行使的公法；二是调节经济交易活动的交易法。④ 事实上，如前文论述，税法的基本结构为，以税收构成要件为中心的税收债务实体法和以税收构成要件为载体确认、实现税收债务的程序法；税法作为公法既衔接民法等私法，也衔接经济法、行政法、刑事法等公法，其衔接的理论载体即税收构成要件，作为税法本身而言，满足税收构成要件即成立税收债务；而民法上法律事实的可税性是税收构成要件的基础事实，无民事法律关系则无征税现实可能；当税收构成要件满足而纳税人不依法履行则产生公法债务请求权，触发行政处理；立法上对税收构成要件的主体、客体、税基、税率等要素给予某种税收优惠，则能发挥经济法的宏观调节作用；当纳税人恶意隐匿、伪造税收构成要件要素逃避税收债务，则引发行政执法与刑事司法衔接。

(三)理论机能之三：税法与税制的发展和完善

1. 税法体系改造的理论指针

税法体系是法律体系的重要组成部分。理论上的税法体系，按照租税法律关系的性质，可以将税法分为租税基本法、租税实体法、租税程序法、租税救济法和租税制裁法 5 个部分。⑤涂龙力等人认为，税法体系应分为税收实体法、税收征管法、税务违章处理法和税务行政复议和诉讼法。⑥刘剑文提出的税法体系包括宪法、税法通则、实体税法(流转税法、所得税法、财产税法和行为税法)和程序税法。⑦笔者梳理了中国现行税法体系，如表 6 所示。

---

① 参见[日]美浓部达吉：《公法与私法》，黄冯明译，中国政法大学出版社 2003 年版，第 72～99 页。

② 同上书，第149～233 页。

③ 参见邱本：《经济法研究》(下卷)，中国人民大学出版社 2008 年版，第 138～140 页。

④ 参见[日]中里实等编：《日本税法概论》，郑林根总校，法律出版社 2014 年版，第 2 页。

⑤ 参见[日]北野宏久：《日本税法学原论》，郭美松、陈刚译，中国检察出版社 2008 年版，第 43 页。

⑥ 参见涂龙力、王鸿貌：《税收法定原则与我国税法体系的完善》，载《税务研究》1999 年第 12 期。

⑦ 参见刘剑文：《论财政法定原则——一种权力法治化的现代探索》，载《法学家》2014 年第 4 期。

表 6　中国现行税法体系

税法名称	命名规则	效力位阶	发文字号	颁布/施行
企业所得税法	税收客体	法律	全国人大	2008 年施行
个人所得税法	税收客体	法律	全国人大	1980 年颁布，2007 年修改，2018 年再次修改
车船税法	税收客体	法律	全国人大常委会	2011 年发布
烟叶税法	税收客体	法律	全国人大常委会	2018 年 1 月 1 日施行
船舶吨税法	税收客体	法律	全国人大常委会	2018 年 7 月 1 日施行
耕地占用税法	税收客体	法律	全国人大常委会	2019 年 9 月 1 日施行
船舶吨税法	税收客体	法律	全国人大常委会	2018 年 7 月 1 日起施行
增值税暂行条例	税收客体	行政法规	国务院	1993 年发布，2008 年修订，2017 年再次修订
消费税暂行条例	税收客体	行政法规	国务院	1993 年发布，2008 年修订
进出口关税条例	税收客体	行政法规	国务院	2003 年公布
资源税暂行条例	税收客体	行政法规	国务院	1993 年发布
城镇土地使用税暂行条例	税收客体	行政法规	国务院	1988 年发布，2006 年修改
车辆购置税暂行条例	税收客体	行政法规	国务院	2000 年公布
契税暂行条例	税收客体	行政法规	国务院	1997 年发布
印花税暂行条例	税收客体	行政法规	国务院	1988 年发布
土地增值税暂行条例	税收客体	行政法规	国务院	1993 年发布

续表

税法名称	命名规则	效力位阶	发文字号	颁布/施行
城市维护建设税暂行条例	特定目的	规范性文件	国务院	国发〔1985〕19号文件发布
房产税暂行条例	税收客体	规范性文件	国务院	国发〔1986〕90号文件发布

备注：此外，效力位阶为法律的税法还包括《税收征管法》。

必须深入税法形式及其实质内容，方能探究税法体系改善的方向。从表6可见，随着税收法定进程加快目前我国税法体系中效力位阶为法律的税法已增加为7部，其余的全部为国务院立法，包括以国发〔1985〕19号、国发〔1986〕90号文件形式发布的《中华人民共和国城市维护建设税暂行条例》和《中华人民共和国房产税暂行条例》。此外，税法体系还包括财政部、国家税务总局制定出台的大量税收规章，税收实践中"存活着"大量的广泛发挥"法源"作用、名为"税法"实为"政策"的税收规范性文件，以及未纳入规范性文件管理的内部通知、通告，这些"财税发、财税函、国税发、国税函"字号的文件量大繁杂，绝大多数为财政部、国家税务总局针对特定税收管理事项而作出的自上而下的内部指导意见，体系性、协调性和科学性等均较差。从形式上看，我国已初步建立了一个符合国情的多层次、多税种、多环节的税法体系，但从实质上看，税法体系尚不完备。突出表现为：第一，税收法律主义和税法通则缺失。宪法中关于税收立法规范畸缺，不能提供基本税收立法直接的宪法依据。我国现行《中华人民共和国宪法》（以下简称《宪法》）没有确立税收法律主义。在现代国家，为了协调税收法律体系，防止内部冲突，同时规范税收重要事项，许多国家制定了税法通则或税收基本法，而我国的税法原则体系尚未确立，全面影响税法体系的建设。第二，税收立法权限配置及行使不尽合理。目前，我国《宪法》和《中华人民共和国立法法》（以下简称《立法法》）为税收立法权分配依据，相关规定内容过于原则，协调性与可操作性不强，导致税收立法不规范、随意性较大，突出地表现为典型的行政主导的授权立法模式，授权范围、期限、权限不明且不慎重进行转授权，导致立法的条条块块之间不协调、不一致的问题较为突出。第三，税收组织法缺乏。虽然《税收征管法》对有关机构的执法主体资格从法律上予以确认，但未制定权责明确的税收组织法。突出地表现为："法外"执法机构执法现象不同程度存在，"公然"行使着执法权；执法职责含混、交叉不清，如稽查局法定职责的虚化和弱化问题；又如国地税机构改革后，县市区局法制科兼具法制审核与执法督察职能，不利于法制审核的中立性和专业性作用的发挥。第四，税收实体法和程序法尚不完善。税收债务实体法不够完善，税收程序法仍有待改进，税务责任、纳税人权利救济等法律制度亟待完善，不纳税申报和逃避缴纳等界限不清楚，处罚幅度大。第五，税收法律位阶普遍较低、立法水平有待提高。除上述极少数税法是由全国人大及其常委会制定以外，大都由国务院或财税主管行政部门制定。行政法规和部门规章的法律效力和权威性不高，不少内容交叉重叠，极易产生规范相互冲突、矛盾的现象。同样极易产生立法技术问题，包括名称混乱、内容表达不规范以及缺乏系统化等。第六，规章以下税收规范性文件的实质审查有待加强。实践中规范性文件备案审查存在"重形式、轻实质"审查的现象，对税收文件未作全面清理，全国税务系统自上而下不少内容打架、形式欠缺。第七，税收立法与税制变革的公众参与度不够。税收法律规范的制定出台的民众参与程度不够，规章以下税收规范性文件更为突出；新的税法出台和税法改革对民意的重视程度偏低，目前税法改革模式普遍是行政机关自上而下的内部发起，民众意愿表达不够充分。

完备的税法体系应是符合良法标准的体系。著名学者李步云先生将良法标准总结为：从一定意义上说，广义的良法就是"真、善、美"的法。"真"是指法的内容合规律性；"善"是指法的价值合目的性；"美"是指法的形式合科学性。[①]学者刘剑文总结财税法律体系完善的总体目标为：效力位阶的提升，内部结构的完善、规范内容的增补、立法技术的改进。[②] 笔者认为，判断税法体系是否完备，可从统一性、完整性、科学性、协调性、民主性、权威性和简捷性等方面判断。任何国家的宪法均不可能毫无保留、事无巨细地规定，而是通过赋予立法者制定权。这种在宪法内授权立法者作为的指示，可称为宪法委托。[③]

---

① 参见李步云、赵迅：《什么是良法》，载《法学研究》2005年第6期。

② 参见刘剑文：《走向财税法治——信念与追求》，法律出版社2009年版，第126～130页。

③ 参见陈新民：《德国公法学基础理论》（上卷），法律出版社2010年版，第187页。

立法者这种宪法的授权,表现在有关人民基本权利方面,就是狭义的法律保留。① 税收关涉财产安排和处置,直接涉及财产的部分剥夺,间接影响生产经营活动的安排。因而奉行税收法定,税捐客体、税捐主体归属、税基、税率等主要税收构成要件要素必须以形式意义的法律作出规定。②一个法律不得授权法规性命令之制定者,规定该税捐之重要部分,自该法律必须已可,而非自该法规性命令始能认识,得向那一个税捐义务人请求什么。③德国学说与实务一般仍认为,行政机关要制定法规性命令,应经立法机关明确之授权,以及法规性命令之规定内容,不得逾越其所由之母法。④ 我国台湾地区在审查“税法”规范的“合法”性时,主要援引比例原则和法律保留原则,⑤而且运用法律保留原则时采严格的审查标准。那么,是否意味着将法律文件提高法律效力位阶则可解决问题呢?答案并非绝对肯定。法律保留有双重含义:一是保障意义,即非依法不得介入人民基本权;二是许可意义,依符合宪法的法律即可介入人民基本权利。中国的税收立法授权及转授权现象尤为突出,且应成为规范的重点,授权立法具有“无特定目标、无特定范围、无特定期限”⑥的特点。按照上述规定我国的“税收法定”以授权的行政法规为限,行政法规以下的税收规范性文件不宜对税收构成要件要素作出规定,而只能就税务管理及税法适用等作出具体规定,因而提升行政法规以下的税收规范性文件的法律效力位阶,应成为税法体系优化升级的主要任务。

2. 税制体系改良的理论指向

科学的、统一的税种分类是建设良善的税制体系的前提基础。由于缺乏统一的指导工具和理论标准,未形成统一的话语体系,造成理论界与实务界缺乏共识,因而导致税种分类千差万别。李昌麒等学者主张的税种分类:⑦流转税;所得税;财产税、行为税和资源税3类。流转税以商品流转额和劳务收入为征税对象;所得税以所得额或收益额为征税对象;财产税的征税对象为一定

---

① 参见陈新民:《德国公法学基础理论》(上卷),法律出版社2010年版,第211页。

② 参见黄茂荣:《法学方法与现代税法》,北京大学出版社2011年版,第340页。

③ 同上书,第344页。

④ 同上书,第348页。

⑤ 参见李惠宗:《税法规范的形式合法性和实质正当性》,载《法令月刊》2009年第60卷第7期。

⑥ 参见《税收授权立法30年未收回 全国人大难“履职”》,载腾讯财经网:http://finance.qq.com,最后访问日期:2013年9月29日。

⑦ 参见李昌麒主编:《经济法学》(第2版),法律出版社2008年版,第435~441页。

财产的数量或价格;行为税的征税对象为某些特定行为;资源税的征税对象为我国境内开采特定矿产品和生存盐,因资源条件差异形成的级差收入。刘隆亨将税种分为流转税、所得税、财产税、资源税和行为税。流转税以商品流转额和非商品营业额为征税对象;所得税以纳税人的所得额或收益额为征税对象;财产税以国家规定的纳税人的某些特定财产数量或价值额为征税对象;资源税以占有和开发国有自然资源获取的收入为征税对象;行为税以某种特定行为的发生为征收对象。①财产税包括财产保有税和财产转让税。②我国官方将税种分为3大类18个税种:③货物和劳务税包括增值税、消费税、营业税、车辆购置税、关税;所得税由个人所得税和企业税构成;财产和行为税则为其他税种。2018年前税务系统自上而下相应内设3个税政主管部门。国地税机构改革后,省级局所得税处分设或个人所得税处和企业所得税处,财产行为税处分设为财产行为税处和资源环境税处。省以下,税政主管部门调整不一。由上可知,我国理论界和实务界的在法定税收种类统一的前提下,却对具体税种的归类观点分歧,其主要原因在于对税收客体的认识不一,更突出了税收构成要件的理论指引的重要性。事实上,以税收构成要件为基础建构税收债务法的国家,均以其指导税种分类。德国学者帝普克(Tipke)和琅(Lang)按照税收客体对税种分为两大类:④一是对所得和财产征税。(1)财产状态。对财产转移征收遗产税和赠与税,对财产征房屋税和地价税。(2)经济财产增加。对市场所得征综合所得税、营所税和土地增值税。二是对所得和财产利用征税,征营业税、特别交易税和特别使用及消费税。这部分内容可见本书税收构成要件客体要素的相关章节,为避免重复这里不展开。

税收构成要件理论模型是税制改良的理论指示标。美国学者马斯格雷夫认为,合适的税制应符合以下要求:税负分配公平;税收尽量不影响有效市场的经济政策,过度负担降低到最低程度;如税收政策用于社会经济目标,必须对税制公平的干扰最小;税收结构应有利于财政政策运用;税收管理有效而不

---

① 参见刘隆亨:《流转税法》,北京大学出版社2002年版,第4~5页。

② 参见刘隆亨主编:《财产税法》,北京大学出版社2006年版,第37页。

③ 参见《现行税收制度》,载国家税务总局门户网:http://www.chinatax.gov.cn,最后访问日期:2015年6月5日。

④ Tipke/Lang, Steuerrecht, 20. Aufl., 2010, §8Rz. 29. 转引自陈清秀:《税法总论》,台北,元照出版公司2012年版,第310页。

专断，税制应为纳税人理解；管理和征纳费用应尽可能少。① 我国学者马寅初曾提出，最优的税制应以所得税为核心，以间接税为辅。②关于直接税与间接税的比例问题，是个理论与实践的相统一的问题。发达国家税制结构基本稳定，形成了货物与劳务税、所得税和社会保障税为主，财产税为辅的"3+1"现代税制结构，其中OECD（Organization for Economic Co-operation and Development）国家的所得税、社会保障税和财产税等直接税平均占比为65%左右；发展中国家税制机构仍在发展演变中，但呈现出向发达税制靠拢的趋势；拉美国家直接税比重普遍低于50%。③税制的改良，无外乎如何选择纳税人、税收客体、税基、税率、归属等各税种的税收构成要件基本要素，离不开税收构成要件理论的指引功能。税制改良成果最终通过税法体系加以巩固，因而无法脱离税收构成要件理论在落实税收法定的"造法"指导价值。

二、税收构成要件的实践机能：应税与否的测量标尺

（一）实践机能之一：构成事实和法定后果的组合物

税收构成要件是构成事实与法定后果的组合物，其本身可由一个法律规范或多个组合规范共同组成。法律规范，就是对一个确定的具体事实状态赋予一种特定的具体后果的法令。如规定纳税等绝对义务，当把法律规范称为假定的应然规范时，二者的命令意义相同，这种命令可统称为符合条件的命令。一个法律命令应包含前句和后句，前句指事实构成，后者为法律结果。④事实构成与法律结果，共同成为法律规范要素的抽象概念构成物。⑤税法规定应当由具体的规制事实构成与纳税的法律命令相连组成。⑥法律规则是制度化规则的一种具体类型，也是社会规则的一个子类。关于法律规范的类型，具有不同论述。塞尔等学者将规则分为构成规则和调节规则，前者创设新的行

---

① 参见[美]马斯格雷夫：《美国财政理论与实践》，邓子基、邓力平编译，中国财政经济出版社1987年版，第188～189页。

② 参见马寅初：《财政学与中国财政》，商务印书馆2006年版，第224页。

③ 参见解学智、张志勇主编：《世界税制现状与趋势（2014）》，中国税务出版社2014年版，第18页。

④ 参见[德]卡尔·恩吉施：《法律思维导论》，郑永流译，法律出版社2014年版，第32页。

⑤ 同上书，第34页。

⑥ 参见[美]罗斯科·庞德：《通过法律的社会控制》，沈宗灵译，商务印书馆1984年版，第22页。

为模式,其标准公式为:在A语境在从事B行为具有C效果,后者调整现有行为。[①]关于法律规范的结构,同样众说纷纭:一是两结构说。德国学者魏德士等提出,一个完整的法律规范,首先要记叙特定的事实类型,即法定的事实构成(Tatbestand),然后赋予该事实的具体法律后果。[②]换言之,法律规则结构分为两部分:法律适用的事实和情节;法律后果。[③] 美国学者霍菲尔德主张,与特定法律行为有关的重要事实,无外乎构成性事实和证明性事实两种。构成性、建构性、原因性或处分性事实,乃指按照有效的法律规则改变法律关系。[④]证明性事实一经认定便看为推断其他事实提供逻辑根据。[⑤]二是四要素说。英国学者约瑟夫·拉兹主张,每一条命令性规范均可分解成四要素:义务性算子;规范主体;规范性行为和使用条件。[⑥] 三是三结构说。在法律规范中与事实构成连接的法律结果,权利和义务是其内容,法律结果的指令显示权利义务存在或不存在。[⑦]至今一般把事实构成与法律结果之间理解为条件式的关系,属于法律因果关系的特殊类型。[⑧] 即立法者在事实构成与法律结果之间事先编织了一条具有法律因果性的必然纽带。具体事实构成是社会生活事实,事实构成包括积极要素构成和消极要素构成。法律状态,必须同时具备法律基础与事实基础,而且这些基础是论证法律状态存在的必需的主要理由。法律基础又区分为直接和间接两种,前者指构成法律状态的有效法律,后者指建立直接基础状态以及法院解决争端的法律。[⑨]

公权机关及其工作人员履行职责或行使权力的每一个行为,均为适用法律的行为。法官的任务,就是从当事人陈述中找到一个法定的事实构成,即将有争议的某个事实统摄到事实构成下。如果涵摄成功,就可以直接得出该法

---

① 参见[英]约瑟夫·拉兹:《实践理性与规范》,朱学平译,中国法制出版社2011年版,第118页。

② 参见[德]伯恩·魏德士:《法理学》,丁晓春、吴越译,法律出版社2013年版,第61页。

③ 参见[德]罗伯特·霍恩等:《德国民商法导论》,楚建译,中国大百科全书出版社1996年版,第61页。

④ 参见[美]霍菲尔德:《基本法律概念》,张书友编译,中国法制出版社2009年版,第20页。

⑤ 同上书,第24页。

⑥ 参见[英]约瑟夫·拉兹:《实践理性与规范》,朱学平译,中国法制出版社2011年版,第46页。

⑦ 参见[德]卡尔·恩吉施:《法律思维导论》,郑永流译,法律出版社2014年版,第17页。

⑧ 同上书,第35页。

⑨ 参见[美]卡尔·威尔曼:《真正的权利》,刘振宇等译,商务印书馆2015年版,第19页。

律规范的法律后果。[①] 确定适用规则的前提条件,既包含事实问题,也包含法律问题。[②] 法律的适用通常被认为是逻辑三段论法的运用。法律的一般规定是大前提;将具体的生活事实通过统摄过程归属在法律构成要件下,形成小前提;然后通过三段论法推导出规范法律事实的法律效力。[③]关于如何确定法效果的三段论的小前提,恩吉施将之分成3个部分:(1)具体的生活事件即实际上已经发生的案件事实的想象;(2)确认的确发生的案件事实;(3)评断案件事实是否具备法律的构成要素,或者说具有大前提第一个构成部分(法律构成要件)的构成要素。[④] 法官从制定法的抽象事实推论出具体的生活事实,构成逻辑上的前提,得出具体的法律后果。[⑤]适用法律,必须在法律规范与事实之间建立一种联系,确切地说,就是在特定的事实构成要件与事件的特定部分之间逐步建立联系。法律规范就是对法定的事实构成的各个要件的一般且抽象的表述组成。[⑥] 确定税收构成要件的要素事实应受举证责任拘束,而不是税收法定范围。但并非意味着构成要件事实认定及举证不受法律原则和规则调整。

(二)实践机能之二:职权调查和协力义务的聚焦体

1. 构成要件事实证成基本原则:补强协助义务的职权调查

一般而言,很多国家将税收征管行政职能和刑事司法执行职能分离,以确保公民的程序性权利不被侵犯。税务行政执法,征税机关不享有警察权,而是税收征管法明确赋予的权力。[⑦]德国赋予了税务机关对刑事税务案件较大的调查权,原则上只要不涉及逃税的其他犯罪,税务机关就可自行调查;涉及罚款的直接移交法院,否则移交公诉机关。[⑧]《德国税收通则》同时规定了职权调查原则和协助义务。税务机关依职权调查案情,决定调查的方式和范围,不受相对人辩解和听证的限制,调查义务因个案而异,并且应收集对案件具有重要意义包括对相对人有利的证据。相对人有义务配合调查,如实公开对征税

---

① 参见[德]伯恩·魏德士:《法理学》,丁晓春、吴越译,法律出版社2013年版,第61页。

② 参见[德]罗伯特·霍恩等:《德国民商法导论》,楚建译,中国大百科全书出版社1996年版,第61页。

③ 参见黄茂荣:《法学方法与现代民法》(第5版),法律出版社2007年版,第222页。

④ 参见[德]卡尔·拉伦茨:《法学方法论》,陈爱娥译,商务印书馆2003年版,第160页。

⑤ 参见[德]卡尔·恩吉施:《法律思维导论》,郑永流译,法律出版社2014年版,第37页。

⑥ 参见[德]伯恩·魏德士:《法理学》,丁晓春、吴越译,法律出版社2013年版,第295页。

⑦ 参见V. 图若尼主编:《税法的起草与设计》(第1卷),国家税务总局政策法规司译,中国税务出版社2004年版,第111页。

⑧ 参见[美]维克多·瑟仁伊:《比较税法》,丁一译,北京大学出版社2006年版,第227页。

有重要意义的事实，并告知自己知道的证据；依照税收构成要件以外的事实的判决，相对人应承担法律及事实上的可能性的举证责任；在涉外案件中，纳税义务人应对税法规定的利益关联方之间的业务关系类型和内容进行记录。[①]日本在尊重自主申报的基础上，授予课税厅3种调查权：一是搜集确定纳税义务资料的调查权，又称实体税法调查权，由所得税法、法人税法等单行税收实体法规定；二是征收目的调查权，又称滞纳处分调查权；三是违法案件的调查权。[②] 纳税义务人、提供法定资料义务人和交易相对人对课税厅实施搜集涉税资料负有容忍义务；[③]纳税人的代理人、使用人及从业人员、个体工商户也都属于容忍义务人。[④] 当调查方式不合法时，纳税人有权拒绝提供账簿等证据。[⑤] 按照税收法定主义的课税合法性原则，征税机关不仅有权力而且有义务核定及征收发生的法定税收债务，有关征收程序的事实调查，原则上采职权调查主义，其行政程序法规定，行政机关应依职权调查证据，不受当事人主张拘束，对当事人有利及不利事实一并搜集。[⑥]

本书认为，税收征管，强调效率优先，以稽征经济原则主导，征收机关依法尽职权调查，纳税人承担协力义务，以及不隐瞒必要财会资料的义务，但应享有不得“自证其罪”的权利。即在我国应区分行政管理和刑事司法活动。税务行政管理中，纳税人具有对自我行为负责的主体地位，按照税务行政管理规范主动办理税务登记、建立完整真实账簿，并按照税收构成要件主动纳税申报、缴纳税款，一般情形下征税机关应给予认可与尊重；当发生涉税可疑事项启动行政执法程序时，纳税人应将自己掌握的相关涉税资料主动提供，但征税机关依职权调查范围不限于此；当触发刑事责任时，不得违反自证其罪原则，征税机关应将案件移送刑事侦查机关，而不得自行调查。对行政程序中对税务行政提出问题的，由纳税人负举证责任。原则上由持有相关证据的一方承担举证责任。尽管持有证据资料的并不总是纳税人，如税率、税基的确定依据

---

① 参见《外国税收征管法律译本》组译：《外国税收征管法律译本》，中国税务出版社2012年版，第1693页。

② 参见[日]北野宏久：《日本税法学原论》，郭美松、陈刚译，中国检察出版社2008年版，第266页。

③ 同上书，第279页。

④ 同上书，第282页。

⑤ 同上书，第361页。

⑥ 参见陈清秀：《税法总论》，台北，元照出版公司2012年版，第450~451页。

等则由征税机关举证，但宜明确规定原则上纳税人负举证责任，某些必要证据仅只征税机关可获得除外。①

2. 构成要件事实证成简易方法：违背协助义务的职权核定

核定征税，又称为推计课税或推定征税，在特定情形下，因难以取得直接资料而利用间接资料而认定税收构成要件事实，是一种法定授权的构成要件事实证成简易方法。V. 图若尼认为，运用间接方法来确定应纳税额进行推进计税，主要基于以下理由：②(1)简便高效；(2)反逃避税；(3)纳税人守法或腐败问题导致政策的会计账目不可靠；(4)反驳推定能鼓励纳税人真实记账，即不记账承担更多税收负担；(5)推定方法具有的鼓励效果，即多得者不一定多缴税；(6)基于财政需要、公平等正当理由，直接解决某些问题存在的政治或技术问题时，通过最低税方法确定。《德国税收通则》规定了核定种类和程序：(1)税额核定。只要未有其他规定，征税机关以征税通知作出税额核定；税款退还同样适用；为简化管理，联邦财政部法规可规定核定税额或附加税额预计不超过 10 欧元的可不予核定；对税收构成要件不确定是否成立时可临时核定税额等。③ (2)征税计算额的核定。根据税法应予确定征税计算额，通过征税计算通知书作出核定，也即裁定人和物的纳税义务。④熊伟总结了美国税收核定的 4 种类型：⑤第一种为简易核定，适用纳税人主动申报；第二种为欠税核定，适用于纳税人未申报或税务机关认为申报不准确；第三种为预险核定，又细分为提前核定和紧急核定，适用于税款征收可能存在危及流失风险；第四种为破产和接管状况下的税收核定。美国税收核定，是在不同情形下按照税收构成要件要素确定税收债务，即税收核定范围仅限于税款，如“欠税 = 法定税收债务 - 纳税人申报税款”。

我国《税收征管法》第 35 条第 1 款、第 37 条规定了税务机关可核定税款的具体情况。我国《企业所得税法》第 44 条规定不提供关联企业之间业务往来资料或者提供虚假、不完整资料的，税务机关可核定其应纳税所得额。熊伟

---

① 参见 V. 图若尼：《税法的起草与设计》(第 1 卷)，国家税务总局政策法规司译，中国税务出版社 2004 年版，第 114 ~ 115 页。

② 同上书，第 414 页。

③ 参见《外国税收征管法律译本》组译：《外国税收征管法律译本》，中国税务出版社 2012 年版，第 1706 ~ 1709 页。

④ 同上书，第 1712 页。

⑤ 参见熊伟：《美国联邦税收程序》，北京大学出版社 2006 年版，第 100 页。

认为,我国的税收核定不同于美国税法的税收核定,仅相当于其欠税认定,中国税收认定和税收核定不存在分离,不存在"欠税争议"与"退税争议"之分。① 本书认为,我国的税收核定适用范围少于V.图若尼论述的情形,是一种中性的确定税额方式,未设置鼓励情形。但其适用范围大于美国,不仅适用于直接确定税款,而且适用于通过确定所得与营业额、营业费用和成本以及扣除额等税基从而间接确定税款;不仅适用税收征管,还适用稽查执法;不仅适用日常管理,还适用紧急状态。既是一种事实认定方法,也是适用法律方法,核定征税仅限于税收客体的计量,不得波及税收客体之有无。我国税收核定对象与德国相同,包括税额和税基等,核定效力大致相同即允许通过诉讼救济,但设置原理也不同于德国,德国的税额核定是税收征管的"常态化"程序,而我国税收核定是一种"特型化"的程序,主要针对税收逃避行为和违反申报、税务登记、账簿管理等协助义务,基于量能课税原则,由因征收机关刺破表面形式或矫正纳税人违反法定协助义务,而进行的纳税调整和直接确定税额等。

关于推定计税的法律特性,分为:②首先,区分为可辩驳和不可辩驳。可辩驳推定评估指重构纳税人所得的行政管理方法,③可能有法律规范明确规定也可能没有规定;而不可辩驳的推定评估是法律法规或经授权明确规定的。其次,不可辩驳推定分为最低税额和专用推定。前者指应纳数额不低于按推定方法确定的税额;后者指只根据推定方法确定,即便按常规方法计算则应纳税额更高。最后,按征收机关适用推定方法的自由程度,区分为机械的推定和随意的推定。在稽查过程中,发现企业存在未按法律、行政法的规定设置账簿,拒不提供纳税资料等法定核定税款情况,能否以核定税款为计数依据,对企业处以罚款。对此,实践中有两种不同意见,有的观点认为,核定税款不能作为罚款基数,主要理由:④首先,核定税款是一种自由裁量行为,税务机关在

① 参见熊伟:《美国联邦税收程序》,北京大学出版社2006年版,第118页。

② 参见V.图若尼:《税法的起草与设计》(第1卷),国家税务总局政策法规司译,中国税务出版社2004年版,第416页。

③ 可辩驳推定评估的普遍特征在于,纳税申报表没有全面反映财务状况或未提交申报表,对纳税人的应纳税额进行评估,法律授权征收机关间接确定所得;此时应允许纳税人提供全面真实的资料进行辩驳。

④ 参见《以核定税额为依据进行处罚有很大风险》,载中华会计网校网:http://www.chinaacc.com,最后访问日期:2015年12月20日。

无法获得真实纳税资料的前提下，广泛运用了类比、推算等核算方法得出的结果。其次，核定应纳税额是税务机关依法定职权计算出的结果。再次，以核定税额作为处罚基数不符合《中华人民共和国行政处罚法》（以下简称《行政处罚法》）立法原意。最后，一旦提起行政诉讼，税务机关缺少从企业或者其他第三方调取的必要书证等，承担着很大的败诉风险。本书认为，依法核定的税款可作为处罚的事实依据（基数），税务处罚分为行政处罚与税收处罚，目前主要法律依据为《税收征管法》和《行政处罚法》。除了少量行为罚，税务处罚大都为结果罚即与不缴、少缴、逃缴税款有关系。而确定税款的方式包括纳税人按照税收构成要件的自主申报和税务机关按照构成要件事实的事后查核，当纳税人违反协力义务，导致无法按照真实的要件事实资料进行税款确定时，税务机关可依法依程序核定税款并据此作出处罚决定，同时作出税收处理决定和税务处罚决定，纳税人不服可提起行政诉讼。在判决撤销或税务机关主动变更撤销前，税务机关依法作出的决定具有法定力、公定力、推定力和不可变更力。

（三）实践机能之三：举证责任和证明标准的连接桥

1. 举证责任：构成要件事实的利益导向

随着社会发展，公民生活与税收关系越来越密切，征税权的行使与公民私权的碰撞机会增多，征税机关与纳税主体对构成要件事实的理解差异，税务机关如径直认定并进行行政处理易发生税收纠纷。大陆法系学说，将证明责任分为主观证明责任和客观证明责任。主观证明责任，即谁应对具体的要件事实举证，①可简化为“谁主张，谁举证”；客观证明责任，解决的是真伪不明的责任问题，即诉讼中的事实主张不能被证明时，法官判定何方承担不利后果的问题。②

德国行政诉讼举证责任分配的通说为客观举证责任说。源自德国民事诉讼法学者罗森伯格的规范理论说，其基本规则为：③举证责任分配应由适用的法律依据导出，即事实真伪不明的利益，除法律另有明文规定，应归有利法律效果的当事人负担。换言之，在负担行政处分案件中，行政机关应就处分的合法性要件负举证责任；当公民请求公权力保护保障时，公民应就请求事由举证；法律法规规定的权利发生及障碍，由主张权利者负举证责任。④《德国财

① 参见［德］普维庭：《现代证明责任问题》，吴越译，法律出版社2006年版，第10页。
② 参见［德］卡尔·恩吉施：《法律思维导论》，郑永流译，法律出版社2014年版，第67页。
③ 参见黄士洲：《税务诉讼的举证责任》，北京大学出版社2004年版，第82页。
④ 同上书，第83页。

务法庭法》第 76 条规定了该国税务诉讼程序与稽征程序采取职权调查主义。[①] 据此认为排除了原被告的主观举证责任，而客观举证责任分配具体规则包括：征收机关对税收债务成立、增加及执法程序、税收违法行为等相关事实承担举证责任；纳税人对税收债务免除、减轻、消灭，即税收请求权抵消、限制或免税、减税、税收赔偿及特别税收利益事实等承担举证责任。[②] 税务诉讼的证明对象包括事实、经济法则和法律依据。[③] 事实指税收债务成立或不成立的税收构成要件，及税收法律关系等事实；经济法则指征收机关制定的行政规则、基准标准等。具体案件类型中征收机关的客观举证责任包括：[④]征税基础事实存在；主观构成要件；隐瞒收入；税收规避和税收处罚。但在实践中，税务法庭列举了纳税义务人对其有利事实的主观举证责任：营业费用；特别扣除额；设备耗损与原物料损耗；有利于己的例外课税事实；免税条款要件事实和税收债务请求权消灭事由。德国税务法庭实务创制了举证责任反转规则，即以纳税义务人违反法定协助义务为由，将未能充分举证的要件事实的证明风险，由纳税人承担；或按个案和税法规定目的，通过其他举证责任标准以补充甚至替代方式修正前述举证规则。[⑤]德国税法学界则主张纳税义务人违反法定协助义务，仅发生征收机关证明程度减轻的效果。帝普克指出，纳税人承担事实真伪不明的风险，必须具有诉讼当事人范围内的正当化基础，事实阐明责任不应局限于当事人管领、危险范围的标准。[⑥] 奥斯特洛赫(Osterloh)认为，以纳税人违反法定协助义务为由，而要求其承担倒置客观举证责任，将不合理地导致税务诉讼与民事诉讼同类处理。在职权调查主义下，即便税法事先规定了"拟制事实"的后果，也应当是征收机关尽到相当盖然举证责任后的结果。[⑦]

美国采"征收程序与诉讼程序举证责任同一说"。最初《1924 年收入法》规定举证责任由纳税人承担，上诉巡回法院坚持这一原则，认为行政行为具有公定力，纳税人对《欠税事项通知书》等决定中的事项反驳承担举证责任。联邦第九巡回法院认为，自古以来绝大多数诉讼由原告承担举证责任。美国联

---

① 参见黄士洲：《税务诉讼的举证责任》，北京大学出版社 2004 年版，第 105 页。

② 同上书，第 109 页。

③ 同上书，第 106 ~ 107 页。

④ 同上书，第 110 ~ 111 页。

⑤ 同上书，第 191 页。

⑥ 同上书，第 193 页。

⑦ 同上书，第 194 页。

邦最高法院认为，纳税人拥有获取涉税信息的最佳途径，由其负举证责任公平合理。1998 年《国内收入署重构与改革方案》规定了纳税人举证责任转移的条件：（1）纳税人首先提出事实可靠证据；（2）纳税人遵循证实某一事项要求；（3）纳税人按要求保存所有记录；（4）纳税人配合 IRS（Internal Revenue Service）提供证人证言、信息文件、接受询问等；（5）合伙或企业纳税人纳税年度内净利润不超过 700 万美元。[①] 此后美国《国内收入法典》和《联邦税务法庭诉讼规则》明确举证责任为：[②]一般补征税款案件，原则上由征收机关提出初步表面可信的证据，纳税人如对征收决定的合法性和合理性提出异议则进行反证。而对于法律有特别规定或法院裁定的，新增案件、应补税额、有利事实主张和辩护，税收诈欺、故意违法行为和企业盈余等，由征收机关承担举证责任；而有利纳税人的事实包括既判事项、连带禁反言、禁反言、权利放弃、不当胁迫和税收债务权利的限制等由相对方举证。关于构成要件事实的举证责任：纳税人对纳税义务相关的事实争议提供了可靠证据，则征税机关应承担举证责任。但应同时满足下列条件：纳税人已按税法要求证实任意项目；已经保存了税法规定的所有记账凭证，且配合提供了征税机关关于证人、信息、文件、会议以及会见等合理要求；对合伙企业、公司或信托而言，应符合《美国国内税收法典》第 7430(c)(4)(A)(ⅱ)节的规定。关于罚款的举证责任，司法程序中，针对个人课征罚款、附加税或额外数额等义务，由征收机关承担举证责任。[③]

在日本，诉讼法学界推崇的诉讼标的论，未对税务诉讼产生半点借鉴价值，司法审查范围并不限于争议要件事实，但不宜采总额主义而应依争点主义，即处分的个性化理由是否存在，[④]而税务诉讼的举证责任没有形成统一规则，具体情形具体分析。在日本，所有的课税处分，均须有确认税法规定的构成要件事实的成果作为其“理由”。而税务行政诉讼的标的，就是对前述理由的合法与否的质疑。征税机关承担证明处分“理由”成立与否的客观举证责

---

① 参见杨小强：《中国税法：原理、实务与整体化》，山东人民出版社 2008 年版，第 69 ~ 70 页。

② 参见黄士洲：《税务诉讼的举证责任》，北京大学出版社 2004 年版，第 119 ~ 121 页。

③ 参见《外国税收征管法律译本》组译：《外国税收征管法律译本》，中国税务出版社 2012 年版，第 1368 页。

④ 参见[日]北野宏久：《日本税法学原论》，郭美松、陈刚译，中国检察出版社 2008 年版，第 357 ~ 358 页。

任,理论上不得对处分“理由”以外的理由主张和举证。[①]其中请求撤销税收确定处分诉讼的争议较多,对构成要件事实的举证责任,由处分机关还是纳税人承担,存在两种根本不同的观点:一种观点认为,基于行政行为的公定力,纳税人应对处分违法负全面的举证责任;另一种观点认为,请求撤销诉讼与确认债务不存在诉讼实质一样,应按民事诉讼上法律要件说分配举证责任。[②]金子宏认为,行政行为的公定力与要件事实的客观存在不相关,同时对权利发生要件事实由征收机关举证,权利障碍和消灭事实要件由纳税人举证,这种民事诉讼有关理论能否直接适用税收诉讼不能一概而论。金子宏还提出,税收构成要件事实的存在与否以及征税标准,原则上由征税机关举证,同时应考虑双方与课税要件事实证据的距离,根据利益原则进行修正。例如,必要经费由征税机关举证,而特别经费则由纳税人举证,坏账损失的存在及具体数额按同理,账外经费、超出法定许可的居中费用、少申报加算税除外的正当理由、税收优惠措施适用条件等理应由原告举证。推计课税撤销之诉,征税机关对推计的合理性举证,而纳税人对其提出与真实额不同的反证。[③]

征税行为的合法性和基础事实的合要件性是举证责任的关键问题。行政诉讼法律关系的客体包括查明案件事实真相、审查被诉行政行为的合法性和解决诉争的实体与程序问题。[④] 我国行政诉讼实行“举证责任倒置 + 原告的特定举证责任”,即被告对其作出的具体行政行为承担举证责任,原告对证明符合起诉条件、提出申请、行政赔偿事实等承担举证责任。本书认为,税务诉讼举证责任,核心在于按照构成要件事实的利益导向,各当事人均应对自己有利的规范要件进行主张和举证。[⑤] 我国应采“客观举证主义为主 + 主观举证主义为辅”,即坚持以征税机关的客观举证责任为主,但不排除纳税义务人对有利于己的事实、依据等主观举证责任(从某种意义上讲为权利)。概言之,征税机关在纳税人履行协力义务基础上,对征税构成要件事实承担概括的举

① 参见[日]北野宏久:《日本税法学原论》,郭美松、陈刚译,中国检察出版社 2008 年版,第 169 页。

② 参见[日]金子宏:《日本税法》,战宪斌等译,法律出版社 2004 年版,第 547 页。

③ 同上书,第 547 ~ 548 页。

④ 参见江必新、梁凤云:《行政诉讼法理论与实务》(上卷),北京大学出版社 2011 年版,第 73 页。

⑤ 参见[德]莱奥·罗森贝克:《证明责任论》,庄敬华译,中国法制出版社 2002 年版,第 5 页。

证责任,就税收债务成立、变更、抵减、消灭等要件事实负举证责任;纳税义务人承担补充的举证责任,即不排除其提出自身有利的要件事实和证据依据等举证责任,对行政程序中对税务行政提出问题的,由纳税人负举证责任。但是对于具体个案事实的某个证据,应以"管理范围、认识领域和活动领域"为基础判断双方当事人"证据距离、责任范围和影响范围"①等确定具体的举证义务。对于同等距离的待证事实,则允许引入第三方鉴定或专家证明,如土地增值税清算,征纳双方对计税依据争执不下,应共同委托第三方鉴证,而纳税人不同意鉴证也提不出优势性证据的,此时发生举证责任转换,由纳税人承担不利后果。

2. 证明程度:构成要件事实的真实假定

诉讼争议问题无非两类,即事实问题与法律问题。事实问题,是实际发生了什么的问题;而法律问题,则是指已发生的事件按照规范标准具有何种法律意义的问题。②而法律之存在与否,相对于待证的法律事实是一种客观存在,一般由征税机关提出,可容许纳税人提出对其有利的法律依据,不存在证明程度的问题。我们生活在一个变化发展的世界,无法重复昨天的事情,但又必须通过裁判对过去的事实进行认定并适用法律以裁断纠纷。正如威廉·特文宁(William Twining)所言,诉讼中认定的过去事实,仅是一个盖然性的而非绝对确定的真实。③ 又如约翰·卡普兰(John Kaplan)论称,对过去事实的绝对确定,如同对未来预知的绝对确定一般难以实现。④大陆法系民事诉讼采用的民事证明标准,即法官的内心确信,亦构成要件事实的存在达到接近于确定的高度盖然性,这与实质证据主义对应。实质证据主义主张,当事人诉争事实,由法官就真实与否的内心确信裁决争执。即对争执事实真否的判断标准,不是法定之规则,而在于裁判官之确信。古代罗马法采用该主义,尔后盛行于近世诸国。实质证据主义优于形式证据主义,乃人的证据替代了神的证据。⑤而与之对立的形式证据主义,即当事人诉争事实,无论法官是否确信事实真实与否,具备法定前提条件则发生作用。易言之,对实际上的争执事

① 参见黄士洲:《税务诉讼的举证责任》,北京大学出版社2004年版,第114页。

② 参见黄茂荣:《法学方法与现代民法》(第5版),法律出版社2007年版,第296页。

③ See William Twining, *Rethinking Evidence*, 1990, p. 71.

④ See John Kaplan, "Decision Theory and the Factfinding Process", 20 *Stan. L. Rev.*, 1968, pp. 1065 – 1071.

⑤ 参见[日]松冈义正:《民事证据论》,张知本译,中国政法大学出版社2004年版,第4页。

实，立法上给予无争执担保。该证据主义被德国古代法采用，肇端于神的证据，即法官裁判与神意裁判形式相同，须有法律规定之规则，始发生证明或否定事实的效力，[①]该证据主义逐渐淡出历史舞台。德国民事诉讼法注释书曾作了如此说明，法官可以且必须内心达到符合实际且排除（不必完全排除）怀疑程度的确信。

我国台湾地区理论界关于税务诉讼证明程度的通说，多按美国立法例区分案件类型，补税案件适用“优势证据”标准，税收处罚案件适用“明确有说服力”标准。我国台湾地区1997年发布了关于查税过程中双方举证责任分配研议的报告，供征收机关参考，采纳了理论界上述观点，并阐明“优势证据”证明标准，要求证明征税事实达到表面可信状态。“明显优势证据”（明确有说服力）证明标准即按一般社会公众能理解的人数统计。[②] 我国台湾地区诉讼实务界并未明确税务诉讼的证明程度标准，但对税收处罚案件提出了较高程度证明标准。

本书认为，税收构成要件完整性、明确性是证明程度的要求；而对要件的完整性要求是针对原告请求权和被告异议的基础法规范要件而言，原告请求权和被告抗辩都以规范的要件为基础。[③] 税收构成要件是征纳双方举证的证明对象，也是基础规范，要对税收构成要件的各要素进行完整举证，如当事人有无能力问题，系事实问题而非法律问题，[④]如税率问题属于法律问题，税基确定属于事实问题，归属属于对事实的法律判断等，诸要素构成整体。要区分基础法律事实和构成要件事实，一般情况下基础事实与构成要件事实一致，当不一致时，主张不一致的一方应举证证明。要区分税收债务构成要件事实和处罚构成要件事实。关于税收构成要件事实，对税收债务的成立与否、减损灭失等，原则上适用优势证明标准，即一方提出证据另一方无法辩驳则成立；对处罚要件事实，处分方应承担明显证据优势的证明责任，否则处罚不能成立。而且，按照税收法定主义原则和公权力行使规则，税收债权不得抛弃或协商，但税法并非一律排除征纳双方协商的可能。当税法规定不够明确，或税务机关及其工作人员已尽勤勉义务，或案情复杂受技术手段等制约查明在现实不

---

① 参见［日］松冈义正：《民事证据论》，张知本译，中国政法大学出版社2004年版，第2～3页。

② 参见黄士洲：《税务诉讼的举证责任》，北京大学出版社2004年版，第124页。

③ 参见［德］莱奥·罗森贝克：《证明责任论》，庄敬华译，中国法制出版社2002年版，第160页。

④ 参见［日］松冈义正：《民事证据论》，张知本译，中国政法大学出版社2004年版，第54页。

可能，或事情查明投入与产出之间明显不合比例，或基于其他重大利益考量等原因，通过“事实上的协议”代替彻底的调查事实或证据分担规则。税收构成要件与民事法律关系与民事法律行为相连接，如果后者不确定，需法院等有权机关认定，则税务机关作出暂时性行政处分。①

① 参见陈清秀：《暂时性行政处分——以德国立法例及学说实务见解为中心》，载《月旦法学杂志》2012 年第 3 期。

第四章　税收构成要件原理论

一、税收构成要件的税法原则

原则，是进行法律论证的权威性起点；各类原则是提炼总结司法经验的结果；①也成为税收构成要件的建构原则和诠释基础。

表7　诸法基本原则

<table>
<tr><td>部门法</td><td colspan="5">基本原则</td></tr>
<tr><td rowspan="2">行政法②</td><td>依法行政</td><td>尊重和保障人权</td><td>越权无效</td><td>信赖保护</td><td>比例原则</td></tr>
<tr><td>正当法律程序</td><td>行政公开</td><td>行政公正</td><td colspan="2">行政公平</td></tr>
<tr><td>民法③</td><td>平等</td><td>意思自治</td><td>公平</td><td>诚信信用</td><td>公序良俗</td></tr>
</table>

① 参见[美]罗斯科·庞德：《通过法律的社会控制》，沈宗灵译，商务印书馆1984年版，第22页。

② 本书采用姜明安主编教材《行政法与行政诉讼法》（第3版，北京大学出版社、高等教育出版社2007年版）的观点；姜明安、余凌云主编《行政法》（科学出版社2010年版）将依法行政基本原则归纳为：依法行政、平等、信赖保护、比例原则，以及人性尊严、诚实信用、公益、行政效能、正当程序原则。

③ 本书采用王利明《民法总则研究》（中国人民大学出版社2003年版）的观点，马俊驹、余延满合著《民法原论》（第3版，法律出版社2007年版）总结民法基本原则为：民事主体地位平等、自愿、公平、诚实信用和公序良俗原则。

续表

部门法	基本原则				
经济法①	资源优化配置	国家适度干预	社会本位	民主、公平、效益和安全	可持续发展
刑法②	罪刑法定	平等适用刑法	罪刑相适应		
税法③	税收法定	税收公平	税收效率		

备注:此表所列诸法基本原则,均采主流观点。

从表7可见,行政法基本原则,学者们主要从行政权力的来源、目的、效力、正当性等诸方面提炼其实体性基本原则;而从行政权力的行使、行政程序要求的角度总结其程序性基本原则。民法基本原则,学者们更多从主体特征、意思自治、国家法和社会道德秩序要求等方面进行归纳。经济法基本原则,学者主要论证经济法独立存在的价值及目的。刑法基本原则和税法基本原则具有天然的类同性,刑法表现为对人身权的可能侵害,税法则主要表现为对财产权的损害,因而同时把构成要件法定列为第一大基本原则。

本书赞同将税收法定主义、量能课税原则和稽征经济原则并称税法建制的三大基本原则。实体基本原则指量能课税平等负担原则,简称量能课税原则,体现实质正义;形式基本原则指法治国原则,主要指税收法定原则,体现形式正义;④稽征经济原则体现技术正义要求。然而,基于多种考量,本书不打算对稽征经济原则进行具体讨论,而将特别体现税法品格的实质课税原则列入考察重点,因篇幅本书后文未作论述。

二、税收法定主义:税收构成要件的法定

税收法定原则让国民从当政者的恣意征税中解放了出来,强调税收债务非经法定不得产生。雏形源自1215年英国《大宪章》第12条规定的"国王未

① 本书采用李昌麟主编《经济法学》(第2版,法律出版社2008年版)的观点;邱本《经济法研究》(上卷,中国人民大学出版社2008年版)认为经济法基本原则为市场竞争原则和宏观调控原则。

② 张明楷独著《刑法学》(第2版,法律出版社2003年版)概况刑法原则。

③ 本书采用张守文《税法原理》(第6版,北京大学出版社2012年版)的观点,该书还归纳了税法适用原则包括实质课税、诚实信用、禁止类推和禁止溯及课税原则;刘剑文、熊伟合著《财政税收法》认为税法基本原则为税收法定和量能课税原则。

④ 参见葛克昌:《遗产税改革之宪法界限》,载《月旦法学杂志》2008年第9期。

经宗族会议同意，不得恣意征税”。[①] 事实上，其原意不在于制约既存赋税的征税权，而在于对新开征税种的限制，即“强调除传统捐税贡赋外，任何赋税的征收得必须得到全体人民的一致同意”。[②] 1628年《权利请愿书》重申，“非经国会同意，国王不得强迫决定征收任何税赋以及强制任何人缴纳任何贡物、恩德税或类似税收”。[③] 正式的税收法定是现代法治主义等综合价值在税收领域的体现，各国对其内涵和外延的理解不尽相同。

（一）德国模式：二元结构的税收法定

德国公法学沿袭形式法治国和实质法治国的理论框架，税收法定主义相应层分为形式和实质相结合的二元结构：形式法治国旨在维护法的安定性，在税法学上表现为税收法定主义，细分为依法课税原则、税法规范明确性原则和禁止溯及既往征税等3个子原则；而量能平等负担、最低生存权、过度征税禁止和社会国原则，则属于实质法治国原则。德国税法学更强调税收立法权优于行政权，认为税收法定在乎强化税收法律关系中的法律安定性和民主正当性，即便税法规定存在不完备或纰漏时，税务机关和法院也无权通过解释弥补法律漏洞、修正法律错误。[④] 在征纳税争议中，除了考量税收法定维护法的安定性的“形式法治国”制度性功能外，还应积极运用比例原则、平等原则、生存底限及人格尊严等实质法治国原则。德国税法学家帝普克将依法课税原则概括为两个层面：[⑤]（1）税收征收属法律保留事项，不能超出法定范围和数额征税。具体税种征收的基本前提是，该税种连结的构成要件事实符合法定税收构成要件，此即符合税收构成要件合致性原则。（2）法律位阶以下的法规、规章、行政处分等国家意志，不得违反税法规定，此即法律超越原则。构成要件的法律保留，指税收构成要件及要素应由法律或者法律授权的法规明确，不得在法律法规之外对构成要件作自由增减，增减纳税义务。这体现了民主原则、法治国原则和基本权重要性原则的必然要求，防止行政机关恣意超越法律或法律授权增设人民义务，深刻体现了行政权受立法权制约。进言之，人民牺牲

① 田中二郎：《租税法》，有斐阁1968年版，第69页。转引自李宪佐：《租税征收法制的探讨》，载《法学新论》2010年第18期。

② 何勤华、张海斌主编：《西方宪法史》，北京大学出版社2006年版，第312页。

③ 同上书，第314页。

④ 参见黄士洲：《租税法定主义之检讨》，载《月旦法学杂志》2014年第6期。

⑤ K. Tipke, a. o. O. (Fn. 12), S. 120. 转引自黄士洲：《课税要件法定原则与举证责任分配》（上），载《月旦法学教室》2002年第84期。

部分财产权以承担纳税义务，若不经过民主程序的议会，难以避免行政权过度课税。[①] 行政机关在符合立法意旨且未超出上位法规定时，可就执行法律的细节性、技术性事项进行规定，其内容不得违反上位法或对人民权利增加法无明文的限制。即便属于授权立法，也应明确界定内容、标的、范围和目的，以便可测量该侵害，国民对其侵害程度可事先预测和计算。[②]税收请求权的基础是指个案事实满足税法规定的构成要件，倘若构成要件事实真伪不明，自当由征管机关承担客观主张责任。税法学者韦伯·格雷莱（Weber-Grellet）则主张：[③]法律保留对税收的拘束，不只限于征税应有法律事先授权的抽象要求，法律保留还延伸到与税收构成要件对应的事实关系，由此推导出税收请求权的基础事实和提供税额的要件事实，其证明风险非得由征管机关承担不可。德特·伯克（D. Birk）主张，课税和免税要件，包括纳税主体、税目、税率、纳税方法及纳税期间应受国会保留原则拘束。[④]各课税要件内容、对象、目的和范围均须明确有界，纳税人能够理解，并对税收负担有合理预期。

德国的税收法定主义，同时还表现为实体和程序相统一的二元结构：（1）税收实体法治基本原则是法律各项规定都应当符合德国基本法的基本指导思想，即符合宪法价值。对税法而言最重要的宪法原则是平等原则。如个人所得税中的量能课税即体现了平等原则。（2）税收程序法治指税收立法权、行政权和司法权原则上相互独立、互为制衡。法律保留原则在税收领域涉及立法权和行政权的分配，是权力分立原则的体现。[⑤] 如德国立法权由“联邦议院”[⑥]和“联邦参议院”[⑦]分别行使，税收立法应符合宪法（基本法）规定，受

---

① K. Tipke, a. o. O. (Fn. 12), S. 121. 转引自黄士洲：《课税要件法定原则与举证责任分配》（上），载《月旦法学教室》2002 年第 84 期。

② Tipke/Lang, Steuerrecht, 20, Aufl., 2010, § 4Rz. 167. 转引自陈清秀：《税法总论》，台北，元照出版公司 2012 年版，第 46 页。

③ Weber-Grellet, In dubio pro quo?, StuW, 1981, S. 48, 52. 转引自黄士洲：《课税要件法定原则与举证责任分配》（下），载《月旦法学教室》2002 年第 85 期。

④ D. Birk, Steuerrecht, 2. Aufl., 1994, S. 39. 转引自葛克昌：《纳税人权利保护立法及检讨——税捐稽征法第一章之一评析》，载《月旦财经法杂志》2010 年第 22 期。

⑤ 参见李惠宗：《法定证据主义的幽灵》，载《法令月刊》2010 年第 3 期。

⑥ 联邦议院是联邦德国的中心政治机构和最高立法机关，由选举的人民代表构成。

⑦ 联邦参议院成员由各联邦政府任免，每个州至少 3 名代表，人口超过 200 万的州 4 名，超过 600 万的州 5 名，超过 700 万的州 6 名。

联邦宪法法院监督。①任何公民认为征管机关送达的“纳税通知书”依据的税收法律违宪，即可向联邦宪法法院起诉寻求法律救济；联邦州的财政法院和联邦财政法院在诉讼中发现依据的税收法律可能违宪时应中止审理，请求联邦宪法法院作出是否违宪裁定。税收征管机关应按照税收法律行使权力，税收征纳关系依税收法律规定为基础，在法律许可范围内实施；联邦财政部和各州财政部是税收行政管理的最高机关，也是税收财政政策咨询机构；联邦财政部有时也参与税收立法，通过起草尚未施行的税法草案施加政治影响，充当立法替代者的角色。联邦税收司法权的行使者为联邦财政法院和联邦州财政法院，其首要任务是监督税收行政权。与此同时，各财政法院既要防止个人对税收公平的理解及其政治价值观凌驾于法律之上，也要监督立法机关在宪法许可范围内行使权力。

税收构成要件的法定力还体现为税收债务法的不可规避性。德国学者韦伯·格雷莱总结税收债务法有三大特性：②纳税人的自由和财产的干预法；人民公共负担的分配法；诱导管制法。干预法适用法律保留甚至国会保留原则，负担分配法适用量能平等负担原则。《德国税收通则》第42条第1项规定，税法不容规避，不得滥用法律形成自由规避税法。德国学者帝普克指出，该反避税条款，不过是适用法律类推原则以弥补法律漏洞。但该规范并未授权征收机关对一切有税收漏洞的非常规交易进行调整。③

（二）日本类型：规范结构的税收法定

日本奉行以实定法规范为基础的税收法律主义，强调以纳税人权利保障为导向，将宪法价值融入税法规范，推动税法规范的不断完善。日本学者北野宏久称之为税收法律主义，包括两层含义：一是税收构成要件法定原则，具体涵括课税主体、纳税义务人、课税对象、课税标准、归属和税率等租税要件，以及缴纳、征收程序，税收构成要件明确包括在该内容下；二是税务合法性原则，即征收机关应依法征税，并且不得恣意解释和适用税法。④ 传统意义上的基

① 参见Heinz-Jürgen Pezzer：《法治国家中税收程序的基本原则》，许闲、朱轶凡译，载《月旦财经法杂志》2009年第17期。

② 参见葛克昌：《脱法避税与法律补充》，载《月旦法学教室》2009年第76期。

③ K. Tipke, StRO. Ⅲ, 1993, S. 1329. 转引自葛克昌：《脱法避税与法律补充》，载《月旦法学教室》2009年第76期。

④ 参见［日］北野宏久：《日本税法学原论》，郭美松、陈刚译，中国检察出版社2008年版，第65～66页。

本要求,即法的安定性和预期性要求:①(1)纳税义务应严格由法律(条例)详细规定,避免恣意解释和适用,甚至排除税法领域的行政裁量权。(2)按照日本宪法要求,仅能授权命令制定法规,且授权应尽可能体现个别性、具体性要求,而不是概括性、普遍性的规定。(3)上级对下级传达的税务通告,属于行政内部规定,对纳税人和法院不具有法律上的拘束力,不是法解释学上的法律渊源;但从法社会上看属于法律渊源,实质上可侵害国民权益,因而不仅应公开通告的制定过程,而且应引入专家在内的第三方审议制度和充分听取意见的民众参与制度,同时还应通过税法解释、适用标准对通告内容进行客观评价。(4)严格解释和适用税法,禁止法规类推及扩大性解释及适用。(5)一般禁止适用行政先例、习惯法等。(6)对纳税人不利的规定,原则上适用不溯及既往原则;法律明文规定具有溯及力的规定,仅限于对纳税人有利变更。(7)"质疑是起于违反了国库利益",即"疑税从无",不仅适用于法的解释,还适用于要件事实认定,但法律明确规定的合理推计征税除外。北野宏久将税收法律主义在日本当代发展总结为3个阶段:②第一阶段,建立阶段。20世纪的日本宪法设置了与19世纪的"明治宪法"文字上几乎相同的租税法律主义条款,但二者经济基础不同,因而决定了含义不同、功能不同。第二阶段,构塑阶段。20世纪后半叶至即将21世纪,形式上的税收法律主义走向实质的税收法律主义,实质内容按照宪法理论要求构造,禁止立法权力滥用、应能负担、公平负担、保障生存权等宪法理念原则融入税收法律主义,贯穿立法、行政、裁判三个过程,程序和实体相统一。第三阶段,宪治阶段。基于纳税人立场,从宪法理论对租税概念进行扩充和重新诠释,整合传统的税收征收与使用二元分割理论,形成了二者统一的租税概念,提炼出了"纳税人基本权"的概念,以此作为广义上的财政民主主义的一环,真正维护纳税人人权。金子宏概括税收法律主义的主要内容包括4个原则:课税要件法定主义、课税要件明确主义、合法性原则和程序保障原则。此外,禁止溯及立法和纳税人权利保护也是应有之义。课税要件法定对应罪刑法定;课税要件明确主义要求立法或授权立法的意义准确明了,原则上不允许设定征收机关自由裁量的规定,尽量回避不确定的概念,允许在实体和程序明确的情况下设定纳税人可选择的规定;合

① 参见[日]北野宏久:《日本税法学原论》,郭美松、陈刚译,中国检察出版社2008年版,第66~69页。

② 同上书,第76~83页。

法性原则指满足课税要件即征税，征收机关无权减免、缓征等；征税权力行使、诉讼救济、申报、第三者参与等源自程序保障原则。[①] 日本最高法院大法庭1955年3月23日判决指出，必须经法律决议的事项，包括纳税义务人、课税物、课税标准、税率等课税要件，以及税的赋课及征收程序。[②]

（三）中国路径：开放结构的税收法定

张守文是国内较早研究税收法定主义的学者，将其主要内容归纳为课税要件法定、课税要件明确和程序合法等原则。[③]涂龙力总结大体相同，即课税要素法定原则、课税要素明确原则和合法性原则。[④]还有不少学者把税收法定主义分解为"税收""法""定""主义"等基本元素进行分析。认为"法"是"税收法定"的核心，仅指狭义的法律，即指全国人大及其常委会制定的法律，而不包括行政法规、规章及其他规范性文件。[⑤]"定"，从两个层次、三个方面理解：首先，将税收法定主义定位为税法基本原则，将"定" 理解为"依据"，即征纳主体的税收活动须依法进行，以此指导作用于税法的立法、执法、司法和守法。其次，将"定"理解为税收法定主义本身必须经法律明文规定；或可将"定" 理解为"立法" 之"立"，包括税法的认可、修改、补充、废止、解释和监督。税收要素确定原则即税种、征税主体、纳税主体、征税对象、税率、纳税环节、期限和地点、减免税、税务争议和税收法律责任等内容的税法要素。最后，程序法定原则指税种及税收要素均须经法定程序以法律形式予以确定；非经法定程序并以法律形式予以确定的，不得对法定的税种及税收要素进行变更；征纳税主体均须依法定程序行事。[⑥]还有学者探讨了程序法定，指税收行为尤其征税权行使应严格按照法定程序，税务机关不得违反法定程序自行决定开

① 参见［日］金子宏：《日本税法》，战宪斌等译，法律出版社2004年版，第59～63页。

② 参见［日］芦部信喜：《宪法》（第3版），林来梵等译，北京大学出版社2006年版，第315页。

③ 参见张守文：《论税收法定主义》，载《法学研究》1996年第6期。

④ 参见涂龙力、王鸿貌：《税收法定原则与我国税法体系的完善》，载《税务研究》1999年第12期。

⑤ 参见王平：《税收法定原则：法治财税与国家治理现代化的基础——访中国财税法研究会会长、北京大学财经法研究中心主任刘剑文教授》，载《国际税收》2014年第5期。持该观点的还有，覃有土等：《论税收法定主义》，载《现代法学》2000年第3期。

⑥ 参见覃有土等：《论税收法定主义》，载《现代法学》2000年第3期。

征、停征或随意减税、免税或补退等。[1]事实上，纯粹的形而上的阐释并不能有效推动税收法定在中国土壤生根发芽并茁壮成长，对税收立法、执法、守法等的指导价值也明显有限。《中共中央关于全面深化改革若干重大问题的决定》明确提出了“落实税收法定原则”。2015年3月15日全国人大表决通过了关于修改《立法法》的决定，将法律保留事项之一的“税收的基本制度”，修改为“税种的设立、税率的确定和税收征收管理等税收基本制度”。税法学者熊伟从两个层面解读：一是理解为将已有的原则和要求付诸实施；二是理解为通过立法的形式创设税收法定原则。并且得出中国已经确立了税收法定主义的结论，目前需要解决的主要问题是如何“落实”，而不在于如何“创设”。[2]税收法定原则在我国是否果真确立，其内涵范围是否明确界定呢？本书认为，并不尽然。在法治中国建设浪潮中，要以开放的心态、发展的精神，在中国培育起具有中国特色和开放结构的税收法定主义。

本书认为，税收法定原则，既可从法律原则视角对其进行整体诠释，也可从法律规范角度进行探讨。法原则是最适化命令，要求在法律上和事实上最大可能实现，但没有法要件结果，不具有明确性，对法律保留事项，法原则不能作为法律依据。[3]作为法律原则的税收法定主义，其初衷在于限制王权征税权，保障私权，尽管时至今日其最大功能仍未蜕化，即巩固税收构成要件的法定力，以此确定税收债务法的基石，进而围绕债务的成立、确定、实现和保障展开相关立法及法律适用。但呈现出更为开放的形式和实质：理论基础升华为权利保障、国家权力区分与制约、民主原则和形式法治国和实质法治国等；意旨上从对征税权的事前控制到国家税权包括创设、征管和使用的全程制约；内涵实现了税收债(权)务法定到征收法定、处罚法定等的全面扩张；结构上从单纯的形式发展为形式和实质统一、实体和程序相结合；适用上具有确定有效的整体性、普遍性法律效力，而在具体的个案，在社会整体正义秩序下，有可能牺牲个体正义。税收法定是个开放的概念，从最初的税收立法控制，延伸到税收立法、执法、守法和司法等全过程，其本质内核是权力(权利)和职责(义务)的法定；外在形式是各种法的渊源，要区分形式法律和实质法律，税收构成要

---

① 参见王士如：《中国税收立法的宪政思考——从税收法定主义谈起》，载《政法论坛》2009年第1期。

② 参见熊伟：《重申税收法定主义》，载《法学杂志》2014年第2期。

③ 参见葛克昌：《国会保留与税法裁判——税捐稽征法第11条之3裁判实务》，载《月旦财经法杂志》2013年第33期。

件的主要要素必须以形式意义的法律作出规定。税收法定原则的两层结构：第一层是制约公权、保障私权，即公权和私权的配置和制衡；第二层为国家权力内部设置，即立法权、行政权、司法权的合理分配和制约。就立法权和行政权的关系而言，主要为规则和裁量的关系，不是以规则取代裁量，而是在二者之间达到适当平衡，即便在联邦税收和其他领域也亦如此。[①]最终的目标不是取消裁量，而是削减不必要的裁量权，而有效控制必要的裁量权。[②]

而作为规范的税收法定内容，受比例原则、法律保留等原则调控。法规范，则指规定具体权利义务和法律后果的准则，由假定、行为模式和法律后果三部分组成严密的逻辑结构，[③]即哪类法律规范可进行何种事项的规定。规定法律义务产生、变更或消灭的具体条件的规范，分为权限规范和程序规范，权限规范包括授权规范和权属规范。[④]授权哪些规范规定哪些事项，应遵守什么程序，这就是合法架构法秩序的支柱即权属体系，也是分权的基础。权属位阶结构是权属体系的核心，即国家内部宪法确定了法律和行政法规等立法权限，也确定了司法行为、行政行为或私法行为等确立或改变义务的行为也需要法律授权，各权属的位置顺序与根据这些权属制定的规范的效力位阶相对应。[⑤] 虽然这些制度化和程序化的手段，不能完全确保正义总是建立在多数人的法律良知的基础上，但总体来看增加了接近这一理想的机会。[⑥]法的保留，只要立法已经作出规定，且法定事实构成的内容可通过多种解释手段加以明确，那么该规定就应拘束法律适用者。可见，立法正义是立法者预先设定的正义，这种对法教义学的自我限制，既是分权原则的体现，也是同等对待和法律安定性的要求。[⑦]金子宏关于税法体系的分类包括：[⑧]税法序说、税实体法（税债务法）、税程序法（税行政法）、税救济法（税救济法）、税处罚法。笔者认为，税收法定的法律形式表现为税收债（权）务法、税收权利（力）法、税收征纳法、税收财政法、税收监督法等。具体而言：(1)税收债（权）务法定主要表现

① 参见[英]肯尼斯·卡尔普·戴维斯：《裁量正义》，毕洪海译，商务印书馆2009年版，第47页。

② 同上书，第55页。

③ 参见张文显：《法哲学范畴研究》，中国政法大学出版社2001年版，第49页。

④ 参见[德]齐佩利乌斯：《法学方法论》，金振豹译，法律出版社2009年版，第4页。

⑤ 同上书，第5页。

⑥ 同上书，第24～25页。

⑦ 同上书，第16页。

⑧ 参见[日]金子宏：《日本税法》，战宪斌等译，法律出版社2004年版，第21～22页。

为税收构成要件法定、税收构成要件明确;(2)税收权利(力)法定主要内容是纳税义务人的权利义务、征税机关的权力职责、权利救济等;(3)税收征纳法定即征税机关的征收程序,纳税人的缴纳时间、地点、程序等的具体规定;(4)税收财政法定即税收的级次、分层比例、收支等情况;(5)税收监督法定主要表现为公民对财政收入的收支情况有权监督,监督方式、程序、后果等明确规定。

三、量能课税原则:税收构成要件的公定

(一)实质标准的公定力:负担能力

量能课税原则,不仅基于宪法平等原则,而且源系宪法民主原则及自由权、平等权和法治国原则、社会国理念等共同衍生而来,即孵化于德国所称的宪法一体性原则。该原则适用于所有以财政收入为主要目的的税种,但对经济、社会、环境等社会政策导向为立法目的的税种除外。德国联邦宪法法院判例从平等原则推导出量能课税原则,并确认其具有宪法上的效力根据;宪法上之平等原则,以合乎情理的比较原则为前提,不存在比量能课税原则更合乎事理的原则。[①] 德国学者德特·伯克将量能课税分为纵向(垂直)和横向(水平)两个维度。横向维度体现为处理纳税人之间的关系即处理税负平等问题;纵向维度反映国家征税对个人自由的干预程度,即处理税权平等问题。德国税法学者帝普克认为,税法作为正义体系应与特定税收正义相吻合,量能课税原则系税法的首要原则。琅指出,税收正义和量能课税主要由一般的平等原则推导出。[②] 帝普克、琅同时认为,纵然以环境保护为目的的社会目的税,倘若对毫无税收负担能力征税,亦不具正当性;[③]对财产的应有孳息收益和尚未实现的财产增值利益征税具有正当性。换言之,基础的财产所得比劳动所得的税收负担能力强,此谓基础说;[④]倘若因无法归因于个人的收益或损失,

① BVerfGE 66, S. 214(223ff.);67, S. 290. Vgl. Paul Kirchhof, Steuergleichheit, StuW 1984, S. 304 ff. 转引自陈清秀:《税法总论》,台北,元照出版公司 2012 年版,第 28 页。

② Lang, in: Tipke/Lang, aaO. (Fn. 2), § 4 Rz. 70. 转引自黄茂荣:《法学方法与现代税法》,北京大学出版社 2011 年版,第 66 页。

③ Tipke/Lang, Steuerrecht, 2008, § 4Rz. 85. 转引自陈清秀:《税法总论》,台北,元照出版公司 2012 年版,第 34 页。

④ Tipke/Lang, Steuerrecht, 20, Aufl., 2010, § 4Rz. 100. 转引自陈清秀:《税法总论》,台北,元照出版公司 2012 年版,第 37 页。

而对该无给付能力的个人征收量益税收,则缺乏正当化理由。[①] 德国学者K. 沃格尔(K. Vogel)则认为,长期以来量能原则通常被视为税法的结构性原则,即个人的税收负担能力应从其经济给付能力进行衡量。量能课税原则,意在划定国家与具有给付能力的纳税人之间的距离,确保国家给付不因个人经济负担能力不同而缴纳税款多寡不同而区别对待。[②]德国学者柯尔霍夫(Kirchhof)认为,量能课税原则是可具体化的以及须进一步具体化的法规。[③]他总结了量能课税原则运用在税收立法及法律适用的4个阶段:[④]第一,税收立法上,应考量纳税人的税收负担能力差异,将量能课税原则作为选择征税客体的指针原则;第二,确定好合理的征税客体之后,将量能课税原则作为税收构成要件的检验标准,确保与法整体秩序保持一致,即尽可能保持法律体系的秩序统一性和价值协调性;第三,确保税法与整个法律体系协调统一后,要运用量能课税原则来查验不同税法和税制之间的协调一致和互补完整,即将考量纳税人的单个税种负担和整体税收负担结合起来;第四,还需考虑量能课税原则的具体实现,特别是确定税基的相关因素。不难看出,他总结的四阶段说,其实质把量能课税原则定性为结构性基本法原则,重点强调其在单项税法制定与法律体系、税制体系以及纳税人的单个税种和整体税收负担等方面的衡量评价功能;还关注在具体税收债务确定中对税基等要素认定中的指导功能。德国学者齐佩利乌斯提出,比例适当原则、过度禁止原则以及同等对待原则应在立法中广泛运用,如对人民增加一项新的社会福利则需对社会国家原则(Sozialstaatlichkeit)和节约财政原则之间进行平衡。[⑤] 少数学者如克伦斯(Kruse)持不同见解,认为量能课税原则仅是平等原则具体化的适用,可帮助其解决未解决的诸多问题,即具体情形下平等与否的认定及处理,因而只是平等或不平等处理的正当化理由。对立法者而言,它仅是判断平等或不平等情

---

① Tipke/Lang, Steuerrecht, 2008, § 4Rz. 88. 转引自陈清秀:《税法总论》,台北,元照出版公司2012年版,第37页。

② Isensee, Steuerstaats als Staatsform, FS für Hans Peter Ipsen, 1977, S. 420. 转引自葛克昌:《税法基本问题》(财政宪法篇),北京大学出版社2004年版,第121页。

③ Kirchhof, StuW 1985, S. 329. 转引自陈清秀:《税法总论》,台北,元照出版公司2012年版,第29页。

④ Kirchhof, Steuergleichheit, StuW, 1984, S. 297ff. 转引自葛克昌:《税法基本问题》(财政宪法篇),北京大学出版社2004年版,第122~123页。

⑤ 参见[德]齐佩利乌斯:《法学方法论》,金振豹译,法律出版社2009年版,第19页。

形,并且做出平等或不平等处理的一种可能标准,而不是必然标准。①

日本将量能课税原则作为立法指导原则,而非税法解释和适用的指导性原则,主要理由是担心税法成为肆意的行政手段,最终侵蚀瓦解税收法律主义原则。日本宪法的人权保障条款,成为纳税人权利的逻辑起点和法律依据。虽然日本宪法并未将量能课税原则单独明确列为宪法原则,但可从"尊重个人""法律面前人人平等""最低限度的生活"等条款抽象推演得出,不仅考察量的担税能力,还注重质的担税能力。日本学者新井隆一认为,所谓量能课税原则,即指人民的税收负担应与其负担能力成比例。即税收负担能力大的则应缴税越多,无负担能力的则不得强加税收义务。北野宏久探讨了量能课税原则在具体税种的适用:②(1)法人税。日本宪法所称的依法纳税之"国民"不仅指自然人,还包括法人、团体和外国人等。税收的征收和使用均应尊重人权,法人按照量能课税原则依法纳税。(2)法人事业税。③ 按外形标准征收一般解释为适用应益课税原则,但不过是量能课税原则的一种具体化情形。(3)所得税、居民税。"健康且富有文化性的最低生活费"不课税,而且时代、地域、年龄等不同,"最低生活费"含义也不尽相同。因日本税法缺乏科学性立法意识,最低生活费和最低课税限额量化的任务通常由学术理论界承担。(4)财产税。现代的具有生存权性质的财产应作为人权进行保障,因而抽象出对生存权财产不课税或减轻课税原则。(5)固定资产税、事业税等。按照量能课税原则,税收应尽可能从物税转向人税,尽管人税化导致税法更加复杂,但这正是税法学的使命所在。(6)所得税。对所得征税应注重区分量和质的税负能力。量上,高额所得阶层税负应越高,反之越低;质上,基于来源不同,劳动所得与资产所得要区别对待,税负前者应低于后者。还应分清回归性所得与非回归性所得(稿酬、暂时所得、退职所得),税负前者应高于后者。(7)法人税。法人税的累进税化,应区分大企业和中小企业,大企业所有权和经营权分离;股东不仅是经济社会中而且是法律形式上的所有者,税法上的独立实体;"法人资本主义下的"大多数大企业,几乎没有法人所得归个人股东的利益分配机制,因而大企业应成为适用量能课税原则的独立对象;而中小企

① Heinrich Wilhelm Kruse, Lehrbuch des Steuerrechts, Band 1 Allgemeiner Teil, 1991, S. 50f.

② 参见[日]北野宏久:《日本税法学原论》,郭美松、陈刚译,中国检察出版社2008年版,第103页、第105~117页。

③ 2000年4月,东京都制定了对大银行实施法人事业税的外形标准课税条例。

业即便具有法人资格，所有权和经营权未分离，企业所有人的个人股东仍是宪法地位的自然人，因而中小企业在法律上仍是产业权或生存权的主体。此外，企业的生存权性质财产、资本性财产和投机性财产等，均应在宪法价值上的不同税负分担。(8)税收特别措施。学理上，税收特别措施在一定程度上以牺牲量能课税原则为代价，减征的税款具有"隐形支出"或"隐性补助"性质。(9)物价上涨。物价上涨是无形的增税，应从纳税人权利角度建立自动减税调整机制。(10)对人的扣除。最低限额的基本扣除、抚养和配偶扣除、老年人、寡妇、残疾人等扣除。

因量能课税原则并未在我国台湾地区相关规定中获得明确定义，法院判例通常以违反平等原则来置换不符合量能课税原则。相关规定明确提出，依照税收平等原则，纳税人应当按其实际税收负担能力承担税收债务。不仅"税法"规定应符合量能课税的公平原则，"税法"解释及适用亦应贯彻该原则，考虑"税法"规定的经济意义。我国台湾地区相关判决采纳上述理由，认为税收负担衡量应区分具体个人，因负担对象为个人使用的财产，征税客体应仅限收益部分而不及于财产本体，课税后仍保留可供私人使用的财产。量能课税的意义是，税收负担应以个人为准，征税应保障财产权且平等课征。①我国台湾地区学界观点大体认同其基本税法原则的地位。葛克昌、黄茂荣等将量能课税原则视为法的价值源、产生源、认识源，认为其内蕴的自由平等、生存照顾等价值均可在实证法中找到痕迹。葛克昌将量能原则换称为"为牺牲能力"，即"可支配所得牺牲其支配消费的能力，对个人需求之满足加以限制之牺牲"。② 黄茂荣还认为，量能课税即税收正义的表现，也是平等课税的体现，首先表现为表征负税能力的指标的筛选及量化，而后表现为税收客体的归属问题，还是公开课税的基础原则。③ 他将量能课税原则适用的主要议题概括为，选择适当的征税客体、确定税基的计算方法、复式或累进税率的选择及重复课征。④关于量能课税原则的具体适用，如对所得、财产及消费等征收客体的选取；税收能力对于主体的归属（具体情形如自然人和法人为纳税主体，对事业征税无须其具有权利能力；配偶所得税的强制合并申报；信托财产的税收

① 参见陈清秀：《税法总论》，台北，元照出版公司2012年版，第29页。

② 葛克昌：《租税国之宪法界限》，载葛克昌：《所得税与宪法》，台北，翰芦图书出版有限公司2009年版，第247页。

③ 参见黄茂荣：《法学方法与现代税法》，北京大学出版社2011年版，第67页、第68页。

④ 同上书，第70页。

客体归属;营业税税收凭证开立期限及倒账退税问题)。[①] 陈清秀则认为,按照纳税人的给付能力课税的量能课税原则,属于"合乎事理、极具意义的基本课税原则"。[②] 量能课税相联系的给付能力区分为真实的(实际)给付能力与应有的(潜在)给付能力,这在实际税法中应同时采用;所得、财产、消费及前3种因素综合,均可衡量税收负担能力。所得税为实际收益税,纳入所得税征税客体的所得,应包括市场取得、市场以外之所得、私经济活动所得及从公部门获取的所得。财产税为应有收益税,针对特定财产本体的潜在收益能力征税,包括总财产和具体财产的应有收益能力。财产的使用消费也可评价税收债务给付能力,即对财产使用征税,应确保纳税义务人及其家庭的社会文化的生存最低限度,当然消费税并非必然对生存最低限度不征税,应以课税连结种类为准。对于直接税,通常涉及支出税或以消费为基础的所得税,对财务消费征税而对投资用的所得免于征税,直接支出的消费生存必需品也可免税,当然不能一概而论;对于间接税,如最低生存必要消费也负担税收则给予税收优惠,可以社会救济方式弥补。[③]陈清秀认为,量能课税原则适用所有的税目种类,包括直接税和间接税,间接税也不得侵犯最低生存保障权;即便以社会目的之税种,也不应完全不考虑经济负担能力;征税机关和行政机关在解释适用以财政收入为目的的相关规定时,应适用量能课税原则,不能全部作有利纳税人的解释,而应根据税收正义平衡征纳双方利益;量能课税原则可用于补充法律漏洞;对于所得税而言,客观的净所得和主观的净所得均反映纳税人给付能力,客观净所得指总收入减去为获得收入内在所支出的必要费用和损失,主观净所得指个人及家庭的生存必须支出的金额应从税基中扣除。地方税的构成要件选择,尤其税收客体及纳税主体设计应适用量能课税原则。对住宅征税可能导致生计困难,应给予生活救助;对社会目的税的环境税等,承担损害环境责任而理所当然承担税收债务,但不得剥夺生存必须保障,即应给予保障最低限度生活的税收优惠。[④]柯格钟将量能课税原则细化为普遍原则、全球所得课税原则、实值原则、实现原则、客观净所得原则、主观净所得原则、终生所得原则、综合所得原则、个人所得税原则、实质课税原则10个具体原则。[⑤]

---

① 参见黄茂荣:《法学方法与现代税法》,北京大学出版社2011年版,第72页、第73页。

② 参见陈清秀:《税法总论》,台北,元照出版公司2012年版,第28页。

③ 同上书,第31~33页。

④ 同上书,第33~38页。

⑤ 参见柯格钟:《论量能课税》,载《成大法学》2007年第14期。

(二)实质标准的抽象性:量化平等

我国学者刘剑文、熊伟对量能课税作为税法基本原则产生了重大质疑,认为虽能在宪法中找到依据,但并非是可从宪法推导出的必然结果;即便作为税法原则,其适用空间也很有限,对于间接税排除适用、间接税为主体税种的国家来说,相当于否定了其基本原则的地位。此外,对特定目的税也难以适用,即便在适用度最优的所得税领域,也未必是无须法定的当然原则。法学界无法划定税收负担能力的具体标准,无法量化的法律判断将导致主观色彩太浓。故主张将平等主义作为税法基本原则,而将量能课税当作一种可追求的财税思想而非税法基本原则。①

本书认为,上述排除量能课税作为基本原则的理由并非无懈可击。量能课税原则是税收构成要件公定力即体现税收债务平等负担的重要指针原则,这种实质标准不是表征为数字计量的标准,而是形式与实质统一的标准,主要表现为纳税主体、税收客体、税基等的税法确定上。对于整体的纳税主体而言,分为抽象的纳税人和具体的纳税人,抽象的纳税人基于人格平等享有纳税人地位,而具体的纳税人因财产负担能力等而承担不同的纳税义务;对于具体的个人而言,区分积极的负担能力和消极的负担能力,即每个人均应在其能力范围内以其财产积极承担税收债务;对于维持其主体地位的必要财产征税权不得介入。平等负担不是绝对平均而是符合比例的平等,特别应满足适当性原则和过度禁止原则。适当性原则,即要求税源、征收客体、税基等选择上,不能涸泽而渔式的进行没收性征税;过度禁止原则,则重点强调作为基本权利的私人财产保障和负担社会义务的限度之间的平衡,不得因征税导致财产保护制度分崩离析。量能平等负担原则,是税法的结构性原则,实质法治国,特别是社会法治国,不能满足于遵守税收法定主义,还得落实量能平等负担原则。如不能否定脱法避税行为则无法贯彻之,且破坏市场秩序和平等竞争。从这个意义上讲,量能课税原则因其内蕴的伦理价值而超越税收法定原则,因而绝不允许扭曲税收公平、违反平等原则的税收规避行为存在。量能课税原则是平等原则、比例原则在税法领域的具体表现,既是抽象的指导原则,也内含可操作化的行动指针,好比震慑公权的"高悬之剑",时刻警醒征税权的平等落实。又似响闹私权的"公平之钟",时刻提醒纳税义务的平等履行。从本质看,量能课税原则的核心要义在于平等课税,平等是法律平等而非绝对平等。

① 参见刘剑文、熊伟:《税法基础理论》,北京大学出版社2004年版,第135~138页。

承认量能课税原则，即排除了国家财政收入优先观念，区别个体的经济负担能力对纳税人征税，有利于培养平等的公民意识。

四、实质课税原则：税收构成要件的确定

（一）实质课税原则在德国：民事基础关系与税法经济实质的抵牾

在德国，与实质课税原则相对应的是经济观察法，而其仅为法律解释还是可为事实判断方法，夹杂在税法与私法关系处理之中，处于不断变化发展的过程。从摇摆不定到严格法定，大致与德国理论实践界对待民事法与税法的关系、民事法外观形式与税法经济实质的关系的观点发展轨迹吻合。

首先，立法上并非一以贯之加以规定。1919 年德国《帝国税收通则》第 4 条规定，“税法的解释，应依据税法目的、经济上的意义与其后关系的发展而进行”。1924 年《租税调整法》补充规定，课税要件事实认定时，应依其相当者适用。该条成为税法转换器，税法借用民法概念，但只适用概念核心部分，其边缘意义应考察其是否与核心事实的经济实质相当。随后 1934 年《税收调整法》第 1 条规定，“税法解释应依据国民通识，税法目的、经济上的意义与其后关系的发展而进行。判断税收构成要件时，亦可适用”。1977 年的《税法通则》未将上述经济观察法条款纳入。《德国税收通则》（1980 年 8 月 29 日生效）第 41 条规定，对于征税而言，虚假交易和虚假行为不具意义。因虚假交易而掩盖另一个法律行为时，则按被掩盖的法律行为征税。德国的经济观察法并非仅为法律解释方法，亦对税收规避行为适用判断事实，若存在滥用情形，将以其经济事件、事实或关系相当的法律行为为基准进行征税。《德国税收通则》（2008 年修改）第 42 条规定，“税法不得滥用法律形式而进行规避，为防止税收规避行为而作出的单项法律规定，如已满足构成要件则按该规定。若无单项规定，则依据与经济事件相当的法律形式行使税收请求权”。

其次，理论和司法实践也非一如既往高度统一。E. 贝克尔（E. Becker）将经济观察法当作一种法案性的调整，主要目的在于方便税法借用民法概念。税收法律构成要件上使用的私法概念，只不过是描述经济形成或经济状态的辅助性工具，至于税法上的核心事实，必须与经济事实同一作为判断标准。1955 年税法学界开始产生截然相反的观点，认为如税法借用私法概念，将其效果连接私法法律关系的，则税法概念解释必须受私法概念解释的拘束。此即所谓“私法优先”，“税法是私法的结果法”，以维护法秩序统一性和法律安定性。1965 年又产生新的观点，认为经济观察法并非税法特有，属于法律解

释方法和目的解释方法。对税法规范的解释,与私法相同或存在区别,作出符合税法经济上的解释,还是与私法法律关系无关,应根据具体情况判断。然而,关于税法规范目的与私法规范目的之间的关系,也不是绝对统一的观点。德国联邦宪法法院1962年1月24日判决,如果税法原则上依据民法的法律形式规定税收标的,则对所利用的民事法律秩序以及以法律本身规定的事物法则性法则破坏的税收特别规定,仅当其具有令人确信的理由时方能正当化,从而不违反宪法平等原则;适用于税法中具有税法独特法律意义的特别规定,但该规定破坏民事法律秩序的情形。①德国联邦财务法院1967年10月30日判决认为,关于意思表示的解释不受文本字义的限制,而应探求其真实意思,以事件经过的经济内容为准,且无论如何均应确认民法上的表示,是否真实地描述当事人的目的及过程。因此,尽管文字记载为买卖,但当事人的合意及履行内容并不符合买卖合同特征,那么税收上并不做买卖合同处理,在所得税上认定为用益租赁。②学者拜塞(Beisse)认为,应当肯定下列情形下对个别税法规定按照民法意义或税法以外的意义理解:税法明确规定了的,如明文引用民法规定;或税法明确规定采用民事法的历史解释,而并不存在重大体系疑义;或基于多年的判决先例事实,且立法并未修改法律的动机。③克劳斯·迪特尔敦(Klaus-Dieter Drüen)教授从企业私法自治、契约自由角度,提出国家有义务反对滥用契约自由(脱法避税行为)保护平等税负。④由于税收规避行为是纳税人利用法律漏洞而为之,允许通过经济观察法等法律解释方式类推适用以弥补法规范缺失,并将构成要件涵摄经济实质相当的行为,承担税法上的法律效果。税法上经济观察法的条款,仅表现为提示功能,即便法律未作明文规定,税法亦应当适用经济观察法。⑤经济观察法,作为经济的解释,包含目的解释

---

① BVerfGE 13,S.331. 转引自陈清秀:《税法总论》,台北,元照出版公司2012年版,第195页。

② BStB1 Ⅱ,1968,30. 转引自陈清秀:《税法总论》,台北,元照出版公司2012年版,第199页。

③ Beisse,Die wirtschaftliche Betrachtungsweise bei der Auslegunger Steuergesetze in derneueren deutschen Rechtsprechung,StuW1981,S. 14. 转引自陈清秀:《税法总论》,台北,元照出版公司2012年版,第195页。

④ Drüen,aaO. (Fn. 42),154 ff. (157 ff.). 转引自葛克昌:《税捐稽征之法治国要求——国家课税权之基础规范》,载《中正大学法学集刊》。

⑤ BVefGE 11,156,161;H. W. Kruse,Steuerrecht,I. Allgemeiner Teil,3. Aufl. ,1973, § 9 I,S. 98ff. 转引自陈清秀:《税法总论》,台北,元照出版公司2012年版,第191页。

的要求,如果某一税法规定以衡量经济负担能力为目的(财政收入目的规范),则应适用量能课税和实质课税原则进行法律解释,成为客观目的解释基准。[①]著名税法学者帝普克认为,根据经济观察法,外国公司在德国设立分支机构,即便不符合法人税的纳税人资格,亦可独立作为纳税主体对其征收法人税。

德国关于经济观察法的讨论,主要侧重于考察按民事法认定法律关系的外观形式与税法重视的经济实质的落差,[②]从而最大限度保护国库利益。事实上,民事法并非仅强调外在形式的保护交易安全价值,亦强调探求当事人真意的意思自治原则。因而一味强调税法特殊性,完全忽视民法的价值,容易侵害法的整体秩序,造成税法失去调控的经济事实基础而飘浮在真空,最终影响经济观察法的生命力和影响力,以至于在不同历史时期理论界和实践中对其认可度摇摆不定。

(二)实质课税原则在日本:法的实质主义和经济实质主义的对抗

日本的特殊税法中确定了实质课税原则,但学界关于其原则地位、适用情形等观点耸然对立。20 世纪 40 年代中后期以避税为目的将个人企业转换为法人企业的现象加剧。1953 年修订《所得税法》和《法人税法》时确定了实质课税原则,“法律上的资产或事业收益的单纯名义归属人,不享受收益而由他人享受时,应对实际收益人课征所得税”。当时税务机关的主流观点是,实质课税原则不只限定于“所得归属的实质主义”,而是宽泛的“课税的实质主义”,被认为是税法本质的、内在的、固有的原则。1965 年全面修改《所得税法》和《法人税法》,原条款内容完整保留,只将称谓改成“实质所得者课税原则”。

时至今日,日本的代表性学说,仍将实质课税原则视为与税收法律主义并列的税法基本原则。学界理论学说主要有“法的实质主义”“经济实质主义”“混合实质主义”三种:其一,金子宏主张“法的实质主义”,主要论点:适用税法,须以查明课税要件事实为基础。与其他法领域一样,当认定税法要件事实所必要的事实关系和法律关系,即“外观与实体”或“形式与实质”不一致时,并非按外观或形式而应按实体或实质来判定(但按外观或形式征税的法定情形除外)。进言之,按外观或形式,虽在表象上课税要件事实不成立,但从实

---

① Tipke/Lang, Steuerrecht, 20, Aufl., 2010, §4Rz. 100. 转引自陈清秀:《税法总论》,台北,元照出版公司 2012 年版,第 193 页。

② Tipke, aaO. (Fn. 1), S. 1285ff. 转引自黄茂荣:《税法总论:法学方法与现代税法》(第 2 册),植根法学丛书编辑室 2005 年版,第 92 页。

体或实质上看时则应认定满足课税要件；反之，按外观或形式，看似征税事实存在，但从实体或实质上并不存在，则认定不满足课税要件。必须注意的是，上述仅针对要件事实认定必要的法律关系，不是按表面上看似存在的法律关系，而应按真实存在的法律关系来认定构成要件事实，不得脱离真实存在的法律关系而按经济效果或目的来判定构成要件的存在与否。①其二，田中二郎坚持“经济的实质主义”，又称为“表见课税主义”，即原则上税法首先应尊重按照私法规范而存在的外观事实，②主要观点：③税法整体上以税负公平为原则，同等适用一般的负税行为和避税行为，以防止人为不当逃避减轻税负；基于公平担税原则解释税法，注重经济实质征税，应解释为一种宣言性规定，而无须法律一律明确具体规定；即便在法无明文规定的情形，作为一般性解释原则，从防止避税角度，对同宗公司和非同宗公司同样适用。他还主张，税收负担应维持实质公平：一是虽法形式或名义相同但经济实质不同时，应做不同处理；二是不论法的形式或名义如何，当其经济实质可认定为属于课税对象的利益时，如无效、不法及非合法所得等，则就其经济实质征税，以实现按税收负担能力公平征税。④其三，吉良实则采“混合实质主义”，认为实质课税原则既是立法基本原则，也是税法解释和适用的指导原则。在税法解释上，除了明显借用概念，税法赋予不同的含义和结果，只要具有理论上的正当性则不会造成法秩序混乱也不会影响法的安定性，而且实践中肯定经济实质主义并未引发课税权的直接滥用，况且还有司法审查做兜底保障和最后监督。⑤在具体案件中，如属于“法对法”的问题，则应从“法的实质主义”立场理解适用实质课税原则；反之，如属于“法对经济”的问题，量能课税原则则应从“经济的实质主义”立场理解适用。⑥法的实质主义，强调法律效果导向，属于普遍正义范畴；经济的实质主义是一种以经济结果为关注重点，属于结果正义范畴。

北野宏久主张严格限定实质课税原则的作用空间，认为实质课税原则是

---

① 参见[日]金子宏：《租税法》，昭和六十三年(1988年)二版，第119页。

② 表见课税与实质课税相对，是指税务机关应按照纳税人选择的法律形式外观而征税。

③ 参见[日]北野宏久：《日本税法学原论》，郭美松、陈刚译，中国检察出版社2008年版，第87页。

④ 参见[日]田中二郎：《租税法》，昭和五十六年(1981年)修订版，第83页。转引自陈清秀：《税法总论》，台北，元照出版公司2012年版，第190页。

⑤ 参见[日]吉良实：《实质课税主义》(上)，郑俊人译，载《财税研究》第19卷第2期。

⑥ 参见[日]吉良实：《实质课税论》，昭和五十六年(1981年)一版，第65页。转引自陈清秀：《税法总论》，台北，元照出版公司2012年版，第190页。

公平税负原则在特殊税法的表现,应严格区分既定法秩序和条件以及税法解释和适用的基本原理;从抽象性、普遍性和固有性角度探讨实质课税原则的学术价值不大,而应探寻其具体内容和适用情形。他对日本传统认为的实质课税原则具体适用情形逐一否定排除:①(1)借用概念。仅为通常的法律解释规则,而不是实质课税原则问题,税法独立不是行政、司法能解决的命题,如要获得税法独立含义,则需通过立法解决。(2)课税意义的行为和事实。具有课税意义的行为和事实,文义表达与法的真实性质不一致,应按法律性质征税,但该法律为私法自治的依据,只要税法未作特别规定,则不涉及实质课税原则。(3)虚假行为。虚假行为属于民法中的无效行为,不能产生任何实体意义,因而不具有课税意义;虚假行为可能被作为偷税行为处罚。(4)所得归属。所得的归属分为法律上的归属和经济上的归属,分别对应法的实质主义和经济的实质主义;如重视法的安定性、预测性则按法律归属征税;而按经济归属征税其基础关系也必然存在某种法律关系,按该法律征税即可,也无须引入实质课税原则。(5)避税行为。广义的避税行为,是私法上的有效适法行为,避税行为也不是行政和司法能解决的问题,而属于立法命题,通过实质课税原则否认避税行为极大地影响了税法的稳定性和可预测性。(6)无效和可撤销的行为。只要存在经济成果就可征税,而无须探知原因行为的法律效力,因而亦非适用实质课税原则不可。(7)违法所得。所得是税法上的法律概念而非经济概念,只要税法未作特别规定,则可对实际存在的经济成果解释为概括性的"所得"形式,而无须判断原因行为合法与否。北野宏久通过一一否定实质课税原则在上述传统情形适用的必要性,得出仅且只有税收法律主义为税法基本原则的结论。同时总结:(1)税负公平是立法指导原则,而非税法解释和适用的指导原则,作为其在特殊税法之具体表现的实质课税原则亦作如此理解。(2)运用税负公平原则做法的评价,应区分宪法标准和税法标准。(3)税收法律主义之外强调实质课税原则的原则在于,沿袭德国经济观察法的严格国库主义理念;但一般的、抽象的理解适用实质课税原则,造成将滥用权力合法化、正当化的危险。

纳税人可能滥用意思自治、契约自由而改动征税基础事实,而有意规避法定税收构成要件,从而达到规避税法法定效果、获得非正当税收利益、违反税

---

① 参见[日]北野宏久:《日本税法学原论》,郭美松、陈刚译,中国检察出版社2008年版,第87~96页。

法立法的目的。因而税收立法,确定税收负担的法定要件要素时,要从不特定多数案件中,筛选出典型案例进行理论抽象,赋予税收债务的法律效果,但这并不意味着立法应排除非常规案件。①

(三)实质课税原则在法国:意思自治权利与法定税收债务的冲突

法国实质课税原则主要处理民事意思自治自由与法定税收债务的冲突关系,但严格限制其适用范围,大致前提条件为:②(1)适用法定。仅适用法律明确列举情形,并非适用所有税种税目。如个人所得税薪资源泉扣缴、纳税人申报基础上税务机关的查核征收、加值型营业税课征关系等情形,通常认为不存在权利滥用问题。(2)适用时机。实质课税原则仅用以对抗纳税人足以减轻税收债务的特定交易行为,仅当发生税收不当减少实质可能时方可介入。如行为实施了特定活动安排,但并不能税收负担减少的实际后果则无须适用。(3)适用扩展。量能课税原则适用范围不只限于相对人明确订有书面协议的交易活动,如存在税收规避行为,可透过表面之民事活动加以适用。

(四)实质课税原则在美国:主观商业目的与客观经济结果的协调

美国的经济实质原则(Economic Substance Doctrine)与"实质重于形式"的法律解释方法密切相关。美国税法领域,因法律解释的原文主义与非原文主义的不同,而区分为所谓的形式(Form)和实质(Substance)。③ 形式,即指正式法律原文。原文主义主张规定就是规定,如纳税义务人的交易实质结果并非立法机关原意,则应由立法机关修法而非司法机关释法。实质,即指立法机关原意。非原文主义者则主张应深入探求纳税人的交易实质结果是否为立法原意,如非立法原意则跳出成文法框架,延伸法律条文含义,以达到合乎正义的结果。实质重于形式(Substance-Over-Form),是指侧重考察交易的实质效果而避免简单套用法律条文形式,是非原文主义主张采用的成文法解释方法。

在美国,最早涉及并肯定实质原则(Substance Doctrine)的司法案例,为联邦最高法院在1921年美国诉菲利斯案(United States v. Phellis)和1924年韦

① 参见葛克昌:《所得税与宪法》,北京大学出版社2004年版,第6~7页。

② 参见黄源浩:《税捐规避行为与处罚》,载《月旦法学杂志》2010年第187期。

③ See generally Madison, supra note 12.

斯诉斯特恩案(Weiss v. Stearn)案。[①]此后通过1934年的格雷戈里诉海尔弗林案(Gregory v. Helvering)、1960年的克内奇诉美国案(Knetsch v. United States)、1966年的戈尔茨坦诉专员案(Goldstein v. Commissioner)以及1978年的弗兰克里昂公司诉美国案(Frank Lyon Co. v. United States)等一系列司法案例发展成熟,影响最大的则为1934年格雷戈里诉海尔弗林案(Gregory v. Helvering)案。[②] 1935年格雷戈里案联邦最高法院宣判后,被认为是通过"司法造法"的方式确立了经济实质原则,从此成为法院用以否决纳税义务人通过无实质经济效果的交易形式而主张税收减免权的先例规则。经济实质原则,意指纳税义务人所进行的交易,必须基于追求实质经济效果而非出于减免税收目的。[③]然而,经济实质原则在随后的司法实践中并非确定无疑的一贯尊崇,而是经历了从普遍认同到逐渐质疑[④]甚至全盘推倒,最后终被立法化固定。佛罗里达大学法学院教授马丁 J. 麦克马洪 Jr.(Martin J. McMahon Jr.)曾指出:"如若 Compaq 或 AMC 事实类似的案例上诉至最高法院,最高法院非常有可能推翻废止 Gregory 案判例所确立的经济实质原则。"[⑤]基本理由是如果国会认为有修补漏气的轮胎的必要,那应当由国会立法而非法院造法。分歧根源在于法律解释方法的差异,即强调法条文义还是追求立法原意。虽然2010年通过《保健和教育协调法案》(Health Care and Education Reconciliation Act of 2010)时增订 I. R. C. §7701(o) Clarification of Economic Substance Doctrine 将其成文法化,让多年来关于经济实质原则的争议尘埃落定,但仍有必要认真回顾 Gregory 案的历史进程,追溯美国经济实质原则成文法化的发展轨迹,寻求为经济实质原则中国化提供充足养分。

---

① J. Bruce Donaldson, "When Substance-Over-Form Argument is Available to the Taxpayer", 48 *Marq. L. Rev.* 41, 42 (1964); United States v. Phellis, 257 U. S. 156 (1921); Weiss v. Stearn, 265 U. S. 242 (1924).

② Joseph Bankman, "The Economic Substance Doctrine", 74 S. *Cal. L. Rev.* 5, 7-8 (2000); also Frank Lyon Co. v. United States, 435 U. S. 561 (1978); Knetsch v. United States, 364 U. S. 361 (1960); Gregory v. Helvering, 293 U. S. 465 (1935); Goldstein v. Commissioner, 364 F. 2d 734 (2d Cir. 1966).

③ ACM Partnership v. Commissioner, 157 F. 3d 231, 248 (3rd Cir. 1998); Jacobson v. Commissioner, 915 F. 2d 832, 837 (2d Cir. 1990).

④ 体现在法院判决书引用 Gregory 案的次数呈明显下降趋势,1985~1995年法院判决引用378次,而随后的10年却只引用190次。

⑤ Martin J. McMahon Jr., *Beyond A GAAR: Retrofitting the Code to Rein in 21st Century Tax Shelters*, Vol. 98, No. 12, TAX NOTES, 2003, pp. 1721, 1735.

格雷戈里案简要案情:伊夫林·F. 格雷戈里(Evelyn F. Gregory)是联合抵押公司(United Mortgage Corporation)的唯一股东。该公司持有子公司监理证券公司(Monitor Securities Corporation)名下股份1000股。后来格雷戈里又成立另一家公司——艾弗里尔公司(Averill Corporation)。联合抵押公司将所持有监理证券公司的所有股份移转给艾弗里尔公司,作为艾弗里尔公司将公司股份移转给格雷戈里的对价。4天后,艾弗里尔公司经清算并解算,将其所有资产(含持有监理证券公司的股份)全部分配给其唯一股东Gregory。分配当天,Gregory将持有监理证券公司的1000股股份全部卖出,所得10.333万元。国税局认为该笔所得是联合抵押公司分配给格雷戈里的股利,据此征税1.0678万元。①格雷戈里对此不服,遂提起诉讼。国税局认为,如果格雷戈里正当且合法地引用税法有关重组(Reorganization)的规定,那么其计算利得无误,但主张艾弗里尔公司成立的唯一目的是逃避税收,并无实质经济目的,故应否定艾弗里尔公司存在的税法意义。法院肯定艾弗里尔公司专为逃税的成立目的,但认为不能因此否定其存在事实,艾弗里尔公司存续期间具有发行股份、持有监理证券公司股份、清算、解散并分配监理证券公司股份等行为事实,且艾弗里尔公司系依法依程序合法成立,故不采纳国税局所主张的实质理论,判决格雷戈里胜诉。②裁判的主要理由为:纳税义务人有权在法律框架下安排最有利的交易形式;只要交易形式与法有据,无违法行为,即便经济安排目的是逃避税收义务,也属于纳税人的权利范围。

国税局对判决不服上诉至第二巡回法院。第二巡回法院判决理由如下:法院支持纳税义务人有权依赖法律安排对自己最有利的经济活动,且有权依法筹划减少税收;本案格雷戈里实施的所有活动都是真实合法的,唯一缺陷在于,这些交易并非法律规定的重组,原因在于这些交易不是商业上的交易行为,而是为了符合成文法上的重组要件而进行的交易,因此是一场骗局,因而无效。据此第二巡回上诉法院改判国税局胜诉。③一审和上诉审判决理由不同的是:一审重在考虑交易行为的结果的正义性,认为以规避税收为目的的交易行为不符合法律规定;二审则关注交易行为本身的有效性,认为形式上符合法律要件但实质为规避税收的交易行为应属无效。格雷戈里不服二审判决上

① Gregory v. Commissioner,27 B. T. A. ,1932,p.223.

② Ibid.

③ Helvering v. Gregory,69 F.2d 809(2d Cir. 1934).

诉至最高法院。最高法院受理后既不否定纳税人交易符合成文法要件则重组有效的观点，也不反对纳税人规避税收的动机并不影响重组有效的结果的主张。但是，最高法院认为问题焦点在于除了避税动机，纳税人交易行为是否符合成文法意旨，指出格雷戈里利用重组形式来掩盖其真实目的，其交易除了减少税收负担之外并无商业目的，不符合立法原意，故维持了第二巡回上诉法院的判决。①联邦最高法院虽维持了二审判决，但并非支持其重组无效的观点，而是重点考察纳税人的重组行为是否具有实质的经济目的。若重组目的仅为减少纳税义务，那么即便重组符合成文法要件从形式上看有效，也不能享受税法上的税收优惠；只有交易本身具有经济实质目的，方能享受税收优惠。从而，在该案中最高法院肯定了实质重于形式原则，并建立了经济实质原则，认可了非原文主义在税法解释上的运用。

格雷戈里案以后，美国通过一系列司法判例不断发展经济实质原则，分为客观的经济实质和主观商业目的两大要件。②客观的经济实质，实质纳税人的交易须有合理获利的可能性。③主观的商业目的则指纳税人的交易要有商业目的，而非仅针对税收利益，重点关注交易行为的目的，而前者则侧重考察交易行为的结果。美国法院判断是否符合主观商业目的，主要根据下列 7 大要素：是否有获利可能；参与交易是否有税收之外的商业理由；是否考虑或调查参与交易的市场风险等因素；是否允诺投入资本交易；参与交易的企业组织是否与纳税人分开，且交易前后是否合理经营；交易实施是否符合可预期的商业常规；交易行为是否仅为幌子，以致预期的税收收益显著超出纳税人的实际投入。当然，这 7 大因素并非唯一因素，也不是判断是否符合商业目的的充要条件。

然而，即便关于客观的经济实质和主观商业目的两大要件说在美国法院已成共识，但对其具体运用却仍不统一，产生了 3 个标准：④一为分离测试法

---

① Gregory v. Helvering, 293 U. S. 465 (1935).

② Rice's Toyota World, Inc. v. Commissioner, 752 F. 2d 89, 91 (4th Cir. 1985); ACM Partnership v. Commissioner, 157 F. 3d 231, 247 (3rd Cir. 1998); Compaq v. Commissioner, 277 F. 3d 778, 778 (5th Cir. 2001); United Parcel Service of America, Inc. v. Commissioner, 254 F. 3d 1014, 1018 (11th Cir. 2001).

③ Rice's Toyota World, Inc. v. Commissioner, 752 F. 2d 89, 94 (4th Cir. 1985).

④ Greenberg Traurig & Crowell Moring LLP, Economic Substance Doctrine Codified: Surviving Scrutiny Under New IRC §7701(o), available at http://www.crowell.com/documents/Economic-Substance-Doctrine-Codified.pdf. last visited 7/2/2015.

(Disjunctive Test)。即纳税人的交易只要具有客观的交易经济实质或主观商业目的二者之一即可。二为并行测试法(Conjunctive Test)。即纳税人的交易必须同时具备客观的交易经济实质和主观商业目的。三为倒塌测试法(Collapsed Test)。认为客观经济实质和主观商业目的仅为判断因素并非充要条件。这些判断标准往往导致美国司法实践的判例结果大相径庭,当然,这一切的争议分歧随着经济实质原则成文法化而烟消云散。

《关于2010年医疗与教育协调法中有关经济实质原则及其相关规定的暂行指南》(美国国内收入局公告2010－62)①提供了《美国法典》第7701(o)节规定的经济实质原则的指南,以及《2010年医疗与教育协调法》第1409节对《美国法典》第6662节、第6662A节、第6664节和第6676节规定的有关处罚的修正。"经济实质原则的澄清"(Clarification of Economic Substance Doctrine)采用普通法的适用标准,肯定客观经济实质和主观商业目的两大要件,其确立的经济实质原则采纳的是连接判断法,又称三步式分析法:首先,确定经济实质原则适用纳税人的交易;其次,除联邦所得税因素外,纳税人须有主观的重大商业目的进行交易;最后,主观商业目的产生客观经济实质结果。即税务机关如提出适用经济实质原则,则纳税人应举证证明其交易同时符合经济实质原则两大要件。同时,规定了相关罚则。对因不具有经济实质的交易而少申报的行为处20%的罚款。②而对因"未披露不具有经济实质交易"(Nondisclosed Noneconomic SubstanceTransactions)而少申报的行为则处40%的罚款。③

(五)实质课税原则在中国:独立税法价值与独特执法指引的昭示

学者张守文认为,实质课税原则主要解决课税对象的经济归属、无效和违法行为可税性、税收规避之否认等问题。④刘剑文、熊伟认为:德国经济观察法在当时具有进步意义,但是对法律实证主义的背离,讨论实质课税主义必须在税收法定主义基础上进行,税收法定主义强调税法形式理性,而税收公平着眼于税法的实质理性;实质课税原则顶多作为税收立法原则;通过概念形式注重经济实质进行税法解释,并非实质课税独有;主张通过立法的特别条款确认实

---

① Interim Guidance Under the Codification of the Economic Substance Doctrine and Related Provisions in the Health Care and Education Reconciliation Act of 2010.

② I. R. C. §6662(b)(6).

③ I. R. C. §6662(i)(1).

④ 参见张守文:《税法原理》,北京大学出版社2012年版,第109页。

质课税原则,反对过于宽泛的一般性条款;实质课税相当于赋予征收机关类推权;仅能将其定位于法律的实质主义;对法律形式抑或经济实质征税应由立法规定;借用概念的解释,应尊重私法原义为先,除非立法特别规定不得赋予其他特别含义;税法解释考虑经济实质不得超出立法文本作漏洞补充;具有经济结果的无效行为原则上应征税,法有特殊规定除外;对虚伪行为的否决属于沿用法律解释一般原则;经济财产归属问题属于税收构成要件范围,应严格遵守税收法定主义;实质课税原则对化解税收规避问题并未超出传统思路,法律的实质课税主义与税收法定内在契合,而经济的实质课税主义则完全突破税收法定制约。①

笔者观察,实质课税原则虽不作为税法的基本原则,但是最具税法个性特征的原则,它的独特价值在于:既是量能平等课税的具体落实,"对应税者征税"以保障税收公平平等负担实现;也是税收法定的生动实践,对应税者征税以保障实质正义实现,从而摆脱纯粹形式的躯壳而充溢实质的内涵。而且,实质课税原则也提供了税法和民商法法际关系良性处理和价值冲突调谐的一种解决方案,其指导思想必须为宪法的价值规范,一种更高位阶的价值理念相对较低位阶的价值理念,间接的消化公私法之间的矛盾:一要区分原因事实和结果事实,税法关系是公权机关对私主体意思表示的第二次干预,税收债权债务发生的原因事实是民事基础关系,而结果事实仅为民事活动的经济结果。二要区分基础事实和构成事实,基础事实是具体的、实践的私法法律关系,构成要件事实是抽象的、法定的公法法律关系。实质课税原则,基于税收公平,应对滥用私法意思自治自由而事实税收规避行为而确立的原则,当法形式和经济实质享有者不一致时,则应用实质课税原则刺穿民事法关系的外观对经济实质享有者征税;也体现为个案中对税收构成要件的具体运用,税收构成要件已经基于常见的经济类型进行抽象概括赋予不同的后果,要件事实是类型化、抽象化的法律概念事实,而不是具体的、个别的税收债务案件事实,需要执法机关查明进行具体运用。三要区分形式规范和实质原则。实质课税作为执法原则,应区分形式和实质,形式是对于征税机关的形式,是未经透视的形式,实质是真实的基础法律关系,而不是单纯的经济结果。在征管上,倡导稽征经济原则,尊重纳税人自主申报理念,形式上的效率优先实质公平;在稽查上,奉行职权调查原则,追求实质正义,则应探究真正的民事法律基础关系,查明实际

---

① 参见刘剑文、熊伟:《税法基础理论》,北京大学出版社2004年版,第162~168页。

纳税人。实质课税不仅可判断事实，而且可解释法律。[①]作为法律解释原则，应限定合理的适用范围，可追逐释明法律原意，但属于立法空白则应由立法补充，不宜过大法律解释，否则造成税收法定主义虚化。当然不能误解经济意义或实质内涵为税法独有，税法解释可完全不顾私法意义。事实上，无论民法解释还是税法解释，都应探求当事人真意，不必拘泥于文字形式；而且应在法律规范和案件事实之间流连忘返，不得以经济意义简化该过程。[②]关于是否应经法定方可适用，笔者认为，不必拘泥于法律是否明文确定该原则，核心要义在于如何科学运用。当然，在适当时机，可在制定税法通则或修改税收征管法过程中确定为法律原则，可吸收借鉴韩国、奥地利立法经验。《韩国国税基本法》第14条规定了“实质课税”：“(1)所得、收益、财产、劳务或者业务往来分为名义和实际的，应以实际归属人为纳税义务人；(2)税法规定的课税标准不分所得、收益、财产、行为或者交易名称、交易形式，均适用实质课税；(3)发现纳税人通过第三者、多种行为、多种往来等方法享受本法或者税法规定的优惠，根据交易实质，视为纳税人的直接往来或一种行为、一种往来适用本法或者税法规定。”[③]而《奥地利联邦税收通则》第21条规定，“关于税收通则法的相关问题，应依据经济观察法得出的经济上的实质内涵为基准进行判断，而不拘泥于事实的外观形式”。

---

① 参见柯格钟：《实质课税原则与其在税收程序中之运用——兼论税收稽征法第12条之1的增订》，载《台湾法学杂志》2012年第5期。

② K. Tipke, Die Steuerrechtsordnung Ⅲ, 1993, S. 1294. 转引自葛克昌：《行政程序与纳税人基本权》，北京大学出版社2005年版，第170页。

③ 《韩国国税基本法》第14条。转引自朴姬善、金兰：《中韩税收比较研究》，中国社会科学出版社2012年版，第304~305页。

第五章　税收构成要件要素论

"恰像在其他学术方面一样,应该分析一个组合物而非组合的单纯元素"。[①] 然而,要研究清楚作为整体的"组合物",深入剖析其作为部分的"单元要素"是其必要前提。在本书理论命题研究中,剖离分析税收构成要件的基本要素,并一一加以考察,这是构筑税收构成要件理论的内在需要和必要构成。

一、税收构成要件主体

(一)碎片化的法律人形象

1. 社会关系的法律化导致主体角色碎片化

法律属性是人的社会属性之一,不同的法律强调赋予人不同的社会属性。不同的法律,追求不同的法律价值,塑造了不同的法律人形象,导致同一自然属性的人在不同的社会经济和社会法律关系中,资格不同,权利义务不同。"各国法律多以一定之人的形象为规范基准。"[②]不同的法律以不同的人的形象建构不同的法律制度。施普朗格认为,"法律之人"不是一个简单的结构,而是一个复合的印象,是一个社会结构

---

① 亚里士多德在研究政治学时,主张分析出每一城邦组成要素对其一一分析考察。参见[古希腊]亚里士多德:《政治学》,吴寿彭译,商务印书馆1981年版,第4页。

② 王泽鉴:《民法总则》(增订版),中国政法大学出版社2001年版,第35页。

和理论结构的混合形式。[①]“法律之人”在社会生活中表现为不同的角色，在不同法律关系中也呈现出不同的形象。法律主体是一种在自我目的意义上的，由一定历史上出现的法律所认可的本质。[②] 法律主体是发达商品交换社会条件下的必然的客观存在。[③]当劳动产品成为交换商品，人完成了向具有法律能力的法律主体的转变，这种法律主体是法律上层建筑的、最简单的、不能再细分的原子。[④]作为商品所有者的法律主体，人民不得不相互承认，[⑤]在劳动力和工资的特殊交换过程中，劳动力变为商品，劳动者成为真正的主体。[⑥]社会财富在现实的交换中可生产的基础，是个人可以在法律上平等和同等独立地参与交换。[⑦]人的概念是个平等概念，个人主义法律观和社会法律观都以此为出发点。无论是物理意义上的人还是法学意义上的人，都是法律规则的人格化的结果，法律平等是人的本质平等的法律权能。[⑧] 人意味着自我目的。人之所以为人，不是因为其肉体和精神，而是基于法律规则下的自我目的，以至于萨维尼甚至认为（法）人的原始概念必然与（物理性）人的概念同时产生。[⑨]伦理学上的人依其本质属性，有能力在各种可能范围内，自主并负责决定其存在和关系，对自己的行为进行合目的限制。每个人都有权要求其他任何人尊重自己，每个人都负有尊重其他人的义务，此即“法律上的基础关系”；而其基本要素是权利（正当的要求）、义务、人与人之间的权利和义务的相互关系。[⑩]在法律上，具有权利能力的人被分为自然人和拟制的人两类。自然人指由自然之神创造的人类，而拟制的人则指从社会和政府的角度由人类创造设计的主体，通常被称为法人团体和政治团体。[⑪]

---

① 参见[德]G. 拉德布鲁赫：《法哲学》，王朴译，法律出版社 2005 年版，第 101 页。

② 同上书，第 132 页。

③ 参见[德]阿图尔·考夫曼、温弗里德·哈斯默尔主编：《当代法哲学和法律理论导论》，郑永流译，法律出版社 2013 年版，第 433 页。

④ 同上书，第 431 页。

⑤ 同上书，第 432 页。

⑥ 同上书，第 433 页。

⑦ 同上书，第 434 页。

⑧ 参见[德]G. 拉德布鲁赫：《法哲学》，王朴译，法律出版社 2005 年版，第 133 页。

⑨ 同上书，第 134 ~ 135 页。

⑩ 参见[德]卡尔·拉伦茨：《德国民法通论》（上册），王晓晔等译，法律出版社 2004 年版，第 45 ~ 47 页。

⑪ 参见[英]威廉·布莱克斯通：《英国法释义》（第 1 卷），游云庭、缪苗译，上海人民出版社 2006 年版，第 142 ~ 143 页。

2. 法律关系的差异化导致能力制度多样化

法律赋予自然人以人格,基于伦理要求;法律赋予法人以人格,则基于自然人的社会生活需要。权利能力是无条件的、不受限制的,仅与纯粹的存在之人相关,出生与死亡是其唯一的决定因素,这是人权思想在私法领域的集中体现。不仅人具有权利能力,而且基于合目的性,法律亦承认人的集合乃至特定情形的资的集合的权利能力。① 权利的主观性对所有法律领域均具意义,但传统意义上的规则立足点是私法。美浓部达吉认为,公法关系中的权利义务,某种意义上讲,是相当程度上的"相对的"权利义务,可简述为权利之中含有义务性,而义务中带有权利性。②宪法上的人,不是孤立的而是具有社会关联的、共同相处的、具有自由能力的平等个人,在人格自由发展下,自我负责自行决定其生活方式、未来生活规范和理性行为。③

民法上权利能力和行为能力的二元结构制度源远流长,可追溯至罗马法。伦理上的"人"被成功移植到私法领域。法律上所谓人,系指人格者也。"人格"二字,源自罗马。法律上的能力,指法律赋予个人的地位或资格,法律上的"人"拥有各种能力,具备不同社会机能,以维护、完成人的人格。④ 人格皆由法律创设,则以一切之人,皆是法人。⑤罗马法上自然人的人格,与权利能力同语。人格因出生而取得,于死亡时消灭,死亡包括自然死亡和法律死亡。汉斯·凯尔森认为,所谓人格,不过是一对权利与义务束的统一,规范集合体的统一拟人表现。⑥权利能力的本质是人格,即人区别于动物或其他生物。权利能力相对于自由,能力的本质是自由,包含积极的自由和消极的自由两个维度。⑦现代权利制度本质是承认生物人和法律人的统一,即所有的生物人都是法律人。现代权利能力制度,是一种最具伦理性的制度;权利能力是人的价值及主体性的基础。权利能力,是指享受权利、负担义务的能力。一类基于法律

---

① 参见[德]哈里·韦斯特曼:《德国民法基本概念》,张定军等译,中国人民大学出版社2013年版,第2页。

② 参见[日]美浓部达吉:《公法与私法》,黄冯明译,中国政法大学出版社2003年版,第106页、第109页。

③ P. Häberle, Das Menschenbild im Verfassung, 1988, S. 375ff. 转引自葛克昌:《税法基本问题(财政宪法篇)》,北京大学出版社2004年版,第150页。

④ 参见王泽鉴:《民法总则》(增订版),中国政法大学出版社2001年版,第123页。

⑤ 参见梅仲协:《民法要义》,中国政法大学出版社2004年版,第52页。

⑥ 参见[奥]汉斯·凯尔森:《纯粹法学》,刘燕谷译,中国文化服务社1946年版,第53页。

⑦ 参见徐国栋:《民法哲学》,中国法制出版社2009年版,第128页。

规定,法定要件具备时即行发生;另一类基于法律行为取得。①民事行为能力相对于责任,有积极的后果和消极的后果。所谓民法上的行为能力者,是说明无行为能力之人,有行为能力的人无须积极说明,而用消极的说明,谓之"消极的说明行为能力"。② 民事行为能力一般分为无民事行为能力、限制行为能力和完全行为能力三个层次。行为能力取决于能否对其行为后果承担责任,识别能力和意思能力当属其内。③责任能力,是指因违反法律规定而应负责的能力,含侵权能力及债务不履行能力。④成文法一般规定了权利能力和行为能力,责任能力和意思能力内摄至行为能力概念内。本书认为,能力制度是抽象的、一般的制度设计,而非现实的、具体的权利指标。权利能力与人格同义,即人之所以为人的资格,依法不能剥夺;而行为能力是自己实施并承担自己行为责任的合称。法人之所谓"人",从法律技术和形式意义上,类推自然人权利能力而赋予人格承担权利义务,满足人类社会生活的需要。⑤虽然不是伦理意义上的人,但是在其活动范围的地位与自然人无异。在财产法上,法人与自然人的权利能力范围一致,既是享有财产权的权利主体,也以其财产承担责任。⑥ 私法人因其章程成为"活动体";公法人因法律成立。梅仲协认为,除了专属自然人的权利义务如亲权、抚养义务等,其他权利于法理而言,非专属于自然人,法人亦享有。⑦ 法人的权利能力范围相较自然人,有两种限制:一为法令限制;二为性质限制。⑧法人既为权利主体,为法人目的事业需要,理当有行为能力,由法人机关代为法律行为。⑨权利能力以授予为基础的社团从事超出章程规定的目的,可以被剥夺权利能力。⑩

随着商品经济发展,人与人之间贫富差距加大,因财产多寡而导致社会话语权、决策权等能力差异和具体权利享有不同,个体的交易能力和负担能力的

① 参见王泽鉴:《民法总则》(增订版),中国政法大学出版社 2001 年版,第 119 页。
② 参见黄右昌:《罗马法与现代》,何佳馨点校,中国方正出版社 2006 年版,第 65 页。
③ 参见[德]哈里·韦斯特曼:《德国民法基本概念》,张定军等译,中国人民大学出版社 2013 年版,第 23 页。
④ 参见王泽鉴:《民法总则》(增订版),中国政法大学出版社 2001 年版,第 121 页。
⑤ 同上书,第 149 页。
⑥ 参见[德]卡尔·拉伦茨:《德国民法通论》(上册),法律出版社 2003 年版,第 182 页。
⑦ 参见梅仲协:《民法要义》,中国政法大学出版社 2004 年版,第 65 页。
⑧ 参见王泽鉴:《民法总则》(增订版),中国政法大学出版社 2001 年版,第 165 页。
⑨ 同上书,第 169 页。
⑩ 参见《德国民法典》(第 3 版),陈卫佐译注,法律出版社 2010 年版,第 17 页。

新二元能力结构,在一些领域的地位作用甚至超出了权利能力和行为能力的二元能力结构。市民法中的人具有形式化、抽象化,具有平等、自由,随着经济发展,因财产所有者人的性质增强,财产的承担者、交易主体的“人”和“商人”取得了优势地位,仍以抽象、形式化的平等的人为中心,极易发生资本理论向轻视个人自由、平等的蜕变。[①]社会法以恢复并实现实质性的自由、平等和对等的目标,以克服市民法主体即“人”和“商人”的形式化、抽象化为理论依据,倡导生存权思想指导下的人格自由发展观,是对所有权、契约和营业自由进行一定限制、保障生存权或社会权性质的经济基本权的法体系。[②]经济法以企业和消费者作为一种“经济人”,替代了自然人和法人的民法主体,这些新的私法规范尝试去响应平均正义和资源效率的需求。[③]经济人是企业家和其他经济人,是各自独立地从事经济职业和各个被法律原则赋予经济事实的规制、权利、义务或法律保护地位的人。经济人的核心特征,是其能独立决定一个经济计划。[④]经济法研究采用“政府—社会中间层—市场”三元框架的范式,将相应的经济法主体分为国家干预主体、社会中间层主体和市场主体。市场主体是指从事平等主体之间的商品活动的组织和个人。[⑤]经济法主体资格取得主要分为法定取得、授权取得和因参与经济法调整的经济关系取得等三种方式。[⑥]政府有责任将公民的生命权利、保存自己和他人自由的权利、获得物品或取得物品的手段的权利分配给每个成员,这是源自自然法和共同善的政府责任。[⑦]政府有责任让公民在经济体系甚至所谓的单个市场结构中发挥基础作用,毕竟市场中交易的不是“实物”,而是一种权利即履行特定行为的权利。买卖关系依赖交易双方拥有什么的权利和义务,而这些均由法律制度事先确定。抛

---

① 参见[日]丹宗昭信、伊从宽:《经济法总论》,吉田庆子译,中国法制出版社2010年版,第220页。

② 同上书,第218~219页。

③ 参见苏永钦:《寻找新民法》,北京大学出版社2012年版,第252页。

④ 参见[德]沃尔夫冈·费肯杰:《经济法》(下卷),张世明译,中国民主法制出版社2010年版,第110页。

⑤ 参见李昌麟主编:《经济法学》,法律出版社2008年版,第433~435页。

⑥ 同上书,第124页。

⑦ 参见[英]詹姆斯·塔利:《论财产权:约翰·洛克和他的对手》,王涛译,商务印书馆2014年版,第222页。

弃所有管制,相当于废除法律制度。[①]

人与职业相关,生存权下拥有职业,职业通过特定资格或合法享有经营权、所有权。职业的概念,是被允许的、有意义的、从长远计议而非临时的活动,以求生产和获得生活来源。[②]职业自由是一种根本权利。但从业的实践可以由法律调控。[③]职业是一种经济意义上的劳动,分为独立的不依赖人的职业和依赖人的职业。[④]并非每种职业都具有经济性。为了适合于经济法所要求的人之行为,必须限定在"经济性职业"。然后人们必须将多数经济问题中的非独立性经济职业排除在外,他们成为劳动法的主体。[⑤]营业[⑥]自由是西方社会的原则,大都规定为宪法权利和自由,但绝非绝对自由,从中世纪行会制度的限制,到当代公法[⑦]和私法[⑧]的双重限制。德国工商业条例[⑨]未对"工商业"概念作出明确定义,具有开放性,已达成共识的是指具有社会价值的、获得法律允许的、以营利为目的的、长期的不是偶尔从事的独立经营活动,包含正面肯定和负面否定两个要件:前者指符合经营性要求;后者指具有经营能力。经营性包括四个特征:合法性、[⑩]长期性、营利性、[⑪]

---

① 参见[美]斯蒂文·G.米德玛编:《科斯经济学:法与经济学和新制度经济学》,罗君丽等译,格致出版社、上海三联书店、上海人民出版社2010年版,第219页。

② 参见[德]沃尔夫冈·费肯杰:《经济法》(下卷),张世明译,中国民主法制出版社2010年版,第105~106页。

③ 同上书,第107页。

④ 同上书,第109页。

⑤ 同上。

⑥ 谢怀栻先生将"营业"一词分解为两层含义,即主观意义上的营业活动和客观意义上的营业财产。营业财产又区分为积极财产和消极财产。参见谢怀栻:《外国民商法精要》(增补版),法律出版社2006年版,第257页。

⑦ 公法限制,主要体现为国家完全禁止性规定,如国家独占经营行业和领域;解禁许可性规定,如事先报告和登记核准。

⑧ 私法限制,主要表现为行业和职业间的竞业禁止规定,违反这些规定并非当然无效,但发生损害赔偿问题。

⑨ 德国最老的最传统的至今有效的经济公法,最初为《普鲁士工商业条例》,1869年6月21日颁布;1900年作小幅修正;1978年再次修订作为新工商条例颁布;1987年再次修改;1994年发布"关于修改工商条例和其他工商业规定的法律"和1998年颁布的第二部同样标题的法律,这两部法律没有改变原有的基本体系。

⑩ 符合法律规定或者说法律允许;不是普遍禁止的;法律允许包括刑法和其他禁止性法律以及公序良俗。

⑪ 以营利为目的,与公益性相对。

独立性。[①] 经营能力有三种排除情形：原产品生产（Urproduktion）、[②]自由职业、[③]管理自由财产。[④]

本书认为，税收构成要件主体为纳税主体，具有独立的法律的主体性。法律的主体性是指自然人或者其他社会构成单位成为法律规范主体的能力，又称为法律主体资格。法律能力是自然人或者组织在法律制度中成为与其他权利义务主体相对的，法律技术意义上的权利义务最终归属主体的法定资格。任何自然人和具有法律能力的组织都是法定的财产、债权、征税、秩序等方面的权利义务主体。法律意义上的"人"是指具有完全法律能力的权利义务归属主体意义上的法律主体。法人的法律能力通常小于自然人，公法人职能在法定的权限或者管理领域之内活动和存在。[⑤] 仅就税法和民法的差异简略而言：理论预设不同，民事强调自由，即某人有能力做某事，有自由、有能力是前提；税法往往注重结果，从行为的结果推定行为有能力。判断标准不同，民法上的行为能力以年龄、精神状态、自由表达意志为标准；税法上的能力以财产为标准。制度设计不同，民法上认可无行为能力人和限制行为能力人的行为效力为特殊性制度，如行为效力不取决于意思表示，而无须考虑行为能力的纯收益行为，即德国民法上所称"纯粹法律上利益"，意旨法律上的后果而非经济上的后果；[⑥]而税法中确认无权利能力、无行为能力的法律后果为普遍性制度。思维视角不同，民法上从个体利益出发，税法从社会公共利益出发；民法从自然人法人的个体出发，税法从群体出发，某一类人、某一类行为、某一类财产；前者是一种个体性思维，后者为整体化思维。民法是平等主体之间的初次

① 独立从业，以自己名义实施、自负其责，保持人事和事务等独立；实践中，需运用整体判断理论进行判断。

② 指利用土地和其他自然资源获取自然产品的行为，如渔业、矿业、畜牧业、农业、林业、园林业、种植业、狩猎即采集原产品。原产品的第一道工序也排除在外，包括出售自产产品（当然这并非绝对排除）。

③ 将自由职业列入排除范围除了历史传统原因，欠缺合理的理由。自由职业可细分为从事较高水平的科学研究、艺术活动或写作以及较高水平的个人服务；第二类较高教育水平的典型职业如教师、幼师、律师、审计师、税务顾问和医生。这些职业的重要性不在于其社会威望而在于可享受免除营业税的待遇。

④ 限定在适当的、常规的范围内；管理自有财产和营利性的财产管理较难区分。

⑤ 参见［德］汉斯·J. 沃尔夫等：《行政法》（第1卷），高家伟译，商务印书馆2007年版，第376~377页。

⑥ 参见［德］哈里·韦斯特曼：《德国民法基本概念》，张定军等译，中国人民大学出版社2013年版，第21页。

取得和分配,税法是国家强制力的再分配。私法中的人拥有的财产权主要有合同债权、物权等;税法则主要强调税收债务的财产负担能力。

(二)抽象化的纳税人脸谱

1. 税收负担能力:结果导向的能力制度

作为税收构成要件的主体要素,是类型化的主体,是税收债务成立所必需的基本要素,也是第一位税收债务人的主体。因而征税主体、扣缴义务人等并非严格意义上的税收构成要件主体。税收受到利益影响的主体,分为经济上的影响和法律上的影响,如间接税中,经济上的实际负税人并非法律上的纳税人。我国台湾地区学者陈清秀认为,税收主体是税法上的权利主体,与税收客体及连接的负担税收债务的人。[①] 我国台湾地区学者蔡茂寅指出,税收主体特指税法上的纳税人,即税收客体以及相关的税收债务归属的税法上的主体。[②] 在美国税法学者眼中,征纳主体似乎是不需要专门探讨的话题。[③] 事实上,任何法律关系都是主体间的关系。法律主体是法律上层建筑中不可再分的最小单位之一。

目前,我国税法学者大都热衷于借用私法中的权利能力和行为能力对纳税人资格进行探讨,希望借助私法主体资格制度建构税法主体资格制度。一般认为,纳税主体的资格是一般法律主体参加税收法律关系、承担纳税义务具备的基本条件,从权利能力和行为能力两个层面进行考察。权利能力制度是适合于各个法律领域立法目的的技术性制度,税法上的权利能力制度借鉴私法上的权利能力制度,与其有相同之处,同时服务税法这一特殊领域而不完全一致。并认为,在私法上享有完全权利能力的主体,与之相应的在税法上也享有相应能力;在私法上不享有或享有部分权利能力的主体,出于表征经济上负担能力等税法的特定需要,则有可能赋予其税法上的部分或完全权利能力。并且认为,税法上的权利能力是可以变化的,可分为抽象权利能力和具体权利能力。[④]刘剑文等指出,税法上的纳税人,自然人可借鉴民法权利能力的规定,但对法人或非法人而言,则无借鉴可能,理由是税务登记、工商登记或社团登记并非必要条件。权利能力之有无,实际上不能给纳税人带来保障。[⑤]我国台湾地区学者陈清秀认为,凡税收法律关系的权利义务主体便具有权利能力,但权利

---

① 参见陈清秀:《税法总论》,台北,元照出版公司2012年版,第307页。

② 参见蔡茂寅:《税课收入》(下),载《月旦法学教室》第2010年第93期。

③ 如美国税法学者维克多·瑟仁伊《比较税法》等均不见征纳主体的专门论述。

④ 参见刘剑文主编:《纳税主体法理研究》,经济管理出版社2006年版,第13~15页。

⑤ 参见刘剑文、熊伟:《税法基础理论》,北京大学出版社2004年版,第198页。

能力并非一般的先验性概念，而是一种技术性制度，因而应考虑税法的特殊需要，具有经济给付能力或技术上可被掌握经济给付能力的，作为纳税义务人。①

税收负担能力是纳税人能力制度的核心制度。我国台湾地区学者葛克昌认为，税法规范，乃针对个人之负担能力。②在一定程度上，权利能力是应然状态，负担能力对应实然状况。葛克昌指出，与其他法律相比，负担能力作为税法规定的要件，欠缺可供比较的显明指针。③ 因而，以税收权利能力代指税收负担能力，指出税收权利能力区别于民法权利能力，强调其经济上负担能力的身份，或者技术上所能掌握的经济负担能力。④事实上，在日本、韩国税收立法中，已然存在对无权利能力的主体规定税收债务负担。在日本，自然人和法人是税法上主要的纳税义务主体，税法对没有权利能力的社团、财团也作了明确规定；无人格的社团从事法人一样的经济活动，也视同法人处理，并非单纯符合其实体而且基于公平负担税收。⑤在韩国，经主管部门批准而设立，或者依法登记但未注册，或以公益为目的并捐出财产但未注册的，并不分配利润。不具有法人资格的社团、财团以及其他团体视同法人，适用本法及税法；具有法人资格的社团、财团及其他团体以外的非法人团体，按照组织机构及章程选拔法定代表人或管理者、以其名义独立核算且不分配利润的，经税务机关批准也视为法人，适用本法及税法。⑥我国税法对纳税人的权利能力和行为能力并未作统一规定和明确要求，更多强调纳税人的税收负担能力。我国宪法规定之公民有依法纳税的义务，可从而推导出税收行为能力的排除，即无须强调一个单独的以负担税收债务为内容的意思表示成立民事行为或基础事实来承担税收债务，而是法律事先已经对同类型的事实进行了类型化立法，只要满足构成要件即产生国家税收请求权，而无须纳税人表达对税收债务接受与否的意思表示。换言之，承担税收债务与纳税人的意思表示能力无关，与其能否独立实施并预见税收后果且承担税收债务的行为能力无关，仅与其税收负担能力有关。如未满10周岁的纳税人名下的房产，其父母用于出租取得租金收入，则房产所有人应为房产税纳税义务人，而不论其行为能力如何。

---

① 参见陈清秀：《税法总论》，台北，元照出版公司2012年版，第307页。
② 参见葛克昌：《所得税与宪法》，北京大学出版社2004年版，第5页。
③ 同上。
④ 参见葛克昌：《税法基本问题》（财政宪法篇），北京大学出版社2004年版，第112页。
⑤ 参见［日］金子宏：《日本税法》，战宪斌等译，法律出版社2004年版，第112页
⑥ 参见《韩国国税基本法》（2011年施行）第13条。

基于此，本书认为，纳税主体，税收负担能力为其核心能力，是一种以结果为导向的能力，区别于身份或资格为导向的权利能力和行为能力；税收构成要件的先定性、无因性、法定性等，决定了税收债务的成立与否与基础事实并非一一对应，只要税收构成要件满足则成立税收债务，因而纳税人的权利能力和行为能力并非考量重点；拥有独立的财产负税能力，则是完全的纳税人，即便不具有权利能力和行为能力，也应由其利益相关人或法定代理人代其履行程序上的申报义务，在其财产范围内接受违法处罚、承担税收债务。

2. 税收负担义务：类型法定的公法债务

税收负担义务，是一种法定的公法债务，本质特征在于：第一，身份上的天然性。就国籍而言，原则上因出生而取得。根据国家法，国内法律秩序调整的强制行为仅适用本国领土范围的人。构成制裁条件的人，实际上只能对在领土之内的人执行，①此即因出生国或居住国具有神圣的纳税义务，而一国内的地域差异，此其因出生地或居住地必须履行地方税法定义务。公民的纳税义务服从于国家的政治主权，即公民权利与国家权力的平衡。那么外国人的纳税义务从何而来呢？荷兰著名法学家格老秀斯认为，人类中存在一种普遍同意，即任何国家不加区分地给予外国或外国居民的权利是全体人类共享的权利。②本书认为，为了维护一国经济主权，国家对"非公民"包括外国人或外国企业，在本国地域获取的财产收入也进行了纳税义务延伸，实现了国家间经济主权的协调。成文时惊喜地发现，笔者对"非公民"的征税理由论述与德国著名宪法与税法学者沃格尔（Vogel）不谋而合，他指出，对于当今国家的现实状况而言，传统的国家社会二元说已经过时，取而代之的应是国家、社会和经济三元论，并以此作为税法理论的前提。③

第二，地位上的主体性。承担税收公法债务的纳税人，具有独立的法律主体地位。在宪法法律层面是第一位税权的享有者，基于公共利益委托授予国家税权，国家税权源于公民税权，纳税人有权按照税法规范安排自己的生产经营活动；在具体执法层面，纳税人与征税机关法律地位平等，享有一系列法律赋予的权利，有权对征税机关进行监督。

---

① 参见［奥］凯尔森：《法与国家的一般理论》，沈宗灵译，中国大百科全书出版社1996年版，第261页。

② 参见［荷］格劳秀斯：《战争与和平法》，何勤华等译，上海人民出版社2005年版，第140页。

③ 参见葛克昌：《税捐实质正当性与违宪审查》，载《月旦法学杂志》2014年第226期。

第三，能力上的可行性。任何法律施加给他人的义务，不仅应在其能力所及的范围内，而且应对他或其他人有益。超出其能力范围的义务而强迫其完成，是极其荒谬和残忍的。而且，施加他人义务而不能带来整个社会利益的增加，则没有必要付出消减他人意志自由的代价。①国民对国家负有金钱给付义务，有两种理由：一是公民有可处分的私产；二是国民具有职业和营业的能力。有持续取得财产的能力或者已经拥有财产。劳动是个体财产权或所有权唯一的自然资格和证成基础所在。②

第四，财产上的负担性。财产上的负担能力指标一般可分为所得、财产和消费。财富可带来权力，但为一己之利而行使权力则会造成不平等；财富也可带来快乐，但贪一人之乐同样损害平等。③如果公民的财产直接从国家获得，那么该财产应服从并依赖主权者的决断。如果公民的财产来自自身劳动或其他方式，则应受制于国家的下述三种基本权力：第一种权力，国家制定法律要求公民财产权的享有行使与公共利益协调一致；第二种权力，国家可在坚持公平原则并尽可能最小程序侵害公民权益的前提下，通过税收形式征收公民的一部分财产；第三种权力，在特殊领域、紧急情况下，国家为应对危机，可远超出一般情况下公民应承担税负的限度，将任何财产征为公用，当然应考虑给予合理补偿。④

第五，责任上的法定性。洛克认为，财产权是个人对其拥有物表达同意的自然权利，不经本人同意，不能剥夺其财产的任何部分，这也是所有公民权利的共同特征。⑤从其关于自然财产的解读中，也不难得出未经同意的征税决定无效的结论。税收债务是一种法定的公法债务，某一种意义上讲是不超过纳税人承受能力的有限责任，其唯一成立标准在于税收构成要件，基本构成要素属于严格的法律保留事项，税收债务的存在与否与具体数额完全法定，排除了人为的恣意征税的可能。

---

① 参见[德]塞缪尔·普芬道夫：《人和公民的自然法义务》，鞠成伟译，商务印书馆2009年版，第56页。

② 参见[英]詹姆斯·塔利：《论财产权：约翰·洛克和他的对手》，王涛译，商务印书馆2014年版，第176页。

③ 参见[法]孟德斯鸠：《论法的精神》，许明龙译，商务印书馆2012年版，第56页。

④ 参见[德]塞缪尔·普芬道夫：《人和公民的自然法义务》，鞠成伟译，商务印书馆2009年版，第179页。

⑤ 参见[英]詹姆斯·塔利：《论财产权：约翰·洛克和他的对手》，王涛译，商务印书馆2014年版，第227页。

第六,道义上的普遍性。人的根本义务是保存并维系人类发展,除了养活自己,还得报效国家、回报他人。人是一种关心自身生存、需要和发展,没有同伴便无法自存,同时又必须在互助中共同受益的动物;而且,人也具有暴力性和攻击性。这就要求一种具有社会性的法律来教导、培养、增强每个人的社会性。而且,每个人都应为共同的社会性而承担其应尽其能、有益他人的人道性普遍义务。每个人均发展自己的心灵和身体,成为有益他人的源泉,或依靠其智慧能力进行新发现改善人类生活,这就是以明确的方式增加社会福祉。花费金钱或劳力,或者减少自己的财物及其他有价值的东西,这是一种较高程度的人道。①自然状态下的人际关系远不如国家法律规则体系下的法律关系调控有效。政府的主要目的不在于维持普遍存在的个人权利,而在于促进公共福利的整体最大化及维护国家整体利益。为了实现上述目的,即便牺牲了一部分个人的自由和幸福也是值得的。②

简言之,税收负担义务是一种法定的具有主体性的绝对义务、天然义务、有限义务和财产负担义务,税法对不同法律关系中的"人"的主体身份的税法评价,也是各类具体税法中碎片化的"纳税人形象"的抽象整合,并不需要资格设定,从政治主权讲基于出生取得,同时基于经济主权延伸至外国人。

(三)类型化的纳税人印象

而事实上,各类单行税法规范中规定的"纳税人形象",只是税法规范对纳税人在不同领域、不同身份的具体概括,要想对纳税主体进行全面整体把握,必须进行系统思考,将各类碎片化的"纳税人印象"整合成一个完整的纳税人。

然而,对各类不同法律中规定的"纳税人身份"法定概念缺乏必要关注,进而导致对纳税人的理解缺乏必要的广度和深度,当然无法提炼出纳税主体的精华和内涵。

我国《宪法》将纳税义务列为公民的基本义务,只有身份要件,不设资格要件,即凡中国公民当依法纳税。我国《税收征管法》对纳税人和扣缴义务人分别进行了具体规定。事实上,"负有纳税义务的单位和个人是纳税人",是

---

① 参见[德]塞缪尔·普芬道夫:《人和公民的自然法义务》,鞠成伟编译,商务印书馆2009年版,第61页、第86页、第87页。

② 参见[英]H.L.A.哈特:《法理学与哲学论文集》,支振锋译,法律出版社2005年版,第198页。

一种典型的循环解释，没从本质上阐释。我国单行税法（法律或行政法规）同样很少从纳税人内在资格方面作出特殊规定，而大都从外在条件方面制定具体标准。如我国《个人所得税法》采取的是"住所＋收入"混合标准；《企业所得税法》则规定了"居民＋收入＋资格"的混合标准。《增值税条例》则采用"地域＋行为人"标准，对资格未作任何限制。笔者对我国主要税种中关于纳税人的本质特征与外在表现简要整理如表8所示。

表8　税种及纳税人类型一览

税种	纳税人			
	权利能力	行为能力	表征负担能力	自然人/拟制人
增值税	未涉及	未涉及	销售额	未涉及
消费税	未涉及	未涉及	销售额/销售数量	单位和个人
车辆购置税	未涉及	未涉及	计税价格（购车费用）	单位和个人
企业所得税	未涉及	未涉及	应纳税所得额	企业和其他取得收入的组织
个人所得税	未涉及	未涉及	应纳税所得额	个人
土地增值税	未涉及	未涉及	增值额	单位和个人
房产税	未涉及	未涉及	房产余值/租金	产权所有人、经营管理单位、承典人、房产代管人或使用人
城镇土地使用税	未涉及	未涉及	实际占用土地面积	单位和个人（个体工商户及其他个人）
耕地占用税	未涉及	未涉及	实际占用耕地面积	单位和个人（个体工商户及其他个人）
契税	未涉及	未涉及	成交价格/赠与下的市场价格核定/交换价格差额	单位和个人
资源税	未涉及	未涉及	课税数量	单位和个人
车船税	未涉及	未涉及	乘用车排气量、车船舶吨位等	车辆、船舶的所有人或管理人

续表

税种	纳税人			
	权利能力	行为能力	表征负担能力	自然人/拟制人
印花税	未涉及	未涉及	合同金额/凭证个数	单位和个人
城市维护建设税	未涉及	未涉及	实际缴纳的产品税、增值税和营业税税额	单位和个人
烟叶税	未涉及	未涉及	烟叶收购金额	单位

备注:1. 按单个税种的最高法律位阶的文件统计;2. 2017 年 10 月 30 日《营业税暂行条例》已被宣布废止,不再统计在内。

由此可知,我国的纳税人概念缺乏统筹性的规定,宪法未勾勒出纳税人的完整印象,单行税法中类型化的纳税人形象缺乏勾连,而税收征管法上的纳税人形象仅为循环解释下的程序法主体,税收债务实体法中带有明显计划经济时代色彩的"单位",主要充作表述纳税人的法律概念,其本身法律含义的不确定性导致了纳税人法律概念的模糊。《德国税收通则》给出了某种借鉴标本,其规定纳税人,指负有纳税义务和责任,应从第三方账上并缴纳税款的人员,应进行纳税申报,提供保证金、制作账簿和会计记录或履行税法规定的其他义务的人。[①] 我国在落实税收法定进程中,可从宪法、税收基本法、税收债务实体法、税收征管法 4 个层次对纳税人的身份、内涵作出规定,呈现出一个法律意义上的、完整的、应有的纳税人形象。

(四)具体化的纳税人角色

1. 行政性举措与纳税人身份

税务登记、工商登记、社团登记是行政举措,是纳税人接受国家机关管理的方式;相关规范为行政规范,而非税法债务实体规范;对纳税人违反行政规范,性质上属于违反协力义务,不影响纳税人的主体地位,并不影响税收实体债务的履行。

是否办理工商登记对纳税人资格的影响。以营利为目的成立的组织,原

① 参见《外国税收征管法律译本》组译:《外国税收征管法律译本》,中国税务出版社 2012 年版,第 1685 页。

则上应认定为营利事业(组织),而办理营业登记,为营业人的行为义务;因而未办理登记,系违反法定行为义务,不影响营利事业(组织)性质。[①] 非法人团体虽不具备独立法人人格,但不影响其独立交易的资格及其所为法律行为的效力,其权利义务要么归属成立后的法人,要么归属其发起人和成员。[②]税法规定以经营事业为纳税人的,有关营利事业的认定,以事实上反复从事营利性经济活动为准,而非以办理登记类型为准。[③]征税机关对未办理营业登记的合伙经营,漏税补征税款的方式应分情形处理:未登记的合伙,如委任了合伙事务代表人的,以该代表人为代理人,未委任代表人的,以全体合伙人发单补征。补征程序未经合法代理的,即未合法确定,不得作为处罚基础。[④]超出登记范围的税法效力。英国的普通法认为创造的法定资格仅仅存在于特许状,也就是在国家的许可范围内。这就意味着,当有关商业公司从事特许状所含许可之外的目的时,其法律能力是不具备的。这种"越权行为学说"导致对违反规章或者超越规章的法律能力的剥夺。[⑤]实施上,该法律效力并不当然延伸至税法,哪怕超登记范围从事许可以外的经济活动,只要符合税收构成要件就不能免除其税收债务。

本书认为,未登记注册取得相关资质或超范围经营,或吊销营业执照,或公司未清算即注销等,诸如此类的不符合行政管理举措的资质取得、变更、灭失等,并不当然引起税收债务的产生、变更和灭失;税收债务成立与多少的唯一标准为法定税收构成要件,基础事实的变化可能引起税收构成要件具体要素具体适用的变动,但统摄的法律效果不变。

2. 非营利组织与纳税人豁免

美国学者眼中的"非营利组织"(Nonprofit Organizations),又称为第三部门,不同于提供公共服务的"公共部门"(Public Sectors)及以营利为目的之的"私部门"(Private Sectors)。[⑥]斯曼(Hansmann)认为,非营利组织,本质上禁止

---

① 参见黄俊杰:《个人提供土地合建分售之课税疑义》,载《月旦法学杂志》2014年第233期。

② 参见黄士洲:《修行团体所涉所得税、营业税争议》,载《月旦法学杂志》2012年第206期。

③ 参见陈清秀:《现代税法原理与国际税法》,台北,元照出版公司2008年版,第103页。

④ 同上书,第104页。

⑤ 参见[德]沃尔夫冈·费肯杰:《经济法》(下卷),张世明译,中国民主法制出版社2010年版,第117~118页。

⑥ See Barbara K. Bucholtz, *Reflections on the Role of Nonprofit Associations in A Representative Democracy*, 7 Cornell J. L. & Pub. Pol'y, 1998, pp. 555, 558.

将净盈利分配给其控制者,包括组织成员、董事等,但不禁止赚取盈余,只要盈余保留或用于组织成立目的的服务即可。[①] 沃尔夫(Wolf)则概括出非营利组织应符合下列特征:(1)必须具备为公众服务的使命;(2)必须在政府登记,遵守相关法律法规;(3)必须存在非营利或慈善的组织机构;(4)经营结构排除获取私人利益或财物;(5)经营享受政府免税优惠;(6)享有法律特别地位,捐助者或赞助者的捐款列入免税范围。[②]笔者认为,非营利组织应为依法登记,不以营利为目的,不分配盈余的第三方组织。

什么是非营利组织因其身份获得一定范围的纳税豁免的正当理由?美国学者提出了一系列解释理由:主要有"税基定义理论"(Based-Defining Theory)、"主权观理论"、"捐赠理论"、"损益平衡理论"、"资本形成理论"、"风险补偿理论"、"利他理论"和"补偿理论"等,[③]这些理论大多从经济角度解释了为何非营利组织享受税收优惠待遇。罗伯·阿特金森(Rob Atkinson)教授则从社会政策角度出发提出利他理论,主张非营利组织所提供的财物或货物均为超越利益的行为,享受税收优惠待遇可鼓励更多的利他行为。这也是目前美国实务中法院、立法机关的通说。在法国,即便名称或组织形态表现为非营利组织,只要从事营利活动便应承担纳税义务。反之,即便是营利组织,从事非营利活动则不负纳税义务。[④] 在日本,主张税收优惠的包括公益法人和特定非营利活动法人,法院在将公益法人的行为解释为须纳税范围的重要判断标准为:是否具有对价性和给付时的自由意志。[⑤]

诚然,从经济补偿角度或鼓励提供公益性服务视角,显然无法揭示非营利组织税收优惠的本质内涵,其基本理由在于,非营利组织依其宗旨不从事市场营利活动,因而其活动不具有可税性,不能涵括税收构成要件的基础事实;但超出设立章程范围的经济活动,则应蜕去非营利性的外壳而与其他经济活动无异,因而应统摄到税收构成要件之下,对其征税。进言之,非营利组织不能

---

① See Henry B. Hansmann, "The Role of Nonprofit Enterprise", *The Yale Law Journal*, 89, 1980, p. 835.

② See Thomas Wolf, *Managing A Nonprofit Organization*, New York: Fireside, 1990, pp. 5 – 11.

③ 参见吴德华:《美国非营利组织课税制度之探讨——以内地税法 § 501(c)(3)组织为例》,载《高大法学论丛》2014 年第 2 期。

④ 参见黄源浩:《法国税法上的非营利组织课税问题》,载《月旦法学杂志》2012 年第 206 期。

⑤ 参见蔡孟彦:《试论公益团体租税减免之基础与调整——以日本法制为核心》,载《月旦法学杂志》2012 年第 206 期。

成为非征税组织的同义语，从形式看具有税收构成要件之主体要素的豁免，但是否征税还得从实质上判断是否成立税收构成要件。

二、税收构成要件客体

（一）税收客体属性：经济属性和法律属性

1. 经济上的财富客体属性：使用价值和交换价值

价值不直接附属于任何实物客体，而是属于人的思想意识的创造物。① 任何一种有用物，均可从质和量这两个层面观察。② 物的效用，使其具有使用价值，同时也作为交换价值的物质承担者。交换价值最初表现为不同使用价值进行交换的量的关系或比例。③经济学上的个人财富指：一类是可交换和转让的拥有财产权的物质财富；另一类是其拥有的能直接获取物质财物的手段或方法。财富包括正负两个维度，负债可看作负财富，正负财富之和为净财富。④ 无论是人类劳动的产物，还是自然形成的客体，因为人类的目的而获得对人类的意义，只有与人类的目的发生联系，才能产生价值。⑤所有权引入后，事物性质不同，满足不同需求，为了比较、衡量，人们约好一个"量"作为依据，这个量被通称为"价值"（value），分为普通价值和特殊价值。普通价值的基础是物或服务的自然属性，用以满足人类各类需求；特殊价值通过货币体现，通常被认为实际包括所有货物和服务的价值，并提供衡量的共同标准。物品价值增值的最主要因素是其稀缺性，人造物还取决于做工的精细性和典雅性，甚至包括制作者名气名声、工作难度等。服务和行为的价值增值的主要影响因素包括供方稀缺性、社会地位和身份名声、工作难度、所需技术、物品效用、必需性等，此外，还包括特定物品的情感价值。⑥

---

① 参见［英］F. H. 劳森、B. 拉登：《财产法》，施天涛等译，中国大百科全书出版社 1998 年版，第 15 页。

② 参见［德］马克思：《资本论》（第 1 卷），郭大力、王亚南译，上海三联书店 2011 年版，第 1 页。

③ 同上书，第 2 页。

④ 参见［英］阿尔佛雷德·马歇尔：《经济学原理》，宇琦译，湖南文艺出版社 2012 年版，第 43～44 页。

⑤ 参见［德］格奥格·耶利内克：《主观公法权利体系》，曾韬、赵天书译，中国政法大学出版社 2012 年版，第 24 页。

⑥ 参见［德］塞缪尔·普芬道夫：《人和公民的自然法义务》，鞠成伟译，商务印书馆 2009 年版，第 111 页、第 112 页。

商品是典型的人类劳动创造物。法国政治家、重农主义学派主要代表人物杜尔哥(1727～1781年)曾经指出，切商品无不具有货币的两种属性，衡量和代表所有价值。① 相互需要导致商品互通有无的产生，从最初的以物易物，发展到以货币作为媒介的商品交换。货币是商品交换的必然结果。随着商品交换的频繁、扩大和深入，商品性质内包含的使用价值和价值对立展开，形成了一个独立的商品价值形态，进而商品分化为商品和货币。② 价格是实现商品内的劳动的货币名称，价格作为商品量的指数，虽然是该商品与货币的交换比例的指数，但不一定是商品价值量的指数。③商品，既可满足生活需要，也能作为生产资料，都是劳动生产物。④ 劳动生产物，属于同一的非物质的对象，是无差别的人类劳动的凝结，而劳动无外乎是劳动力的支出，此等物与同有的社会实体结晶时，即商品价值。⑤有使用价值之物，可以无价值。如空气、自然草原、森林等自然物对人类有效用但属非劳动物，不是商品。以自身劳动满足自身需要的人，只创造使用价值，不创造商品；要生产商品，不仅要生产使用价值，而且要生产为他人的使用价值即社会的交换价值。⑥

2. 私法上的权利客体属性：法定财产与财产关系

权利客体是私法中常用的基本概念。德国学者卡尔·拉伦茨将权利客体的使用分为两种：⑦第一顺位的权利客体(狭义的)指支配权或利用权的标的，即有体物及在其上可有效成立的第三人可支配或利用的无体物；第二顺位的权利客体指可通过法律行为处分的标的，即权利和权利关系。作为第一顺位的权利客体的有体物包括：⑧动产和不动产；可替代物和不可替代物；消费物和不可消费物；单数的物和多数的物。第一顺位的权利客体的无体物包括：⑨

---

① 参见[法]杜尔哥：《关于财富的形成和分配的考察》，唐日松译，华夏出版社2007年版，第32～33页。

② 参见[德]马克思：《资本论》(第1卷)，郭大力、王亚南译，上海三联书店2011年版，第41页。

③ 同上书，第51页。

④ 同上书，第3页。

⑤ 同上。

⑥ 同上书，第5页。

⑦ 参见[德]卡尔·拉伦茨：《德国民法通论》(上册)，王晓晔等译，法律出版社2003年版，第377～378页。

⑧ 同上书，第380～384页。

⑨ 同上书，第399～404页。

文学、科学和艺术作品，这些精神产品属于著作权的客体，还包括著作权转化的保护权的客体，统称为可支配权或使用权即“无体财产权”的客体。企业（包括人力和物力）是第一顺位的无体财产的客体。[①] 第二顺位的权利客体（处分行为的客体）包括：[②]如果某个处分行为的客体是物和权利，则变得模糊，应表述为处分的客体是所有权及其他的权利。

也就是说，法律规定以外客观存在的物，而且只要存在就可成为支配权（使用权）的客体，称为第一顺位的权利客体；而只有在法律上才称为“客体”的权利及权利关系，称为第二顺位的权利客体。而《德国民法典》所称的物，仅特指有体物即动产（personal property）和不动产（real property），[③]物和权利皆为支配权的对象即权利客体。[④]可见，物是权利客体，是权利的标的，其自身不能成为权利享有者或义务承担者；权利客体发生概念扩张，《德国民法典》将标的作为上位概念，从而涵括有体标的和无体标的。[⑤] 德国民法并不严格区分权利客体和标的，《德国民法典》第 90 ~ 103 条规定的均为有形的权利客体 = 物，而未规定无形的权利客体 = 权利。[⑥] 其逻辑基础在于以权利为本位，将法定化的支配权等权利即以人为主体，将物（有体物和无体物）、权利等法定化的对象统称客体。而哪些东西可以成为法律权利的客体？主要的标准在于其价值（value）和稀缺性（scarcity）。德国将标的作为上位概念的矛盾解决方案不适宜中国语境。目前，传统上将“标的”一词代指诉争法律关系或实体权利，[⑦]而用标的物代指法律权利义务指向的对象。日本学者将诉讼标的（诉

---

① 正如布雷赫尔所言，“企业是一个从人出发，但总是不能最终完成的、不能完全成为客体的，并一直处在形成客体这个过程之中的即将形成的客体”。德国法院判例将企业归类为“其他权利”的客体，即企业的每一个具体权利，属于企业的所有人，而不是处分行为的客体。

② 参见［德］卡尔·拉伦茨：《德国民法通论》（上册），王晓晔等译，法律出版社 2003 年版，第 402 ~ 181 页。

③ 《德国民法典》第 90 条规定物的概念，法律意义上的物，仅指有体的标的。参见陈卫佐译《德国民法典》。

④ 参见［德］哈里·韦斯特曼：《德国民法基本概念》，张定军等译，中国人民大学出版社 2013 年版，第 36 页。

⑤ 参见［德］迪特尔·梅迪库斯：《请求权基础》，陈卫佐等译，法律出版社 2012 年版，第 17 ~ 18 页。

⑥ 参见［德］迪特尔·梅迪库斯：《德国民法总论》，邵建东译，法律出版社 2013 年版，第 872 页。

⑦ 参见严仁群：《诉讼标的之本土路径》，载《法学研究》2013 年第 3 期。

讼请求)称为判决书中应被裁断事项的最小基本单位。① 为此,笔者建议,以法定财产作为物(动产、不动产)和无体财产(财产性权利)的上位概念,将权利客体二分为财产客体和财产关系客体,财产客体为静态的权利客体,而财产关系客体则为动态的权利客体。

3. 税法上的税收客体属性:经济给付和法律负担

"对什么征税",即"征税权"的客体是什么?这是税收构成要件理论的一个基础问题。在我国台湾地区,因财产移转的课税,包括契税、土地增值税、赠与税、营业税等,部分用语不够精确,引起不少实务问题。②税收构成要件的客体要素简称税收客体,是指成立税收债务必要的物的要素的概括概念,即对何者征税,也就是什么负担税收债务的问题。③ 征税必须与具有经济给付能力的标的、状态或事实相联系,立法上通过税收构成要件的规定,以某种方式把握"税捐财",使其从经济上的税捐财成为法律上的税收客体。衡量纳税人的实际税收负担能力,税收客体及其度量,必须以真正实现为基准,此即实现原则。税收客体的实现,通常与时间有关系,以公历年为单位,称为期间性原则。④ 立法上将不同纳税能力的物、行为和实施规定为税收客体,进行类型化。税收客体是经济客体和法律客体的结合体,该处作如此理解:经济客体是可被法律化的经济客体,法律客体是具有经济性的法律客体;税收客体是法律化和经济性的混合体,具有经济价值且能直接用货币度量;税收客体包括已被其他法律法律化的经济客体的一部分或全部,以及自身税法化的经济客体;从这个意义上讲,税收客体是个开放概念,并不完全等同权利客体,可大于、等于或小于私法的权利客体,二者范围均在不断发展变化。立法者可自由决定对何者征税,但必须是客观上具有担税力的物、行为或事实。⑤立法机构选择和设定税收客体,应考虑其明确性、普遍性、继续性、划一性,以及税务行政上的便宜性、征纳成本、岁入调度能力和负担公平等因素。⑥ 我国台湾地区有学者

---

① 参见[日]高桥宏志:《民事诉讼法:制度与理论的深层分析》,林剑锋译,法律出版社2003年版,第22页。

② 参见陈敏:《对财产转移行为之课税——债权行为或物权行为课税?》,载《政大法学评论》2002年第69期。

③ 参见陈清秀:《税法总论》,台北,元照出版公司2012年版,第309页。

④ 参见陈清秀:《量能课税原则在所得税上之实践》,载陈清秀:《现代税法原理与国际税法》,台北,元照出版公司2008年版,第51页。

⑤ 参见[日]金子宏:《日本税法》,战宪斌等译,法律出版社2003年版,第127页。

⑥ 参见陈清秀:《税法总论》,台北,元照出版公司2012年版,第309页。

指出，税收立"法"上的税收客体与学理上的"税捐财"(Steuergut)的概念并不相同，后者是税收负担能力指标，即根据量能课税原则，"税法"本应将其列为税收客体的对象。税收立"法"者对本来具有负税能力的指标，为了征收便利，将其直接转换为征税客体的对象，从而产生"税捐财"与征税客体分离的现象。并解释为"间接税"(Indirekte Steuer)，并举例台湾地区营业税，税收客体为货物或劳务的销售行为，而"税捐财"则为消费者的消费行为。

税收客体，兼具经济上的给付能力和法律上的负担能力，是税收对私法权利客体和经济财富客体的统摄化、类型化、法定化的结果。财产是经济负担能力的表现，包括财产的应有孳息收益和尚未实现的增值利益。对财产征税的正当性在于，相较劳力所得更具有负担税负能力，德国学说称作"基础说"(Fundustheorie)。地方政府因财产的使用收益而产生的基础设施服务费用支出，应当以财产税补偿，即财产税是财产所有人获得地方公共服务所支付的对价，此为"对价说"。通过征税方式，将外部成本内部化，平衡私人经济活动外部成本，由从事活动的人承担，矫正因经济外部性而导致的市场功能失灵。不动产税通常转嫁给承租者或使用者，对税收负担主体而言也具有"地方居民税"(Einwohnersteuer)的特征。还有一种学说认为，对财产征税可以降低财富集中度，发挥调节收入再分配功能，符合社会国原则，即"平均社会财富说"。[①]财产税原则上均为地方税，中央立法授予地方一定权限的税率调整权，是地方财政收入的重要来源，对财产的保有、使用还是流转环节征税，应符合量能课税原则，不得造成调节收入再次分配不公平的叠加效应。财产本身既是生产经营的基础，也是纳税客体和缴纳担保。税收负担有经济上外溢效果，无论是事前影响人民选择从事特定活动的动机及其决策，还是事后履行金钱给付义务，以及征税对财产权及其收益的限制和剥夺。[②] 财产税，以财产的应有收益为税基作为其特别负担，比没有基础的劳动所得更有税收负担能力，因而对财产的可期待、可能的收益征税比较妥当。[③]即便同属所得，勤劳(工薪)所得和偶尔所得、不劳而获、资产所得、继续性所得、偶尔性所得之间的税收负担能力也不尽相同。事实上，对不动产征税有理由更为苛刻，为避免炒作国家稀有资

---

① 参见陈清秀：《豪宅税之合法性探讨——台北高等行政法院102年度诉字第417号判决评析》，载《月旦裁判时报》2014年第26期。

② 参见黄士洲：《税课禁区与纳税人权利保障》，载《月旦财经法杂志》2010年第23期。

③ BVerfGE 93,121,137. 转引自陈清秀：《量能课税与实质课税原则》(下)，载《月旦法学杂志》2010年第184期。

源；而且财产收益分为充分收益、极少收益和没有收益三种，基于稽征便利原则，对应有收益未核实按统一类型征税，不符合量能课税公平负担原则。①财产税的目的，是特定财产的潜在收益征税，属于应有收益税，区别于实际收益税（所得税）。又称为资产收益税，征税对象可能是总财产的应有收益能力，也可能是特定财产的应有收益能力。财产税具有补充所得税的性质，为避免重复征收，美国国内收入法规定将已缴纳或应缴纳的财产税作为所得税列举的扣除项目。②

（二）税收客体负担：伦理义务和法定义务

1. 税收客体负担的伦理义务

权利客体负担税收债务的正当理由之一，首先在其伦理义务。财产权服务于人类价值，因此被承认并受其限制。③ 但财产的伦理义务在历史发展过程中并非确定无疑，而是经历了从否定、肯定、否定最后到肯定的螺旋式发展过程。

普遍认为，罗马法上的财产权概念是绝对的，即财产所有权人拥有随意甚至滥用其财产的权利，除了受公认的"不法罪"的限制。④自然法学派阿奎那（约1225～1274年）曾告诫人们不应把物质财产据为己有，而应用它们让社会受益，即每个人都应当与处于困境中的人分享这些财产。荷兰学者格老秀斯（1583～1645年）认为，存在这样一条法则，即在危急情势下任何人都可以从他人那里拿走对于维持其生命来说必不可少的东西。⑤此外，还存在这样一种权利，即利用他人的权利只要不给财产所有人带来损害，这种权利称作"对物的共有权利"（common right to things）。与此相对，如果某些行为对于维持人的生存或者生活便捷是必不可少的，那么人们则有权作出这种或这类行为，称

---

① Tipke/Lang, aaO. (Fn. 1), S. 95. 转引自陈清秀：《量能课税与实质课税原则》（下），载《月旦法学杂志》2010年第184期。

② 参见陈清秀：《豪宅税之合法性探讨——台北高等行政法院102年度诉字第417号判决评析》，载《月旦裁判时报》2014年第26期。

③ 参见［美］约翰·E.克里贝特等：《财产法：案例与材料》，齐东祥、陈刚译，中国政法大学出版社2003年版，第15页。

④ 参见［英］彼得·斯坦、约翰·香德：《西方社会的法律价值》，王献平译，中国法制出版社2004年版，第300页。

⑤ 参见［荷］格劳秀斯：《战争与和平法》，何勤华等译，上海人民出版社2005年版，第129～131页。

为“对行为的共有权利”(common right to actions)。[1] 财产权内涵指向人类生存并据此整合的诸多义务,即使用并有效安排生存和便利生活所必需的东西,在天堂中获取来世生活所必要的前提性活动。[2]形成社会的最初目的,无非就是形成共同的力量和统一的支持来保护每个人的生命和财产。

思想启蒙运动时期的自然法理论(natural law theory)认为,最初的财产权属于自然正义,来自劳动创造与政府无关。英国思想家洛克(1632 ~ 1704 年)坚称,政府存在的目的在于执行自然法而非创设新法律。他还认为,财产权的标准形式并非个体权利,而是所有家庭成员共享权利,这种独特的家庭化通过保存社会的家庭作为基本单位,来维系人类的整体生存。[3]法国思想家孟德斯鸠(1689 ~ 1755 年)认为,人放弃了与生俱来的独立状态,自愿制约于政治法统辖;同时舍弃天然的财产公有制,自愿纳入公民法的管辖。政治法赋予人以自由,公民法则让人获得财产。他提出了一条准则,即公共利益绝不应该是政治法规对个人财产的剥夺,而公民法是所有权的守护神。[4]

形而上学的理论将自由和财产相互依赖的关系提高到无以复加的高度。德国学者康德(1724 ~ 1804 年)认为,物与所有人关系如此亲密,如未经所有人允许而使用该物则伤害了其主人。黑格尔(1770 ~ 1831 年)也提出,财产是个人权利的一种,其理由在于人是自治实体,[5]财产是人的意志与物的融合,[6]财富是主观需要的产物。[7] 在劳动和满足需要的上述辩证运动中,主观的利己出发点最终转化为其他一切人有助于满足需要的东西,即普遍而持久的财富。[8]分享普遍财富中的特殊财富,受其直接基础(资本)和技能的双重制约。[9]德国学者黑格尔和美国学者玛格丽特・拉丁强调私有财产对促进个体

---

① 参见[荷]格劳秀斯:《战争与和平法》,何勤华等译,上海人民出版社 2005 年版,第 139 页。

② 参见[英]詹姆斯・塔利:《论财产权:约翰・洛克和他的对手》,王涛译,商务印书馆 2014 年版,第 234 页。

③ 同上书,第 179 页。

④ 参见[法]孟德斯鸠:《论法的精神》(下卷),许明龙译,商务印书馆 2012 年版,第 579 ~ 580 页。

⑤ 参见[英]彼得・斯坦、约翰・香德:《西方社会的法律价值》,王献平译,中国法制出版社 2004 年版,第 297 页。

⑥ 参见[德]黑格尔:《法哲学原理》,商务印书馆 1961 年版,范扬、张企泰译,第 73 页。

⑦ 同上书,第 204 页。

⑧ 同上书,第 210 页。

⑨ 同上书,第 211 页。

全面发展的基础作用,认为一定的物与人的感情以及心理健康密切相关,甚至成为人的一部分,因而应当对该物享有广泛的财产权利。①

所有权理论稀释了自由和财产高度依赖的关系,财产由绝对的物的控制衍变为人与物的关系。该理论分为所有权的人格理论和所有权的社会理论,认为所有权不是人对物的控制,而是人与物的关系。但所有权人格理论以性情状况为前提条件,因而只在一个很窄的范围内有效。②随着经济社会发展,人们的目的不再是对物的长久占用,而是希望通过交易兑换成金钱。这样代表财富的东西的总和就可以通过货币计算出来,并被认可为商品市场中的量化的财力。而在财富的度量视野下,所有权的性质也发生了改变,财富是量化的货币价值,而货币不再是原来的物,演化成了一种对物的权利。这样,超出原来狭窄范围外的所有权因丧失了性情状况的特点,而成为一种纯粹的目的关系。③ 当然,所有权的人格理论,不是纯粹的个人主义,而是建立在自私自利的个人主义和预先划界的公共利益和谐共处的假设基础上。立法能把这种"所有权伦理上的社会负担"切换到法律的有效调控区。当法有明确规定时,法律委托给伦理的社会功能完成向法律义务的转变。④英国经济学家亚当·斯密(1723~1790年)则认为,无论以何种方式取得的任何财产,只有这种取得有益于社会就应予以保护。英国学者厄斯金(1750~1823年)对格老秀斯提出的所谓"公益所有权"的概念深表认同,即一种公众对财产的普遍权利,以此名义,最高权力机关可以强迫任何财产所有人让出其拥有的财产;为了公共利益,法律干涉的程度很深,甚至不容忍肆意行使财产权而侵害邻居利益。⑤约翰·奥斯丁(1790~1859年)从功利标准对财产制度的存在基础有过精彩论述:⑥一般幸福或一般的善是财产制度存在的价值基础;法律赋予的所有权人对获取的劳动成果或生活用品等财产所有权,非经所有权人事先许可或主权

① 参见[美]约翰·G.斯普兰克林:《美国财产法精解》(第2版),钟书峰译,北京大学出版社2009年版,第21页。

② 所有权人格理论只适用于手工业者和农民的不发达的经济活动领域,而不适宜工厂、银行和大庄园等发达的经济领域。

③ 参见[德]G.拉德布鲁赫:《法哲学》,王朴译,法律出版社2005年版,第139~141页。

④ 同上书,第142~143页。

⑤ 参见[英]彼得·斯坦、约翰·香德:《西方社会的法律价值》,王献平译,中国法制出版社2004年版,第294~295页。

⑥ 参见[英]约翰·奥斯丁:《法理学的范围》,刘星译,中国法制出版社2002年版,第111页。

者为了社会福祉不得侵犯、剥夺；除此以外，无论多么强烈的个人需求均不能成为侵犯他人所有权的理由，否则财产制度将分崩离析。同时他认为，每个单独个人是其自身利益的最佳裁判者，[①]一般功利原则提倡自己关注自己的利益，虽然未要求每个人总是或者习惯性地注意一般的善，但事实上追求一般的善或公共的善会产生减少个人的善乐的趋向。[②] 19 世纪西方崛起了与传统财产理论对抗的社会主义理论。1929 年学者伦纳提出，财产所有人与其财产之间的关系应当具有社会功能，这种社会功能无须与传统的法律理论完全一致。[③] 德国学者耶林(1818 ~ 1892 年)也曾断言，不存在那种绝对的所有权，即不考虑社会利益的所有权，这是历史已经证明的真理。日本学者美浓部达吉(1873 ~ 1948 年)从实践层面将“对所有权的公法限制”称为“私法的公法化”，将这些公法限制的显著表现概况为警察限制、财政限制、公用限制和军事限制等。[④]

利益理论也可用来指导平衡财产权的个人利益和社会义务关系。利益是个人提出来的要求、愿望和需要，法律基于维持和促进文明择优进行规定，法学上的作为权利要求的利益，区别于经济学上的作为有利的利益，其种类无外乎三类：个人利益、公共利益和社会利益。[⑤]美国法学家罗斯科 · 庞德(1870 ~ 1964 年)认为，公共利益的估量成了公法领域的争论问题，如社会政治组织的尊严在多大程度上归属其内。所有权虽负有社会义务，但其主要功用在于私人使用收益，承担社会义务的应控制在使用收益部分，以促进社会公共利益，不得反客为主，以公益为主要目的。[⑥]宪法保障私有财产权，原则上私有财产属私人所有，国家不得夺民之利。国家原则上只对财产产生的收益及交换价值参与分配，不得伤害税源，此是国家参与分配的道德准则。

---

① 参见[英]约翰 · 奥斯丁：《法理学的范围》，刘星译，中国法制出版社 2002 年版，第 125 页。

② 同上书，第 126 页。

③ 参见[英]彼得 · 斯坦、约翰 · 香德：《西方社会的法律价值》，王献平译，中国法制出版社 2004 年版，第 306 页。

④ 参见[日]美浓部达吉：《公法与私法》，黄冯明译，中国政法大学出版社 2003 年版，第 233 ~ 236 页。

⑤ 参见[美]罗斯科 · 庞德：《通过法律的社会控制》，沈宗灵译，商务印书馆 1984 年版，第 34 页。

⑥ Vogel, Verfassungsgrenzen für Steuern und Staatsausgaben? FS Maunz, 1981, S. 425. 转引自葛克昌：《所得税与宪法》，北京大学出版社 2004 年版，第 11 页。

2. 税收客体负担的法定义务

财产(权)负担税收债务的正当理由之一,其次在其法律义务。财产与公众的关系越紧密,则其承担的社会义务越多,①主要理由在于:财产取得,一是自然取得,自然取得的过程或行为不征税,但财产的保有环节,因国家提供保障财产权利而导致产生公共义务。二是继受取得,财产来源于市场,市场虽不是国家创造的,但是国家为其取得财产的有利条件。搜索规定财产权的社会义务的现代意义的最早成文法文本,当属 1789 年法国《人权与公民权利宣言》,其第 17 条规定,“财产权是神圣不可侵犯的权利,除非出于法定公共需要且显然必需,且进行公平而预先赔偿,否则任何人的财产权不受侵犯”。② 1919 年德意志《魏玛宪法》第 153 条第 3 项规定,“所有权包含义务,所有权的行使,需同时顾及公共福利”;该宪法第 155 条第 3 项规定,“开拓土地而利用的,为土地所有人对公众所负的义务。其不费劳力或资本而增加的土地价值,须为公共目的而利用”。③《德国基本法》第 14 条第(2)项规定,财产权负有义务,其行使应有利于公共福祉。④《日本宪法》第 12 条规定,“国民自由与权利受宪法保障,国民须持续努力予以保持。国民不得滥用自由与权利,并应增进公共福利”。⑤《经济、社会及文化权利国际公约》规定,公约缔约国承诺,对公约规定权利的限制不得违背权利性质,而且仅得出于促进民主社会总的福利的目的并依法进行。

早期德国联邦宪法法院认为财产权的社会义务,主要即为纳税义务,只要未没收财产,即无伤害财产本体之虞。⑥在判例中一贯坚持传统观点的联邦宪法法院认为,只有当金钱给付义务大大加重纳税人负担,并且其财产状态受到重大侵犯时,才会触发财产权的宪法保护问题。⑦ P. 柯尔霍夫(P. Kirchhof)法

---

① BVerfGE 71,230/246 f.

② [德]格奥尔格·耶利内克:《〈人权与公民权利宣言〉——现代宪法史论》,李锦辉译,商务印书馆 2013 年版,第 62 页。

③ [日]美浓部达吉:《公法与私法》,黄冯明译,中国政法大学出版社 2003 年版,第 237 页。

④ 参见[德]克里斯托夫·默勒斯:《德国基本法:历史与内容》,赵真译,中国法制出版社 2014 年版,第 155 页。

⑤ [日]渡边洋三:《日本国宪法的精神》,魏晓阳译,凤凰出版传媒集团、译林出版社 2009 年版,第 154 页。

⑥ 参见黄源浩:《从“绞杀禁止”到“半数原则”》,载《财政研究》2004 年第 1 期。

⑦ 参见[德]康拉德·黑塞:《联邦德国宪法纲要》,李辉译,商务印书馆 2007 年版,第 350 页。

官在《德国基本法》第 14 条的基础上提出了一套税法理论,框架内容如下:[①]税收平等和课税禁止是一体两面,税负过重则侵害个人整体财产权,宪法审查从两个层面进行。一是特定税收客体是否正当;二是整体财产的税负是否合理。第一个层面,纳税主体为财产权人,如税法无正当理由限制财产权则构成违宪;税收不是国家要求分享私人财产所有权,而是参与分享财产所有权经济利用行为及取得的收益;并区分受宪法保护程度不同的财产权的三种形态——取得、使用和保有;财产权取得和使用,适用显然过度的保护原则,而财产权的保有,则采用原则上不得对财产权征税的严格保护原则。第二个层面,划定宪法上财产权承担社会义务的限度,即财产权人取得的税后收益应"至少接近半数"。此后,德国联邦宪法法院不再坚持课税不侵犯财产权的原有观点,约 1993 ~ 1995 年通过一系列判决发展出"最优财产权课税理论"。[②] 然而 E. W. 布坎富德(E. W. BÖckenforde)却对"最优财产权课税理论"提出严厉批评,认为司法判决造成对立法权过度干预,且不符合司法自治原则,联邦宪法法院只有当立法者不尽责时,始存在司法能动主义适用前提,该理论对抗国家通过税收重新分配的目的。[③]通过司法判例对征税权进一步限制,即发展出征税最高额的"半数原则"。民主法治国家,财产的公共义务来自维护公共利益,在与人民利用自己财产发展自我的同等重要的条件下,除了对满足其最低生活保障的财产免税,国家亦不得超过私人财产半数以上的限度征税,而且征税对象原则应限定为财产收益,而不能及于财产本身。若要维持人民的自我生产与发展功能,即便对其财产收益征税也不得超过一半。[④]对财产及其收益征税的整体税收负担,应设定最高额限制。1995 年 6 月 22 日德国联邦宪法法院确定了对财产权征税的"半数原则"。财产本体的存续不仅受宪法保障,而且财产收益作为个人自由之基础,也应获得财产价值的法律地位保护。[⑤] 财

---

① P. Kirchhof, VVDStRL Heft 39, 1981, 213ff., 226ff., 242ff., Verfassungsrecht und Öffentliches Einnahmesystem, in Hansmeyer(hrsg.), Staatsfinanzerung in Wandel, 1983, S. 40ff. 转引自葛克昌:《税法基本问题》(财政宪法篇),北京大学出版社 2004 年版,第 176 页。

② BverfGE 93, 149, 152ff; BverfGE 93, 121; BverfGE 93, 121, Leitsatz3. 转引自葛克昌:《税法基本问题》(财政宪法篇),北京大学出版社 2004 年版,第 175 页。

③ 参见葛克昌:《行政程序与纳税人基本权》,北京大学出版社 2005 年版,第 103 页。

④ 参见张永明:《租税法定主义之界限》,载《月旦法学教室》2008 年第 66 期。

⑤ 参见陈清秀:《社会国家原则在税法上之运用》(下),载《台湾法学杂志》2010 年第 165 期。

产权与自由权在性质上同为主要基本权利,[①]且财产权与个人自由保障存在内在关联性。[②] 事实上,联邦宪法法院并未给立法机关提供切实可行的解决方案,而且理论界与实务界的交锋至今不止。尽管如此,至少给我们留下了诸多启示:(1)对财产权存续保障,应通过类型化方法,对无收益可能的不征财产税,应将应有收益作为财产税的征税对象;(2)半数原则作为比例原则的具体运用,虽促进了司法能动主义,但不宜作为机械的宪法审查基准,仍应进行类型化修正,具体案情具体适用;(3)实践中存在的不同区域性差异中的个人及家庭必要生存费用认定、个人所得税免税额等,即税基确定可适当授权地方政府自主决定;(4)非财政目的税,税收构成要件与公共利益的认定,应区别于财产目的税。

(三)税收客体类型:经济类型和税法类型

1. 经济上的税收客体类型

税收客体的经济类型化,是经济学派建构演绎发展税收理论的重要内容。古典经济学派为威廉·配第首创,后经亚当·斯密、大卫·李嘉图、斯图亚特·穆勒、西斯蒙第、庇谷等发展成熟,他们一致认为,税收源于土地、利润和工资,对土地税、财产税、货物税、利润税、契约税、消费品税、关税等进行了深入阐释。[③]亚当·斯密将赋税分为财产税和消费税两类,财产包括土地、资本和货币。对土地征税相对容易且稽征成本低,而对资本和货币征税则困难很多;对货物课税属于消费税,并不与财产多寡直接相关,而与性情豪爽挂钩,其好处在于不知不觉间缴纳而无直接痛感。[④]亚当·斯密将所得按来源分为土地、劳动和资本等三类,依次对地租、工资和资本利润所得征税。[⑤]制度经济学派康芒斯(1862~1945 年)将收入概括为个人收入、资本收入和地基价值收入。对个人所得征所得税、对遗产所得征遗产税,是对过去收入征税表征过去的纳税能力,对一般财产征税则反映未来的纳税能力,赞同基于纳税能力设计

---

① BverfGE 14,277.

② BverfGE 42,76f. ;46,34.

③ 参见曾康华:《当代西方税收理论与税制改革研究》,中国税务出版社 2011 年版,第 3~4 页。

④ 参见[英]坎南编:《亚当·斯密关于法律、警察、岁入及军备的演讲》,陈福生、陈振骅译,商务印书馆 1962 年版,第 247~250 页。

⑤ A. Smith, *Wealth of Nations*, Bk. V, p. 347.

累进税率。①理查德·阿贝尔·马斯格雷夫(1910~2007年)指出,给定的税收总收入,每个人按照纳税能力缴税是公平的。对纳税能力进行量化的理想标准,是反映每个人从所有可供选择的机会中得到的全部福利,包括消费、拥有财富和对闲暇的享受。但闲暇的价值很难衡量,因而需寻求一种次佳的可行标准。大多数人认可将收入作为衡量纳税能力的标准,有人认为消费是更优的选择标准。②那么显然,所得税是以收入作为税基,而营业税和货物税等以消费为税基。保罗·萨缪尔森提出,政府实际上是通过税收从公民和企业取得经济稀缺的土地、劳动和资本,而征税对象是收入、利润、销售额。③他提出,间接税的征税对象是商品和服务,如货物税和销售税、烟草税、汽油税、进口关税和财产税等;对企业或个人征收直接税,如个人所得税、社会保险或其他工薪税、遗产税和赠与税等。④公司所得税的征税对象是公司利润;消费税设计在商品和服务的购买环节,销售税是消费税的一种;财产税主要对土地和建筑物等不动产征收。⑤传统公共财政学认为,对资产所得征税,即对该资产的资本价值征税,按照假定的理性行为模式,对收入流征税,相当于对产生收入流的资本资产的价值征税。⑥ 资产所得相较劳动所得或薪资所得具有更高税收负担能力⑦。

2. 税法上的税收客体类型

抽象概念表述的不仅是规范化的案件事实,而且包括法律效果和规范内容。当抽象的一般概念及其逻辑体系无法覆盖某生活现象或意义脉络的繁多表现形式时,类型成为补充的思考方式。⑧ 税法类型是其中的一种典型形式。类型几乎处在具体直观把握与抽象概念之间,比概念更具体。税收客体的税

---

① 参见[美]康芒斯:《制度经济学》(下册),于树生译,商务印书馆2006年版,第495页。

② 参见[美]马斯格雷夫:《美国财政理论与实践》,邓子基、邓力平编译,中国财政经济出版社1987年版,第195~196页。

③ 参见[美]保罗·萨缪尔森、威廉·诺德豪斯:《经济学》(上册),萧琛等译,商务印书馆2013年版,第525~526页。

④ 同上书,第529页。

⑤ 同上书,第536~537页。

⑥ 参见[澳]杰佛瑞·布伦南、[美]詹姆斯·M.布坎南:《宪政经济学》,冯克利等译,中国社会科学出版社2012年版,第103页。

⑦ BVerfGE43.1.1(1997.12.10).转引自葛克昌:《证券交易所得税复课之宪法意义及其衍生问题》,载《月旦法学杂志》2012年第210期。

⑧ 参见[德]卡尔·拉伦茨:《法学方法论》,陈爱娥译,商务印书馆2003年版,第337页。

法类型化是税法学者的学术使命和立法者的永恒追求。税法类型化的任务之一在于建立法律概念,而法律概念的功能在于规范社会行为,因而不仅不得忽略其规范目的,而且应赋予其具有价值内涵的规范使命。①立法类型化,是指社会经济生活的纷繁复杂,立法者必然对税法规定进行某种程度的类型化(Typisiering)。尽管德国联邦宪法法院曾判决该种类型化合宪,②也曾有学者质疑税法构成要件,认为其或许根本无法适用个案,而毋宁仅适用被抽象化、类型化的事实关系,即法律适用的三段论的小前提,乃法律拟制产物。③ 事实上,税收客体类型成为税收构成要件法律拟制的基本要素之一,如不进行法律类型化,税法面对纷繁多样的社会经济生活将无能为力,倘若不进行抽象性高度提炼,那么对每种经济现象规定一个税种或一种税收成立标准,将导致立法臃肿最终影响税法的科学性和可行性。从某种意义上讲,税收类型化就是一种社会目标,如果社会目标是合作剩余的最大化,一个社会欲求的行为必定是收益超过成本的行为,收益和成本包括所有的外部性。④ 如何实现目标呢?概念类型主要分为经验感知类型、逻辑理念类型、规范概念类型三种,相应地通过三种途径实现:一是将社会公众普遍认知的具有价值的客体纳入税收客体;二是将经济学、其他法学学科已经研究成熟的客体直接借用、嫁接到税法领域;三是创设一些税法上的独特客体类型。目前来看,各国税收客体类型趋同性加大。当形成类型和从事类型归属时,同时具有经验性和规范性因素时,两类因素的结合恰为类型本质,则称为规范性的真实类型。⑤

个人就其负担税收的财产而言,无外乎其所有的财产以及基于职业、营业能力所得。劳动所得的营业保障,直接涉及宪法上的工作自由权。劳动权是不是财产? 早在法国大革命前 13 年,国王就试图废除劳役制以消除工业行会制度给工人的痛苦,并以国王名义宣布,"劳动权是一切财产中最神圣的财产;一切损害劳动权的法律均违背自然权利,均属于无效法律"。⑥ 税收客体,

---

① 参见杨仁寿:《法学方法论》,中国政法大学出版社 2013 年版,第 185 页。

② BverfGE9. S. 13;S. 341. 转引自陈清秀:《税法总论》,台北,元照出版公司 2012 年版,第 244 页。

③ Crezelius, aaO. ,S. 215. 转引自陈清秀:《税法总论》,台北,元照出版公司 2012 年版,第 246 页。

④ 参见[美]斯蒂文·萨维尔:《法律的经济分析》,柯华庆译,中国政法大学出版社 2009 年版,第 20 页。

⑤ 参见[德]卡尔·拉伦茨:《法学方法论》,陈爱娥译,商务印书馆 2003 年版,第 340 页。

⑥ [法]托克维尔:《旧制度与大革命》,冯棠译,商务印书馆 1992 年版,第 220 页。

一般而言,指课税的目的和行为,即税收课征的物和事。[①]我国学者刘剑文等将征税对象分为所得额、流转额、财产和行为,税种相应分为四类。[②] 我国台湾地区现行税收客体,主要为所得、财产和消费(支出)。消费(支出),即对所得和财产的使用,基于稽征经济考虑和技术便利,消费(支出)逐渐演变为"销售",即以"销售"替代"消费"成为税收客体。[③] 日本税法学者金子宏总结税收客体类型化的类型包括:[④](1)收取税,征个人所得税的个人所得和征企业所得税的企业所得。(2)财产税,征继承税的通告继承财产和征赠与税的受赠财产、征地价税的土地、征固定资产税的固定资产。(3)消费税,征间接消费税的资产转让或对外货物贸易,征酒税等特别消费税的酒类及其他消费对象,征高尔夫球场利用税等直接消费税的高尔夫球场利用等消费行为。(4)流通税,征有价证券税的有价证券转让,征不动产取得税的不动产的取得,征登记牌照税的登记、注册,征印花税的文书完成。对所有权按照不同阶段、不同形态征税,主要为取得和使用、收益。财产的取得体现为个人所得税、企业所得税和"土地增值税",[⑤]使用和收益体现为增值税、契税等。关于财产税类,立法机关在确定法定要件设定纳税义务时,应在财产所有权变动或长期稳定或固定归属时把握。对所有权的变动征税,原则上应分阶段,主要针对所得和支出。

除了传统民法意义上的房产、土地等财产权,为了征税便利,税法还创造了一些财产概念。20世纪日本的税法研究,金子宏提倡的概括性所得概念,被认为是在经济学和法学之间搭建了桥梁。[⑥] 财政经济学上的所得,是征税的物质基础,而税法中的所得,是经济基础上的法律制度。从量的方面看,前者大于或等于后者;从质的方面看,前者比后者真实客观。税法上的所得学

① 参见蔡茂寅:《税课收入》(下),载《月旦法学教室》2010年第93期。

② 参见刘剑文、熊伟:《税法基础理论》,北京大学出版社2004年版,第27页。

③ 参见黄茂荣:《营业税之税捐客体及其归属与量化》(上),载《植根杂志》1999年第11期。

④ 参见[日]金子宏:《日本税法》,战宪斌等译,法律出版社2003年版,第127页。

⑤ 土地增值税目前体现为地价税,我国开征该税的最初目的在于抑制土地炒卖、调控房价。我国台湾地区学者黄茂荣、葛克昌、陈清秀等主张土地增值税转型回归为所得税。参见黄茂荣:《如何将土地增值税改为所得税》,载《税捐法论丛》第254页;陈清秀:《土地增值税的检讨与改进》,载《税法之基本原理》1993年版,第471页;葛克昌:《所得税与宪法》,北京大学出版社2004年版,第9页。

⑥ 参见[日]中里实等编:《日本税法概论》,郑林根总校,法律出版社2014年版,第5页。

说,主要有以下几种:(1)"客观净所得说",纳税人客观上可支配的所得,应减去相关成本费用损失,以其净额所得作为征税基础。倘若不允许扣除投入的必要成本费用,无异于对输入征税,实质上也构成对投入成本费用征税,不符合所得税法上的"净资产增加"的所得概念。①该学说将可支配所得作为判断纳税人税收负担能力的标准,即所得税税基应为收入减去取得收入必要的开支和费用(客观给付能力),并抵减个人及其家庭成员生存必要的金额(主观给付能力)。② 取得收入之必要费用,指具有经济关联性。(2)"所得源泉说",又称限制所得说。其是指凡能持续有收益来源的收入始为所得,不仅要求特定源泉持续产生收入,且能提助新的社会生产,提高社会总体经济有效生产,才能为所得税课税对象。③即在一定特定期间内(如1年),通过财产连续产生收益,以满足个人需要和个体生存。判断标准为是否存在独立的、流出的所得源泉。判断要件:一是所得的经济性。所得源于经济活动,区别于收入。德国学者诺舍尔(Roscher)认为,收入为一定期间内获得的全部财产,而所得仅限来自经济活动。德国学者瓦克(N. Vocke)大致持同样观点,所得排除继承和赠与等收入。④ 二是所得的连续性。一定期间内具有规则的、反复的财产增加,区别于偶尔性的所得。三是所得的继续性。所得成为继续泉源,增加的财产提高了总体财产价值。(3)"纯资产增加说",又称包括所得税。其是指不考虑个人所得对社会整体经济的贡献,将一定期间所有纯资产的增加视为所得,对所得征税,只针对纳税人负担能力增加部分,不再计较社会整体经济的支付能力。即一定期间内的总所得,无论反复、连续所得还是一次性、偶然所得,甚至包括违法所得。⑤ (4)"市场交易所得说",⑥又称修正的纯资产

---

① 参见陈清秀:《税法与公司法之互动关系:以专门技术作价投资可否认列成本费用为例》,载《月旦裁判时报》2010年第4期。

② 参见黄俊杰等:《演艺人员之税收负担》,载《财政研究》2010年第1期。

③ 参见葛克昌:《所得税与宪法》,北京大学出版社2004年版,第43页。

④ Georg von. Schanz, Der Einkommensbegriff und die Einkommensteuergesetze, FA(1986). 转引自卢世宁:《专利侵权损害赔偿之所得性质及课税问题研究》,载《法令月刊》2009年第2期。

⑤ 最早由德国学者Hermann提出,一定期限内某人新增加的可任意支配的财产的总和即为所得;后来Schanz以该理论质疑源泉所得说;最后由美国学者梅格(Robert Marray Haig)和西蒙斯(Henry C Simons)发扬光大。

⑥ 参见卢世宁:《专利侵权损害赔偿之所得性质及课税问题研究》,载《法令月刊》2009年第2期。

增加说。其是指所得税的征税客体为市场交易所得,交易所得是基于营利目的,通过市场经营活动获得的财产增加。判断要件为:一是营利目的所得。德国学者琅(Lang)认为,所得应具有市场所得的客观要件和营利目的的主观要件。二是市场交易所得。德国学者卢朋(Ruppe)最早提出市场参与是所得税法的最小公分母,市场交易收益乃所得税的征税客体。市场交易所得承担社会义务的依据,来自法律生活下市场的团结共益,参与市场获得收益。三是已经实现所得。其是指在市场交易中已经实现的现实财产增加,排除将来所得,以防止侵害财产权本体。① 关于所得税征税客体,德国联邦宪法法院认为是针对个人财产所有权的营利所施加的负担,②并非财产所有权本身,而是其天然孳息或法定孳息。所得,不仅是个人劳心劳力的结果,还是市场交易的结果,是二者缺一不可的组合结果。③ 所得系在市场交易中产生,将所得课税范围的理由,在于其获取有赖于国家对生产经营、职业规制等制度的存在,并且利用国家财税政策、商业政策、货币政策等政策,通过市场交换取得经济利益。市场的范围,因对市场的依赖程度以及市场的贡献程度等而范围大小不同。一般而言,对本国居民适用国际统一市场的概念,延伸至国外市场所得;而对非本国居民而言,则仅对本国市场取得之所得征税,方具备正当性。

(四)税收客体界定:非经营收入和非法收入

1. 非经营收入与可税性

"可税性"是税法脱离民商法的一个重要突出特征。学者张守文认为,国家征税需要考虑两个方面,即经济上的可税性和法律上的可税性。④经济上的营利性是可税性的基础。

法国税收法典未对"营利性"作出明确规定,但法国中央行政法院通过一系列司法判例填补了立法空白。判断是否营利的司法规则:不能以组织形态作为判断是否营利的单一标准;市场竞争关系的有无,除了比较某一地域市场

---

① 学者 Paul Kirchhof 认为,所得应与宪法概念对应《德国基本法》第 14 条第 2 项后段规定,财产的行使应受社会福祉限制;应在所得承担社会公共义务的限度内征税。

② BverfGE 63,343(368). 转引自葛克昌:《所得税与宪法》,北京大学出版社 2004 年版,第 10 页。

③ Kirchhof,a. a. O,S. 16. 转引自葛克昌:《所得税与宪法》,北京大学出版社 2004 年版,第 12 页。

④ 参见张守文:《论税法上的"可税性"》,载《法学家》2000 年第 5 期。

的同类行为,还对比非营利组织收取对价是否足以产生利润的特定经济活动。当某一行为不是市场普遍现象,则这样的行为很有可能被认定为非营利活动。而当非营利组织从事的交易活动定价,符合市场一般行情并具有获利能力的,如征税,则要求税务机关证明非营利组织的经营管理及财务收支情况具有营利性。因此,法国判断是否营利往往从个案出发。法国财政部提出了判断营利性的“逐级排除法”:首先,从整体上看是否不具备营利性。其次,判断重点在于组织行为与营利性企业是否具有竞争关系,如有则进入第三阶段即“4P”判断。最后,即与从事类似行为的营利组织对比,提供的产品(prodiut)是否具有可比性?针对的公众(public)或对象是否相同?价格(prix)如何?行为的公开程度(publicite)怎么样?①一般而言,“营利”和“非营利”行为提供的产品几乎可对比,顾客对象重叠度高,价格没有明显高低,对公众公开程度相差不大,则可认定为营利行为。反之,产品性质和顾客不同,价格明显偏低,公众知晓度小,则通常认定为非营利行为。对行政补贴是否征税,法国对于行政补贴是否构成增值税的征税对象,经多年行政法院判例经验形成判断标准:首先,行政补贴与提供特定劳务之间,是否存在“直接关联”,尽管补贴受益人可能为政府机关或不特定大众,只要补贴与给付之间存在直接关联就可征税。其次,如补贴与特定给付之间不存在直接关联,则应进一步确定,补贴是否构成对第三人契约价格的补充。②行政机关购买行政服务或进行行政给付时,对私人企业给付的行政补贴与特定货物或劳务给付存在直接关联,应征税。正如欧盟增值税指令所规定,第三方提供的补贴,是否构成增值税应税行为,关键在于该补贴是否构成价格的一部分。

概言之,特殊的不具有经营性的收入是否具有可税性,因其经济性质与其他收入无异,因而首先看税法是否明确排除出课税范围,如法无明文规定则原则上应视为可税收入。但基于量能平等课税原则,为避免重复征税、增加额外负担,可视该非经营性因素是否进入市场并影响价格构成,由立法机关授权或在具体案例中解释适用,作出是否征税的决定。

---

① 参见黄源浩:《法国税法上的非营利组织课税问题》,载《月旦法学杂志》2012 年第 206 期。

② 在我国,财政贴息、家电下乡补贴等行政补贴现象较多。

2. 非法收入与无因性①

非法收入是否具有可税性,在我国历来有正反两派观点。笔者认为,非法收入可税性的争论背后深层次的原因是,税法理论对实践问题的回应不及时,以及未将直观经验科学提升为理论所致,其要核是混淆了税务执法和刑事(或非税务行政)执法法律关系界限及二者判断标准。非法收入的可税与否,不是简单的非此即彼,而是以此为表象牵扯大量具体问题,需在既定的具体情形下,从收益性、法定性、职责性、差别性、先定性、时间性六个方面进行综合考量。上述问题的探讨,可简要概括为以下结论:对非法收入可税性问题的探讨,不是寻求一个简单的是与否的答案,税法上的可税性和其他公法上的合法性分属不同法律关系,适用不同规则体系;税务机关不是合法性裁决机关,执法依据是税法规范,具有经济上的收益性且符合税收构成要件即可征税,征税并不等同确认非法行为合法;即便事后收益行为被裁决为非法,已征税款在税务处理决定被撤销前仍具法律效力;但是,在税务执法中,当有权的合法性裁决机关进入执法程序则应中止税务执法,已作出非法结论时则阻断非法收入的可税性,对非法收入应适用其他行政或刑事规定进行处理。

不难看出,笔者的上述结论是在中国缺乏税收基本法,且未对非法收入是否征税作出统一明确规定的现实前提下,从执法实践角度所作的一种基于价值和事实的双重判断,是实践对立法缺位或缺陷的一种迫不得已的本能适应和经验总结。事实上,终止争议最有效的办法,是从立法上对该问题作出明确的是与否的规定,从法的安定性方面减少实践中的不确定性。这方面可借鉴日本、德国、美国的立法经验,从法律制度源头进行规范,以法的安定性增加法律生活的确定性。日本违法性所得也属于概括性所得概念中的所得。如已经收取的超过限制的利息则应征税;在限制性所得概念和消费性所得概念中,也可能将违法获利作为征税对象。②德国立法以符合税收构成要件作为税收债务成立以及征税的唯一条件。《德国税法通则》第 40 条规定:"满足全部课税要素和部分课税要素的行为,不因其违反法律上的命令或禁止性规定,或者违反善良风俗的情况而妨碍对其行为的课税。"该通则第 41 条第 1 款规定,"如果一项法律行为或者即将无效,只要当事人使该法律行为的经济结果仍然发

① 参见罗亚苍:《税法二论》,载史际春主编:《经济法学评论》(第 14 卷),中国法制出版社 2014 年版,第 75 ~78 页

② 参见[日]中里实等编:《日本税法概论》,郑林根总校,法律出版社 2014 年版,第 106 页。

生并存在,则不影响对其征税。税法另有规定的除外”。[①] 笔者认为,该条确定了税法适用的“无因性”原则,即税收债务以构成要件作为唯一判断标准,而对基础法律关系和法律行为的效力不作评价。目前,我国立法上没确定该原则,学术研究也较为薄弱。美国对赌博收入区分不同类型征税,同时确定了征税决定和其他处罚相区分的原则。美国《国内收入法典》以是否经法律许可为条件,对赌博收入设计不同的税率,同时还规定了免税的赌博收入。此外,还规定了对第4401节规定的纳税人及从事赌博行为的主体,每人每年征收特别税500美元。第4422节确定了征税与处罚相区分的原则。本书认为,要保持税法的独立性,就要在税法上确定无因性原则,即税收构成要件为征税的唯一法定依据,而不论基础事实关系的合法与否;而且各个法律部门同属法律体系,均具有法律适用的优先性,而不是效力上的优越性,因而只要存在可征税对象并已经做出征税决定,即便事后出现违法犯罪认定或追诉,也不影响征税决定的有效性。

三、税收构成要件税基

(一)税基的法律内涵

税收客体,是对税收负担能力的定性考察,而税基则是对税收负担能力的定量评价,从某种程度上讲,即对税收客体的具体量化。税基,又称课税基础、课税标准、计税依据。对财产、所得和消费等税收客体,进行量能课税能力指标的量化,即将税收客体全部数量化的结果即税基[②](Bemessungsgrundlagen),又称课税基础。日本学者金子宏将作为课税对象的物、行为或事实换算成金额、价额、数额等称为课税标准,再与税率相乘即得出税额;税种不同因而税基的认定难易程度也不同,印花税等是确定的、外观可辨识的,相对容易确定税基;而所得税和法人税的税基认定则极为复杂;目前日本对继承税、赠与税、地价税等财产评估,也未建立统一的评估标准。[③] 各类税收客体的负担能力不同,因而税基确定不同。从价税的税收客体以金钱度量时,其评价方式除评估税收负担能力外,还辅以征税机关的精明方法进行评估核定。税基估价要求,估价

---

① 《外国税收征管法律译本》组译:《外国税收征管法律译本》,中国税务出版社2012年版,第1685页。

② Tipke/Lang, Steuerrecht, 18. Aufl., 2005, §7 Rn. 27. 转引自李介民:《税基的计价标准与租税优惠问题》,载《月旦财经法杂志》2011年第25期。

③ 参见[日]金子宏:《日本税法》,战宪斌等译,法律出版社2004年版,第135页。

过程透明和估价方法公平。[①] 税基属于税收构成要件的要素，构成要件的各个必备要素均得适用国会保留主义，但税法规范不可能事先进行事无巨细的周密规定，因而税基的具体确定方式无须适用严格的国会保留原则。确定税基的技术性、细节性事项，可授权主管机关进行规定，也允许其在职权范围内对税收法律行政法规进行解释。税基及其确定方法应符合构成要件明确性要求，其法律含义应符合税收负担的可预测性和可计算性。

（二）税基的法定结构

一般而言，财产税、资源税、流转税、行为税等税种税基的来源单一，以评估价值、单位面积/重量、合同金额等单一可辨的标志即可确认。对于财产税的税基，要区别经济上的业务经营和资产管理。前者指独立持续的、从中获取收入或其他经济利益并超出资产管理范围的活动，不要求以获得利润为目的；后者一般指资金使用，如资本资金被用于投资获息或不动产出租获利。[②]

相对复杂的是所得税领域，根据总收入、不征税收入、免税收入、成本费用扣除等计算，即税基 = 总税基 - 不征税收入 - 免税收入 - 成本费用 -（生存保障费用 + …）。首先，界定非课税所得（nontaxable income）是确定应税所得的重要前提，意旨在经济上和法律评价上欠缺负担能力的收益，在确定税基时予以扣除。非课税所得应包括免税所得[③]和不征税所得。免税所得（tax exemption）则是指收益具备税收负担能力，基于税制结构（如因征收遗产与赠与税而继承、遗赠和赠与取得财产）、社会政策（公益组织所得等）或奖励诱导目的予以优惠豁免。不是所有的收入均为所得，非课税收入包括：市场之外的给付；非利用与市场有关的生产或劳动组织的营业基础条件而自我提供的劳务；不列入营业基础的业余嗜好收入；受严格保障“高度属人生活领域”的收入等。[④]

---

① J. Hey, BverfG zur Erbschaftsteuer: Bewertungsgleichmaβ und Gemeinwohlzwecke, JZ11/2007, S. 569. 转引自李介民：《税基的计价标准与租税优惠问题》，载《月旦财经法杂志》2011 年第 25 期。

② 参见《外国税收征管法律译本》组译：《外国税收征管法律译本》，中国税务出版社 2012 年版，第 1680 页。

③ 我国台湾地区仅规定了免税所得和征税所得，在实践中容易产生如非免税所得则为征税所得的非黑即白逻辑判断。

④ 参见葛克昌：《所得税与宪法》，北京大学出版社 2004 年版，第 45 ~ 50 页。

实践中,个人所得税的征税对象设计分为综合所得、分类所得及二者混合。综合所得认为不同来源、不同类别的各种所得之间并不存在本质差异,即没有税收负担能力差异,而被同等视为各种消费能力的市场价值和拥有产权的财产价值的增值额,因而对各种来源所得进行加总,扣除成本费用后,适用统一税率征税。[①] 实行综合所得的个人所得税制,不仅关注取得所得的综合,更关注纳税主体的社会关系或家庭关系对其消费能力及财产收益的影响和改变,因而综合所得往往与以家庭为单位纳税申报制结合设计。而分类所得制,则认为所得来源不同则税收负担能力不同,因而均应按该类净所得分别适用不同税率征税,注重考虑所得性质、次数、成本、费用等影响税收负担能力的因素,而不考虑纳税人在社会关系或家庭关系承担的义务对其税收负担能力的影响。一般认为,将收入扣除必要成本后的所得额,并非具有完全税收负担能力,还得抵减维持自身生活和抚养家庭的必要费用后,才是承担税收给付能力的所得。中国的个人所得税更多只是关注所得本身的承担能力,费用扣除一般包括经营费用、个人生活消费支出和家庭生活支出。

实践操作中按照量能课税原则,来衡量纳税人在纳税周期内增加的可支配所得,作为所得税的税基。其中,包括劳动所得和资本所得。劳动所得直接关系宪法上的劳动权,个人有权以其劳动维持生计,获得生存保障。所得征税,不得突破基本权保障,只有在宪法许可之公共义务的范围内,征收所得税。个人所得能否承担公共义务,关系到个人所得税的征收正当与否。课税所得,宜计算净额所得,即将纳税人为活动收入而投入的相关成本费用或损失,在客观必要和合理范围内(在与取得收入的经济活动之间存在客观关联性)应予以扣除,方符合量能课税原则。[②] 必要费用通常包括两种:一是营利所得上的经营支出费用;二是为取得、确保和维持收益的费用支出,不能同时作为个人的生活目的或消费,因此减少其经济给付能力。必要费用与私人生活费的区别,首先,应判断其主观动机是否为获得收入目的的业务;其次,判断客观上是否达成业务目的,无法达成或明显不合理的,不能视为必要费用支出。[③] 关于成本费用扣除,纳税人无权占有他人土地收取的租金,如已经民事法院判决返

---

① 参见许闲:《德国个人所得税家庭申报制度的经验与借鉴》,载《月旦财经法杂志》2009 年第 18 期。

② Tipke/Lang, Steuerrecht, 17. Aufl. ,2002, S. 270 f. 转引自陈清秀:《现代税法原理与国际税法》,台北,元照出版公司 2008 年版,第 87 页。

③ 参见陈清秀:《现代税法原理与国际税法》,台北,元照出版公司 2008 年版,第 87 ~ 88 页。

还不当得利，则其应给付土地所有权人的款项应予以扣除。[①]关于成本费用损失的举证。倘若纳税义务人无法举证证明成本费用损失，则由征税机关参照同行业费用标准推计成本费用，而非完全不计列扣除。所得的生计扣除，亦称主观生存保障净所得原则。即个人所得，仅超过个人和家庭最低生活保障的那部分所得才承担税收债务，故应扣减生存保障的必要费用和意外成本，方作为征税起点。[②]

何为最低生存保障？在实定规范中，最低生存保障直接对应社会救助制度。不同国家的判断标准不一，从“绝对的最低生存保障”到“相对的最低生存保障”，因国情而异。法律从两个向度保障最低生存保障：一是消极上要求征税不得侵害最低生存保障基础；二是积极上要求国家对难以维系最低生存的群体提供保障。[③]德国联邦宪法法院关于最低生存保障理论，经历了从客观义务到主观权利，再发展出程序正当性要求的过程。一方面，肯定社会救济与免税额对于保障最低生存保障的基础共同性；另一方面，又在免税额规范基础上引入自由权的因子。所得税法中除了保障人民生存权的免税额规定，亦应包括必要生活费用，包括保险费、医药费和生育费、合理范围内的购房利息、房屋租金支出、残障特别费用扣除、教育费用扣除以及人身保险费等。

此外，关系所得税税基组成的还有“负所得”的概念。货币经济学派学者弗里德曼最早提出“负所得”概念，即所谓的政府实际发给低收入者的补助金。[④]曼昆认为，负所得税（negative income tax）补贴穷人，前提条件是每个家庭均应向政府报告自己的收入，唯一标准是收入低。[⑤]“负所得”如何处理是个人所得税法的基本问题，关涉纳税义务轻重和经营生存保障。综合所得抵扣分为两个维度：[⑥]水平维度，同类型来源不同笔所得是否可互抵；垂直维度，不同类型所得是否可互抵。德国对同类所得水平互抵、各类所得垂直互抵未

---

① 参见陈清秀：《现代税法原理与国际税法》，台北，元照出版公司2008年版，第88页。

② 参见葛克昌：《所得税与宪法》，北京大学出版社2004年版，第63页。

③ 参见蔡维音：《最低生存基础之界定——从社会救助与个人综合所得税进行之交互考察》，载《月旦法学杂志》2013年第212期。

④ 参见曾康华：《当代西方税收理论与税制改革研究》，中国税务出版社2011年版，第34页。

⑤ 参见[美]曼昆：《经济学原理》（微观经济学分册），梁小民、梁砾译，北京大学出版社2012年版，第434页。

⑥ Tipke/Lang，Steuerrecht，17 Aufl.，KÖln，2002，S. 225 Rn. 61. 转引自黄士洲：《执行业务者课税与工作权保障》（下），载《月旦法学教室》2010年第97期。

作原则性限制。所谓“所得总额”,在概念上即允许某类所得的亏损与他类所得盈余合并计算盈亏。[①]

(三)税基的度量标准

1. 税基的度量:财会计量与税法测量

我国《会计法》适用对象为国家机关、社会团体、公司、企业、事业单位和其他组织,不包括个体工商户和个人纳税人,上述单位应以实际发生的经济业务事项为基础进行会计核算,人民币为核算本币。会计账簿必须以经审核的会计凭证为依据;会计凭证包括原始凭证和记账凭证,其中原始凭证是原始证据;财务会计报告应当根据经过审核的会计账簿记录和有关资料编制,与其他会计资料属于传来证据,共同构成确定税基的基础资料。法定财会计量的特点,主要分为客观性、真实性、即时性、完整性。《企业会计准则——基本准则》规定企业按权责发生制对本身发生的交易或者事项进行会计处理;会计要素包括资产、负债、所有者权益、收入、费用和利润;应按交易或者事项经济实质进行会计处理,不应拘泥于交易或者事项的法律形式。

税法计量包括,有货币计量、几何计量、物理计量,针对所有纳税人。税法上,税基就是将税收客体的价值和技术上的衡量标准连接起来,如财产的价值、报酬或对待给付,通过数量、重量、容量或面积等单位衡量标准,计算出量化后的价值。[②]税基的内容,分为税收客体的价值标准和税收客体的度量标准两种。[③] 前者如应税所得额、营业税销售额;后者包括印花税件数、城镇土地使用平方米、矿石资源税吨等。税基的价值认定标准,分为实际价值原则和表面价值原则。前者与实质征税对应,后者与表见征税呼应,亦称作实用性原则。实用性原则的价值位阶低于量能课税原则。[④] 德国《个人所得税法》采用双轨制确定所得:[⑤](1)现金基础制。一般性收入(Einnahme),如薪资、资本利得、租赁等盈余性所得,系以经济财的流入和流出的时间点为纳税年度。例外

① Wolfgang Jakob, Einkommernsteuer 3 Aufl. ,2003, München, S. 53, Rn. 134. 转引自黄士洲:《执行业务者课税与工作权保障》(下),载《月旦法学教室》2010 年第 97 期。

② 参见 Tipke/Lang, a. a. O. , §7 Rn. 31,32。转引自李介民:《税基的计价标准与租税优惠问题》,载《月旦财经法杂志》2011 年第 25 期。

③ 参见李介民:《税基的计价标准与租税优惠问题》,载《月旦财经法杂志》2011 年第 25 期。

④ 同上。

⑤ 参见黄士洲:《执行业务者课税与工作权保障》(下),载《月旦法学教室》2010 年第 97 期。

情形:预先收取收入或预付成本费用,可延续按年平均分担。帝普克批评指出,现金基础制不过是征税的简化技术,最大缺点是无法处理现金收付异常情形,且按年度计征有违量能课税原则。(2)权责发生制。农林业、工商业、自由职业等利润性所得(Gewinneinkünfte)则依账簿凭证,按权责发生制确定。我国个人所得税工资薪金实行源泉扣缴,记账和代缴义务转由用人单位承担,符合一定条件的个体工商户应建账。我国企业所得税征税客体的税法度量标准是货币计量,以人民币计算,具有三种计量属性,即历史性、公允性和合理性。企业的各项资产以历史成本为计税基础,所得收入按照公允价值确定收入额,企业实际发生的与取得收入有关的、合理的支出,准许在应纳所得额扣除。

2. 税基的修正:财会计量与税法调整

即便在外国,税基的财会计量与税收处理并非完全一致,税法通常通过特别规定对财会账面的税收意义进行调整。德国"超额所得"为现金记账法,用来确定雇佣、资本、租金和特许权等方面的所得、杂项所得以及小型独资企业和合伙企业的所得;纳税人收到款项或其他可用资产确认所得,支票视同现金,纳税人支付或处分资金确认费用。对经常发生的一定期间内立即支付的所得项目或费用,应考虑与经济关联的期间;可折旧资产的支出不得立即扣除,而应予以资本化,以折旧方式补偿。大部分商业纳税人应当采用权责发生制计算所得,即纳税期间内的所得和损失,从本期末与上期末资产和负债的对比得出。当合同履行完毕已取得所得,则应将应收款项形式的资产计入资产负债表,与年末资产负债表对比即反映为所得。①权责发生制与其他法律要求的建账记录相关。税务资产负债表应以商业资产负债表为基础,除非税法作出特定规定,这种"联系"的原则即德国财会公认的"审慎原则",当财务会计确实未实现损失则对税务会计同样有效。但是1997年以后,"审慎原则"在德国税收立法中逐渐削弱至淡出。此外,还存在"反向"联系原则,即税法规定了某种优惠项目,税务会计选择,仅当商业会计报表遵循方可享受,目前来看该原则可能被完全弃用。2002年以后,强制要求采用合并报表的德国上市公司,集体适用国际财务报告准则,引发财务会计与税务会计关系的讨论。迄今为止,单独公司会计项目仍按传统的商业准则记账;目前单独会计项目与国

---

① 参见[美]休·奥尔特等:《比较所得税法》,丁一、崔威译,北京大学出版社2013年版,第286~287页。

际财会报告准则关系越来越近,税收立法可能单独制定一套税务会计规则。①

法国税务会计原则与德国大致相同。现金收付法适用雇佣所得、不动产或证券租赁所得、小企业利润以及未采用权责发生制的非商业性的私人服务。与德国相同,资金负债表比较法通常应用于大多数经营性纳税人,主要为公司以及从事工商业或农业的独资企业。账面所得与会计所得存在密切关系,一般来说,会计原则和概念同样适用于税务会计,除税法另有特别规定。具体表现为,当完成交付财产或提供服务,必须在会计账面和税务上确认所得,应收账款计入资产负债表。当税法作出如会计账务上可扣除的费用不得税务扣除等特别规定时,应对账面调整确认应税净所得。

美国,税务会计与财务会计差别很大。尽管纳税人习惯采用与会计账簿相同的会计方法核算所得,但税法的特别规定对会计原则作出了明确的实质性修正。纳税人可选择法律明确规定的现金收付制、权责发生制或其他方法。支票如按正常程序结算则被视为现金,财产交换获得的票据也认定为所得,法律允许在票据金额支付时才确认所得;费用支出仅当款项实际支付时才允许扣除,预付费用一般视为资本支出等。大多数经营性纳税人采用权责发生制。

日本的权责发生制被确定为一般准则,但允许小企业在特定情形下选择采用现金收付制(实行"蓝色申报"制度)。

英国的税基计量相对自由,记账法由所得类型对应的法律法规甚至司法判例的具体内容确定。如1998年以前,一些判例曾认定以财务会计核算为基准;而此后立法修改,经营、专业或职业所得要按工人的会计准则核算,再根据税法的规定调整。② 可以粗略得出的结论是,权责发生制是税收税基计量的通用标准,特定情形下允许采用现金收付制;税收处理原则上尊重财会计量,但后者并非具有绝对效力,允许税法特别规定对其进行调整。

关于财务会计与税务会计的关系,德国模式和美国模式处在两个极端。德国采取商业会计与税务会计高度统一模式,税务上允许会计准备金扣除,而且通过比较成本与市场价格孰低以确认未实际出现的损失,这有利于纳税人;美国则采用税务会计与财务会计完全独立模式,即税务会计规则必须通过税收法律法规完整、明确加以规定,因而税务会计准则在费用扣除方面比财务会

① 参见[美]休·奥尔特等:《比较所得税法》,丁一、崔威译,北京大学出版社2013年版,第288页。

② 同上书,第288~291页。

计严苛。

我国税法对财会计量的差异性调整，主要体现在企业所得税税基修正方面。分析财会与税法计量差异原因，主要是二者在立法目的、规范内容、会计要素确认、服务对象和发展进度等方面存在诸多不同。财会计量和税法度量的区别：均以权责发生制为基础，但对收入利得、费用、损失的判断标准不同。前者对收入确认已收、应收，费用确认已付和应付；后者在对收入确认强调已收、应收，对费用则强调已经实际支付。财会计量坚持形式重于实质，按经济实质且谨慎性原则对交易或事项进行确认，不高估资产或收益，低估负债或费用；税法原则上按法律文件形式要件确定，更多按合法性和合理性对合同等文件确定实际支出。财会计量采用实时计量，税法计量具有延后效应。财会计量从资产、负债角度确认，调整以使所得税费用与会计收益配比；而税法从收入、费用角度确认，进行调整以落实税法。税法对财会计量的调整具体表现为：税法上通过划分资本性支出和收益性支出以修正权责发生制，即收益性支出在发生当期直接扣除；资本性支出则应当分期扣除或者计入有关资产成本，不得在发生当期直接扣除。税法和财会计量对收入确认时间差异较大，规定了视同销售、售后回购等情形；税法按向购买方收取发票记载的全部价款和价外费用计量收入，但对价格明显偏低的按市场价格水平调整。二者对成本的计算口径不同，税法规定销售成本不仅包括主营业务成本，还包括其他业务成本和营业外支出。税法对关联方交易有权进行合理调整；对债务重组收益应全额确认为当期应税所得；对非货币性交易双方均按视同销售处理。会计收入利得大于税法，应调减应税所得，反之则调增应税所得；会计费用损失大于税法，调整应税所得，反之调减应税所得。纳税申报时，纳税人应提交纳税申报表、财务会计报表及其他相关资料，而税务机关应按财会报表还是合同等文件确认税款呢？本书认为，应受理纳税人按照合同文件申报税款；转交评估、税务机关相关税政部门进行差异性分析，如果确存在法律文件之外的隐藏法律关系，则应刺破法律形式探究纳税人真实意图，按实质法律形式进行调整。

四、税收构成要件归属

（一）税收客体归属的独立价值

所谓归属（Zurechnung），即税收客体应属于哪个税收主体。易言之，确认何人承担税收债务，无论以形式支配有关租税的经济财。① 涉及税收客体归属于谁者，为税收构成要件中税收客体对于税收主体之归属的问题。② 纳税主体与征税客体的联结，谓之归属。日本学者金子宏称之为"课税对象的归属"，当纳税义务因征税客体属于某人而成立时，则其为纳税义务人。他指出，存在任何一个具体税种在具体情况下的课税对象归属问题，因而必须事先明文规定清楚。将归属弄错的更正和决定无疑是违法的，但究竟属于无效还是可撤销则无定论。③此外，还有学者认为，除了税收客体对税收主体归属之外，还存在所得计算上成本、费用、损失及税收对于收入或所得之归属，营业税中应纳税额计算，进项税额与销项税额对应税或免税销售的归属。④本书采确定税收债务归属谁承担的含义，并且认为，其应当作为税收构成要件的一个独立的基本要件要素，是连接税收客体与税收主体的纽带，本质上也是基本民事法律事实与税收构成要件的连接，缺之不可。客体归属判断事关纳税人的最终确定，一旦出错将导致整个征税行为无效。

（二）税收客体归属的二元评价：经济归属和法律归属

税收客体归属，是指税收客体与特定纳税人的结合关系，这种关系是基于经济或法律上的关系。⑤

首先，就税收构成要件基础关系而言，税收客体对应的基础法律关系客体同时具有经济属性和法律属性，基础法律关系客体范围大于税收客体。在基础法律关系中，主体与客体的经济关系，更多体现为一种交易关系。商事交易分为单一交易和复合交易。前者指只存在一个法律关系的交易，如租赁、买卖等；后者交易是指含有两个以上法律关系的交易，如以房抵债、以货抵债、以房抵息等。主体与客体的法律关系，是一种动静结合的财产关系，静态的财产与财产性权利，动态的财产关系。主体与客体的经济关系的形式和内涵大于二者的法律关系，而且前者决定后者；即便范围相同时，也处在重叠与偏移的动

---

① BVerfGE 30,59(63).

② Tipke/Kruse, Kommentar zur AO und FGO, 16. Aufl., 1996, § 39 Tz. 13. 转引自黄茂荣：《法学方法与现代税法》，北京大学出版社 2011 年版，第 195 页。

③ 参见［日］金子宏：《日本税法》，战宪斌等译，法律出版社 2004 年版，第 129～130 页。

④ 参见黄茂荣：《税法总论：法学方法与现代税法》（第 2 册），台北，植根法学丛书编辑室 2005 年版，第 92 页。

⑤ 参见刘剑文、熊伟：《税法基础理论》，北京大学出版社 2004 年版，第 195～196 页。

态变化状态中。例如，在通常情况下，经济所有权与法律所有权相同；[①]所有权与经营权分离后，由所有权人和经营权人分别成为纳税人。对于代理和表见代理，表见代理的唯一目的在于保护善意第三人。[②] 法国财产法上所谓的表见所有权一说，即“众人皆误乃创设权利”。表见所有权人，是指公众将某人视为对某项财产的所有权人，而实际所有权人为另一人，在该情形下前者即为表见所有权人。[③] 因为只存在唯一的所有权，表见所有权人有义务将所有物或物的价值返还给真正所有权人。[④]表见所有权人的行为有效的两个条件：第三方是善意的；社会公众对表见所有权人身份产生误解。[⑤]

其次，税收构成要件统摄后的税收客体，仍然保留了经济和法律的二元属性。此时，基础事实关系的经济意义，应根据真实主观意愿及实际结果作为判断基础，而非根据表面的事实关系和外在的法律形式。[⑥] 税收客体经济归属在法无明文规定的情况下，能否一概适用经济归属原则并非绝对。我国台湾地区学者陈敏认为，经济财产与税收主体的结合关系大多按民法概念进行规定，并依该规定行使，可认为排除适用经济归属。例如，房屋税相关税法规定，原则上以房屋所有权人为纳税义务人，因而即便存在第三人实际管理该财产，并排除名义所有权人干涉，也不应以第三人为房屋税纳税义务人。理由是民法所有权人，并非表示所有权人对财产的具体权利状态，不得无视法律明文规定，以实际管领人为纳税义务人。[⑦]此为实质事实主义。税务机关对税收构成要件事实负严格的举证责任。我国台湾地区“税收稽征法”第 12 条规定：涉及税收事项的“法律”，其解释应符合税收法定主义的精神，依照各“法律”的立“法”目的，考量经济上的意义和量能课税的公平原则而进行。税务机关认定征税的税收构成要件事实时，应以实质经济事实关系及产生的实际利益的

---

① D. Birk, Steuerrecht, 3 Aufl., 2000, Rn. 303. 转引自葛克昌：《行政程序与纳税人基本权》，北京大学出版社 2005 年版，第 212 页。

② 参见[法]弗朗索瓦·泰雷、菲利普·森勒尔：《法国财产法》，罗结珍译，中国法制出版社 2008 年版，第 129 页。

③ 同上书，第 123 页。

④ 同上书，第 124 页。

⑤ 同上书，第 128 页。

⑥ Tipke/Kruse, AO, 2001, § 4 Tz. 333. 转引自陈清秀：《量能课税与实质课税原则》（下），载《月旦法学杂志》2010 年第 184 期。

⑦ 参见陈敏：《租税课征与经济事实之掌握——经济观察法》，载《政大法学评论》1982 年第 26 期。

归属为依据。征税税收构成要件的认定，税务机关对事实负举证责任。纳税人依本“法”及“税法”所负的协助义务，不因前项规定而免除。本书认为，纳入法律调整范围的税收客体的经济属性，本质性仍为法律属性，经济属性和法律属性的区分实质在于，到底按民商法等基础法律关系的法律属性还是税法法律属性，一般情况二者法律属性具有重合性，当存在正当理由时，则发生税收客体法律属性的偏移，按其税法属性确定承担义务。

（三）税收客体归属的双重属性：形式归属和实质归属

税收客体归属存在形式与实质的区别，是不同法律推理方式的反映。在英美法法律推理中，实质性依据是指政治的、经济的、道德的、习俗的、制度的或者其他社会因素；而形式性依据是一种权威的法律依据，授权或责令法官或其他人以其为基础进行判决或采取行动，通常排斥、无视或至少弱化与之相对抗的实质性依据。[①]形式性依据往往融合了实质推理，因而是一种混合物，兼具形式与实质的特征。实质性分为目的性和正当性两种基本类型；而实质性依据则揭示法律认可的通过合同、判决等证明的事实内容，独立存在于法律之内或之外。[②] 事实确认的形式性（truth formality），关注法律体系确认客观事实的形式化程度，这种事实事关法律规则和其他法律事实；实施上的形式性（enforcement formality），关注假定客观事实予以查明则法律规则和其他规范多大程度上被实践的问题。[③]

那么，具体而言，所谓税收客体归属的形式归属和实质归属，形式是民法的形式还是税法的形式，实质是民法内涵的实质还是税法内涵的实质？本书认为，税法独特价值，在于发现民众纳税能力之指针，以落实量能课税原则，而不应受民法上突出私权安定的形式所有权所拘囿。[④] 事实的认定，不必完全依附民法形式，而应按照税法精神进行实质判断。税收法定主义精神在于不拘泥于税收法定形式，而探求立法目的和税法实质。税法实质，重在落实有产者有义务、无所得者不纳税的富含伦理和法律双重义务的量能课税原则。因此，税收客体归属，从外在特征上首先应尊重民法形式的归属，民事基础关系

---

① 参见[美]P. S. 阿蒂亚、R. S. 萨默斯：《英美法中的形式与实质》，金敏等译，中国政法大学出版社2005年版，第1~2页。

② 同上书，第5页。

③ 同上书，第16页。

④ K. Tipke, Die Steuerrechtsordnung Ⅲ, 1993, S. 1353. 转引自葛克昌：《行政程序与纳税人基本权》，北京大学出版社2005年版，第212页。

是税法适用的前提，但当民事形式与税法所追求的量能平等课税等实质内涵不一致时，应透过民法形式而探究其税法的实质归属。换言之，民法概念或事实的认定、评价，对税法适用并无绝对的拘束力，即所谓的构成要件效力，但民事法规定的人身财产关系是税法适用的基础条件，具有法学上的真实性，应作为判断税收负担能力的起点，[①]仅当违反量能负担等实质原则时，则应允许税法对民法的形式事实进行税法实质化，实现税法实质归属的法律效果。

可以得出结论的是，法的形式是法安定性的基础，法安定性是法形式的保障，除非涉及重大利益，原则上应认可具有法形式的法律关系的合法性；当跨法域发生关系时，原则上尊重基础关系的法形式，以维护法秩序的整体性；当涉及更大法律利益或独特法律价值时，应允许穿透最初的法形式而充盈实质内涵。

（四）税收客体归属的确定方式：立法规范和执法规则

1. 税收客体归属的立法确认

税收客体归属何者，法有明文规定时应按法律规范确认。笔者梳理了以下几种税收客体归属的域外法定情形：(1)所有权的税收客体归属。《德国税收通则》(1980 年 8 月 29 日生效)第 39 条对归属作了专门规定，资产归所有者所有；但下列情形除外：一是如果所有人以外的第三人实际控制资产，且在一般情况下能在通常使用期间排除所有人在经济上对资产的影响，则资产归其所有；托管关系中，资产归信托人所有，抵押担保物归抵押人所有，私产归资产所有人所有。二是多人共有资产，若征税时要分别归属，则由参与者分摊所有权。我国台湾地区“土地税法”规定地价税纳税人为土地所有权人，即土地登记簿所载的所有权人。房屋税纳税人为房屋所有权人，即产权登记簿登记的所有权人。[②] (2)名义收益人与实质收益人的税收客体归属。《日本所得税法》第 12 条规定，当资产或事业收益的法律归属认定为某人时，但其仅为名义人实质上并不享有该收益，利益由其他人享有，当认定了的该利益的实际享有者，则应适用实质课税。日本《消费税法》第 13 条规定，当法律上的资产转让人仅为名义人，不实际享有资产转让对价，则应对资产实际享有人适用实质归

---

① Wolfgan Schön, Die zivilrechtlichen Voraussetzungen steuerlicher Leistungsfähigketit, Stu W, 2005, S. 251. 转引自黄士洲：《所得名目、归属及实质课税之运用》，载《月旦法学教室》2009 年第 81 期。

② 参见陈清秀：《税法总论》，台北，元照出版公司 2012 年版，第 312 页。

属课税。(3)继承关系的税收客体归属。《日本国税通则法》规定,财产继承下的国税缴纳义务的承继,继承人进行限定继承的,只在获得财产的限度内承担缴税义务。多人继承的,按继承份额比例承担纳税义务;个人继承人承受财产价额,超过按比例计算的国税数额时,该继承人在超过国税数额的限度内,承担其他继承人按规定计算承继的国税缴纳责任。[①] (4)法人合并、分立的税收客体归属。《日本国税通则法》规定,合并后继续存在或因合并新设的法人,承继因合并而取消或被合并法人的缴税义务。法人承继财产。法人无限承继属于无法人资格社团等的财产权利义务,承担承继财产(行为)及该社团应缴纳(按承继财产占社团财产比例)的税款义务。[②]我国《税收征管法》对纳税人有合并、分立的税收债务归属作出相关规定,采纳"纳税人义务取得说",与民商法上的公司分立、合并的债权债务后果并无二致。(5)共有财产与共营关系的税收客体归属。《日本国税通则法》规定,按国税法律规定的连带缴税义务,准用民法连带债务的相关规定。共有财产、联营项目或该项目所属财产的国税,所有人或联营者承担连带纳税义务。公司拆分(分立除外),拆分中承继了营业项目的法人,应以承继财产为限,与实施拆分的法人承担连带纳税义务。[③]《日本地方税法》还规定了共有物、共有使用物、共同事业及其产生的物品或共同行为,相关人对应征地方税承担连带纳税义务;特别义务征收者对其承担连带上缴的义务;法律上事业经营人仅为名义上的,而按规定可认定经营者的亲属及与经营者有特殊关系的个人为实际经营者的,视为共同经营。[④] (6)权利能力暂停或灭失。我国《税收征管法》规定,企业在年度中间终止经营活动的,应在法定期限内汇算清缴当期企业所得税。并在注销登记前,依法缴纳清算所得的企业所得税。

2. 税收客体归属的执法认定

当法无明文规定时,应按量能课税和公平负担原则,把握经济给付能力的实质事实及税法规定的经济意义即目的,适用实质课税原则判断。经济观察法(量能课税原则)具有税法解释和事实认定的双重作用。即对课税要件事实的认定,通过单纯外在的法律形式(交易行为),把握金钱给付能力的实质

---

① 参见《外国税收征管法律译本》组译:《外国税收征管法律译本》,中国税务出版社2012年版,第1799页。

② 同上。

③ 同上。

④ 同上书,第1857页。

经济事实关系。税法解释，无外乎借用民法概念及创造税法语言体系的解释；而事实认定，则针对事实的内容与法律形式的差异在税法上何为准，判断税收客体的有无、数额和归属。① 无论是解释税法还是进行事实认定，共同连结点为经济实质利益的观点。笔者归纳了执法中税收客体归属的诸种规则如下：

所得的归属，应是实际从事经济活动的所得者。② 按照通说，所得归属主体，并不以物权或债务所有人为准，而是特指关系人获得该所得为准。即便纳税人通过转让等法律行为转移所得给第三人，仍以取得的基础，满足所得的税收构成要件。可推导出两个判断标准：(1)某人事实上财产增加，但其所得来源于另一人的所得所产生，则该情形对所得归属并无意义。(2)获得所得所投入的财产，属于他人还是自己，在所不问。所得的构成要件，并非以产生基础关系为判断标准。有关所得的归属，并不能单纯以财产标的物的归属为准，而应以何人可视为所得源泉的所有人为准。③ 我国台湾地区土地转移时的土地增值税纳税人，土地增值利益，有偿时归原所有权人，无偿时应归属取得所有权人。④

名义与实际、形式与实质是税收客体归属最困难的问题。日本有个案例，A 公司将其拥有 B 公司的股份以其经理名义持有，并将股份分红打入 A 公司，法院据此判决分红不是该经理个人所得。⑤信托关系存在与否，属于事实问题；其成立不仅须有合意，而且实际执行。⑥ 信托所得，应按经济归属对受益者或委托人征税，而非对法律上归属受托人征税。以避税目的而成立的形式法人，日本案例判决认为，从私法上的真实法律关系看，交易主体其实为形式法人中某个人，只不过个人伪装成法人，因此产生的所得应按个人所得征税。这并非形式法人否认而是所得归属认定问题。⑦ 还有一种现象，行业会

---

① 参见黄茂荣：《实质课税原则(一)》，载《植根杂志》2009 年第 8 期。

② 参见陈清秀：《税法总论》，台北，元照出版公司 2012 年版，第 312 页。

③ Georg Crezelius, Steuerrecht Ⅱ, Besonderes Steuerrecht, 1991, S. 111f. 转引自陈清秀：《现代税法原理与国际税法》，台北，元照出版公司 2008 年版，第 84 ~ 85 页，陈清秀：《税法总论》，台北，元照出版公司 2012 年版，第 312 ~ 313 页。

④ 参见黄茂荣：《税法总论——法学方法与现代税法》(第 2 册)，台北，植根法学丛书编辑室编辑 2005 年版，第 240 页。

⑤ 参见[日] 金子宏：《日本税法》，战宪斌等译，法律出版社 2004 年版，第 130 ~ 131 页。

⑥ Tipke/Kruse, AO, 2001, § 39 Tz. 40. 转引自葛克昌：《行政程序与纳税人基本权》，北京大学出版社 2005 年版，第 218 页。

⑦ 参见[日] 金子宏：《日本税法》，战宪斌等译，法律出版社 2004 年版，第 133 ~ 134 页。

员的事业用资产和每个会员各自负债，均以行会名义接纳下来，造成每一个行业会员都是从行会里领工资的假象。为了规制这一现象，并不是通过立法规定否认法人人格，而是以税收构成要件满足判断归属为会员个人，当然允许纳税人反证推翻。①

税收客体的归属主体，一般以名义对外出名经营者为准；但有充足证据证明第三人为实际经营主体的，则归属于实际主体。② 私人办理幼儿园、托儿所，不符合免税规定的，应以其获得学杂费等扣除成本及必要费用后，并入开办人征综合所得税；未经教育部门办理登记的主办人，按实质课税原则按合伙协议约定的盈余分配比例，对合伙当事人征综合所得税。③对合伙经营为办理登记的私立幼儿园、托儿所，应对合伙人分别征税。如合伙协议约定了营利分配方案，应尊重合伙协议分别征税。④个人出资以他人名义建房出售，应将财产交易所得归属出资建房人征税。⑤数人投资购买农地以其中一人名义办理登记，如土地征收活动补偿，补偿收入按照实质所得归属原则，应归于全体投资人，其补偿费用可免征所得税。⑥ 医院、分院开设诊所或门诊等私立医疗机构所得，原则上以各私立医疗机构申请设立登记的负责医师为对象，核定其执行业务所得；但经查明另有实际所得人的，应视个案情形，对实际所得人征税。⑦ 销售货物、提供劳务等税收客体的归属应为实际交易者。借牌经营，应对幕后借牌人征税，即便出名营业人已就该经营行为申报缴纳，仍应对借用牌照之人补征。借牌经营情形，应以实质的私法关系为基础，才不致发生偷漏税行为，且符合私法安定性要求，无须借用经济的实质课税原则，无视私法关系做不同处理，妨害经济活动进行。⑧公司假借员工名义投保团体寿险，支付保险费达一定数额，数年后由公司变更为员工个人保险，随即由变更后的员工名义解除保险合同，并领取团体保险金由公司统一使用的，应归属于公司收入。⑨

---

① 参见[日] 金子宏：《日本税法》，战宪斌等译，法律出版社2004年版，第134页。
② 参见陈清秀：《现代税法原理与国际税法》，台北，元照出版公司2008年版，第119页。
③ 同上书，第85页。
④ 同上书，第120页。
⑤ 同上书，第85页。
⑥ 同上书，第86页。
⑦ 同上书，第120页。
⑧ 同上书，第122页。
⑨ 同上书，第121页。

借用他人名义持有财产，发生财产归属名实不符的情形，属脱法行为，只要不违反法律强制性禁止规定和社会公序良俗等效力条件，应属有效。隐名合伙出资，财产权归属出名合伙人，隐名合伙不属于税法上的纳税人，可作纳税单位，隐名合伙人取得合伙财产分配应承担纳税义务。

（五）税收客体归属的变更原因：合意行为和事实行为

1. 合意行为对税收客体归属的形式变更

一方面，税收债务的公法性质，原则上不允许行政契约变更税收客体归属关系。税收债务是根据税收构成要件满足时成立的法定债务，税收法律关系根据税收规范产生、变更和消灭，征收机关无处分权。对征收机关不仅享有适用税法规范的权力，而且承担执行税法规范的义务。通说认为，禁止征纳双方通过契约消解税法规范强制力，即税收契约不仅违反依法征税衍生的合法性原则，而且违反量能课税平等负担原则，并相悖于宪法的权力分立和民主国原则。但不能一概否认税收契约的存在价值，合约内容如属不能确定或确定困难的征税事实，则应承认其法律效力。而关于该类税收契约的法律拘束力来源，第一种意见是诚实信用原则；第二种为契约约束力；第三种将其归类为行政指导或是正当程序下的双方意见表达。

另一方面，税收债务的公法性质，并不绝对排除纳税人与第三人之间通过法律行为变更税收客体形式归属的法律效力。纳税义务的履行，首先应依法确定税收主体、税收客体及税收客体对税收主体的归属，方可判断法定纳税义务人是否依法纳税或违法漏税。第三人不得以纳税人名义，代为履行纳税义务，但法律有特殊规定的除外，不得以契约改变法律明定之纳税人地位而转换纳税人。因此，非法定纳税人以自己名义向国库缴纳所谓"税款"，发生该笔"税款"是否退还的问题，对于法定纳税义务人而言，除法律有明文规定外，并不因第三人将该笔"税款"以该第三人名义解缴国库，即可视同该法定纳税义务人已履行纳税义务，或其法定纳税义务人的税收义务因而免除或消减。[①]通过法律行为变更税收构成要件，意图规避税收债务，应坚决禁止；但双方协议由第三人代履行则并非不可。肯定观点主张，应在税法上确立第三人代履行，主要理由是保护契约自由，只要不违反强制性规定，税法无干预之必要；且契约自由没有改变税收法定主义，即没有改变纳税人的法定地位和义务；原有债务扩大至第三人不但不损害国家利益，反而增加债权实现的可能性。反对意

① 参见我国台湾地区《实务选编》（公法类）（第7期），月旦法学知识库。

见认为,法定之债具有高度属人性不能代履行。[①]从税收债务性质看,反对理由显然不能成立,税收债务归属不得变更,取决于税收构成要件法定力而非其具有人身属性。

2. 继承事实对税收客体归属的形式变更

关于公法债务是否可继受,分为继受资格和继受要件两个层面。是否具有继受资格,根据税收构成要件法定的原则应由税法明确规定。税法无明文规定,如类推适用民法中关于权利义务是否具有高度人身属性,如属高度人身属性,则不得继受,反之可继受。但是,还得满足继受要件,即具有法律依据和法律基础,即类推适用民法中债权让与、债务承担等契约规定和债务分立、合并等相关规定,公法债务如属法律保留事项,类推适用民法规定有利相对人则允许,反之则不允许。税收债务是不具高度人身属性的金钱债务,遗产继承是基于法律事件产生的可选择的"潜在受益行为",可放弃或接受。但是,接受继承是取得纳税人身份还是债务代缴身份呢?代缴义务是指被继承人死后,遗留的税收债务在遗产范围内有效,继承人并非纳税人,而是以第三人身份在遗产范围内代缴税款。有限责任的纳税义务是指继承人继承了被继承人的纳税人地位,并在遗产范围内承担纳税义务。在两种情况下,产生不同的法律效果:在代缴义务下,尚未作出行政决定的情形则税务机关应对被继承人作出,被继承人以利害关系人身份对其提出质疑或主张权利。如属于有限责任的纳税义务,税务机关应以被继承人作为相对人作出处理决定,被继承人以新的纳税人身份提出法律救济。[②]从我国《继承法》第 33 条之规定来看,我国采纳的是"代缴义务说",将税收债务与其他债务等同于财产,从被继承人留下的财产(遗产)中扣除,成为可继承的现实财产。一是符合税收法定。被继承人生前产生的税收债务已经固定,死亡事实并不造成税收构成要件变动或反转。二是符合量能课税。被继承人生前产生的税收债务由其本人承担,死后由其留下的遗产负担,而不扩大至继承人财产义务。三是符合税收本质。税收是金钱给付义务,不具高度人身属性,不随着权利能力消失而消失,而附随其财产义务。四是符合权利能力原理。被继承人税收权利能力因死亡而丧失,对生前税收债务享有的"固定的纳税人资格",不能通过继承移转给继承人。本

① 参见杨小强、叶金育:《合同的税法考量》,山东人民出版社 2007 年版,第 58 ~ 61 页。

② 参见陈清秀:《税捐义务可否继承——评析释字第 622 号解释》,载《台湾本土法学杂志》2007 年第 91 期。

书认为,纳税义务人及税收客体归属属于法定税收构成要件,不得因法律行为或法律事实变更;对于继承前即已经产生或被继承人死后发生的税收债务结算,继承人仅在继承关系中,在继承财产限度内承担代缴义务,放弃继承则无相关法律义务。

3. 税收客体归属变更的论争——个体工商户借名经营的税法适用①

虽然不同法律在价值上不存在优位性,但在具体案件事实适用中却具有优先性。民事法关系是基础的第一位法律关系,自身配置了合法有效与否的判断标准;税法在尊重真实民事法律关系的基础上进行二次收益调节;税收行政法和刑法对其中是否存在违法行为,并依其轻重程度分别划定调控范围。接受税务管理行为是纳税人的形式要件,税收构成要件才是承担纳税义务纳税人的实质要件。一般情形下二者同一,但当形式纳税人与实质纳税人不一致时,应以后者为准。外部表现的民事法律关系与内在真实的民事法律关系的辩证统一。民事法律关系多为一对一的双方关系,一般情形下仅拘束双方当事人的意思表示,只需以双方认可的形式表达,而无须将其内容以其他方式向不特定的公众外化出来。仅当影响第三方利益或公共利益等情形时承担披露义务,以刺破外观形式探究其真实意图与内容。税收债务是法定的公法债务,并不当然优先民事债务,税收债务关系以民事法律事实为基础,且原则上并不干预平等主体意思表示,仅当基础法律关系发生妨害第三人利益或税收债权等情形时,公权机关有义务探明民事关系真实意图、查明基础法律事实,以维护税法特有价值。具体执法程序中要坚持形式审查与实质审查相结合,对纳税申报、减免税备案等以纳税人为主的执法程序,原则上以形式正义为导向,对申报资料进行形式审查,以有限的执法资源提升无限的形式正义;而对税收核定、案件稽查等依职权的调查程序,则应坚持实质正义价值取向,以实质审查为主,努力以有限的执法资源实现无价的个案实质正义。"法律归属说"和"经济归属说"两种归属,并非内在的本质冲突,仅为外观法律形式还是内在法律形式的区别,经济归属实质上也是法律归属,不通过外在的法律形式表征,而是存在于平等主体之间的内部约定,具有相对性、内部性和隐蔽性。从义务位阶上看,相对人的信息披露或主动报告义务,应优先于公权机关对案情事实的调查义务,当相对人或利益关系第三人在税务案件查处过程中,并未积极提示税务机关且已尽职调查的情形下,则应免除其对"客观真实"的探明

① 参见罗亚苍:《个体工商户"借名经营"的税法适用》,载《税务研究》2016年第4期。

义务。反之,当税务机关接收到任何第三方或相对人披露、提示、报告内在的民事法律关系的信息,则应依职权查明真相,探究到民事法律关系的真实意图,按量能平等课税原则确定纳税人。判断合同的法律性质和效果应从其内容探究,不能拘泥于其名称或形式。单纯的税收债务转移协议,通常为无名合同,可为单个条款,也可为多个条款,主要条款为无实质或虚拟经济事实支撑的税收债务负担变更;而承包协议一般为有名合同,通常为多个条款,主要内容为经营权运营方式、收益分配及责任承担。税法主要目的不在于评价民事基础法律关系的有效与否,而在于保障税收债权的确定与实现;第三人代为履行税收债务只要不影响国家税收债权实现则无干预之必要,且第三人代履行税收债务并不能产生改变税收构成要件的法定效果,当第三人不正当履行时,征税机关仍应向法定纳税人行使税收请求权,并责令其承担滞纳金、罚款等责任。连带纳税责任应区别于共同违法责任,前者是违反法定报告义务而对税款债务的连带清偿义务,不是共同违反行政法规范的违法责任;至于连带纳税责任的范围,因税收为公法债务,理应包括因外租或外包法律关系中承租方或承包方应依法缴纳的所有税款。

五、税收构成要件税率

(一)税率属性

税率,是应纳税额与纳税对象之间的比例,是计算应纳税额的尺度。计算税额时税基适用的比率即税率(tax rate),一般以百分比或万分比确定,如税基为数量的则以单位金额表示。以金额或价额为基础的税率分为比例税率和累进税率。比例税率与税基的高低成一定比例,累进税率则随金额或价额的增加而累进确定。比例税率通常适用不直接反映纳税人的税收负担能力,而累进税率适用以纳税人的纳税能力为直接标准。累进税率进而分为单纯累进税率和超过累进税率,前者指随着税基增大单纯适用高的税率;而超过累进税率,将税基分为多个分段,区分的分段环节称为课税环节(bracket),单个环节税率称为环节税率(marginal rate)。[①] 其还包括累退税率和差别税率,累退税率是评价税率随着税基增加而下降。后者指对不同税收主体或税收客体适用不同税率,[②]如比例税率。征收比例税的一大优点是,无论是那些将绝对支付

① 参见[日]金子宏:《日本税法》,战宪斌等译,法律出版社2004年版,第135~136页。

② 参见陈清秀:《税法总论》,台北,元照出版公司2012年版,第316页。

得多的人,还是那些将绝对支付得少的人,很可能都会同意这条规则,而且一旦接受它,它不会带来一条只适用于少数群体的特殊规则可能造成的问题。① 中国现行税率包括比例税率、累进税率和定额税率3种。一般而言,比例税率适用于商品流转税,累进税率适用所得税,固定税率适用以量计征的财产税。②

(二)税率适用

立法上税率的确定,关系到量能课税原则及税制调节收入再次分配功能的实现,而税率结构如何决定,至今缺乏原理原则可循。

个人所得税,OECD国家从原来的单一来源的所得适用不同税率和税基的分类税制,转为采用合并所有来源的所得,实行税率表的综合税制,但没有一个国家实行完全的单一税制,大多数OECD国家采用半综合、半二元、半单一的个人所得税税制。近年来,起始税率呈现下降趋势,而最高边际税率则上升,很多国家和地区起始税率降至0%,一些发达国家最高边际税率达30%以上。税率级数稳中有变,2012年29个OECD国家累进级次最少的为2级,最多的超过10级,平均为5.4级,平均累计级次小有增加。③企业所得税,大多国家实行单一比例税率,仅少数国家适用累进税率。全球来看,企业所得税平均税率有所下降,从2006年的27.5%调低到2013年的24.08%。④ 在增值税方面,出现减少税率档次、取消高税率、适用简单税率的趋势,多数国家增值税税率档次少于3档;OECD国家的增值税标准税率稳中有升,从2008年的17.7%提高到2013年的19%。⑤ 消费税税率,倾向于按环境影响程度设置税率,环境污染大则设定税率高,且整体税率逐步提高。⑥ 房产税税率普遍不高,大部分国家均在1%左右。⑦

---

① 参见[英]奥古斯特·哈耶克:《自由宪章》,杨玉生等译,中国社会科学出版社2012年版,第484页。

② 参见《中国大百科全书》编辑部编辑:《中国大百科全书》(法学),中国大百科全书出版社2006年版,第467页。

③ 参见解学智、张志勇主编:《世界税制现状与趋势(2014)》,中国税务出版社2014年版,第19~20页。

④ 同上书,第21页。

⑤ 同上书,第22页。

⑥ 同上书,第24页。

⑦ 同上书,第25页。

（三）税率刚性

税率是税收构成要件中最具技术特征的基本要素，同样具有不容规避性，不容人为偏移。税务实践中，国家税务总局甚至基层税务机关通过规范性文件规定预征率、综合征收率、核定征收率、附征率等形式，意图简化税制设计和税法适用的规范性、复杂性，通常以取得收入与前述规定的计算“比率”之积得出税额，因实际税负低于法定税负，纳税人对此并无异议，计算操作简单而大受基层欢迎，其实质严重违反了税收法定原则，直接规避了税收构成要件的规范调整，造成法定税率形同虚设，最终导致税法躯壳化。有必要对所有规定了计算“比率”的规范性文件进行全盘清理，开展合法性审查，及时撤销、废止不合法的法律文件，维护税法尊严和税法秩序。

关于税收构成要件的超出要素，或称非基本要素，税收构成要件中的纳税期间、纳税地点、优惠等非基本要素，本书不作具体探讨。

第六章 税收构成要件各税论

一、税收体系与税收构成要件

(一)税制变迁与改革

第一阶段,体现计划经济时代特征的税制改革(1950~1978年)。这个阶段的税制特点表现为,实行多税种、重复征收为特征的复合税制,税源分散、税基不宽、征收难度大、税收经济调节作用小。1950年1月颁布的《全国税政实施要则》[①]规定了14个税种,[②]加上1950年开征的契税和1951年开征的棉纱统销税,共计16个税种。1958年12月全国财政厅(局)会议提出了"税利合一"的初步方案。1959~1961年,国民经济遭遇了前所未有的困难。重新重视税收问题,如减轻农村税收负担、开征集市贸易税、调整个体与集体经济的所得税负担。1966年按照"合并税种,简化征收方法,改革不合理的工商税收制度"指导思想,1968~1976年分别推行"综合税""行业税",并试行"工商税",严重破坏了中国税制,税收调节经济的职能作用趋零。1978年年底开始酝酿税制改革问题,1981年推出税制改革的总体设想,基本方针是打破

---

① 《政务院颁布〈全国税政实施要则〉》,载中华人民共和国国史网:http://www.hprc.org.cn/gsgl/dsnb/gsbn,最后访问日期:2015年4月2日。

② 货物税、工商业税、盐税、关税、薪给报酬所得税、存款利息所得税、印花税、遗产税、交易税、屠宰税、房产税、地产税、特种消费行为税、使用牌照税。

“财政集中过度、分配统收统支、税种过于单一”的原有体制。通过建立“复税制”、分步推进“利改税”,建立涉外税制、内资企业所得税体系、个人所得税制等系列新税种,全面调整工商税制,恢复和改进关税制度,完善农业税,初步形成以流转税、所得税为主体,其他税种相配合的多税种、多环节、多层次的适应市场改革和发展要求的复税体系。①

第二阶段,基本符合市场经济发展的税制改革(1994～2002年)。1993年11月14日《中共中央关于建立社会主义市场经济体制若干问题的决定》提出要推动财税等重大改革步伐,11月26日国务院原则上通过了《工商税制改革方案》和增值税、营业税、企业所得税、消费税、土地增值税和资源税等6个税收暂行条例。1994年全面实施税制改革,所得税方面将原国营企业所得税、集体企业所得、私营企业所得税3个税种合并为内资企业所得税;统一税率和计税标准;把个人所得税、个人收入调节税和城乡个体工商户所得税归并为个人所得税。流转税方面建立了以增值税为主体,营业税和消费税并存的双层次调节的新流转税制模式,在商品生产、批发、零售和进口环节全面征收增值税,对绝大部分劳务和不动产销售、无形资产转让征营业税,选择少量消费品在征增值税的基础上再征消费税。② 2001年3月全国人大批准通过了《国民经济和社会发展第十个五年计划纲要》,提出要深化税制改革,积极稳妥地推进税费改革,改革生产型增值税,完善营业税和消费税,逐步统一内外资企业所得税,建立综合与分类相结合的个人所得税制度。2003年10月党的十六届三中全会通过了《中共中央关于完善社会主义市场经济体制若干问题的决定》,要求按照减税制、宽税基、低税率和严征管原则,稳步推进税制改革。2005年10月党的十六届五中全会通过了《中共中央关于制定国民经济和社会发展第是十一个五年规划的建议》,提出完善增值税制度,实现从生产型到消费型增值税转型。2006年中央“一号文件”全面取消了农业税。2007年全国人大第十届第五次会议审议通过了《企业所得税法》,统一了内外资企业所得税,基本建立了税政统一、结构优化、税负合理、政策透明和调控有力的税收

---

① 参见郭朝蕾:《新中国成立六十年以来的税制变迁与发展》,载《毛泽东邓小平理论研究》2009年第8期。

② 参见谢旭人主编:《中国财政改革三十年》,中国财政经济出版社2008年版,第133～135页。

体系框架，增强了税收收入能力和经济调控能力。①

第三阶段，全面深化改革下的税制改革(2003 年至今)。2011 年 1 月中央在上海、重庆试点房产税改革，目前房地产税立法进入全国人大立法计划。2014 年 6 月 30 日中共中央政治局会议审议通过了《深化财税体制改革总体方案》，提出了“优化税制结构、完善税收功能、稳定宏观税负、推进依法治税，建立有利于科学发展、社会公平、市场统一的税收制度体系，充分发挥税收筹集财政收入、调节分配、促进结构优化的职能作用”的目标任务。2016 年 5 月 1 日起，全面实施营业税改增值税的试点改革，增值税立法已列入全国人大立法计划。2016 年 5 月 9 日财政部、国家税务总局下发《关于全面推进资源税改革的通知》(财税〔2016〕53 号)全面启动资源税改革。提升税收制度的法治化，落实税收法定，将是下一步深化税制改革的重要目标和中心任务。

(二)税制的法治化——以税收构成要件为脊柱

税收体系已经基本建立，但法治化程度不高，与前文所论的税法体系特点对应。下一步，税制改革的重中之重，将是如何处理税收法定与税制改革的关系，即如何运用法治精神和原则指导税制改革，以及如何将税制改革的成果及时上升为刚性的税法制度。在税制改革的税法体系化过程中，税收债务法是重中之重，而税收债务法的核心就是围绕税收构成要件脊柱进行法律构建，就单个税种税收债务的纳税主体、税收客体、税基、归属和税率等基本要件要素进行立法明确，从而普遍建立税收债务成立的法定标准。前文已对税收构成要件的税法体系构建和税制完善机能进行了阐述，故不再重复。本章在国际税法比较视野下，运用税收构成要件理论工具，提出我国税制完善和税法构建的相关建议。

二、企业所得税②构成要件

(一)企业所得税构成要件的域外考察

国际上，按公司所得税与个人所得税的关系，公司所得税分为古典制、

---

① 参见谢旭人主编：《中国财政改革三十年》，中国财政经济出版社 2008 年版，第 141～149 页。

② 事实上，德国、法国、美国、韩国等国对应税种均称为“公司所得税”，为了表述方便并与我国《企业所得税法》保持一致，本书采用“企业所得税”称谓。

(Classical System)①归集抵免制(Imputation System)、②双税率制(Dual-rate System)③和股息扣除制(Dividend Deduction System)4种模式。④ 德国、法国、日本、美国等国家实行古典制,而英国、韩国等国家实行归集抵免制。以德国、法国、日本、韩国、英国、美国等6国为分析样本。

1. 企业所得税的纳税主体

为了表述说明,对前述6国纳税人典型特征概述见表9:

表9 纳税主体认定规则与标准

国别	纳税人的一般原则	企业所得税纳税人的具体规则	居民企业纳税人的认定标准
德国	法人+其他独立实体	公司包括股份公司、股份有限合伙及有限责任公司,商业合作组织、互助保险团体以及其他私法的法人; 其他独立实体,指不具有法人资格的协会、国有机构、基金会、按民法设立的资产联合企业集团,以及非公司制国有企业	注册登记地或实际管理控制中心
法国	企业+法定组织	股份有限公司、有限责任公司、股份制有限责任合伙企业和合伙制企业以及一些法定组织(工商业生产经营的非贸易公司、营利性法定实体、合伙企业、特殊情形下地方政府或私人无利润组织)	实际控制管理中心

① 古典制,指将公司所得税和个人所得税作为两个独立税种分别课征,公司取得的全部利润均应缴纳公司所得税,支付股息不得扣除;股东个人取得股息所得作为投资所得缴纳个人所得税;对已分配利润存在经济上的双重征税。

② 归集抵免制,分为部分归集抵免制与完全归集抵免制;指公司利润无论是否用于分配均须按法定税率缴纳公司所得税,但公司用于股息分配的那部分利润已缴纳的公司所得税,可全部或部分地从个人股东就其股息应纳个人所得税额中抵扣。

③ 双税率制,指对公司已分配利润和保留利润按不同税率征收,通常对保留利润适用更高税率;分为双税率古典制和双税率归集抵免制,为德国首创,但德国2001年改为古典制,目前很少国家采用该税制。

④ 股息扣除制,分为全部扣除制和部分扣除制;指在计算公司所得税时,允许分配的股息从公司应纳税所得额中全部或部分扣除,即将股息视同费用支出,因此实行该税制的国家称公司税为未分配利润税和保留利润税。

续表

国别	纳税人的一般原则	企业所得税纳税人的具体规则	居民企业纳税人的认定标准
日本	法人 + 视同法人	私法或单行法上具有法人人格的法人;公共法人免除义务;公益法人和非法人社团;证券投资法人和特定目的的公司等管制型法人	总机构或主要办事处(生产经营地)
韩国	法人实体	财团法人和社团法人;营利法人和非营利法人	营业场所所在地
英国	法人实体	公司 + 任何法人团体或法人非公司组织(如体育俱乐部、居民协会、工会等)	注册登记地或实际管理控制中心
美国	法人实体	普通公司、S 公司和其他特殊形式的公司	注册登记地

2. 企业所得税的税收客体

6 国企业所得税的税收客体结构与类型如表 10 所示:

表 10　税收客体定义结构及类型

国别	税收客体定义结构	税收客体类型
德国	应税所得,即营利毛收入加上营业外收入,减去成本费用后的余额,包括经营收入和投资收益	(1)经营收入。 (2)投资收益。特许使用费;股息;利息;资本收益
法国	应税利润,即按营业利润纳税的企业包含会计期末的应收账款和负债。总营业税收入和偶然所得之和扣除成本和费用支出	总营业收入(包括会计期间销售、服务期初存货与期末存货的差额); 偶然所得(不动产租赁收入、应收账款、存款和抵押利息收入、有价证券转让收入)
日本	年营业所得额,即该营业年度的收入额减去该年度成本;所得 = 消费 + 净资产增加	销售资产;无偿或有偿资产或提供服务;无偿接受资产以及与资本交易以外的交易相关的收益

续表

国别	税收客体定义结构	税收客体类型
韩国	年度所得即年度的总收益扣除总损失后的余额	营利法人对生产经营所得、清算所得、转让土地和房屋所得纳税；非营利法人对转让土地、房屋所得和营利事业所得纳税。销售货物；提供劳务；转让财产；租赁财产；受赠财产及豁免债务；返还收入；资产公允价值变动收益；向个人买进的低于市场价格有价证券收益；其他所得
英国	应税利润，指本会计年度的各项收入提取折旧、扣除费用和损失后的余额	包括D表第1类经营利润；D表第3类利息；其他表类收入。① 非免税投资收入。 房屋建筑协会的利息。 应税所得。 免税投资收入
美国	公司的总所得减去取得所得发生的、税法允许扣除的各种费用和损失后的余额	经营所得、资本利得、股息利得、利息利得、租金所得、特许权使用费所得、劳务所得和其他所得

3. 企业所得税的税基

为了简化论述，本书对影响税基的几个主要因素分别列表比较如表11～14所示：

表11　免税收入和不征税收入

国别	免税收入	不征税收入（不计入收入）
德国	无原则上排除规定	
法国	与免税纳税人相同	无特别规定
日本	无一般性规定	所有资产评估的增加额； 退还金（充当金），即法人税的退换金或税的退还或应退还被充当税额的金额； 合并差益金，由被合并法人的资本公积金、公益金、合并减资益金和其他金额组成，资金公积金和合并减资金进入新设公司资本公积金

① 英国所得税的税收客体按分类表（Schedules）列举，目前包括5个分类表，分别为A表、B表、C表、D表、E表和F表。

续表

国别	免税收入	不征税收入(不计入收入)
韩国	政府出于宏观税收政策而放弃征收权的收入,如公共福利信托的财产收入	母公司从子公司取得的股息和红利按规定计算差额; 境内法人从另一境内法人取得的股息和红利按规定计算差额
英国	投资收入(国内公司股息); 复合条件的政府补助金(拨款); 大部分出售固定资产收入以及包括在应税所得中能引起资本折旧加速的那部分收入	无一般性规定
美国	无原则上排除规定	

表 12　可扣除项目对比

国别	可扣除项目
德国	流动资产、低值易耗品的购置成本; 净价在一定数额内的有形损耗,可移动的固定资产及物品的购置费用或生产费用; 固定资产折旧费; 企业贷款利息及贷款债权损失; 雇员的工资薪金、保险开支及符合条件的差旅费; 非企业雇员一定数额的礼品费; 营业税、销售税以及其他经营相关的税收; 企业宴请费的 80%,提供正式发票,载明时间、地点、人员和事由; 自建招待所的费用开支和外地安排客户住宿的合理开支; 非正常损失,如失窃或丢失的企业财产; 对慈善、教会、宗教、科学和其他允许公益捐款,不超过限额的部分; 其他符合扣除条件的企业开支; 准备金,可作为扣除项目在税前列支; 亏损结转,可追溯至前两个纳税年度,要求前两年度有留存利润且有结转数额限制,如无留存利润则可向后结转 5 个纳税年度

续表

国别	可扣除项目
法国	成本与费用符合下列条件可扣除： 必须是确实发生的成本和费用； 支出必须与企业直接经营和正常管理有关； 支出必须在期间费用中并反映企业净资产的减少； 扣除必须符合税法规定，不符合企业经营目的的不能扣除
日本	营业年度的销售费、一般管理费及其他费用按期间配比原则计入损失； 生产成本，建筑工程成本； 销售费用，一般管理费； 灾害损失； 不作为当年费用的特别准备金、特别基金； 销售成本； 坏账损失，金钱债权在法律上已消灭； 坏账准备金、退货调整准备金； 一定比例和数额的资产修理与维护费用
韩国	成本，生产经营有关的销售成本、销货成本、业务支出及其他耗费； 费用，销售(经营)费用，管理费用和财务费用； 税金，除企业所得税和增值税以外的其他税金及附加； 损失，生产经营有关的固定资产和存货的盘亏、毁损、报废损失，转让财产损失，呆账损失，坏账损失，不可抗力造成的损失，其他损失； 与生产经营活动有关的其他合理支出； 年度亏损可往后结转5年
英国	营业损失，可当期扣除并可结转； 非营业损失，资本损失和资本租赁损失，可扣除但不能结转； 集团公司损失救济； 非公司组织损失

续表

国别	可扣除项目
美国	(1)经营费用 娱乐、汽车、旅行、礼品和教育费用; 雇员报酬; 坏账(经营性坏账可作为经营费用扣除,非经营性坏账可作为短期资本利亏扣除); 其他经营费用:保险费、税(地方及外国政府征的不动产税、地方及外国政府征的所得税、雇主支付的工薪税、销售税、消费税、燃油税、特许权税及其他杂税),具有经营目的的法律费用,某些只能摊销不能扣除。 (2)亏损 年度亏损 净经营亏损,向前结转 3 年,如仍未扣除完则向后结转 15 年,可选择直接向后结转; 消极活动亏损,如租赁和合伙企业中的有限合伙权益,按消极活动亏损规则,所得分为积极所得、消极所得和投资组合所得,原则上不同类型的消极亏损冲抵不同的所得。 交易亏损 ①经营性交易亏损,如意外损失、偷盗损失,通常可在当期扣除。 ②有投资有关的亏损,有专门的限制性规定,资本利亏只能冲销以前或以后年度的资本利得;被特别处理的投资亏损,关联方未按独立交易原则进行的销售亏损不得扣除;虚假销售的利亏,不得扣除

表 13　不可扣除项目对比

国别	不可扣除项目
德国	隐匿分红,不符合《公司法》利润分配向企业有关人员支付或使其获利而造成公司财产减值或无法增值。 所得税法不可列支的项目:非企业雇员超过数额的礼品费;超限额的企业宴请费、招待费等。 公司所得税法规定不得列支项目:企业章程规定用途的开支;公司所得税、其他个人税及连带附加费和财产税;自用产品增值税;行政罚款;50%的监事会、咨询委员会成员保持;基于商业理由发生的估价费用的 20%
法国	不符合可扣除项目的支出,未单独正列举

续表

国别	不可扣除项目
日本	税收公课、法人税、法人住民税等； 滞报税、少申报加算税、未申报加算税以及重加算税； 作为第二次纳税义务人缴纳的法人费； 不法经费、罚金； 隐瞒伪装逃税费用； 超额的捐赠和交际费 董事监事薪酬 评估损失
韩国	支付投资者的股息或红利； 企业所得税税款； 税收滞纳金； 罚金、罚款和被抵押物的损失； 超出扣除限额的捐赠支出； 未经核定的准备金支出； 超过标准或不符合规定的工资、福利费、差旅费、教育培训费、企业之间支付的费用； 与取得收入无关的费用
英国	资本性支出及折旧； 公司所得税； 违法的罚金和法律事务费； 税收上诉费； 政治捐款； 股息、拨款及转入准备金； 新公司开办费，股票和债券的发行费用或赎回费用； 招待顾客或代理商的费用； 赠与支出； 赊销呆账，确定无法收回则可扣除； 租用昂贵汽车的部分费用
美国	对费用扣除的规定比较宽松，原则上只要具有经营目的即可全额扣除，因而并未正列举不得扣除项目

表 14 折旧、折耗和摊销对比

国别	折旧	折耗	摊销
德国	商业用建筑物、动产、无形资产	无具体规定	购置并非自创的商誉，在法定期限内摊销
法国	固定资产采用直线折旧法	投资于节能设备、电气车辆、控制污染建筑物、噪声控制设备、软件开发与制造设备等的企业，扣除头 12 个月投资成本的 100%	无具体规定
日本	有形资产，房屋、机械、设备等； 无形资产，专利权、渔业权和动植物资产等	无具体规定	无具体规定
韩国	建筑物或无形资产适用直线法； 有形资产按固定比例法或直线法； 开采权用产量折旧法或直线法	无具体规定	无具体规定
英国	采取资本折扣的加速折旧方法计入成本扣除	无具体规定	
美国	符合条件的纳税人有选择权，对用于经营活动的、符合规定的应提折旧资产，每年按一定金额费用扣除；通过资产规则公示清单对计提混合折旧资产折旧进行限制	经营中使用的矿产、石油、天然气、其他自然资源和木材。分为成本折耗法和百分比折耗法	具有经营目的的专利权、版权、特许权和商誉等无形资产投资的资本回收；严格按直线法在期限内按年摊销

资产折旧一般分为固定比例法和余额递减法；存货计价，一般包括成本定价法和成本或市场孰低法。列表比较如表15所示：

表15 资产折旧法和成本定价法对比

国别	资产折旧法		主要存货估价法(成本定价法)			
	直线法	余额递减法	先进先出法	后进先出法	加权平均成本法	移动平均成本法
德国	√	—	√	√	√	√
法国	√	√	√	—	√	—
日本	√	√	√	—	√	√
韩国	√	√	√	√	√	√
英国	—	√	√	—	—	—
美国	√	√	√	√	—	—

4. 企业所得税的税率

对上述6国适用税率，列表比较如表16所示：

表16 税率结构对比

国别	税率结构
德国	统一的单一比例税率
法国	(法人类型+分类所得)复合比例税率
日本	(法人类型)复合比例税率
韩国	(分类所得+应税所得额)复合比例税率
英国	复合比例税率：(不分应税所得额)标准税率+低税率
美国	(应税所得额)超额累进税率+不设起征点

(二)企业所得税构成要件的本土完善

1. 纳税主体问题及立法完善

首先，表现为企业所得税名称与实际纳税主体名不副实。① 美国、日本等对应税种均称为公司税或法人税；从我国相关法律规定来看，也恰恰含蕴了纳

① 《企业所得税法》的称谓没有采用学界较为普遍主张的《法人所得税法》。参见朱大旗：《中国大陆〈企业所得税法〉纳税主体问题的法律研究》，载《月旦财经法杂志》2008年第13期。

税主体的"法人性和营利性"[①]的特征。立法意旨相同而语言表述不同,导致实践中医院、学校等事业单位,往往以"企业"名称称谓作为其拒绝缴纳企业所得税的盾牌。实践中,一些民办教育的实际性质与法定办学宗旨不符,民办教育管理方式违背法定规范,容易产生征纳矛盾。我国《教育法》规定不得以营利为目的举办学校及其他教育机构。教育事业本应属于公益性或非营利事业。目前,实践中举办职业教育的形式比较多。因种种原因,一些职业学校在实践中往往变相或者完全成为营业机构或营利组织,相关的收入未按法律规定进行管理,而将学校收入进行分配;一些职业学校未取得"符合法定条件的非营利组织"的认定资质。按照税法规定,上述情况相关收入均需缴税,很容易产生征纳矛盾,产生征管难题。

其次,企业所得税纳税主体认定标准不科学。我国企业所得税纳税人采取的是"主体性质+源泉所得"的双重标准。现行立法因对二者界定和限定的立法技术手段限制等原因,存在如下问题:(1)逻辑问题。我国《企业所得税法》规定,[②]境内的企业和其他取得收入的组织(以下统称企业)为企业所得税的纳税人。企业分为居民企业和非居民企业,个人独资企业、合伙企业除外。"境内"将境内纳税主体和境内收入混作一团;"境内企业"为企业所得税纳税人,与居民企业与非居民企业的分类存在明显逻辑矛盾。(2)包含不全。我国所得税分为企业所得税和个人所得税,此外无他。而称作"企业"的除了我国《公司法》调整的企业法人(包括有限责任公司和股份有限公司)和《中外合资经营企业法》调整的企业即中外合资有限责任公司,以及《合伙企业法》规定的对外承担无限责任的合伙企业,还有《外资企业法》调整的外资企业、《中外合作经营企业法》调整的中外合作企业,这两类企业既可为法人也可为非法人企业,[③]与之类似的还有《民法通则》所称的全民所有制企业和集体所有制企业。[④] (3)排除不净。明确规定依照我国法律法规成立的个人独资企

---

① 参见朱大旗:《中国大陆〈企业所得税法〉纳税主体问题的法律研究》,载《月旦财经法杂志》2008年第13期。

② 我国《企业所得税法》第1条、第2条。

③ 我国《外资企业法》第8条规定,"外资企业符合中国法律关于法人条件的规定的,依法取得中国法人资格"。《中外合作经营企业法》第2条第2款规定,"合作企业符合中国法律关于法人条件的规定的,依法取得中国法人资格"。

④ 我国《民法通则》第41条第1款规定,"全民所有制企业、集体所有制企业有符合国家规定的资金数额,有组织章程、组织机构和场所,能够独立承担民事责任,经主管机关核准登记,取得法人资格"。

业、合伙企业为非企业所得税纳税人,与前述第2项瑕疵相连相伴的问题就是未能排除所有的非法人企业类型,“依照外国法律法规在境外成立的个人独资企业和合伙并不能排除在外”,[①]未将非法人企业不是企业所得税纳税主体明确为基本原则。(4)内涵不清。其他取得收入的组织为企业所得税纳税人。何为“组织”,在我国《宪法》规范条款中有多种含义。一是组织和个人相对;[②]二是将外国其他经济组织作为外国企业的补充形式;[③]三是作为社会力量类型。[④]《民法通则》未将其他组织强调为其他民事主体,[⑤]我国《民事诉讼法》《行政诉讼法》肯定了“其他组织”的主体资格。[⑥]我国法律意义上的“组织”还包括国家权力机关、行政机关和司法机关等国家机关,[⑦]作为自治组织的居民委员会、村民委员会,[⑧]农村集体经济组织,[⑨]还包括其他意义上的党组织、民兵组织。[⑩]如此之多的“组织”,是否取得收入一概征收企业所得税并不尽然。

---

① 刘剑文等:《〈企业所得税法〉实施问题研究——以北京为基础的实证分析》,北京大学出版社2010年版,第101页。

② 我国《宪法》第5条第5款规定,“任何组织或者个人都不得有超越宪法和法律的特权”;第10条第4款规定,“任何组织或者个人不得侵占、买卖或者以其他形式非法转让土地”;第10条第5款规定,“一切使用土地的组织和个人必须合理地利用土地”。

③ 我国《宪法》第18条规定,“中华人民共和国允许外国的企业和其他经济组织或者个人……在中国境内的外国企业和其他外国经济组织……”。

④ 我国《宪法》第19条第4款规定,“国家鼓励集体经济组织、国家企业事业组织和其他社会力量依照法律规定举办各种教育事业”。

⑤ 我国《民法通则》第1条、第2条、第5条。第1条规定,“为了保障公民、法人的合法的民事权益……”;第2条规定,“中华人民共和国民法调整平等主体的公民之间、法人之间、公民和法人之间的财产关系和人身关系”;第5条规定,“公民、法人的合法的民事权益受法律保护,任何组织和个人不得侵犯”。

⑥ 我国《民事诉讼法》第3条规定,“人民法院受理公民之间、法人之间、其他组织之间以及他们相互之间因财产关系和人身关系提起的民事诉讼”;《行政诉讼法》第2条规定,“公民、法人或者其他组织认为行政机关和行政机关工作人员的行政行为侵犯其合法权益,有权依照本法向人民法院提起诉讼”。

⑦ 包括:《全国人大组织法》《地方各级人大和地方各级政府组织法》《国务院组织法》《人民法院组织法》《人民检察院组织法》等。

⑧ 我国《居民委员会组织法》《村民委员会组织法》。

⑨ “农村集体经济组织”,我国《宪法》《土地管理法》《土地承包法》《物权法》《村民委员会组织法》等法律法规中都只提出了一个名词概念,而对其微观构成即组织成员资格确定的标准不够明确;以及对外法律责任主体缺乏统一规定。《民法通则》第74条第2款规定,“集体所有的土地依照法律属于村农民集体所有,由村农业生产合作社等农业集体经济组织或者村民委员会经营、管理”。

⑩ 我国《宪法》第55条第2款。

再次,企业所得税不同优惠主体之间存在逻辑误差。我国《企业所得税法》规定小型微利企业、高新技术企业分别适用20%、15%的优惠税率。非居民企业未在我国设立机构场所,或虽设立机构场所但取得与其无实际联系的所得,适用20%的优惠税率。在我国设立了机构场所的非居民企业,对其源于境内所得或发生在境外但与机构场所有实际联系的所得,适用25%的税率。那么设立了机构场所的非居民企业能否适用前述优惠税率呢?国税函〔2008〕650号文件解释,小型微利企业不包括前述非居民企业;《高新技术企业认定管理办法》解释,高新技术企业是在中国境内注册1年以上的居民企业。即排除前述非居民企业适用优惠税率的可能,本无可厚非。但其内在逻辑却存在误差,且通过规章和一般规范性文件进行扩大解释存在合法性隐患。而且区分非居民企业的类型给予税率优惠,缺乏逻辑上的正当性,容易给人一种鼓励非居民企业不在我国设立机构场所的错觉。

最后,关于主体混同的税法责任和其他责任的制度规定缺位。如公司与股东责任混同如何征税?如个人公司,是区分责任还是先确定税种?《合伙企业法》(2006年)规定了普通合伙企业和有限合伙企业两种类型,国有独资公司、国有企业、上市公司以及公益性的事业单位、社会团体不得成为普通合伙人。有限合伙企业中作为有限合伙人的企业取得收入时如何征税?名为公司形式实为个体经营的纳税人主体如何认定?这些《企业所得税法》均未作出统一规定。

对企业所得税纳税主体制度的立法完善建议如下:一要变更税种法定名称。按照大多数国家通行做法,将企业所得税的法定税种名称改为公司所得税或法人所得税。二要统筹纳税主体制度。(1)统一居民纳税人称谓。取消居民企业和非居民企业的名称,统一为法人所得税居民纳税人和非居民纳税人。(2)科学设定居民纳税人判定标准。建议原则上按照属地管辖标准区分居民纳税人和非居民纳税人。即按营业执照、组织机构代码证、税务登记证、社会保险登记证和统计登记证"五证合一"登记制度认定居民纳税人;应当办理"五证合一"未办理的视同居民纳税人;主要机构、主要经营场所在中国境内,或主要收入来源为中国境内的,视同居民纳税人。(3)明确纳税人类型。法人所得税的纳税主体为法人,法人的认定标准原则上按民事法、公司法、行政法等基础法律规范进行认定;只有法人形式而无法独立承担法人责任的,按其他相关税种征税。(4)限定税收优惠主体。按照国外通行做法,取消非居民企业的税收优惠待遇。居民企业对其所得承担无限纳税义务,非居民企业则负有限纳税义务。(5)确定实质主体归属认定原则。在《企业所得税法》中规定形式与实质相统一的归属认定原则,在尊重依照公司法、民商法等设立的经营主体形式的基础上,当形式主体与实质主体偏离时,应透过形式由实质主体承担责任。

2. 税收客体问题及立法完善

一方面,理顺收入与所得、应纳税所得额的概念关系。我国《企业所得税法》将“收入”替换“所得”或作为“所得”的上位概念,直接混用了会计与税法概念,“收入”无法承载“所得”的税法功能,导致所得税法设计以“净资产增加说”还是“固定来源说”还是何种理论基础交代不清,进而不利于税法的独立性、类型化、科学化发展。要提高税法的科学性、法律性和独立性,必须规范概念使用。企业所得税的税收客体应为应税所得、净所得,应税所得额对应税基,收入是会计意义的所得。

另一方面,完善税收客体制度的立法设计。正是基于未理顺收入、所得与应税所得额的关系,我国《企业所得税法》在第一章规定“总则”之后,直接进入第二章“应纳税所得额”(税基),直接忽略了独立的税收客体制度设计,而缺乏统一逻辑、统摄周全的税收客体制度设计,导致需要不断地通过法律位阶更低的行政法规、规章、税收规范性文件,以“打补丁”的方式进行补充规定,严重削弱了税法的权威性和系统性。事实上,这种“点对点”的补充方式不可能产生周全效果,仍有不少类型的所得仍处于立法的模糊空间地带。笔者建议:(1)设计独立的税收客体制度。将税收客体在《企业所得税法》中独立成篇、专章安排,这是建立法际衔接良善关系的制度考量;正确处理好民商法、税法与会计法的关系,民商法是税法适用的前提法源,民商法律关系是所得来源的基础性法律关系,税法对民商法经济交易形式进行类型抽象概括为所得类型,在尊重会计法的记账准则的同时基于税法需要作出调整规定。(2)概括周延的税收客体类型。建立企业所得税以分类所得为基础的税收客体类型制度,采用综合所得征收方式,对所得的类型划分为:生产经营所得、资本所得、资产转让所得(包括资产使用权和所有权转让)、偶然所得和其他所得。(3)细化相关的税收所得类型。在上述类型化的基础上,我国《企业所得税法》仍对各种类型进行正列举:①生产经营所得,如销售货物、提供劳务等;②资本所得,如股息、红利等权益性投资收益、利息等;③资产转让所得(包括资产使用权和所有权转让),如转让财产、出租、特许权出让等;④偶然所得,如接受捐赠等;⑤其他所得,如未没收或消灭的非法所得等。

3. 税基问题及立法完善

我国《企业所得税法》通过正列举的方式分别规定了减税收入、免税收入和不征税收入，但缺乏一般性规定。与前述同，笔者建议：一是修改为减税所得、免税所得和不征税所得。前二者属于税收优惠，即基于政治、经济、社会政策需要，给予的一种税收减轻或免除措施；后者不是税收优惠，而是指不具有可税性，即不具备法律上和经济上的双重可税性。二是设计3种所得的一般性规定。减税所得、免税所得，是指国家基于公共利益、行业产业发展需要等政治、经济、社会政策考量，而给予某些所得减轻或免除税收负担的优惠措施；不征税所得，是指不具有经济和法律上可税性的所得。三是完善减税、免税类型化规定。分为国家经济安全、特定行业发展、鼓励投资、保护环境和促进技术发展等类型。

总体来看，我国现行《企业所得税法》较为全面地考虑了资本、技术、劳动力、风险等要素补偿，明确了费用、成本和其他合理支出等扣除标准，较好地适应了现代企业制度改革的要求，在一定程度上实现了与国际税制接轨。但也存在一些有待改进的地方：一是规范支出和费用、成本、扣除等税法概念。《企业会计制度》将费用限定为企业销售商品、提供劳务等日常活动所发生的经济利益流出；成本则为生产产品、提供劳务产生的各种耗费。二者均具有直接性、相关性、必然性、主动性。而《企业会计准则》扩大了费用的内涵，将"收入"①与"费用"②作为完全对应的概念，一个指经济利益总流入，另一个指经济利益的总流出。税收立法将支出、费用、成本、扣除等财会概念移用至《企业所得税法》，将支出③作为费用、成本、税金、损失等的上位概念；《企业所得税法实施条例》将支出区分为收益性支出和资本性支出。成本与费用既要保留财会法中直接性、相关性、必然性、主动性的原有特征，也要具备独立的税法内涵。本书认为，支出仅为财会记账中经济利益流出的统称，并无规范意义，不宜作为特定税法概念。仅保留成本、费用和其他合理支出即可，符合条件的成本、费用和其他合理支出可扣除，与生产经营无关的不合理支出不得扣除。二是完善成本与费用的一般性规定。《企业所得税法实施条例》对成本与费用作了具体规定，宜制定即《企业所得税法》的一般性规定，即成本与费用符

① 《企业会计准则——基本准则》(2014年)第30条规定，"收入是指企业在日常活动中形成的、会导致所有者权益增加的、与所有者投入资本无关的经济利益的总流入"。

② 《企业会计准则——基本准则》(2014年)第33条规定，"费用是指企业在日常活动中发生的、会导致所有者权益减少的、与向所有者分配利润无关的经济利益的总流出"。

③ 实际发生的与取得收入有关的、合理的支出，包括成本、费用、税金、损失和其他支出。

合下列条件可扣除:必须是确实发生的成本和费用;支出必须与企业直接经营和正常管理有关;支出必须在期间费用中并反映企业净资产的减少;扣除必须符合税法规定,不符合企业经营目的的不能扣除。三是完善成本和费用的类型化规定。成本包括人力成本、技术成本、原料成本、加工制造成本和其他直接与生产经营相关的成本;费用包括销售费用、管理费用、财务费用和其他与生产经营相关的合理费用。

4. 税率问题及立法完善

我国企业所得税,实行"标准税率为 25% + 优惠税率 20% (非居民企业;小型微利企业) + 优惠税率 15% (国家需要重点扶持的高新技术企业)"的组合比例税率。学者陈少英总结,目前税率设置的主要缺陷有:比例税率导致缺乏收入弹性;比例税率追求效率优先导致税负有失公平;比例税率不能与纳税人负担能力相匹配;比例税率夸大了税收刺激投资、调节经济的调控功能;比例税率不利于平衡大小企业利益;比例税率相较超额累进税率不利于组织财政收入等。[①]笔者不完全苟同上述弊端分析,主要理由在于,上述缺乏数据支撑的宏观性概括,很难具有说服力。从全球范围来看,只有美国等少数国家实行累进税率,绝大多数国家实行比例税率,且下调法定税率凸显减税效应正成为主流,并呈现出国际税负趋同趋势,在一定程度上缓和了跨国避税冲动。2006~2012 年 OECD 国家公司所得税的综合税率从 27.9% 降低至 25.54%,下降了 2.36%;据毕马威会计事务所数据表明,2006~2013 年全球公司所得税的平均税率从 27.5% 下降到了 24.08%。[②]整体上看,我国企业所得税标准税率与国际平均税率大致吻合,因而整体税负相对适中。本书认为,目前企业所得税税率的最大问题在于,按照企业类型设置差别的比例税率,不利于税收中性原则的贯彻,而在标准税率设置却未考虑不同企业的税收负担能力。鉴于此,笔者建议按照应税所得额设置差别比例税率以避免扭曲经济,即保持标准税率 25% 不变,应纳税所得额不超过 × × 万元的企业适用低税率 20%;设置起征点,未达到起征点的可给予免予征收优惠,一定年限内暂不予征收企业所得税。对确需税收扶持的行业产业,应以税基式优惠取代税率优惠,维护税率刚性和税收中性。

---

① 参见陈少英:《税收债法制度专题研究》,北京大学出版社 2013 年版,第 162~163 页。

② 参见解学智、张志勇主编:《世界税制现状与趋势(2014)》,中国税务出版社 2014 年版,第 138 页。

三、个人所得税构成要件

(一)个人所得税构成要件域外考察

个人所得税由英国创立,最具代表性的为英国和美国,主要开征缘由均为筹集战争开销。其中,英国是典型的分类税制,而美国则为综合税制的代表。1799年1月9日英国通过了个人所得税法;1861年美国北方政府出台了第一部所得税法,1913年修改宪法,赋予了国会开征个人税的权力;1913年法国开征个人所得税。第二次世界大战后,日本推行肖普税制,按美国理念设计个人所得税税制。目前,世界上大多数国家和地区都征收个人所得税。实际上,并不存在绝对的综合税制和分类税制,而是按分类和综合的程度,分为:综合所得税制、①二元所得税制、②半二元所得税制(半综合所得税制)、③单一税制(比例税制)。④法国和日本采用半二元所得税制,德国、美国和英国则属于半综合所得税制。⑤

1. 个人所得税的纳税主体

本书对上述诸国的个人所得税纳税人的立法原则和认定规则简要概括如表17表示:

表17 纳税主体认定对比

国别	纳税人原则	纳税人类型	居民纳税人的具体规则
德国	属人原则 + 属地原则	居民纳税人 + 非居民纳税人	有住所或习惯性居住或两个公历年度内连续停留6个月以上

① 综合所得税制,工资薪金、资本利得和财产转让等各类来源所得均适用累进税率;大多数OECD国家采用收付实现制,极少数情况采用权责发生制;为保护资本国内投资,很多国家给予资本利得比工薪收入更低的税率。

② 二元所得税制,对劳动所得(工资薪金、附加福利、社会保障福利及雇佣人员经营利润中的劳动所得)适用累进税率,对公司和个人的净资本所得适用较低的比例税率。

③ 半二元所得税制,对不同类型的所得实行不同的名义税率,对资本利得适用较低的比例税率,对其他类型所得适用较高的累进税率。半综合所得税制,对绝大部分资本利得和劳动所得适用较高的累进税率。

④ 单一税制,对资本利得、劳动所得和其他所得适用同一比例税率。

⑤ 参见解学智、张志勇主编:《世界税制现状与趋势(2014)》,中国税务出版社2014年版,第40页。

续表

国别	纳税人原则	纳税人类型	居民纳税人的具体规则
法国	属地主义	定居纳税人 + 非定居纳税人	家庭所在地或主要居住地在法国 + 被雇佣还是自谋职业，但证明仅偶然发生的除外 + 经济性利息的来源地在法国
日本	个人居住地主义为主 + 所得源泉地主义	普通居住者纳税人 + 非永久居住纳税人	有定居意愿，且连续居住 1 年以上且拥有住所
韩国	属人兼属地主义	居民纳税人 + 非居民纳税人	有住所或居住 1 年以上
英国	属人兼属地主义	居民纳税人 + 非居民纳税人	永久住所或按居住天数（一个纳税年度内居住超过 183 天或一个新的永久性居民从其入境之日起）
美国	属人兼属地主义	公民纳税人 + 居民纳税人 + 非居民纳税人	美国公民；外国的美国居民原则上按天数

从表 17 可见，承担国内外所得无限纳税义务的居民纳税人和仅就国内收入承担纳税义务的非居民纳税人是各国采用的通行分类做法，而居民纳税人的主要认定规则为有无住所和一定期间内的居住天数。

2. 个人所得税的税收客体

上述国家的个人所得税法比较，不同的税制设计源于对所得基本概念的理解。

所得的基本概念一般分为 3 种：第一种，增值概念（accretion concept）的所得，包括任何已实现的财产收益，主要适用于美国，通过行政与司法实践发展确立。第二种，来源概念（source concept）的所得，仅指来自某一来源的收益。第三种，信托概念（trust concept）的所得，很多英联邦国家采用。无论采用何种所得概念，法院认为仅能对已经实现的所得征税，各国税法均对该观点进行

了修正规定,特别在金融工具征税方面。①美国税法学者维克多·瑟仁伊总结了各国税法实践中的所得定义与概念如表18所示:②

表18 所得定义与概念对比

国别	定义结构	概念
德国	分类	来源
法国	分类	来源
日本	分类	增值
英国	分类	来源、信托
美国	综合	增值
加拿大	综合	来源、信托

笔者认为,上述关于所得的定义和分类其实已无太大实际意义,绝对的分类和绝对的综合现已不存在,应更加关注所得的具体类型化问题,笔者对前述几国的所得类型概括如表19所示:

表19 所得定义结构与具体类别对比

国别	所得的基本定义结构	所得的具体类型
德国	修正的来源所得	(1)7种所得,3类利润所得:农业和林业所得;贸易或经营企业所得;专业服务或其他某些独立个人服务所得。 (2)4类超额所得:非独立个人服务所得(工资和薪金);资本投资所得;租金和特许权使用费;其他特定来源所得
法国	严格的来源所得	工资和养老金、公司管理人员报酬、工业和商业利润、农业利润、不动产所得、证券收入所得、私人资本所得(非经营)、个人服务所得(非经营)和其他所得

① 参见[美]维克多·瑟仁伊:《比较税法》,丁一译,北京大学出版社2006年版,第236~237页。

② 同上书,第241页。

续表

国别	所得的基本定义结构	所得的具体类型
日本	概括性所得	(1)勤劳所得:工资、退职所得。 (2)资产所得:利息、分红、不动产、山林、转让所得等。 (3)资产勤劳综合所得:事业所得
韩国	修正的来源所得	(1)综合所得:利息所得、红利所得、不动产租赁所得、事业所得、工薪所得、临时财产所得、年金所得和其他所得。 (2)分类所得:退休金所得、森林所得、转让所得征收
英国	来源所得+信托	(1)雇佣所得;养老金所得;社保所得。 (2)经营所得;财产所得;储蓄和投资所得;杂项所得。 (3)公益信托;应收所得收益所得;其他
美国	净资产增加	(1)勤劳所得:主要形式为工资薪金、小费、奖金和佣金;一项交易或经营的积极活动的所得;劳务所得;非法活动所得。 (2)资本所得:主要为投资回报,常见形式有利息所得、股息所得、租赁或者与特许权使用所得、年金所得、合伙企业和S公司等所得和出售前述几种资产的投资所得。 (3)转移所得:主要有奖品和奖金、失业补偿、社会保障收益和赡养费等4种。 推定所得

就所得的类型而言,勤劳所得与资本所得相对应,一次所得或经常所得相区分,这些分类前后二者税收负担能力及稳定性均不同;是所谓的所得来源说与净资产增加说的重要区别,也影响个人所得税客体范围大小及最终税制设计。

3. 个人所得税的税基

个人所得税的税基确定,主要取决于两个方面:一是可税收入范围;二是可扣除项目范围。除了常见所得收入类型,就特定收入的可税性列举如表20所示:①

① 参见[美]休·奥尔特等:《比较所得税法》,丁一,崔威译,北京大学出版社2013年版,第238页。

表 20　特定收入可税性对比

国别	其他收入类型的可税性						
	房屋出租估算收入	个人赠与	商业赠与	意外收入（非商业/追求利益）	非法所得	公共补贴（商业环境）	债务免除
德国	一般排除	排除	有条件包含	排除	包含	包含或计税成本扣除	包含
法国	排除	排除	通常排除	排除	包含	通常包含	包含
日本	排除	排除	包含	包含	包含	包含或计税成本扣除	包含
韩国	有条件排除	不详	包含	包含	包含	可扣除	包含
英国	排除	排除	非商业目的则排除	排除	包含	包含除非另有规定	通常排除，先前损失除外
美国	排除	排除	通常包含	包含	包含	包含或计税成本扣除	包含或计税成本/损失扣除

上述 6 国关于扣除项目列举如表 21 所示：①

表 21　可扣除项目对比

国别	可扣除项目						
	上下班交通成本	娱乐支出	非法支付	儿童看护	个人利息	医疗费用（非经营相关）	慈善捐赠
德国	扣除	有限扣除	不得扣除	标准扣除补贴/实际超标可扣除	不能扣除	有限扣除	有限扣除

① 参见[美]休·奥尔特等：《比较所得税法》，丁一，崔威译，北京大学出版社 2013 年版，第 285 页。

续表

国别	可扣除项目						
	上下班交通成本	娱乐支出	非法支付	儿童看护	个人利息	医疗费用（非经营相关）	慈善捐赠
法国	有限排除	与经营相关则全额扣除	无一般性限制	不能扣除/有限抵免	不能扣除	不能扣除	有限抵免
日本	不能扣除	个人全额扣除，公司受限	特殊限制	不能扣除	不能扣除	有限扣除	有限扣除
韩国	不能扣除	有限扣除	无一般性限制	有条件扣除	有限扣除（业务有关）	有条件扣除	有限扣除
英国	不能扣除	不能扣除，自己员工除外	不能扣除	不能扣除，但有抵免	有限扣除（经营利息）	不能扣除（超过59岁保险费可扣除）	有限扣除
美国	不能扣除	比例限制	扣除受限	不能扣除，有限抵免	有限扣除（个人住宅）	有限扣除	有限扣除

4. 个人所得税的税率

对上述6国采用的税率类型、是否设置免征额综合对比如表22所示：

表22 税率对比

国别	税率类型	是否设置免征额
德国	超额累进税率	工薪所得设置免征额
法国	超额累进税率+比例税率	有
日本	超额累进税率	无
韩国	超额累进税率+比例税率	无
英国	分类征收的超额累进税率，每年调整	无
美国	完全的超额累进税率，每年调整	无

（二）个人所得税构成要件的本土完善

1. 纳税主体及立法完善

完善纳税人制度。2018 年新修订的《个人所得税法》规定，居民纳税人的认定标准为中国境内有住所或无住所而一个纳税年度内在中国境内居住累计满 183 天；非居民纳税人标准为无住所又不居住或无住所而一个纳税年度内在中国境内居住不满 183 天。德国模式为“两个公历年度内连续停留 6 个月以上”；韩国模式为“居住 1 年以上”；英国模式为“1 个纳税年度内居住超过 183 天”；美国模式为“持非移民护照当年度居住天数不少于 31 天，且当年度居住天数 ×1 + 去年居住天数 ×1/3 + 前年居住的天数 ×1/6 大于 183 天”。对比而言，美国、德国模式最严格，跨越 2 ~ 3 个纳税年度且合计居住天数为半年左右，英国、韩国相对宽松。应对跨境交流日益频繁、人力资源流动增强、取得国别所得更加多元等客观现实，为保障税收利益，建议按照实际情况进一步严格居民纳税人标准，修改为“在中国境内有住所，或在中国无住所的人在当年、去年和前年 3 个纳税年度内连续居住 183 天以上；具有中国国籍的是否在国内具有住所均视为居民纳税人；与我国签订了税收协定的按协定”。非居民纳税人标准修改为，除居民纳税人以外的为非居民纳税人。

完善课税单位制度。课税单位是个人所得税应税所得计算的基础。课税单位与税率结构之间联系紧密，目前主要可能的课税单位包括个人、已婚夫妇或家庭。对已婚者纳税单位的选择的通行做法，即强制性联合申报、选择性联合申报；新修订的《个人所得税法》仍采用个人为课税单位的单独纳税制。1958 年德国修改个人所得税法后，确定了夫妻双方选择权的家庭和个人合并征收模式。任何一方可选择以家庭还是以夫妻个人为纳税单位，一旦选择一定期限内则不能变更，[①]选择权的行使方式包括客观不行使、单方或双方共同行使，个人所得税法对前述方式规定了不同的法律后果。对于美国已婚者而言，可自由选择单独申报或合并申报，但实践中单独申报因并不占“税收便宜”，因而很少被选择。[②] 个人或单身纳税人指未婚且没有被抚养人；离婚或已满足法定分居条件，以及符合法定条件的已婚但被“遗弃 ”且没有被抚养人

① 参见许闲：《德国个人所得税家庭申报制度的经验与借鉴》，载《月旦财经法杂志》2009 年第 18 期。

② 参见 V. 图若尼主编：《税法的起草与设计》，国家税务总局政策法规司译，中国税务出版社 2004 年版，第 539 ~ 540 页。

的纳税人。[①] 法国采用相对硬性规定的家庭合计申报制，给予人口较多大家庭比较大的税收优惠。韩国以家庭为个人所得税纳税单位，起征点也不固定。笔者认为，个人为单位还是以家庭为单位，其主要理由不在于比较何种方式优劣，而在于给纳税人多一个制度性选择，在保障个人和家庭权益基础上，引导纳税人理性行使权利并积极承担纳税义务。就征管技术及相关配套措施要求而言，实行家庭单位申报制比个人单位申报制要求高；但实行家庭单位申报制在一定程度上能有效解决夫妻双方税收负担能力悬殊的矛盾，进而降低家庭整体税负。基于此，随着经济社会的不断发展，社会信用体系及家庭财产系统等配套制度不断完善，进一步修订《个人所得税法》，可设计增加个人单位缴税和家庭单位缴税相结合的选择性制度，一旦选择5年内不得变更。

2. 税收客体及立法完善

完善税收客体类型。所得的类型化、科学化是个人所得税的核心基础和关键前提。最新修订的《个人所得税法》对“所得”进行优化调整，将原十一大类所得简并为九大类，将“个体工商户的生产、经营所得；对企事业单位的承包经营、承租经营所得”合并为“经营所得”；删除“经国务院财政部门确定征税的其他所得”；所得类型的概括性和科学性有所提升，但内在逻辑性、体系性还有待统摄规整。有人提出所得的新分类方法：(1)按民商法的合同类型分：以财产所有权转移为标的的合同所得，如买卖和赠与；以财产使用权为转移标的的合同所得，如租赁；以人的劳务作为合同标的，如雇佣。(2)所得源泉分为劳动力、土地、资本和企业4种。劳动力取得可细分为独立性工作和非独立性工作。独立性工作所得主要为营业所得、执业所得和农林所得。非独立性工作所得主要为薪资所得、退职所得。资本取得，包括财产交易所得和资本利得。财产交易所得指利用资本交易，认为该处的财产不应包括通用货币，且因资本交易而取得的财产交易所得与因劳动力取得的营业所得，存在混同可能。资本利得包括利息所得、租金所得、特许权的权利金所得、股利和合作社分配盈余。其他所得包括竞技、竞赛或机会中奖的奖金或给予。[②]本书认为，所得类型化的根本原则，一在于稳定，二在于简便。税法上所得概念系对

① 参见财政部《税收制度国际比较》课题组编著：《美国税制》，中国财政经济出版社2000年版，第60页。

② 参见柯格钟：《论所得税法之所得分类》，载《月旦法学教室》2007年第59期。

经济学上的对应概念提炼修正而来,劳动所得与资本所得的二分是基础分类,稳定性所得和一次性所得的区别表征根本性质,货币性所得和实物性所得的划定体现经济属性,应税所得和非税所得体现社会经济政策目标。

完善税收客体类型目前面临两大任务:其一,补充调整新的所得类型。(1)农林牧渔所得。德国、法国、日本、韩国均将山林所得或农业所得单列为所得类型,我国是否增补农林牧渔业所得?有学者提出,将高收入的农户排除在个人所得税征税范围外,不利于公民公平纳税。①笔者认为,"三农"为我国重要的基础性问题,应谨慎选择;在农村经济普遍不发达的现有状况下,且所得税等直接税并不占主体地位,间接税种的税负转移效应仍很大,不宜将"农村常住居民"②自产自销所得纳入征税范围,非农村常住居民从事农林牧渔业所得视为就业或生产经营,应纳入征税范围但无须作为单列类型,计入劳务报酬所得、工资薪金所得或生产经营所得即可。(2)退职所得。日本、韩国将退职所得单列,英国的养老金所得、社保所得,美国社会保障收益和赡养费,法国的养老金均列入所得类型征税。综合考虑我国国情和社保制度运行状况,为避免增加额外负担,建议暂不将其列为所得类型且不列入征税范围。(3)非法所得。德国、法国、韩国、日本、英国、美国均将非法所得纳入个人所得税征税范围。我国税法未予明确,导致实践中操作不一。笔者认为,非法所得并非独立的来源所得,仅是对基础性原因事实的合法性评价,建议对非法所得无须单列,但应计入基础行为事实对应税收客体类型,明确规定非法所得在发生有权机关没收等法定原因导致消灭情形之前具有可税性。

其二,统并归类现有所得类型。原则上,将所得按来源区分为稳定性所得和一次性所得;按税收负担能力区分为勤劳所得和资本所得;按经济属性区分为货币所得和实物所得。稳定性所得是税源的基本保障,鼓励勤劳所得,比资本所得适用更多的税收优惠,对实物所得要按市场公允价格折算。如何统筹归类现有所得类型呢?一种方案,将劳动所得和财产所得(包括工资薪金所得、经营所得、劳务报酬所得、财产租赁所得和财产转让所得)作为综合所得

① 参见朴姬善、金兰:《中韩税收比较研究》,中国社会科学出版社2012年版,第245页。

② 《湖南省常住户口登记管理办法》已经取消了农业户口与非农业户口性质区分,统一登记为居民户口。

项目,抵减税收优惠和扣除后按超额累进税率征收,其他所得仍按分类征收。[①]另一种方案,将劳动者收入即工资薪金所得、劳务报酬所得、财产租赁所得和生产经营所得作为综合所得项目,其他按比例税率分类征收。[②] 笔者认为,实践中考量是否纳入综合所得项目的基础条件主要有三:一是真实完整的会计账簿管理;二是真实准确的涉税信息掌握;三是真实可靠的估价调整办法。通过督促建账管理、完善协税护税和主动纳税调整等办法,上述所得类型几乎均可纳入综合项目。考虑当前征管能力、征纳成本和税收负担能力等因素,2018 年年底修订通过的《个人所得税法》,将"工资薪金、劳务报酬、稿酬和特许权使用费"等四类所得归为"勤劳所得",作为综合所得项目按纳税年度合并适用超额累进税率计征个人所得税;经营所得单独适用超额累进税率。本书认为,对勤劳所得比对资本所得适用超额累进税率更具伦理价值,有利于鼓励诚实劳动创造财富并充分彰显税收负担能力;对资本所得和财产类所得适用单一比例税率,体现直线统一的调节旨向,但唯一确定的比例税率并未充分考虑其与勤劳所得的税收负担能力差异,一定程度上不符合税收量能课税原则;从长远来看,要根据社会经济条件和社会阶层结构以及收入所得比例等因素,对资本所得和财产类所得亦实行超额累进税率征税,且应高于勤劳所得的税负水平。

3. 税基及立法完善

完善不征税收入制度。非征税收入的主要理由:(1)社会政策。福利、稳定、民生等,抚恤金、失业保险给付、生活保障补贴、财产保险给付;(2)实报实销项目,差旅费和加班补助;(3)防止双重征税;(4)考量纳税人负担能力,转让生活动产、还债而转让财产、履行抚养义务获得的财产。我国《个人所得税法》规定了省部级以上单位以及外国组织、国际组织颁发的科教文卫体环保等奖金为免税收入。主要问题及完善建议:(1)免税收入与税收客体不完全对应,没有形成征税与否的完整清晰链条,立法不严密。如农林牧渔业等所得既未作为应税收入也未列为不征税收入。建议增加农村常住居民的农林牧渔业直接所得为免税所得。(2)免税所得的正向列举均为具体化的事项,缺乏统筹安排和逻辑统一的一般性规定。建议增加一般性规定,即非市场所得等不具有可税性或国家基于社会经济政策等因素考量(如社会救济)不征税的

① 参见朴姬善、金兰:《中韩税收比较研究》,中国社会科学出版社 2012 年版,第 250 页。

② 参见陈少英:《税收债法制度专题研究》,北京大学出版社 2013 年版,第 232 页。

所得，为不征税所得。

完善成本费用扣除制度。个人所得税费用扣除按照性质分为3类：一是取得收入的必要费用（成本）；二是维持个人生存的生计费用；三是特定目的政策扣除。新修订施行的《个人所得税法》对费用扣除制度进行明显改进，在保留且合并原有费用扣除项目（包括工资薪金的生计扣除；经营所得的成本、费用和损失扣除；劳务报酬所得、稿酬所得、特许权使用费所得、财产租赁所得等的费用扣除；财产转让所得的财产原值和合理费用扣除等）的基础上，从法律层面明确了符合条件的社会保险费和住房公积金等专项扣除，增设了子女教育、继续教育、大病医疗、住房贷款利息或住房租金、赡养老人6项专项附加扣除制度，规定了公益慈善事业的捐赠扣除，还规定了其他扣除，包括年金、商业健康保险、税收递延型商业养老保险等支出。总体来看，现行的个人所得税费用扣除制度取得长足进步，更加体现了"净所得"概念，贯彻了量能课税，彰显了人文关怀，突出了民本思想，但仍留有制度优化空间。本书认为，下一步《个人所得税法》首先应明确费用扣除制度设计和实施的总原则和改进方向：一是据实扣除原则。对与取得收入直接相关的费用成本原则上应允许据实扣除。二是合理分摊原则。所得的类型化决定了对合理分摊原则的渴求，一般应规定扣除应合理分摊到与其相关的所得项目。① 三是再扣除原则。一个纳税期间内收回的部分或全部开支或损失（含坏账）均可在收回的纳税期间内扣除，但不得超出收回范围。②四是生存保障原则。对满足基本生存所需的相关费用应准予扣除。五是增加相关成本费用扣除项目。对法无明令禁止扣除的非法支出、一定比例的慈善捐赠、经常经营相关的娱乐费用、国家统一规定医疗保险金、失业保险和养老保险金、符合一定比例的子女教育支出等项目，适时增加为法定扣除项目。然后按照上述原则，综合考虑经济社会发展情况，调整优化具体的费用扣除制度。

4. 税率及立法完善

首先，继续优化建立超额累进税率为主的税率制度。如上所述，德国、法国、日本、韩国、英国、美国均实行超额累进税率为主。修订前的《个人所得税法》除了对工资薪金所得和生存经营所得（个体工商户的生产、经营所得和对

---

① 参见V.图若尼：《税法的起草与设计》（第2卷），国家税务总局政策法规司译，中国税务出版社2004年版，第504页。

② 同上书，第505页。

企事业单位的承包经营、承租经营所得)实行超额累进税率,其他所得适用比例税率。个人所得税改革实行分类和综合相结合,扩大了适用超额累进税率的所得类型,将劳务报酬、稿酬和特许权使用费以及工资薪金所得作为综合所得,对综合所得和经营所得分别实行超额累进税率;对资本和财产类所得仍采用比例税率,今后应采用超额累进税率为主,比例税率为补充的税率制度,更加体现量能课税,更好发挥调节收入分配。

其次,继续优化设定超额累进税率的起始税率。逻辑上,个人所得税的免征额和起始税率有关。在一些社会保障制度比较健全的国家,免征额和起始税率的变化对低收入者而言或许不是太重要的问题。到底采用0%的起始税率还是降低起征点,在国外存在截然相反观点,一些人主张按照量能课税原则不应对低生存水平者征税;另一些人主张为了培养公民意识应对所有人征税,通过税收转移制度对低收入者弥补。[①] 如前文比较分析,德国、法国设置了起征点,日本、韩国、英国和美国未设置免征额,6个国家中仅德国、法国选择零税率作为起始税率。笔者认为,新颁布实施的我国《个人所得税法》改革了超额累计税率适用范围和档次结构,综合所得适用3% ~45%的超额累进税率,比原工资薪金起始税率5%降低了2个百分点,9个级距调减为7个,综合所得统并了原工资薪金和劳务报酬、稿酬和特许权使用费4项所得,并将月减除费用从3500元提高到了5000元,巧妙地将"减除费用以及专项扣除、专项附加扣除和依法确定的其他扣除"替代了"起征点"的作用。经营所得适用5% ~35%的超额累进税率,起始税率不变但"起征应纳税所得额"从5000元提高到3万元。实行半综合税制改革后,这些直接减税降负的法律制度设计,有助于激发个人创造财富的活力,也有利于体现社会主义制度的优越性。下一步,是继续提高"起征点",还是降低起始税率,抑或增加或减少税率级距,或三者并行,需要根据法律实施状况及经济发展水平和居民收入结构等因素进行调整优化。

四、增值税构成要件

(一)增值税构成要件的域外考察

1917年美国耶鲁经济学教授亚当斯最早提出增值税的概念;1954年法国

---

① 参见解学智、张志勇:《世界税制现状与趋势(2014)》,中国税务出版社2014年版,第52页。

人莫里斯·洛雷最早推动增值税法成功实施;1967 年欧共体发布了增值税第一号和第二号指令,要求成员国限期内全部实行;1968 年德国和意大利等国先后实施;美国尚未实施增值税。增值税分为 3 种,即生产型增值税(Production-type VAT)、①收入型增值税(Income-type VAT)②和消费型增值税(Consumption-type VAT)。③ 实践中,绝大部分国家实行消费型增值,即允许当期发生的所有进项税额均予以扣除。本文仍以法国、德国、日本、韩国、英国为例,对增值税展开域外分析(美国至今未引入国际通行的增值税制度)。

1. 增值税的纳税主体

总体而言,增值税的纳税主体,不要求具有完全的民事行为能力,而按照税收负担能力区分纳税人类型,一般也不区分主体的营利性与非营利性。增值税纳税人包括自然人、法人和其他组织,政府机关④也能成为增值税纳税人;分为一般纳税人和小规模纳税人,均以 1 年期间内应税销售额为标准,小规模纳税人可不进行增值税登记,一般也无须缴纳增值税。

2. 增值税的税收客体

增值税系流转行为税,税收客体可抽象为提供应税资产与应税劳务、进口货物等两大类行为。资产通常采用宽泛概念,包括有形资产和无形资产,资产客体分为财产和财产性权利;应税行为,指具有经常性、持续性和独立经营性的经济活动,偶然性的交易行为一般不作为增值税征税范围。为防止税收规避,对某些行为在税法上规定为视同应税行为;基于体育文化教育等公共利益、慈善、保护特定群体权益、特殊的经济社会发展目标等原因,税法上通常给予某些交易行为免税待遇。

3. 增值税的税基

比较前述 5 国统一的做法,各国关于提供应税资产和应税劳务的税基包括所有价款,但对价外费用是否计入税基做法并不统一,具体见表 23:

---

① 生产型增值税,计税依据包括固定资产,就国民经济总体而言,其总值与国民生产总值一致。

② 收入型增值税,计税依据将价值构成中固定资产按折旧逐步排除,就国民经济总体而言,总值与国民收入一致。

③ 消费型增值税,计税依据将价值构成中固定资产一次排除,就国民经济总体而言,总值与全部消费品一致。

④ 《欧盟 2006 年增值税指令》第 13 条规定,国家、地区和地方政府机构以及其他公法团体,不应因其以政府部门名义从事相关活动或交易被视为纳税人;即便他们收取了相关缴款、费用、捐赠或报酬;但不视为纳税人将严重扭曲竞争的除外。

表 23 税基对比

国别	增值税(销项)税基确定的一般规则	
法国	提供应税资产和应税劳务	价值总额总和(直接价格津贴,不包括增值税本身和运输费用、保险费用、包装费用等相关费用支出);不包括现金折扣、回扣、返还等价格扣除,和上一级商品和服务提供方缴纳的税额
	进口货物	资料不详——
德国	提供应税资产和应税劳务	销售收入,不包括增值税
	进口货物	海关估算价格加上流转税、关税以及其他在国外的税费和进口的相关费用(不含增值税)和佣金、包装运输费和保险费等其他费用的总额
日本	提供应税资产和应税劳务	资产转让取得的对价,包括一切金钱、金钱以外的物品、权利即其他经济利益,但不包括资产转让应缴纳的消费税额和地方消费税额
	进口货物	保税区提取课税货物使用关税定率法计算的价格,加上提取货物所征的个别消费税和关税
韩国	提供应税资产和应税劳务	对价为货币形式的,货币交易额包括全部交款和价外费用(手续费、包装费、运输装卸费、运输保险费、分期付款利息、产业灾害保险费等);对价为非货币形式的,为市场公允价格;实际交易价格过分低于正常交易价格或没有交易价的,以及交易停歇期内的存货,以市场公允价格为准
	进口货物	资料不详——
英国	提供应税资产和应税劳务	如全为货币形式,则包括利息、供应相关的佣金、运输、广告等杂费以及关税和其他各项税收。不计入税基的项目包括销项增值税税额,价款折扣,退还款项,但须充分记录以证明
	进口货物	扣除增值税以外的商品报关价值,含国内征收的所有税款、进口税和各种杂项费用(手续费、包装运输费和保险费用)

4. 增值税的税率

法国、德国实行低税率,不实施零税率;日本均不实行零税率和低税率;韩国不实行低税率;英国同时实行零税率和低税率。事实上,即便不实行零税率的国家,上述5国均规定了免税对象,因而是否适用零税率并不能成为关注重点,具体如表24所示:

表24　税率对比

国别	标准税率	低税率	零税率	税率档级
法国	20%	7%	—	2
德国	19%	5.5%;10%;2.1%	—	4
日本	4%	—	—	1
韩国	10%	—	0	1
英国	20%	5%	0	2

(二)增值税构成要件的本土完善

1. 增值税构成要件的立法升级

2016年5月1日以后,"营改增"全面推行。2017年11月19日国务院第691号令发布《关于废止〈中华人民共和国营业税暂行条例〉和修改〈中华人民共和国增值税暂行条例〉的决定》。今后一个时期落实税收法定,就是要从行政法规提升到法律层级,按照增值税税收构成要件制定出台增值税法。增值税法的法律框架,税收构成要件是其主线和脊柱,要按增值税纳税主体、税收客体、归属、税基确定、税率、征收管理等分章进行规定。

2. 纳税主体问题及立法完善

第一,完善一般纳税人制度。存在的主要问题:(1)一般纳税人的法定地位有待进一步明确。新修订的《增值税暂行条例》为行政法规,仍未在法律层面提出"一般纳税人"的法定概念,赋予其法律主体地位,只规定了小规模纳税人以外的纳税人;《增值税暂行条例实施细则》为财政部和国家税务总局联合制定的规章,将小规模纳税人以外的纳税人明确为一般纳税人。纳税人属于税收构成要件主体要件,属于法律保留事项,经授权的行政法规并未作出明确规定,而由部门规章进行细化存在转授权嫌疑。(2)一般纳税人的资格认定制度有待法律化。新修订的《增值税暂行条例》对一般纳税人资格认定实行登记制,包括"应当申请登记"和"可申请登记"两种情形,即"小规模纳税人以外的纳税人"必须登记;而"会计核算健全且能够提供准确税务资料的小规模纳税人"可申请登记;但未对一般纳税人的认定标准进行明确。财政部、税务总局《关于统一增值税小规模纳税人标准的通知》(财税〔2018〕33号)明确了增值税小规模纳税人的标准,即自2018年5月1日起为午应征增值税销售额不超过500万元,同时规定未达该数额但已登记为增值税一般纳税人的单位和个人,可在2018年年底前可转登记为小规模纳税人。国家税务总局《关于小规模纳税人免征增值税政策有关征管问题的公告》(国家税务总局公告2019年第4号)将转登记期间从2018年年底延长至2019年12月底前。国家税务总局《关于统一小规模纳税人标准等若干增值税问题的公告》(国家税务总局公告2018年第18号)再次明确,一般纳税人可选择按照财税〔2018〕33号文件相关规定,转登记为小规模纳税人,或选择继续作为一般纳税人,但应同时符合两个条件:一是根据《增值税暂行条例》第13条和《增值税暂行条例实施细则》第28条的有关规定,登记为一般纳税人;二是转登记日前连续12个月或者连续4个季度累计应征增值税销售额500万元以下。建议在制定《增值税法》时明确一般纳税人的主体地位,并将一般纳税人的认定标准和认定制度明确写入税法。

第二,完善税收优惠纳税人制度。区分经营性纳税人和非经营性纳税人,给予非经营性纳税人税收优惠,如政府机关、非营利组织从事应税行为,原则上不作为增值税纳税人,但扭曲市场竞争的除外。

第三,完善起征点纳税人制度。截至2013年7月,法国普通纳税人的起征点为81,500欧元,德国为17,500欧元,韩国为2400万韩元,日本为1000万日元,英国为79,000英镑。①有人指出,我国的起征点过低,导致大量小企业成为增值税纳税人②,大量的小规模纳税人导致征管成本过高。有一种观点,主张大幅提高起征点,并取消小规模纳税人制度,超过起征点即为一般纳税人。③我国最新的增值税改革成果,月销售额10万元以下(含本数)的增值税小规模纳税人,免征增值税;④年销售额500万元以上的,应当登记为一般纳税人。概言之,"起征点"不作为区分纳税人类型的判断标准,亦其所有的从

---

① 参见解学智、张志勇:《世界税制现状与趋势(2014)》,中国税务出版社2014年版,第160~162页。

② 参见全国人大常委会预算工作委员会编:《增值税法律制度比较研究》,中国民主法制出版社2010年版,第84页。

③ 同上书,第87页。

④ 参见财政部、税务总局《关于实施小微企业普惠性税收减免政策的通知》(财税〔2019〕13号)。

事增值税征税对象相关活动的个人和单位均为增值税纳税人，只不过对小规模纳税人设置一定数额的“免税标准”，对该类纳税人给予税收优惠。增值税纳税人类型“二分法”看似简洁明了，实际上增加征管成本，也容易产生“税收逃逸”制度性风险。笔者赞同另一种缓和的良性改良方案，在现阶段不取消小规模纳税人制度，建立起征点与纳税人衔接制度，即超过起征点一定数额的为小规模纳税人，设置一定数额作为小规模纳税人和一般纳税人的区分标准。见图1：

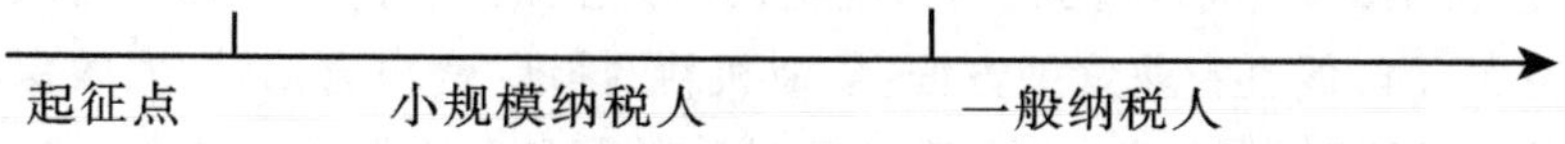

图1

即增值税纳税人类型的“三分法”，包括：未达“起征点”无须纳入日常税务管理的增值税纳税人、增值税小规模纳税人和增值税一般纳税人。制度设计的优点在于，小规模纳税人和一般纳税人的区分数额标准相对稳定（一般可5年变更区分数额），一般纳税人可作为税务日常管理的重点对象，通过调整起征点实现对小规模纳税人数量的动态调节（可根据政策需要进行年度甚至季度调整），有利于节约征管资源、提高征管效率，而且能很好发挥税收促进经济发展、产业结构升级的调节作用。

3. 税收客体问题及立法完善

首先，统一提炼增值税的税收客体。目前，我国未出台增值税法。2017年11月19日通过的国务院《关于废止〈中华人民共和国营业税暂行条例〉和修改〈中华人民共和国增值税暂行条例〉的决定》，新修订的《增值税暂行条例》颁布实施，吸收合并原《营业税暂行条例》相关内容，规定增值税税收客体为：境内销售货物或者加工、修理修配劳务（以下简称劳务），销售服务、无形资产、不动产以及进口货物。增值税为流转税，税收客体为财产与财产性权利的流转行为，用资产替代财产和财产性权利。立法上应明确增值税税收客体为：(1)资产流转行为。即国内提供资产、资产性劳务或进口资产（货物、无形资产）。(2)视同应税行为。将以货易货、以旧换新、自供资产、自供劳务等行为，税法上明确为视同应税行为。

其次，统一规定增值税的免税客体。新修订的《增值税暂行条例》采用正列举式规定免税项目，并没有把原《营业税暂行条例》和其他文件规定的免税客体统筹吸收，且逻辑混乱、列举随意，缺乏内在统一性和免税价值共通性。将税收客体与具体对象混为一谈，如将“避孕药品和用具”“古旧图书”作为免税项目等。增值税立法应统一规定免税客体,类型化如下:第一类是保障基本生存需要的免税项目:自来水、煤、气、电等供应。第二类是基于特定群体权益保障的免税客体:(1)农业生产者销售的自产农产品;(2)学生勤工俭学劳务;(3)残疾人组织直接进口供残疾人专用的物品或残疾人提供劳务;(4)提供女性卫生用品。第三类是基于特定政策目标的免税客体:(1)计划生育国策方面:如销售避孕药品和用具;(2)支持科学技术发展方面:如进口直接用于科学研究、科学试验和教学的仪器、设备;(3)生态保护方面:动植物、自然资源保护劳务;(4)促进农业发展方面:农业机耕、排灌、病虫害防治、农牧保险以及相关技术培训业务,家禽、牲畜、水生动物的配种和疾病防治劳务;(5)保护出口贸易方面。境内保险机构为出口货物提供的保险产品。第四类是基于公益性活动的免税客体:(1)托儿所、幼儿园、养老院、残疾人福利机构提供的育养服务;(2)婚姻介绍,殡葬服务;(3)医院、诊所和其他医疗机构提供的医疗服务;(4)学校和其他教育机构提供的教育劳务;(5)纪念馆、博物馆、文化馆、文物保护单位管理机构、美术馆、展览馆、书画院、图书馆举办文化活动,宗教场所举办文化、宗教活动;(6)外国政府、国际组织对进口物资和设备的无偿援助行为。第五类是基于其他特定理由规定的免税项目:如提供古旧图书;销售的自己使用过的物品;一定金额内的赠品。

最后,统一界定增值税不征税客体。指不具有经济上或法律上可税性的客体,增值税立法明确规定为不征税对象,如偶然交易;赠与;满足一定条件的无偿交易;"私人爱好,个人做的礼物或没有经营和商业内容的慈善活动";①提供直接用于政治国防外交等劳务或产品。

4. 税基问题及立法完善

完善销项税基确认的一般规则。税基目前未应用作为立法术语,理论上增值税税基为货物与劳务转让的增值额,因而一般通过加法②和税额抵扣法③计算应纳税额④。因投入或购进税基以及税额已经固定,因而仅须考量销项

① 参见V.图若尼:《税法的起草与设计》(第1卷),国家税务总局政策法规司译,中国税务出版社2004年版,第210页。

② 加法,即对增值的各部分应纳税额分别计算相加。

③ 税额抵扣法,即对构成增值的各部分(产出和投入、销售或购进)分别乘以适用税率,各自得出税额后相减。

④ 参见全国人大常委会预算工作委员会编:《增值税法律制度比较研究》,中国民主法制出版社2010年版,第102页。

税基。新修订的《增值税暂行条例》的“销售额”“组成计税价格”与之对应，销售额指向购买方收取的全部价款与价外费用(销项税额除外)，组成计税价格＝关税完税价格＋关税＋消费税。建议在制定《增值税法》时统一税基确认的一般规则，即增值税税基为资产移转行为收取的全部价款和价位费用，不包括向买方收取的销项税额，具体包括：价款；增值税以外的消费税、关税等其他税收；价外费用(运输费、包装费、报销费、代理商佣金、拍卖人收费、某些折扣、抵押费等)；其他追加费用。排除项目包括：增值税税额；符合规定的折旧额；符合规定可扣除的利息；罚金等。①

完善进项税额抵扣制度。当期不能完全抵扣完的进项税额的抵扣处理办法主要由3种：(1)结转以抵扣下一年度的销项税额；(2)退还纳税人；(3)抵销纳税人其他应缴税款。② 2017年修订通过的《增值税暂行条例》对进项税额抵扣制度未作修改，当期销项税额小于当期进项税额不足抵扣的，不足抵扣部分可结转下期继续抵扣。条款设置内容相对简单且含义不明确，“下期”是下一个纳税期间还是以后所有纳税期间，存在模糊空间。建议借鉴国际经验修订完善进项税额抵扣制度，(1)允许纳税人自由选择当期不足抵扣的进项税额结转下一个纳税期间抵扣或申请退税；(2)设定强制结转期间，以年度或季度为单位，未抵扣完的进项税额在强制结转期内不得申请退税，期满后才可申请退税；(3)强制规定纳税人存在逃避缴纳税款或应缴未缴税款情形的，不得申请退税；(4)设置风险导向的税务管理制度，加强对进项税额的审查和申请退税管理，发现虚增进项税额或伪造其他资料以骗取退税的，严格查处。

5. 税率问题及立法完善

2016年5月1日起，全面推开“营改增”试点，将建筑业、房地产业、金融业、生活服务业纳入试点范围。“营改增”后最新增值税税目税率表如表25所示：

---

① 参见全国人大常委会预算工作委员会编：《增值税法律制度比较研究》，中国民主法制出版社2010年版，第105页。

② 同上书，第118页。

表 25 “营改增”后最新增值税税目税率

<table>
<tr><th>纳税人</th><th colspan="5">税收客体类型</th><th>税率</th></tr>
<tr><td>小规模纳税人</td><td colspan="5">包括原增值税纳税人和“营改增”纳税人，从事货物销售，提供增值税加工、修理修配劳务，以及“营改增”各项应税服务</td><td>征收率3%</td></tr>
<tr><td rowspan="8">原增值税纳税人</td><td colspan="5">销售或进口货物(另有列举的货物除外)；提供加工、修理修配劳务</td><td>17%</td></tr>
<tr><td colspan="5">1. 粮食、食用植物油、鲜奶</td><td rowspan="6">13%</td></tr>
<tr><td colspan="5">2. 自来水、暖气、冷气、热气、煤气、石油液化气、天然气、沼气、居民用煤炭制品</td></tr>
<tr><td colspan="5">3. 图书、报纸、杂志</td></tr>
<tr><td colspan="5">4. 饲料、化肥、农药、农机(整机)、农膜</td></tr>
<tr><td colspan="5">5. 国务院规定的其他货物</td></tr>
<tr><td colspan="5">6. 农产品(指各种动、植物初级产品)；音像制品；电子出版物；二甲醚；食用盐</td></tr>
<tr><td colspan="5">出口货物</td><td>0</td></tr>
<tr><td rowspan="12">一般纳税人</td><td rowspan="12">销售服务</td><td rowspan="6">交通运输服务</td><td rowspan="2">陆路运输服务</td><td>铁路运输服务</td><td></td><td rowspan="6">11%</td></tr>
<tr><td>其他陆路运输服务</td><td></td></tr>
<tr><td rowspan="2">水路运输服务</td><td>程租业务</td><td></td></tr>
<tr><td>期租业务</td><td></td></tr>
<tr><td>航空运输服务</td><td>航空运输的湿租业务</td><td></td></tr>
<tr><td>管道运输服务</td><td>无运输工具承运业务</td><td></td></tr>
<tr><td rowspan="4">邮政服务</td><td rowspan="2">邮政普遍服务</td><td>函件</td><td></td><td rowspan="4">11%</td></tr>
<tr><td>包裹</td><td></td></tr>
<tr><td>邮政特殊服务</td><td>邮政特殊服务</td><td></td></tr>
<tr><td>其他邮政服务</td><td>其他邮政服务，是指邮册等邮品销售、邮政代理等业务活动</td><td></td></tr>
<tr><td rowspan="2">电信服务</td><td>基础电信服务</td><td>基础电信服务</td><td></td><td>11%</td></tr>
<tr><td>增值电信服务</td><td>增值电信服务</td><td></td><td>6%</td></tr>
</table>

续表

纳税人	税收客体类型					税率
一般纳税人	销售服务	建筑服务	工程服务	工程服务		11%
			安装服务	安装服务		
			修缮服务	修缮服务		
			装饰服务	装饰服务		
			其他建筑服务	其他建筑服务		
		金融服务	贷款服务	贷款		6%
				融资性售后回租		
			直接收费金融服务	直接收费金融服务		
			保险服务	人身保险服务		
				财产保险服务		
			金融商品转让	金融商品转让		
				其他金融商品转让		
		现代服务	研发和技术服务	研发服务		6%
				合同能源管理服务		
				工程勘察勘探服务		
				专业技术服务		
			信息技术服务	软件服务		6%
				电脑设计及测试服务		
				信息系统服务		
				业务流程管理服务		
				信息系统增值服务		
			文化创意服务	设计服务		6%
				知识产权服务		
				广告服务		
				会议展览服务		

续表

纳税人	税收客体类型					税率
一般纳税人	销售服务	现代服务	物流辅助服务	航空服务	航空地面服务	6%
					通用航空服务	
				港口码头服务		
				货运客运场站服务		
				打捞救助服务		
				装卸搬运服务		
				仓储服务		
				收派服务	收件服务	
					分拣服务	
					派送服务	
			租赁服务	融资租赁服务	有形动产融资租赁服务	17%
					不动产融资租赁服务	11%
				经营租赁服务	有形动产经营租赁服务	17%
					不动产经营租赁服务	11%

续表

<table>
<tr><th>纳税人</th><th colspan="5">税收客体类型</th><th>税率</th></tr>
<tr><td rowspan="22">一般纳税人</td><td rowspan="22">销售服务</td><td rowspan="12">现代服务</td><td rowspan="3">鉴证咨询服务</td><td>认证服务</td><td></td><td rowspan="3">6%</td></tr>
<tr><td>鉴证服务</td><td></td></tr>
<tr><td>咨询服务</td><td></td></tr>
<tr><td rowspan="3">广播影视服务</td><td>广播影视节目(作品)制作服务</td><td></td><td rowspan="3">6%</td></tr>
<tr><td>广播影视节目(作品)发行服务</td><td></td></tr>
<tr><td>广播影视节目(作品)播映服务</td><td></td></tr>
<tr><td rowspan="5">商务辅助服务</td><td>企业管理服务</td><td></td><td rowspan="5">6%</td></tr>
<tr><td rowspan="2">经纪代理服务</td><td>货物运输代理服务</td></tr>
<tr><td>代理报关服务</td></tr>
<tr><td>人力资源服务</td><td></td></tr>
<tr><td>安全保护服务</td><td></td></tr>
<tr><td>其他现代服务</td><td>其他现代服务</td><td></td><td>6%</td></tr>
<tr><td rowspan="10">生活服务</td><td rowspan="2">文化体育服务</td><td>文化服务</td><td></td><td rowspan="10">6%</td></tr>
<tr><td>体育服务</td><td></td></tr>
<tr><td rowspan="2">教育医疗服务</td><td>教育服务</td><td></td></tr>
<tr><td>医疗服务</td><td></td></tr>
<tr><td rowspan="2">旅游娱乐服务</td><td>旅游服务</td><td></td></tr>
<tr><td>娱乐服务</td><td></td></tr>
<tr><td rowspan="2">餐饮住宿服务</td><td>餐饮服务</td><td></td></tr>
<tr><td>住宿服务</td><td></td></tr>
<tr><td>居民日常服务</td><td></td><td></td></tr>
<tr><td>其他生活服务</td><td></td><td></td></tr>
</table>

续表

<table>
<tr><th>纳税人</th><th colspan="5">税收客体类型</th><th>税率</th></tr>
<tr><td rowspan="10">一般纳税人</td><td rowspan="8">销售无形资产</td><td rowspan="2">技术</td><td>专利技术</td><td></td><td></td><td rowspan="7">6%</td></tr>
<tr><td>非专利技术</td><td></td><td></td></tr>
<tr><td>商标</td><td></td><td></td><td></td></tr>
<tr><td>著作权</td><td></td><td></td><td></td></tr>
<tr><td>商誉</td><td></td><td></td><td></td></tr>
<tr><td>其他权益性无形资产</td><td></td><td></td><td></td></tr>
<tr><td rowspan="2">自然资源使用权</td><td>海域使用权
探矿权
采矿权
取水权
其他自然资源使用权</td><td></td><td></td></tr>
<tr><td>土地使用权</td><td></td><td></td><td>11%</td></tr>
<tr><td rowspan="2">销售不动产</td><td>建筑物</td><td></td><td></td><td></td><td rowspan="2">11%</td></tr>
<tr><td>构筑物</td><td></td><td></td><td></td></tr>
</table>

“营改增”全面试点后，增值税改革进度加大、力度不少。国务院决定从2018年5月1日起将制造业等行业增值税税率从17%降至16%。财政部、税务总局《关于简并增值税税率有关政策的通知》（财税〔2017〕37号）规定，自2017年7月1日起，简并增值税税率结构，取消13%的增值税税率；销售或者进口农产品等货物，税率为11%。财政部、税务总局、海关总署《关于深化增值税改革有关政策的公告》（2019年第39号）推进增值税实质性减税，将增值税一般纳税人发生增值税应税销售行为或者进口货物，原适用16%税率的调整为13%，原适用10%税率的调整为9%；购进农产品，原适用10%扣除率的降低为9%，购进用于生产或委托加工适用13%税率的农产品，按10%扣除率

计算进项税额。

表 26　增值税改革后的税目税率

<table>
<tr><td>纳税人</td><td colspan="5">税收客体类型</td><td>税率</td></tr>
<tr><td>小规模纳税人</td><td colspan="5">包括原增值税纳税人和营改增纳税人,从事货物销售,提供增值税加工、修理修配劳务,以及营改增各项应税服务</td><td>征收率3%</td></tr>
<tr><td rowspan="6">原增值税一般纳税人</td><td colspan="5">销售或进口货物(另有列举的货物除外);销售劳务</td><td>13%</td></tr>
<tr><td colspan="5">销售或进口:
1. 粮食等农产品、食用植物油、食用盐</td><td rowspan="5">13%</td></tr>
<tr><td colspan="5">2. 自来水、暖气、冷气、热气、煤气、石油液化气、天然气、二甲醚、沼气、居民用煤炭制品</td></tr>
<tr><td colspan="5">3. 图书、报纸、杂志、音像制品、电子出版物</td></tr>
<tr><td colspan="5">4. 饲料、化肥、农药、农机(整机)、农膜</td></tr>
<tr><td colspan="5">5. 国务院规定的其他货物</td></tr>
<tr><td rowspan="12">“营改增”一般纳税人</td><td rowspan="12">销售服务</td><td rowspan="6">交通运输服务</td><td rowspan="2">陆路运输服务</td><td>铁路运输服务</td><td></td><td rowspan="6">9%</td></tr>
<tr><td>其他陆路运输服务</td><td></td></tr>
<tr><td rowspan="2">水路运输服务</td><td>程租业务</td><td></td></tr>
<tr><td>期租业务</td><td></td></tr>
<tr><td>航空运输服务</td><td>航空运输的湿租业务</td><td></td></tr>
<tr><td>管道运输服务</td><td>无运输工具承运业务</td><td></td></tr>
<tr><td rowspan="4">邮政服务</td><td rowspan="2">邮政普遍服务</td><td>函件</td><td></td><td rowspan="4">9%</td></tr>
<tr><td>包裹</td><td></td></tr>
<tr><td>邮政特殊服务</td><td>邮政特殊服务</td><td></td></tr>
<tr><td>其他邮政服务</td><td>其他邮政服务,是指邮册等邮品销售、邮政代理等业务活动</td><td></td></tr>
<tr><td rowspan="2">电信服务</td><td>基础电信服务</td><td>基础电信服务</td><td></td><td>9%</td></tr>
<tr><td>增值电信服务</td><td>增值电信服务</td><td></td><td>6%</td></tr>
</table>

续表

纳税人	税收客体类型					税率
“营改增”一般纳税人	销售服务	建筑服务	工程服务	工程服务		9%
			安装服务	安装服务		
			修缮服务	修缮服务		
			装饰服务	装饰服务		
			其他建筑服务	其他建筑服务		
		金融服务	贷款服务	贷款		6%
				融资性售后回租		
			直接收费金融服务	直接收费金融服务		
			保险服务	人身保险服务		
				财产保险服务		
			金融商品转让	金融商品转让		
				其他金融商品转让		
		现代服务	研发和技术服务	研发服务		6%
				合同能源管理服务		
				工程勘察勘探服务		
				专业技术服务		
			信息技术服务	软件服务		6%
				电脑设计及测试服务		
				信息系统服务		
				业务流程管理服务		
				信息系统增值服务		
			文化创意服务	设计服务		6%
				知识产权服务		
				广告服务		
				会议展览服务		

续表

纳税人	税收客体类型					税率
"营改增"一般纳税人	销售服务	现代服务	物流辅助服务	航空服务	航空地面服务	6%
					通用航空服务	
				港口码头服务		
				货运客运场站服务		
				打捞救助服务		
				装卸搬运服务		
				仓储服务		
				收派服务	收件服务	
					分拣服务	
					派送服务	
			租赁服务	融资租赁服务	有形动产融资租赁服务	13%
					不动产融资租赁服务	9%
				经营租赁服务	有形动产经营租赁服务	13%
					不动产经营租赁服务	9%
			鉴证咨询服务	认证服务		6%
				鉴证服务		
				咨询服务		

续表

<table>
<tr><th>纳税人</th><th colspan="5">税收客体类型</th><th>税率</th></tr>
<tr><td rowspan="19">“营改增”一般纳税人</td><td rowspan="19">销售服务</td><td rowspan="9">现代服务</td><td rowspan="3">广播影视服务</td><td>广播影视节目（作品）制作服务</td><td></td><td rowspan="3">6%</td></tr>
<tr><td>广播影视节目（作品）发行服务</td><td></td></tr>
<tr><td>广播影视节目（作品）播映服务</td><td></td></tr>
<tr><td rowspan="5">商务辅助服务</td><td>企业管理服务</td><td></td><td rowspan="5">6%</td></tr>
<tr><td rowspan="2">经纪代理服务</td><td>货物运输代理服务</td></tr>
<tr><td>代理报关服务</td></tr>
<tr><td>人力资源服务</td><td></td></tr>
<tr><td>安全保护服务</td><td></td></tr>
<tr><td>其他现代服务</td><td>其他现代服务</td><td></td><td>6%</td></tr>
<tr><td rowspan="10">生活服务</td><td rowspan="2">文化体育服务</td><td>文化服务</td><td></td><td rowspan="10">6%</td></tr>
<tr><td>体育服务</td><td></td></tr>
<tr><td rowspan="2">教育医疗服务</td><td>教育服务</td><td></td></tr>
<tr><td>医疗服务</td><td></td></tr>
<tr><td rowspan="2">旅游娱乐服务</td><td>旅游服务</td><td></td></tr>
<tr><td>娱乐服务</td><td></td></tr>
<tr><td rowspan="2">餐饮住宿服务</td><td>餐饮服务</td><td></td></tr>
<tr><td>住宿服务</td><td></td></tr>
<tr><td>居民日常服务</td><td></td><td></td></tr>
<tr><td>其他生活服务</td><td></td><td></td></tr>
</table>

续表

<table>
<tr><th>纳税人</th><th colspan="5">税收客体类型</th><th>税率</th></tr>
<tr><td rowspan="11">“营改增”一般纳税人</td><td rowspan="9">销售无形资产</td><td rowspan="2">技术</td><td>专利技术</td><td></td><td></td><td rowspan="8">6%</td></tr>
<tr><td>非专利技术</td><td></td><td></td></tr>
<tr><td>商标</td><td></td><td></td><td></td></tr>
<tr><td>著作权</td><td></td><td></td><td></td></tr>
<tr><td>商誉</td><td></td><td></td><td></td></tr>
<tr><td>其他权益性无形资产</td><td></td><td></td><td></td></tr>
<tr><td rowspan="3">自然资源使用权</td><td>海域使用权
探矿权
采矿权
取水权
其他自然资源使用权</td><td></td><td></td></tr>
<tr><td></td><td></td><td></td></tr>
<tr><td>土地使用权</td><td></td><td></td><td>9%</td></tr>
<tr><td rowspan="2">销售不动产</td><td>建筑物</td><td></td><td></td><td></td><td rowspan="2">9%</td></tr>
<tr><td>构筑物</td><td></td><td></td><td></td></tr>
<tr><td rowspan="4">其他纳税人</td><td colspan="5">出口货物(国务院另有规定的除外)</td><td>零税率</td></tr>
<tr><td colspan="5">境内单位和个人跨境销售国务院规定范围内的服务、无形资产</td><td>零税率</td></tr>
<tr><td colspan="5">销售货物、劳务,提供的跨境应税行为,符合免税条件的</td><td>免税</td></tr>
<tr><td colspan="6">境内的单位和个人销售适用增值税零税率的服务或无形资产的,可以放弃适用零税率,选择免税或按规定缴纳增值税。如适用增值税零税率后,36 个月内不得再申请适用增值税零税率</td></tr>
</table>

现代增值税国家，一般采取“标准税率+较低税率”的组合方式，同时尽量减少低税率和零税率的适用范围。增值税改革后，税率不断降低，税率档次也不断减少，保留的增值税税率为13%、9%、6%、零税率。相较其他增值税国家通常做法，仍显档次偏多。下一步要结合我国经济社会发展水平、产业结构调整升级情况、对外贸易开放程度等因素，进一步降低税率或减少税率档次；对某些公益活动或特殊经济活动适用零税率。

五、契税构成要件的立法完善[①]——以纳税义务发生时间为分析视角

契税义务发生时间的法定依据。实践中对我国《契税暂行条例》（国务院令第224号）第8条有不同解读：第一种观点，为纳税人签订土地、房屋权属转移合同的当天，或取得其他具有土地、房屋权属转移合同性质凭证的当天；第二种观点，开发商取得房屋产权以后，与购房者签订房屋产权转移合同或者其他凭证之日；[②]第三种观点，房地产管理部门审核确认的房地产权属转移的登记时间为契税义务发生时间。[③]

争议原因主要有：对税法与民法关系及分别调整对象的理解偏差；对税收的经济视角和法律层面的认识偏离；未有效区分税收债务的发生时间与履行时间；对契税的征税对象存在不同理解；对不动产权属变动的原因行为和结果行为未加区分，进一步模糊了契税征税对象。笔者认为，前述3种观点的原始冲动来源于税务实践的“现实需要”，而不是来自法律解释的真正需求。从当前我国契税的立法条文来看，纳税义务发生时间在文义上并不模糊，且契税整体设计上存在非法律解释能弥补之缺陷；目前立法上将契税征税对象规定为权属转移的原因行为，纳税义务发生时间为原因行为发生之日，当属无疑。但是，因纳税义务发生之日至实际缴纳存在期限距离，因理解不一等诸多原因，将纳税义务发生到税收债务实现延长期限的不利后果完全归结给纳税人显有不公，故产生上述不同看法。前两种观点将契税征税对象认定为权属转移的原因行为；而第三种观点，直接超越现行税法规定作了扩大解释，将契税征税对象判断为权属转移的结果行为；后两种观点从纳税义务时间方面，作了有利

---

① 参见罗亚苍：《契税纳税义务发生时间的确认与立法完善》，载《税务研究》2015年第2期。

② 参见刘剑文等：《财税法成案研究》，北京大学出版社2012年版，第2页。

③ 参见王周飞、朱桂江：《浅析房屋权属转移契税纳税义务的发生时间》，载《涉外税务》2010年第12期。

于纳税人的缩小解释。

目前,契税立法存在以下固有缺陷:(1)征税对象急需优化。目前立法上将权属变动的原因行为作为征税对象,而实践中却通过行政解释(财税〔2004〕126号、财税〔2011〕32号等)将其变更为物权变动的结果行为。(2)纳税义务发生事由包容性不够。目前,我国《契税暂行条例》规定契税义务发生的事由为"转移土地、房屋权属行为",《契税暂行条例细则》将"承受"解释为"受让、购买、受赠、交换等方式",显然概括不全。(3)纳税义务发生时间有待进一步规范。目前,我国《契税暂行条例》规定纳税义务时间为"签订权属转移合同"和"取得权属转移合同性质凭证"的当天,合同行为仅是权属变动的一种基础关系。(4)契税纳税义务履行时间随意性大。我国《契税暂行条例》规定契税缴纳期限为"契税征收机关核定的期限内",可变性大,易滋生执法风险。

终止争议的最有效办法是,追溯契税的历史本源并结合现行实践经验,对契税的构成要件进行立法手术以重构契税制度。将契税明确为一次性税、随时税、以物权转移为实质要件的行为税(实为财产税、物权行为税),区分不动产权属变动原因的法律行为和非法律行为两种类型。对合同等法律行为引起的不动产权属变动,将契税征税对象明确规定为不动产权属转移的结果行为,并将纳税义务发生时间前移至原因行为成立之时,义务履行时间则为结果行为发生之时。对建筑、遗赠等非法律行为引起的不动产权属变动,义务发生时间为非法律行为发生之时,义务履行时间为权属登记之时。在纳税义务发生时间与纳税义务履行时间之间,设置纳税人"迟延履行"免责条款。实行"先税后证",明确为办理权属转移权证之前,避免现行契税的复杂设计导致的征纳争端、管理烦琐。

契税框架条款的简明设计。"土地、房屋等不动产物权因法律行为或因建筑、遗赠等非法律行为发生物权权属变动的,承受人应在法律行为或非法律行为成立之日起五日内进行契税的纳税申报,并于办理权属登记之前缴纳税款;未缴纳契税的,不得办理权属证明;办理权属登记之前,不加收滞纳金、不予处罚。"

第七章　税收构成要件制度论

“制度”,在线辞海给出7种释义:①(1)在一定历史条件下形成的法令、礼俗等规范;(2)制订法规;(3)规定;(4)指规定品级的服饰;(5)制作;(6)谓制作方法;(7)规模,样式。既可作名词,也可作动词;既可大至国家法律,也可小至生活物件。本书兼采具有法律意义的静态规则和制定完善的动态过程两种含义。讨论一项制度,固然应该重视其“时代性”,同时又该重视其“地域性”,进言之,我们该重视其“国别性”。②

一、税收构成要件的规则制度

具有法律意义的规则制度之聚合,谓之法律渊源。论及税收构成要件的税法渊源,各国皆有所不同。德国税法渊源,除了税收法律,德国《基本法》第80条第1项规定:依法律授权联邦政府、联邦部长或邦政府,制定颁布法规性命令(Rechtsverordnung);授权立法应符合法定授权内容、目的和范围。法规性命令中应载明制定法律依据。基于法律规定再次授权,

---

① 载在线汉语辞海查询网:http://cihai.supfree.net/,最后访问日期:2016年3月10日。

② 参见钱穆:《中国历代政治得失》,九州出版社2012年版,第4页。

必须由法规性命令进行规定。[①]对于日本税法渊源,税法学者观点不尽相同。北野宏久总结的税法渊源有:[②]宪法;法律;法规(Rechtsatz);具有委任立法性质的告示;租税条例;条约和已承认的国际法。通告只是属于行政内部规定,不能构成税法渊源。除了上述渊源,金子宏认为税法法源还应包括,对纳税义务者有利的习惯法,即免除、减轻纳税义务或缓和程序要件等措施,通过税务行政厅普遍且反复适用的行政先例,判决理由所表示的法律解释合理并被法院作为先例尊重的判例。[③] 我国的税法渊源,学者刘剑文总结为宪法、法律和行政法规、部门规章和地方规章、地方性法规、自治条例和单行条例、国际条约。[④]本书认为,税法渊源,原则上为成文法规范。

有学者回溯了1950~2010年60年间我国财税立法轨迹,总结其过程是从基本形成到走向完善、从注重数量到提高质量、从行政主导到立法主导、从闭门造车到开门立法、从国家财政到公共财政;对未来立法走向提出了要从经验主义到法定主义、工具主义到人文主义、建构主义到本质主义、渐进主义到理性主义转变的建设性建议。[⑤]目前来看,我国行政主导的税法立法局面尚未完全改观,前文所述17个税收实体债务法,国务院及其部门立法有14件,占82.4%,贯彻真正意义上的"税收法定"的任务仍很重。笔者认为,两头是关键,上头是财税宪法,末端即税收规范性文件,中间是税法,扎紧两头、挤压中间,最终实现形式和实质统一的税收法定。

税收构成要件直接性渊源的宪法规范缺失,影响税收法定主义的宪法效力,最终影响整个税收实体法的构建;规章以下的规范性文件虽然不能作为法院裁判依据,但在税收实践中却充当着重要的法源作用,而实践中因种种原因税务诉讼很少,导致其游离在司法审查之外疯狂生长。

(一)补强税收构成要件的宪法规范

宪法规范是税收构成要件的源头规范。各国宪治历史发展不同,经济社会条件不一样,税收构成要件的直接宪法渊源表现各异,即规定税收构成要件

---

① 参见黄茂荣:《法学方法与现代税法》,北京大学出版社2011年版,第332页。

② 参见[日]北野宏久:《日本税法学原论》,郭美松、陈刚译,中国检察出版社2008年版,第140~144页。

③ 参见[日]金子宏:《日本税法》,战宪斌等译,法律出版社2004年版,第83~85页。

④ 参见刘剑文、熊伟:《税法基础理论》,北京大学出版社2004年版,第112~115页。

⑤ 参见丛中笑:《中国财税立法60年(1950~2010)》,载《经济法论丛》2010年第19卷第2期。

的宪法规范的角度和具体内容各不相同。

第一,税种立法权分配角度的宪法规范。《美利坚合众国宪法》(1789年)第1条第8款规定,"国会有权规定和征收直接税、间接税、进口税与货物税,以偿付国债、提供合众国共同防务与公共福利,但所有间接税、进口税与货物税应全国统一"。[①] 原规定征收直接税应按各州在国会众议院的人员人数(以人口普查数为基础)进行分配;虽然征收直接税的权力是完全的和绝对的,但未经分配而征收则构成违宪。[②] 1913年美国《宪法第十六修正案》规定,即"对任何来源的收入,国会有权课征所得税,且所得税收入不必在各州分配,亦不必根据任何人口普查或点查"。[③]《联邦德国基本法》第105条规定:"对于关税和财政垄断行业,联邦应享有专有立法权。对于其岁入全部或部分存入联邦或适用在整个联邦领土上建立平等生活条件或维持法律或经济统一使得联邦规制对于国家利益而言是必要的事项的所有其他税收,联邦应享有共有立法权。对于地方消费税和开支税,只要他们和联邦法律规定的税收并无实质性类同之处,州应享有立法权。对于岁入全部或者部分存入州或市政(包括市政联盟)的税收,有关联邦法律应获得联邦参议院的同意。"[④]《中华民国宪法》规定:关税、盐税、印花税、烟酒水和其他消费税及全国税率应行划一之租税,由国家立法并执行之;田赋,契税及其他省税,由省立法并执行,或令县执行之;国家对各省课税之种类及其征收方法,为免二重课税、各省及地方间因保护其产物对于输入产品为不利益之课税等诸弊,或因维持公共利益之必要时,得以法律限制之。[⑤]

第二,税法原则角度的宪法规范。英国和日本规定的是税收法定原则,而法国则规定了量能平等课税原则。英国《权利法案》(1689年)第4条规定,"凡未经国会准许,不得存在国王特权征收,或供国王使用而征税金钱,超出

---

① [美]亚历山大·汉密尔顿等:《联邦党人文集》,张晓庆译,中国社会科学出版社2009年版,第407页。

② 参见[美]斯坦利·I.库特勒:《最高法院与宪法——美国宪法史上重要判例选读》,朱曾汶、林铮译,商务印书馆2006年版,第279页。

③ 同上书,第696页;《美国宪法及其修正案》,朱曾汶译,商务印书馆2014年版,第19页。

④ 张千帆:《法国与德国宪政》,法律出版社2011年版,第457页。

⑤ 《中华民国宪法》第23条、第25条、第27条。《中华民国宪法》颁布于1923年10月10日。

国会准许时限或方式的，皆属非法”。[①]法国《人权和公民权利宣言》(1789 年)第 13 条规定，“为了维持公共力量和行政开支，社团赞助是必不可少的；它必须根据能力，在所有公民之中平等分配”。[②]《日本宪法》第 30 条规定，“国民有按照法律规定纳税的义务”；第 84 条规定，“新课租税，或变更现行租税，必须有法律或法律规定之条件作依据”。[③]

第三，税收构成要件角度的宪法规范。对税收构成要件的要素，诸国作出详尽不同的规定。《法国宪法》第 34 条规定，“各种性质的赋税的征税基础、税率和征收方式必须以法律规定”。[④]《韩国宪法》(1987 年)第 59 条规定，“税收的种类和税率，由法律规定”。《秘鲁共和国宪法》(1979 年)第 139 条规定：“税捐的设立、修改或取消，免税和其他税收优惠，只能由法律规定。”[⑤]《希腊宪法》第 78 条规定，“非经议会制定法律，不得对征税对象和收入、财产类型、支出以及按何种税类处理等事宜作出规定，不得征收任何税”。“关于征税对象、税率、减免税和给予补贴，均须立法权力机关进行规定，不得委托授权。”[⑥]

我国《宪法》中税收构成要件规范存在明显缺空，亟待补强。1954 年《宪法》规定，公民有依照法律纳税的义务；1975 年、1978 年《宪法》取消了该项规定，税收的直接宪法条款为零。1982 年《宪法》恢复了 1954 年《宪法》的上述规定。总体来看，作为构成要件的直接宪法规范是缺乏的，有必要重构税收构成要件的宪法规范。就税法原则而论，税收法定、量能课税等基本原则应入宪；就中央和地方关系而言，中央税和地方税的立法、征收、分成等应设置简约的宪法条款；就税收债务法而言，应明确规定税收构成要件的基本要素的宪法条文，对财产权的社会义务、纳税人、税收客体、税率等进行概括性规定。

---

① [德]耶利内克：《〈人权与公民权利宣言〉——现代宪法史论》，李锦辉译，商务印书馆 2013 年版，第 66 页。

② 张千帆：《法国与德国宪政》，法律出版社 2011 年版，第 432 页。

③ [日]渡边洋三：《日本国宪法的精神》，魏晓阳译，凤凰出版传媒集团、译林出版社 2009 年版，第 157 页、第 165 页。

④ 姜士林等主编：《世界宪法全书》，青岛出版社 1997 年版，第 1616 页。

⑤ 刘剑文：《关于我国税收立宪的建议》，载《法学杂志》2004 年第 1 期。

⑥ 姜士林等主编：《世界宪法全书》，青岛出版社 1997 年版，第 768 页。

(二)严控税收构成要件的末梢规范①

税收规范性文件是税收构成要件的末梢规范,与前述宪法规范缺位特征形成强烈反差的是,税收规范性文件却往往基于旺盛的行政立法性冲动,而对税收构成要件基本要素作出越位规定。该类文件法律位阶不高但在广泛发挥作用,实践中易发生争议且规范性程度最亟须提升,因而要进行系统研究。

1. 呈现"倒三角形"的生成机制

首先,税收规范性文件是行政组织层级化执行权力的载体。因为事务庞杂、个性需求等种种原因,要组织起一种能实际承担对某个国家的全部活动的政府结构,那将是不可能的。②因而,必须组织起庞大的层级机构来分级管理,③尽管所有层级组织仍在发展非正式结构,但是首先是以权力授出、降低管制、分权形式出现的自主权。④ 国家各项权力都必须以法律为根据,并受到法律意志的约束,接受法律的安排,在行政组织级别基础上发展为以成文规定方式建立起层级化的执行权力。⑤制定法规是政府机构履行的最重要的职能之一,实际上是解释一般性的法律,通过赋予它们社会生命从而确定其真实含义,在理性范围内,按照自己对于什么对社会有利和不利的理解来制定和执行公共政策。⑥税收规范性文件是税务行政组织层级化执行权力的载体;其性质是税务行政的抽象行为,也是税收立法行为,属于行政立法范畴。

其次,税收规范性文件呈现出"倒三角形"的生成机制。(见图2)

---

① 参见罗亚苍:《税法二论》《税收规范性文件的生成机制、规则类型和质量控制》,载史际春主编:《经济法学评论》(第14卷),中国法制出版社2014年版,第64~73页。

② 参见[美]戈登·塔洛克:《官僚体制的政治》,柏克、郑景胜译,商务印书馆2012年版,第174页。

③ 美国成立之初,没有独立的政府管制机构,但今天行政组织机构无处不在,行政管制机构不仅数量有所增加,而且规模扩大很多。参见[美]肯尼思·F. 沃伦:《政治体制中的行政法》(第3版),王丛虎等译,中国人民大学出版社2005年版,第82~83页。

④ 参见[德]埃贝哈德·施密特-阿斯曼等:《德国行政法读本》,于安等译,高等教育出版社2006年版,第128页。

⑤ 同上书,第123~124页。

⑥ 参见[美]肯尼思·F. 沃伦:《政治体制中的行政法》(第3版),王丛虎等译,中国人民大学出版社2005年版,第261~262页。

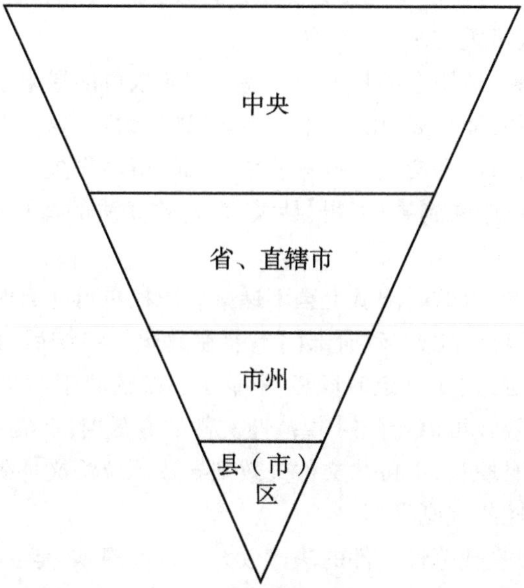

图 2

税收规范性文件附着于中央、省、市州、县(市)区有权部门的职权,呈现“倒三角形”的生成机制,这取决于集权与分权政治关系框架内的行为模式,取决于上下级行政层级之间“定性职权、定量职权、定地职权、定时职权”①的逻辑结构。

从定性职权看,效力位阶从上至下递减。合法性的各种法源并不是全都有同等的法律效力,其中存在等级制度,称为“规范金字塔”。②税收规范性文件的效力位阶,依附于制定机关的行政等级。从中央财税主管部门以降,各级抽象税务行政行为的效力位阶,在直接对应行政级别内呈线性降低。

从定量职权看,职权分配从上至下递减。一个政府部门的职权可能局限于法律明文规定的某些问题,这便是政府部门的定量职权。③对税收规范性文件制定机关的职权而言,包括自有职权和授权职权。自有职权源自组织职权,

---

① 关于定量职权、定地职权、定时职权的具体论述,参见[法]让·里韦罗、让·瓦利纳:《法国行政法》,鲁仁译,商务印书馆2008年版,第506页。

② 同上书,第390页。

③ 同上书,第506页。

授权职权则源自上位法的事先预设或事后授权，立法范围的权限因而不一，从定量角度看，上级机关应多于下级机关。

从定地职权看，适用空间从上至下递减。职权可能局限于某个地理区域，这不是就全国性的，而仅是就地方性的政府部门而言，这便是定地职权。[①]即立法的空间范围，可以和应当对哪些领域、方面、事项作决定，并在多大地域范围内发生作用。从中央到省、市州、县级市，行政立法的适用空间范围从上至下呈线性缩小。

从定时职权看，有效时限从上至下递减。职权也可能有时间限制，早了不算准时，晚了更不行。比如，政府部门不能在其职权终结后，再对其以往曾经管辖的问题作决定，这便是定时职权。[②]即立法权的时限效力，立法能在多大的时间跨度上有效或可以行使。[③]规范性文件的有效时间，在一定程度上亦依附制定机关的定时职权，上位法文件失效则导致下位法文件效力变动。

2. 昭显行政性的规则类型

首先，分析税收规范性文件的法律效力。行政规则，是立法和行政的交界点，同时具有上位法的执行和行政立法两种功能，强调执行，追求效率。税收规范性文件属于较低层次的税收行政性规则，[④]其目的“在于为了管理行政机关内部工作和执行立法机构授予税务部门的广泛的公共政策”。[⑤] 在德国，行政规则为一个独立的、在法律与法规命令以外，基于其所展现之多变拘束效力，而存在的“第三种”国家命令“类型”。行政规则并无法像法规命令与自治规章一样，具有法则的固定效力。[⑥]我国的税收规范性文件也不当然拘束法院，规章及以下规范性文件仅作为法院定案参照使用，亦可效仿德国“由规范具体化行政规则填补规范授权理论下之不确定法律概念的功能，得出司法审

① 参见[法]让·里韦罗、让·瓦利纳：《法国行政法》，鲁仁译，商务印书馆2008年版，第506页。

② 同上。

③ 参见周旺生：《立法学》（第2版），法律出版社2009年版，第205页。

④ 行政性规则中具有最高效力的是行政条例。参见V. 图若尼主编：《税法的起草与设计》（第1卷），国家税务总局政策法规司译，中国税务出版社2004年版，第61页。

⑤ 美国国内税务局主要是执行法规，拥有较少的法规制定权和自由裁量权，这一点与中国目前现状不一样。参见[美]肯尼思·F. 沃伦：《政治体制中的行政法》（第3版），王丛虎等译，中国人民大学出版社2005年版，第264页。

⑥ 参见[德]施密特·阿斯曼：《秩序理念下的行政法体系建构》，林明锵等译，北京大学出版社2012年版，第306页。

查强度的界限以及法院有限的拘束”。①

其次，总结税收规范性文件的规则类型。根据制定目的旨向，分为解释性规则和立法性规则。立法性规则和解释性规则之间的区分通常模糊不清，法院常常无法辨认二者的不同，但二者法律地位不同，立法性法规不会被法院解释或宣布无效，解释性法规较立法性法规更少获得法院的服从或尊重。②在我国，税收规范性文件既有规定（创制）法规或税收政策的立法性规则，也包括下级执行上级政策文件作出的解释性规则，宜采取不同审查方法。前者主要为合法性审查，后者则倾向于合理性审查。

根据制定权力依据，分为授权性规则和职权性规则。大陆法系的委托授权，行政性命令可以规定细节问题、程序问题以及行政问题。③我国种类林立的税收规范性文件，既包括经法规、规章和上级主管部门规范性文件授权而制定的授权性规则，也包括主管税务部门因地因时制宜自主制定的职权性规则，二者的根本差异在于因权限不同而导致实质内容及范围不同。

根据是否单方意志决定，分为执行力规则和协商性规则。在法国，将政府按照自己的意志，改变人们的法律地位的行为称为有执行力的决定，也称为单方面行政法规，是一种由国家行政当局单方面实施，为第三者确定权利、义务的法律文件。依照两个因素来界定：一个是法律文件；另一个则是看行政当局如何落实文件。④ 在中国，除了大量税收执行力规则，随着法治进程的推进，也出现了大量通过听证等方式听取公众意见而出台的税收协商性规则。

根据对相对人的利益影响，分为负担性规则、授益性规则和具有双重法律效果的规则。对于具体行政行为而言，根据对关系人权利范围是产生限制性影响还是产生扩大性影响，分为负担性、授益性和具有双重法律效果的行政行为。⑤笔者认为，抽象行政行为亦可作如上分类，且税务实践中的确真实存在。

---

① [德]施密特·阿斯曼：《秩序理念下的行政法体系建构》，林明锵等译，北京大学出版社2012年版，第307页。

② 参见[美]肯尼思·F. 沃伦：《政治体制中的行政法》（第3版），王丛虎等译，中国人民大学出版社2005年版，第264～265页。

③ 参见V. 图若尼主编：《税法的起草与设计》（第1卷），国家税务总局政策法规司译，中国税务出版社2004年版，第63页。

④ 参见[法]让·里韦罗、让·瓦利纳：《法国行政法》，鲁仁译，商务印书馆2008年版，第493～495页。

⑤ 参见[德]汉斯·J. 沃尔夫等：《行政法》（第2卷），高家伟译，商务印书馆2002年版，第47页。

如经授权制定的减免税的税收优惠政策文件即属授益性规则;而经授权调高税率的税收规范性文件则属负担性规则;混合了程序与实体内容的税收规范性文件大都属于第三种行政规则。

根据规则内容,分为实体性规则和程序性规则。实体性规则,是规定和确定具体权利义务的规则;程序性规则,则为确保权利义务实现和职权职责履行的规则。实体性规则,在日本,各地方团体均可按照地方税法的规定来制定税务条例和税务规则。[①] "而税捐之主要的构成要素(税捐客体、税捐主体、税基、税率)必须以形式意义之法律定之",[②]适用严格的法律保留原则。程序性规则,是对纳税申报、税务稽查、税收核定、税收担保、税收保全、税务强制执行、税务行政处罚、税务诉讼程序等方面作出的具体操作规定。在我国,也存在中央授予地方对某些地方税种一定实体调整权,[③]而出台税收实体性规则;在征管实践中各级机关出台了大量程序性规则;二者的职权依据要求不同。

根据是否具有强制力及强制对象,分为形式性规则、强制性规则和非强制性规则。[④]在我国税务实践中,如年度税收计划等,并不必然对相对人产生强制效力,属于形式性规则;预算制度属于强制性规则;依赖财政收入的社会经济发展目标,如公共投入增加等属于非强制性规则。

根据规则主要属性,分为技术性规则和管理性规则。在法国,技术性规则,指以高权方式将私人专家委员会制定的技术规则,作为"公认的技术规则"予以标准并不使该规则成为法律渊源。而管理性规则,与"立法"概念相联系的法律仅仅指管理性的,即确定目标和目的——实质法律或者形式法律,称为正式法律。[⑤]在我国,两种规则经常混为共享,技术性规则经常作为管理性规则的配套规定,提供征纳双方的技术指导。

根据主要约束对象,分为适用性规则和服务性规则。适用性规则,主要指

① 参见[日]金子宏:《日本税法》,战宪斌等译,法律出版社2004年版,第82页。

② 黄茂荣:《法学方法与现代税法》,北京大学出版社2011年版,第340页。

③ 如我国《车船税法》第2条第2款规定,"车辆的具体适用税额由省、自治区、直辖市人民政府依照本法所附《车船税税目税额表》规定的税额幅度和国务院的规定确定"。

④ 参见[英]A. W. 布拉德利、K. D. 尤因:《宪法与行政法》,刘刚等译,商务印书馆2008年版,第599页。

⑤ 参见[德]汉斯·J. 沃尔夫等:《行政法》(第1卷),高家伟译,商务印书馆2002年版,第252页。

为保持政令畅通、标准统一，征税机关发行的税法释疑性规定。①服务性规则，则为改进纳税服务、便利征管而发布的服务指南、办税流程、申报缴税方式与缴税地点选择等。这两种规则，目前在我国税务实践中均大量存在。

3. 实施系统性的质量控制

税收规范性文件的质量标准，即税务抽象行政行为的合法与合理要件。在法国，抽象行政行为的合法要件包括：职权合法，即不得超越职权和滥用职权；内容合法，即抽象行政行为的根据和标的要合法，并符合客观事实；程序合法，即不得滥用程序，也不得违反程序规定；形式合法，即不得违反法律对抽象行政行为形式的规定。②笔者认为，税收规范性文件的质量标准应包括：主体合法、职权合法、内容合法、程序合法和内容合理。主体合法，指除县级以上政府以及财税主管部门可以制定税收规范性文件以外，其他政府及政府部门无权制定。职权合法，自主立法应限制在法定职责范围内；而对于授权立法而言，授权应符合"授权明确性"的要求，原则上可采取"可预见性公示"，不得逾越授权的目的、范围和内容；如属概括授权，则仅能就授权上位法有关之细节性及技术性事项加以规定，且符合立法意旨。③内容合法，即税收规范性文件不得设定税收开征、停征、减税、免税、退税、补税事项，行政许可、行政审批、行政处罚、行政强制、行政事业性收费以及其他不得由税收规范性文件设定的事项，④不得抵触"宪法"、法律和上级机关的行政命令。⑤至于程序规则的违反，问题比较复杂。如果程序作为独立的权利，那么违反程序可被解释为处分的撤销理由或无效事由；与此相对，如程序本身并不产生独立的程序性权利，那么违反程序并不当然影响处分的效力；⑥如程序本身系构成抽象行政行为的必要条件，则违反程序应属无效。如涉及重大决策的税收规范性文件制定，应当举行听证会未听证，⑦若文件不对外以规定形式公布，以及规定必须经上级备案未备案，则文件无效。内容合理，即立法应符合比例原则，这个原则不仅

① 参见V. 图若尼主编：《税法的起草与设计》（第1卷），国家税务总局政策法规司译，中国税务出版社2004年版，第94页。

② 参见姜明安主编：《行政法与行政诉讼法》（第3版），北京大学出版社、高等教育出版社2007年版，第202页。

③ 参见陈清秀：《税法总论》，台北，元照出版公司2012年版，第116～117页。

④ 《税收规范性文件制定管理办法》（国家税务总局令第41号）第5条。

⑤ 参见翁岳生编：《行政法》（上册），中国法制出版社2009年版，第509页。

⑥ 参见[日]盐野宏：《行政法总论》，杨建顺译，北京大学出版社2008年版，第214页。

⑦ 《湖南省行政程序规定》（湖南省人民政府令222号）第38条、第48条。

适用于作为行政的权力性行为形式的行政,而且被认为有时也适用行政采用非权力性的行为形式的民事上的手段的情况。①立法要实现的目的与采用的措施手段之间应符合一定比例。

关于税收规范性文件的质量控制方式包括:制定程序控制。一是内部流程控制。发文单位应建立办公室牵头、起草部门论证主笔、法规部门合法性审查、移送有权部门登记备案的发文联动机制。二是外部程序控制。在美国,非正式规则订立程序,其程序内容,可区分为公告、评论、正式发布及司法审查等4个阶段;正式规则订立程序则以听证程序替代评论阶段。②实践中,湖南省制定出台税收规范性文件大都举行听证,③并严格按照《湖南省行政程序规定》要求,经发布公告、随机筛选代表、提前送达文件征求意见稿、举行听证、反馈意见、修订完善、合法性审查、讨论通过、备案公布等阶段。三是备案审查控制。省以下(含本级)税收规范性文件发布之日起,一定期限内向上一级税务机关和同级政府报送备案审查,于每年年度终了,向上一级税务机关和同级政府报送本年度发布的税收规范性文件目录。

实质效力评查。(1)复议审查机制。相对人认为行政机关作出具体行政行为依据的税收规范性文件不合法,申请复议时,可一并就规定提出审查申请。④ (2)自我纠错机制。对税收规范性文件与上位法依据相抵触的规定,制定机关应当及时予以修改或者废止。⑤ (3)争议裁决机制。不同税收规范性文件之间不一致时,由有关机关依照权限作出裁决。⑥ (4)上级撤销机制。上级机关发现下级制定的税收规范性文件存在违反职权、程序等合法性要件时,有权改变或撤销。(5)司法审查机制。美国国会的介入程度以及司法审查的要件应该如何,必须动态地对国会、司法及行政彼此间的互动与势力的消长共同观察,才会有定论。⑦我国对抽象行政行为不服不属于独立的行政诉讼受理范围,仅可进行附带审查,税收规范性文件不能作为法院断案依据,也未列入

① 参见[日]盐野宏:《行政法总论》,杨建顺译,北京大学出版社2008年版,第55页。

② 参见翁岳生编:《行政法》(上册),中国法制出版社2009年版,第560~565页。

③ 原因有多方面:一是省级及以下出台税收规范性文件越来越少,日趋慎重;二是纳税人权益保护意识日渐高涨;三是各级政府年度依法行政考核将举行听证作为硬性指标。

④ 《行政复议法》第7条。

⑤ 《立法法》第73条第2款。

⑥ 《立法法》第95条。

⑦ 参见翁岳生编:《行政法》(上册),中国法制出版社2009年版,第578页。

其参照适用范围，法院不直接判断其有效与否，但可作为支撑所诉具体行政行为的充足理由，如不违反上位法依据，则应获得法院支持。

跟踪管理制度。（1）时效制度。税收规范性文件应规定一定期限的有效期，超过期限自然失效；部署阶段性工作的规范性文件，应当明确规定失效日期。目前，中央部门的税收规范性文件未规定有效期，湖南省规定税收规范性文件的有效期为5年，但是标注"暂行""试行"的有效期为2年。①起草单位应在文件期限届满前提前评估，进行立、改、废。（2）清理制度。实行税收规范性文件定期清理与即时清理制度，定期清理一般两年一次，即时清理则按具体计划执行，清理的结果应通过政府公报或者政府（部门）网站公布。②

二、税收构成要件的效力制度

税收构成要件满足则税收债务产生，但仍处于抽象的不具体的税收债务；纳税申报和税收核定是税收债务确定的核心制度，理当成为税收构成要件的效力制度即税收债务的确定制度。

（一）纳税申报制度的重建

1.纳税申报制度混乱现状

表现之一，纳税申报制度立法设置纰漏多，体系性较差。首先，纳税申报法律定性不准。一方面，我国《税收征管法》第25条将纳税申报定位为程序性与实体性相结合的义务，即依法、如期、据实申报义务，排除了纳税申报内含的权利因素。另一方面，从行政管理便利角度，将纳税申报分为代理申报和自行申报，并限定了自行申报范围。如个人所得税方面将自行申报限定为下列范围：年所得12万元以上的；境内两处或者两处以上取得工资、薪金所得的；境外取得所得的；取得应税所得，没有扣缴义务人的；国务院规定的其他情形。③弦外之音，取得应税所得有扣缴义务人的，原则上纳税人无须自行申报，即免除了大部分人的纳税申报义务；也未考虑纳税人自主申报的权利意义。其次，纳税申报统筹不够。我国《税收征管法》规定了纳税申报的同一义务，税收实体法债务法关于纳税申报的规定却千差万别，缺乏内在的统一要求。

---

① 《湖南省规范性文件管理办法》（湖南省政府令第242号）第26条。

② 参见罗亚苍：《税收规范性文件的生成机制、规则类型和质量控制》，载史际春主编：《经济法学评论》（第14卷），中国法制出版社2014年版，第64～73页。

③ 《个人所得税法》第10条；《个人所得税自行纳税申报办法（试行）》（国税发〔2006〕162号文件）。

再次,纳税申报程序设置不畅。一方面,申报环节过多,如以个人收入为例,2018 年《个人所得税法》修订前的自行申报制度,涉及税前申报和税后申报两个环节,不符合税法正当程序价值,遭遇到纳税人消极抵抗。存在以下弊端:税后自行申报缺乏法律法规依据、税后自行申报缺乏民主性、税后自行申报违反诚实信用原则。①另一方面,申报缴纳脱节。如土地增值税,纳税人应自转让房地产合同签订之日起 7 日内办理纳税申报,但缴税期限却由并在税务机关核定,容易滋生执法风险。最后,纳税申报制度设计不全。未明确纳税申报的法律意义,未规定纳税申报纳税人的诚信责任,未规定纳税申报审核环节,未规定税务机关的信息传递机制。

表现之二,纳税申报制度实践执行滞涨大,实效性较差。从程序上看,纳税申报与税收征管的完整链条脱节,弱化为纳税人的完全自主单方行为;蜕化为纳税服务厅的纯粹形式受理收缴税款环节,没有形成窗口受理形式审查、征管部门日常检查、评估部门信息核查、稽查部门事后稽查的部门联动机制,造成信息传递真空形成监管漏洞。从效果上看,简单的"你缴我收"方式,任务导向的管理模式,导致征税机关的执法能动性、部门整体性严重下降,失去了对纳税人纳税信息的主动掌握权,事后的征管稽查疲软,在一定程度上助长了纳税人逃避税投机心理,不利于形成完整、科学、高效的征管体系,无助于推进诚信可靠的征信体系。

分析其根本原因在于,对纳税申报制度的法律意义理解不透、认识不全,导致立法和执法实践中的错位、失位,理念亟待更新,制度亟待重塑。

2. 纳税申报制度全新改造

第一,换新纳税申报理念。以外国为鉴,可以知得失。第二次世界大战后日本引入纳税申报制度的理由有:②一是追求民主纳税思想;二是仿效占领国美国征税制度;三是提供处罚逃税行为理由。其中,还有最重要的一条理由,就是将法律上规定的符合税收构成要件的抽象税收债务,转变为现实的税收债务。与纳税申报相对应的"实体真实主义"③主要有 3 层意思:一是符合税收法定主义,税收构成要件预先设定且明确规范;二是纳税人经济活动事实满

① 参见张富强、熊志涛:《论高收入者自行申报与税法程序正当性价值的冲突与融合》,载《月旦财经法杂志》2010 年第 20 期。

② 参见藤谷武史:《申报纳税方式下之"纳税人权利保护"》,郑庭侑译,载《月旦财经法杂志》2010 年第 20 期。

③ 所谓的实体真实主义说,日本学者衫树章三郎、确井光明、谷口势津夫等主张。

足税收构成要件，客观上成立税收债务；三是税收债务经规定程序确定具体数额。纳税申报不仅是权利，也是义务，权利有边界，义务则担责任。现代税收征收模式，即申报为主，核实为辅。[①] 申报制度下，国家信任人民自主申报，原则上不干预纳税人确定税收债务的过程，仅当申报不实、申报有误或不申报等情形下，才启动公权调查事实原因，是为“无须税务调查最理想”。[②]

第二，更新纳税申报性质。我国《税收征管法》将纳税申报定性为纯粹法律义务，学界有几种观点：(1)私人的公法行为说。日本学者金子宏、北野宏久认为，纳税申报的法律性质是私人的公法行为，具有确定应纳税额的效力，是一种要式行为；[③]系纳税人对税收构成要件事实的确认，即纳税人按照税收实体债务法的规定，具体地从税收构成要件上客观确定课税标准和数额，并将结果通知征税机关。[④] (2)法律行为说。陈敏认为，纳税申报是具有法律效力的表意行为，是法律行为。[⑤] (3)法律行为综合说。刘剑文等认为，在一般情况下，纳税申报仅为一种观念通知或事实通知，属于准法律行为范畴；有关税收减免、费用扣除、选择权行使的申报则属于法律行为。[⑥]笔者提出权利义务混合说，即认为纳税申报是一种基于纳税义务的自主权利，即对税收债务的自我宣誓、责任自担，原则上具有排他效力。既然是一种权利，因而主张实行普遍申报制度，除了法律明确规定的例外情形应一律自主申报。

第三，标新纳税申报对象。纳税申报对象包括合法和非合法的收入。如前文所述，非法收入应作为征税对象，一律申报。纳税申报对犯罪行为的所得，不必追问所得来源的原因行为的法律性质，因而并不违反“自证其罪”原则，如非法所得在缴税前被追缴、没收，仅须修正纳税申报或课税处分。

第四，创新纳税申报类型。改变现有的一次性法定申报设计，分为期限内申报、期限后申报和修正申报 3 种，增加指定申报类型。日本《国税通则法》第 17 条规定：纳税申报分为期限内申报和期限后申报，前者指在法定期限内申报；后者指在规定期限内申报但未申报的，在税务机关按相关规定作出决定

---

① BVerfGE84，239(273).

② 参见葛克昌：《税捐权利救济之法治国要求》，载《月旦法学教室》2011 年第 99 期。

③ 参见[日]金子宏：《日本税法》，战宪斌等译，法律出版社 2004 年版，第 421～422 页。

④ 参见[日]北野宏久：《日本税法学原论》，郭美松、陈刚译，中国检察出版社 2008 年版，第 186 页。

⑤ 参见陈敏：《租税稽征程序之协力义务》，载《政大法学评论》1988 年第 37 期。

⑥ 参见刘剑文、熊伟：《税法基础理论》，北京大学出版社 2004 年版，第 349～350 页。

前,可提交申报,[①]其效力表现为滞纳金计算期间的特例、减轻加重税、适用税收优惠等。[②] 第19条规定了修正申报,已纳税申报的,出现下列情形时可修正申报:应纳税额申报不足;纯亏损申报金额过大;退还金申报过多;应缴税款遗漏申报。《德国税收通则》第149条规定,法定申报和指定申报相结合,税法规定了纳税申报义务人范围;税务机关提出纳税申报的也有义务申报;税务机关可通过公告形式提出申报要求,即便税务机关对税基已估价,也不免除提出的申报义务。第153条规定修正申报,即在规定期限内,纳税人发现申报不完整或不正确,且可能出现偷漏税或已出现偷漏税;或应使用印花税或完税印鉴征收的税款,未按正确金额征收,则纳税人有义务及时报告并进行必要纠正;此外,减税、免税或其他税收优惠条件全部或部分取消后,应负通知义务;给定条件下给予税收优惠的货物,不符合规定条件的方式使用,应事先报告税务机关。[③]

第五,呈新纳税申报内容。按照税收构成要件的基本要素和超过要素自己计算税额,如实填报相关信息,除了申报计税依据和税款数额,还得提交相关构成要件的基础事实资料,作出诚实申报保证,在申报表上作出确保申报和提交资料真实性的书面保证,必要时对所提交资料提供第三方出具证明,原则上应亲笔签名,代理人签名需附带特别授权委托书。

第六,翻新纳税申报责任。税法规范的不能规避性,理性经济人不能主观认为税收债务是可以规避的生产经营成本。但是,税法秩序规范的纳税义务人,具有道德理性,且多数不熟悉繁杂税收法令,是实务操作的门外汉,税法不能期待一般纳税人确保申报内容完整无误。[④]因而,应区分纳税申报过失和故意的违法责任,对纳税申报过失可免除责任,可借鉴《德国税收通则》第152条规定,未履行申报或未按时申报,规定滞报金,但具有可免责理由的延误,则

---

① 参见《外国税收征管法律译本》组译:《外国税收征管法律译本》,中国税务出版社2012年版,第1801页。

② 参见[日]北野宏久:《日本税法学原论》,郭美松、陈刚译,中国检察出版社2008年版,第189页。

③ 参见《外国税收征管法律译本》组译:《外国税收征管法律译本》,中国税务出版社2012年版,第1706页。

④ K. Tipke, StRO, Band III, 1993, S. 1404ff. 转引自黄士洲:《加值型营业税的基本法理与凭证行为罚》(下),载《月旦法学教室》2010年第90期。

可不规定滞报金。滞报金不得超过规定的税额或规定的计算标准额的10%。[①]对经通知申报拒不申报的，依法处以行政处罚，构成犯罪的则应追究刑事责任。

（二）税收核定制度的重构

1. 税收核定制度错位：脱离税收构成要件

我国税收核定制度构成，可概括为两大部分：

一是针对特定行为。我国《税收征管法》第35条税务机关有权核定应纳税额情形。主要瑕疵表现：首先是特定行为之间逻辑不统一、性质不统一。如第1种是合法行为；第6种可能存在税收规避；第2种是违反协力义务行为；第3、4、5种为违法行为甚至构成犯罪。统括在行政机关的核定税额行为下，以税款缴纳掩盖基础行为性质，一则可能造成中伤合法权益，二则混淆税法责任放任危害结果扩大。其次，对特定行为直接核定税额，属于“制度性违法”，事实上不可能或造成执法弹性太大，其实质导致税收实体债务法的虚化，完全偏离税收构成要件的基础事实和法律效果。

二是针对特定对象：（1）特定生产经营人。我国《税收征管法》第37条规定，税务机关有权对未办理申报的从事生产、经营的纳税人和临时经营纳税人核定应纳税额。（2）特定个体工商户。经主管税务机关认定和县以上税务机关批准，生产经营规模较小、达不到设置账簿标准；[②]核定“定额”，计算应纳税额。（3）特定居民企业。具有我国《税收征管法》第35条的情形由税务机关核定应税所得率或应纳所得税额，应税所得额适用能核实收入总额但不能核实成本费用总额、能核实成本费用总额但不能核实收入总额、经合理方法能推算出收入总额或成本费用总额3种情形。[③]第一种特定对象核定，仅当适用于一次性或突发性、特定性的情况，缺乏后续配套规定，应督促生产经营者办理税务登记，而不是一核了之，失去对其经济活动的全面掌握。第二种特定对象核定，“定额”定性为“经营额、所得额”，[④]只核定“收入、所得”，却不核定“成本、费用”，存在明显缺陷。第三种特定对象核定，应税所得率显然不是税收构成要件的基本要素，不能成为税款的计算依据。3种核定同样脱离了税收

---

① 参见《外国税收征管法律译本》组译：《外国税收征管法律译本》，中国税务出版社2012年版，第1705页。

② 《个体工商户税收定期定额征收管理办法》（总局令第16号）第3条。

③ 《企业所得税核定征收办法（试行）》（国税发〔2008〕30号文件）第3条、第4条。

④ 《个体工商户税收定期定额征收管理办法》（总局令第16号）第18条、第19条、第20条。

构成要件计算具体的税收债务。

总体而言,我国将税收核定作为纳税中报缴税的一种补充征收方式,是一种对纳税人不履行协助义务的被动性税收保障制度,本无可厚非,但制度设计存在明显错位:一是法律失位。从核定的结果来看,不是确定税基并按法定税率计算,偏离了税收构成要件的税收债务标准,税收征纳实践活动完全游离在税收债务实体法规范之外,导致税法的整体幻化虚化,最终导致税收法定的完全落空。二是功能错位。以税款征收为导向而非以提高税法遵从为宗旨,亦即只管单次税收债务实现,而不考虑长期征管秩序建立;而且实践中税收核定的不严谨规范,导致实际税负低于法定税负,在一定程度上助长了纳税人不积极履行税收协助义务,反倒获得不当税收利益的投机心理。三是秩序缺位。对"特定行为+特定纳税人"的零散设计欠缺整体性考虑,而且缺乏统一规律,核定税额、核定定额、核定应税所得率、核定应纳企业税额等,至今缺乏概念的统摄性和统一性,含义混杂,其实质均是在税收构成要件法定要素之外创造要件要素,脱离了以税收构成要件为基础的税收实体法。四是程序失位。均设计为纳税人自主申报的替代性制度,而非补充性制度,凸显了行政权力的单方性,却忽视了立法权力的严肃性和私法权利的自主性。纳税人意思缺乏的行政核定决定,一方面,将纳税人人为造成的事实不明责任倒引至征税机关,导致执法风险;另一方面,不利于纳税人依法诚信如实纳税意识的培养。五是实践串位。由于制度设计的不完全、不科学、不周全,引发实践中更深层次的征纳关系混乱,一方面,纳税人怠于履行建账管理、纳税申报等协力义务;另一方面,征收机关直接核定税款,两方的税收债务法规则意识的缺失,导致税收实践随意性、任意性被人为放大。

2. 税收核定制度重构:服从税收构成要件

一是理念重塑。税收核定的基础在于税收构成要件事实。我国税收实践中通常认为,税收核定无须按照税收构成要件规定计算而直接作出征税决定,如前述的直接核定税额。学者刘剑文等将税收核定的事实基础分为事实证明、事实推定和事实协议3种。[①] 进而认为,基于事实证明的税收核定,建立稽查基础上的结论,作出税务处理决定书,将税务处理决定书分解为确认欠缴税款的税收核定、责令限期缴税的决定和行政处罚决定3部分;基于事实推定的核定,即推定课税,有3种方式:第一种为类型化观察法,第二种以违反法定

① 参见刘剑文、熊伟:《税法基础理论》,北京大学出版社2004年版,第384~387页。

义务为前提的核定应纳税额,第三种是实质课税;基于事实协议的税收核定,是对经职权调查仍无法确定的事实和法律关系,由征纳双方协商达成协议。笔者认为,基于事实证明的核定,将核定的过程混同于稽查调查过程,混淆了二者的功能差异,而上述所称税务处理决定书,在税务实践中通常是分为税收处理书和处罚决定书下达,即税收核定仅为税收债务确定方式而非事实查明方法;而所谓的基于事实协议的税收核定,显然不能称为核定,混同了行政确认与行政协议的性质;税收核定,又称推定(计)课税。

本书认为,税收核定,是税收构成要件成立后税收债务的确定方式;是一种基于稽征经济、量能平等课税等原则,由法律明确规定的单方行政行为,其重点在于确定税收债务的多少,而不在于税收债务的有无,主要理由在于相对人违反协力义务或存在其他违反平等课税的情形;核定对象与内容是税收构成要件的基础事实,而非对法定税收构成要件要素的变更,核定方法在于通过合理方法确定收入所得和成本费用等,进而确定税基,然后按照法定税率得出具体税额。与稽查调查的界限在于,所处执法程序不同、证据证明要求不同、处理方式不同等,稽查案件是对偷逃骗抗案件查处,稽查处理可能用到核定方式不应归入税收核定范畴;税收核定过程发现存在偷逃骗抗嫌疑的应移送稽查。反税收规避或特定情形的纳税调整,亦不应视为税收核定。

二是制度重构。(1)核定时机。学理上,将申报缴纳与核定征收的关系分为3种,即自行申报缴纳、查定核课缴纳和申报核课缴纳。①适用税收核定情形包括但不限于:对纳税人的自主申报存疑;法定免除纳税义务;不办理税务登记、违反账簿管理导致不能确定税基、不进行申报等不正确履行协力义务,但不能证明存在逃税故意;情况紧急下不核定将导致税款流失等情况。(2)核定对象。税收核定对象应限定为税基,不能及于主体、客体、税率、归属等基本构成要件要素。(3)核定方法。通过法定方式或社会公众认可的通行方式,确定影响税基的经营额、所得、收入、费用、成本、折旧等。(4)核定结果。不能直接得出应纳税额,而应确定税基,最终按具体税种的税收构成要件计算得出具体的税额。如前述的个体工商户定期定额征收,实践中常见不区分个人所得税、增值税而直接核定税额。

---

① 参见柯格钟:《公法债务与私法债务——税捐债务法之基本问题》,载《月旦法学杂志》2014年第235期。

三、税收构成要件的矫正制度

(一)税收构成要件教化:税法遵从之培养

1. 纳税服务的功能回位

纳税服务根系服务行政,在合作治理中获得了新发展。福斯多夫为德国行政法学界里最早提出“服务行政”(Leistungsverwaltung)理论之学者,提出的“生存照顾”(Daseinsvorsorge)概念揭示了现代国家行政任务重心。①他以生存权保障为逻辑基石,指出现代社会大规模人口的生存方式,提供赖以生存的公共服务等,方可称为生存照顾。②现代行政也是在这个范畴内开始产生最重要的意义。随着社会发展,一方面,人们的有效生活空间范围扩大;另一方面,实际拥有的掌握空间如住房等却日渐狭窄。③现代都市居民依赖公共事业程度日深,不仅依赖水、电及瓦斯,而且包括各种交通工具、邮政、电报电话、医疗设备、伤残老弱之扶助及失业救济等。④目前,管制由于无效、无能与不民主而遭遇四面楚歌。⑤管制给行政机关带来了过重的负担,贬低了非政府组织、私人参与治理的能力和正当作用。合作治理试图围绕解决问题与远离控制裁量权,从而重新定位管制事业,具有以下特征:问题解决为导向;利益相关方参与决定全过程;临时性的解决方案;超越传统公私角色的治理责任;存在灵活且投入的行政机关。⑥

纳税服务是服务行政的重要内容,深化税收治理的重要手段,是服务行政在税收领域的具体落实,其核心要义在于提高税法遵从度、清晰责权利,基础在于征纳双方关系互信互助、信息互通有无。征纳双方是税收治理两大主体,纳税服务是征税机关的积极作为,旨在顺畅双方的沟通交流,实现税法政策信息和涉税信息的双向传递。一方面,征税机关对税法政策信息具有天然优势,可知度、熟悉度远甚于纳税人,而且极具专业性、复杂性的政策法规需要国家机关的专门解读,以利于纳税人及时理解、熟悉税法政策,提前做好生产经营

---

① 参见陈新民:《公法学札记》,法律出版社2010年版,第39~40页。

② 同上书,第45页。

③ 同上书,第43~44页。

④ 同上书,第45页。

⑤ 参见[美]朱迪·弗里曼:《合作治理与新行政法》,毕洪海、陈标冲译,商务印书馆2010年版,第9页。

⑥ 同上书,第34~35页。

形式的最优安排，防范不必要的税务风险，提高经济活动的合理预期。另一方面，纳税人是涉税信息的产生者、来源方，全面掌握自己生产经营的原始信息，通过纳税服务多种形式，主动培养起依法诚信纳税意识，使履行税收协助义务成为其自发的行动，能够主动向征税机关披露申报，完全打破信息壁垒，最终降低征税成本。因而，税法遵从的重点内容在于税收构成要件和税收债务观念和知识的普及，培养其主人翁精神，形成税收治理共同体，努力实现税收公正。目前，纳税服务制度建立在纳税人尊法懂法守法的假定上，因而其服务举措主要停留在口号式的集中宣传、形式上的资料派送、灌输式的税法学堂等层面，缺乏规则意识、法治意识、参与意识的指引，不利于明晰征纳双方责权利，不利于推进纳税服务的法治化轨道运行。而且实践中，一些税务机关过重倚重纳税服务，甚至将服务置于执法之上，殚精竭虑谋划纳税服务内容和形式，却因缺乏正确的理念指导、欠缺完善的制度支撑，造成服务的泛化、滥化、庸俗化倾向，挤压了规范执法的空间，幻化为逃避执法职责的借口，削弱了执法刚性，混淆了征纳责权利，对提高税法遵从度贡献度极低。

2. 纳税服务的法治规整

纳税服务法治化是税收法治应有之义，规范重点是服务提供方和服务接受方，是一种柔性执法手段，更多地体现了劝导功能。

首先，应界定纳税服务的法律属性。我国《税收征管法》第 7 条成为纳税服务的直接法律依据。遗憾的是，目前尚未对纳税服务的法律属性作出界定。本书认为，纳税服务属于服务行政范畴，是行政指导的一种，指征税机关在其管辖事务范围内，为实现一定行政目的而采取指导、劝告、建议、指教、[①]劝诫、警示、鼓励、告知、答复等方式作出的行政行为。纳税服务的方式包括书面和口头，其主要目的在于引导相对人自觉遵守税法，按税法安排生产经营活动，降低征纳成本。

其次，应设定纳税服务的制度框架。健全纳税服务的规则制度，形成纳税服务法律、纳税服务规则、总局纳税服务规范、省以下税务局纳税服务指南等位阶不同、上下衔接的纳税服务规范体系。完善纳税服务供给制度，明确国家税务总局、省税务局、省以下税务局的供给职责，按照与纳税人发生法律关系的类型，确定供给内容，级别高的主要提供税法政策供应、解释等服务，而基层税务机关则主要提供税法政策个案适用、政策宣传等服务。完善纳税服务平

① 参见杨海坤、黄学贤：《行政指导比较研究新探》，载《中国法学》1999 年第 3 期。

台制度。完善征管信息大集中系统,提供信息办税、热线服务、网络宣传、信息储蓄等技术服务支撑平台。完善纳税服务外包制度,为满足特定纳税人、特定事项,经双方同意可引入第三方提供有偿涉税服务。完善纳税服务评价制度,通过办税厅实时评价、事后测评、公众问卷调查、第三方评估等丰富纳税服务质量评价方式,促进提高服务质量。

再次,应限定纳税服务的主体内容。在服务性质上,纳税服务区别于"公共服务",①后者分为基本公共服务和非基本公共服务;②公共服务与基本权利保障有关,而纳税服务是征税机关为了更好地履行其行政职能的辅助方式。按照服务对象范围,分为特定的纳税服务和不特定的纳税服务;按照服务内容性质,分为技术性的纳税服务和专业性的纳税服务;按照服务所起的作用,分为辅助性的纳税服务和主导性的纳税服务;按照服务法律后果,分为规范性的纳税服务和任意性的纳税服务;按照服务手段性质,分为执法性的纳税服务和引导性的纳税服务;按照服务功能顺序,分为预防性的纳税服务和救济性的纳税服务。

最后,应制定纳税服务的法治标准。要推进纳税服务在法治轨道运行,提高纳税服务的针对性、有效性、程序性和后果性,形成样式最多、成本最低、程序最简、效果最优的服务法治标准。要通过面向社会公布诚信纳税倡议书、与重点税源户签订纳税诚信协议、组织纳税信用等级评定、对接社会信用系统和社会综合治税平台等方式,强化固化纳税服务的法律效果,增强纳税服务的制度刚性。

(二)税收构成要件刚性:税收规避之否认

1. 税收规避的真实面目

第一,税收规避的内涵。应区分税收规避的相邻概念。按性质和与法律合致性关系的远近程度,主要分为税收筹划(节税)、税收规避(避税)、税收欺诈(逃漏税)3 种。与此类似,不少学者将纳税人的税行为,一般分为节税、避

---

① 《湖南省政府服务规定》第 19 条规定,公共服务主要内容包括就业促进、社会保险、社会救助、社会福利、住房保障、教育、医疗卫生、科技、文化、体育、人口和计划生育、公用事业、扶贫、政府信息公开等。

② 《湖南省政府服务规定》第 20 条规定,公共服务分为基本公共服务和非基本公共服务。基本公共服务具体项目,根据国家有关规定确定。基本公共服务主要由行政机关提供,非基本公共服务主要由社会力量提供。

税和逃税 3 种。[①]逃漏税行为(Steuerhinterziehung),一般指行为人违反税收刑事法,以刑事犯罪论的行为(Straftaten),[②]即德国学说中的税收危害行为或税收危险行为,以少缴税款为目的的应受税收法规范制裁的事先行为。逃税行为,是基础事实已经满足税收构成要件,以获得不当税收利益而进行违反真实目的的安排,属于税收惩处的对象。[③]一般包括隐瞒事实真相或作虚假陈述,出于恶意积极实施伪造变造纳税申报内容或记账凭证等欺诈行为,使税收征收机关陷入错误认识,称为税收诈欺或逃税。[④] 英语中的避税(tax avoidance)和逃税(tax evasion)的语义不太精确,经常在不同含义上使用,英语中逃税与税收欺诈(tax fraud)同义,指犯罪行为。[⑤]

与税收规避行为相关联的还有税收筹划(节税行为)。一般而言,节税行为亦可让纳税人获取税收利益,但其行为符合法律秩序和税法规范目的,是个人人格权自我决定和自由行使的表现。[⑥]经济学与法学关于税收筹划(tax planning)的定义并不统一。荷兰国际财政文献局(International Bureau of Fiscal Documentation,IBFD)编写的《国际税收词汇》定义为,纳税人通过经营活动或个人事务安排,意图缴纳最少的税。美国学者梅格斯认为,通过合理又合法地安排自己的经营活动,实现缴纳最低的税;在纳税义务发生前,系统地对企业经营或投资行为事先作出安排,该过程即税收筹划。正如华盛顿大学教授特温·J. 赖斯形象的指出,税收筹划可理解为,挖掘并利用现行税法理论漏洞并设计交易行为的过程。学者盖地认为,税务筹划是纳税人在遵守、尊重税法的前提下,规避涉税风险,控制或减轻税负,而进行的有利于实现企业财务目标的谋划、对策和安排。[⑦]学者计金标提出,税收筹划发生在纳税行为之前,以不违反法律法规为前提,通过事前安排经营活动或投资行为等涉税事

---

① 参见张晓婷:《税行为研究》,北京师范大学出版社 2011 年版,第 247 ~ 300 页;葛克昌:《税法基本问题》(财政宪法篇),北京大学出版社 2004 年版,第 134 页;黄茂荣:《税捐的构成要件》,载《经社法制论丛》1990 年第 6 期;Tipke, An den Grenzen der Steuerberatung: Steuervermeidung, Steuerumgehung, Steuerhinterziehung, StbJb, 1972/73, S. 509。

② 参见《德国租税通则》。

③ 参见葛克昌:《税法基本问题》(财政宪法篇),北京大学出版社 2004 年版,第 134 页。

④ See J. Grosclaude/P. Marchessou, Procédures fiscales, Dalloz, paris, 2001, p. 237.

⑤ 参见[美]维克多·瑟仁伊:《比较税法》,丁一译,北京大学出版社 2006 年版,第 154 页。

⑥ 参见柯格钟:《税捐规避及其相关联概念之辨证》,载《月旦财经法杂志》2009 年第 19 期。

⑦ 参见盖地主编:《企业税务筹划理论与实务》(第 3 版),东北财经大学出版社 2012 年版,第 4 页。

项，达到少缴税或递延缴纳目的。[①]税收筹划，又称节税，是指纳税人在合法范围内，按照税收政策导向，通过事先筹划或优化选择税收方案，达到尽可能减轻税收负担的合法行为。[②] 节税行为是行为人行使税法赋予的选择权的结果，是税法秩序允许的行为。葛克昌区分合法节税行为与脱法避税行为的标准，即是否已经清楚表达租税负担事由。[③]刘剑文总结了税收筹划的5个主要特征，即合法性、目的性、选择性、筹划性和概率性。[④]本书认为，税收筹划具有合法性、单方性、趋利性、事前性、技术性等特征。

英美法学者对避税行为的探讨，一般不使用节税（tax saving），但也将其与税收筹划进行比较。[⑤] 美国对避税行为的内涵是捉摸不定的，一本内部税收指南中指出，税收规避不是刑事犯罪，纳税人有权以合法的方式减少、避免或使税收最小化，规避税收不存在隐瞒或虚假陈述，但事先策划或预先安排涉税事件以减少或免除税收债务，然后按交易形式进行申报。[⑥]该观点没有区分避税和税收筹划，避税的特点在于纳税人减轻了纳税义务，但超出了立法机关预期；而税收筹划是利用财务上的有利选择，而符合立法机关的可减轻税收负担的预期。[⑦]因而认为，避税是无效法律行为，但不构成犯罪；而税收筹划是有效地减轻纳税义务行为。但没有一种界定能明晰这些概念在实践中的应用。刘剑文认为，避税即税收规避的简称，避税和税收筹划是一种属种关系，即避税分为合法避税和非合法避税，合法避税就是指税收筹划，非合法避税是偷逃税。[⑧]他指出，随着对避税的加深认识、理论探讨和加强立法，避税的外延逐渐减少，应看作一个违反税法公平原则而需进行立法规制的法律问题，正当避税的含义正逐步萎缩导致被节税或税收筹划取代，而不正当避税又得严格区分偷逃税，因而有必要从法律上限缩界定避税的内涵，特指滥用法律事实的选择可能，实施违反税法目的的异常安排，以实现规避税收负担的不正当行为。

本书认为，税收规避（Steuerumgehung），税法中并无明文规定的定义。通

---

① 参见计金标主编：《税收筹划》（第4版），中国人民大学出版社2012年版，第3页。

② 参见刘剑文：《财税法专题研究》（第2版），北京大学出版社2007年版，第442页。

③ 参见葛克昌：《所得税与宪法》，北京大学出版社2004年版，第6页。

④ 参见刘剑文：《财税法专题研究》（第2版），北京大学出版社2007年版，第443～444页。

⑤ 参见刘剑文、熊伟：《税法基础理论》，北京大学出版社2004年版，第149页。

⑥ 参见U. S. Inernal Revenus Service, Inernal Revenue Manual, Audit Guidelines, sec. 913。转引自［美］维克多·瑟仁伊：《比较税法》，丁一译，北京大学出版社2006年版，第155页。

⑦ See IRC v. Willoughby STC995, 1997, p. 1003.

⑧ 参见刘剑文：《财税法专题研究》（第2版），北京大学出版社2007年版，第448页。

常认为,税收规避是法律规避的下位概念。一般而言,民事规避行为均为违反强制性或禁止性规定而归为无效行为。与之相连的是,民事基础行为无效并不当然消灭税法上的独立意义,与之连接的税收构成要件事实一旦满足则发生税收债务成立的效果。税收规避行为的对象规范是税收构成要件或税收优惠构成要件。然而,税收规避行为并非如数字等概念那样确定无疑、了无争议,使用税收规避这个规范性概念时,需要立法者根据理性事先尽可能标注出其构成要件,也需要执法者裁量判断给哪种行为贴上税收规避的标签。一般认为,税收规避,乃利用私法自治自由对私法法律形式的可能选择,欠缺正常的通常的经济交易上的合理理由,而选择通常不用的法形式,意图实现经济目的,但不具备通常使用法形式的税收构成要件,因而减轻或排除税收负担。税收构成要件一旦满足则发生税收债务,因而纳税人通过避免实现税收构成要件而规避税收义务,如未获得所得、未消费或支出、拒绝继承等,避免实现与经济给付能力相连结的税收构成要件。税收规避与合法节税不同,节税是根据税法规定方式,减少税收负担行为;而税收规避是利用税法立法意图外的异常的或不相当的法形式,意图减轻税收负担。逃漏税,是指对满足税收构成要件的事实,予以全部或部分隐匿的行为,通常包含违法性的虚构诈欺行为;而税收规避行为是真实意图,私法上的有效行为。①

第二,税收规避的判定。避税是对法律构成的滥用,包括4个要素:滥用;法律构成;不适当性和规避税收。易言之,4个构成要素:一是为掌握某一经济事实关系,税法与法的形成可能性连结;二是滥用法的形成可能性;三是规避税法;四是存在税收规避意图。②德国学者帝普克和克劳斯认为,只需具备后两个要素,否则只是使用而非滥用。③无任何经济目的且无其他目的,或不必要的复杂步骤,可认定为不适当;当然这并不是说一定非得要求纳税人采用最为直接的交易方式,仅是在具有避税目的时适用;当然该条款也不适用于毫无经济意义的法律关系。刘剑文与帝普克、克劳斯持大致相同观点,主张二要件满足说,均为客观要件:一是行为要件,即滥用法律形成的可能性,税法以外的法律形成可能性包括法律行为、非法律行为和事实行为;二是效果要件,即

① 参见陈清秀:《税法总论》,台北,元照出版公司2012年版,第215~216页。

② 参见Tipke/Kruse,AO,2002,§42 Tz.10ff.。转引自陈清秀:《税法总论》,台北,元照出版公司2012年版,第220页。

③ 参见[美]维克多·瑟仁伊:《比较税法》,丁一译,北京大学出版社2006年版,第190页。

规避税负的经济效果,包含通过异常的法律形式达到通常的法律形式相同的经济效果和实现税收利益。[①] 笔者赞同4要件说:一是规避故意,主观上为了减轻税收负担;二是规避行为,实施了权利滥用行为;三是规避客体,通过规避税收构成要件类型化,而实现规避税收构成要件的成立效果;四是规避结果,不正当获得了税收利益。

第三,税收规避的性质。关于税收规避的法律性质,有合法、违法和脱法3种。德国学者巴尔斯克(Barske)认为,税收规避的前提在于对民法契约形式及其内容可能性的滥用,纳税人选择完全异常的民法交易形式,以达到节省税收债务的目的。亨塞尔(Hensel)则认为,税收规避的实质在于立法者对某经济形态进行类型化拟制,纳税人规避了课税较重的税收构成要件的法律形式,从而脱离了立法者意图。Wallis则认为,某一事实关系通过私法允许的形式,利用税法漏洞以减少或免除纳税义务。[②]葛克昌直接将"脱法"冠在"避税行为"之上,脱法避税行为是利用私法自治特别是契约自由原则,以规避税法的法定效果,意图取得租税利益,违背了租税负担的税法立法意旨。[③]刘剑文指出,避税行为是一种脱法行为,外观上具备合法的形式性,实质违反了税法宗旨具有实质违法性,因而不能简单归之于合法或非法,而是具有边界性或中间性,兼具形式合法性、实质违法性、行为异常性和公开性的综合特征。[④]他进而指出,实质违法性包括有损于税法宗旨和有悖于税法基本原则两个方面。[⑤]本书认为,税收规避,是私法上合法但不符合税法规范目的的行为;税法规范常被假定为高度周密严谨,即对私人而言法无禁止即可为,从这个意义上讲税收规避是税收投机行为,在被公权力机关矫正前,属于私法合法基础上的公法效力待定。税收规避具有异常性、事前性、公开性、单一性、效力待定性等特征。异常性,指采取了社会公众通常惯用的交易安排方式;事前性,在税收构成要件成立前采取的事先安排;公开性,相对人未隐瞒交易活动的真实资料,并以此履行申报等协力义务;单一性,只存在一个完整的税收规避行为,而不

---

① 参见刘剑文:《财税法专题研究》(第2版),北京大学出版社2007年版,第452~453页。

② 参见葛克昌:《租税规避之研究》,台湾大学法律学研究所1978年硕士学位论文,第63~64页。

③ 参见葛克昌:《税法基本问题》(财政宪法篇),台北,月旦出版股份有限公司1996年版,第222页。

④ 参见刘剑文:《财税法专题研究》(第2版),北京大学出版社2007年版,第455~456页。

⑤ 同上书,第458~459页。

存在隐藏其他的客观经济活动;效力待定性,税收规避行为在被国家机关矫正进行涉税调整前,处于公法法律效力待定的状态。

第四,税收规避的手段。我国学者孙健波则认为,税收规避对象为税法,而非税法上的个别税收构成要件。①笔者认为,该论调前半部分正确,后半部分值得商榷,税收规避的对象是税收债务法,而税收债务法的核心是税收构成要件,尤其是直接影响税收债务成立与否的基本要件要素,准确地说,税收规避对象是税收构成要件类型化的税收债务法。具体手段,通过对税收构成要件的纳税人、客体、税基、税率等要件要素的规避,达到最低减轻或免除税收债务的目的。

第五,税收规避的原因。善钻税法漏洞的税收规避行为如此普遍,主要归因于:②(1)文义解释盖过目的解释,且法治理念下纳税人有权减轻税负观念固化,导致税法适用空间太大;(2)不正当的避税利益驱动,和对有权减轻税负的误解与竞争压力,导致税法行为自律差;(3)税收立法中融入了公共利益、政治考虑等与税收无关因素,而且过于追求精确化的立法语言的指引作用,恰为避税者提供了巨大空间。刘剑文认为,造成税收规避的客观原因有三:一是税法漏洞的存在;二是各国税制的现实差异;三是税负的沉重。③产生于私法意思自治和私法形式理性的矛盾。④ 本书认为,税收规避是税收立法类型化、抽象化、稳定化与现实生活的复杂性、多样性和变动性之间的客观矛盾,以及私权追求利益最大化与公权维护法律秩序统一化之间的利益冲突等因素综合作用的结果。

第六,税收规避的目的。毫无争议的首要目的,在于不严格按照税法规范,滥用税收构成要件形成的基础事实的形成自由,规避法定的税收构成要件效力,意图获得不正当的税收利益。笔者不赞同将不具有税收规避目的的行为作为税收规避看待。

2. 税收规避的法治矫正

税收规避的矫正理由。对所谓的反避税条款的质疑,不是避税,即主要不在于确保税收债权,而在于维护良好经济秩序,独立法人人格。税收规避之否

---

① 参见孙健波:《税法解释研究——以利益平衡为研究》,法律出版社 2007 年版,第 194 页。

② See Graeme S. Coope, "Business Purpose, Economic Substance and Corporate Tax Shelters: International Experience with General Anti-Avoidance Rules", 54 *SMU L. Rev.* 83.

③ 参见刘剑文:《财税法专题研究》(第 2 版),北京大学出版社 2007 年版,第 457 页。

④ 参见刘剑文、熊伟:《税法基础理论》,北京大学出版社 2004 年版,第 153 页。

认。德国学者德特·伯克(Dieter Birk)认为,若民事行为之形成,仅以摆脱税收构成要件为目的;或仅利用民法为手段使税法强行规范不发生效力,则违背了法的安定性。此时法安定性原则失去宪法适用理由,即单纯的规避税收构成要件的私法操作,不值得信赖保护。①税收规避之否认,具有合宪性,理由在于按经济上的给付能力进行公平征税,即实现税收实质正义的实质法治国和正义国,且可视为弥补法律漏洞原则的充分理由。②

税收规避的矫正方案。一是税收立法反避税。(1)反权利滥用规则。法国法院创立了异常经营行为原则,即不具有合理的商业目的而使企业承担费用或损失或致其丧失收益的行为。1941 年还将权利滥用规则引入法典,即纳税义务人不得以下列行为隐藏真实合约内容对抗税收征收机关:①行为足以导致应纳契税或土地登记税短缺;②其行为足以导致交易实际内容被隐藏,或所得、利益被移转;③其行为足以因合约履行,导致营业额税收减少。③(2)一般性反避税条款或概括授权条款。如《德国税收通则》第 42 条规定,滥用法律形成的机会,可能导致税法被规避,如存在滥用行为,征税请求权与经济进程相适应的合法构成一样;前述规定未被法律明确规定排除则适用。④我国台湾地区学者陈敏认为,应制定普遍反避税的概括规定,以公平课税。⑤(3)个别性反避税条款。英国、美国和日本,主要表现为所得税法的特别措施和税基调整方法。

二是行政执法反避税:(1)类推填补法律漏洞或设置反避税条款。如果立法目的进行扩张解释以填补法律漏洞,则不需引用反避税条款,反之则引用反避税条款。⑥(2)相当的事实关系或法律形式拟制。(3)纳税调整。(4)预约定价等制度。法国《税收程序法》第 L64 条规定,滥用权利的文件被认定为

① D. Birk, Steuerrecht I., Allgemeines Steuerrecht, 1988, S. 96. 转引自陈清秀:《税法总论》,台北,元照出版公司 2012 年版,第 216 页。

② Tipke/Kruse, AO, 2002, § 42 Tz. 15. 转引自陈清秀:《税法总论》,台北,元照出版公司 2012 年版,第 216 页。

③ 参见[美]维克多·瑟仁伊:《比较税法》,丁一译,北京大学出版社 2006 年版,第 187 页。

④ 参见《外国税收征管法律译本》组译:《外国税收征管法律译本》,中国税务出版社 2012 年版,第 1685 页。

⑤ 参见陈敏:《租税课征与经济事实之掌握——经济考察方法》,载《政大法学评论》1982 年第 26 期。

⑥ Tipke/Kruse, AO, 1999, § 42 Tz. 11. 转引自陈清秀:《税法总论》,台北,元照出版公司 2012 年版,第 217 页。

虚假,或者起草文件的目的仅在于让纳税人逃税或减税的,如没有签署或执行这些文件,则按照财务状况或实际经营活动,纳税人一般需缴纳更多的税费,为还原其真实情况,税务机关有权排除这些文件且不得提出抗诉。①

三是司法裁判反避税。美国学者维克多・瑟仁伊归纳了反避税案件裁判中,可能适用的"相互冲突的准则"包括:②字面含义;可疑时不利于国库;立法意图;目的解释;根据事实裁判;真实的法律性质;经济实质;尊重行政机关;宪法解释;重新制定原则;纳税人合理信赖;税收评估程序错误。美国司法实践中产生了反避税规则,包括实质重于形式、分部交易、商业目的、虚假交易和经济实质,放在具体的实践中考察。③

四是税法原则反避税。量能课税调整。田中二郎认为,可依据量能课税或实质课税原则进行纳税调整;《日本所得税法》第157条、《法人税法》第132条明确规定否认同族公司行为或计算,为宣示性条款,即便无该类规定亦应做此解释,以落实按纳税能力公平征税。④德国经济观察法能否税收规避意见统一,克劳斯提出,对税收规避之否认,即应当按经济事实情况相当的法律形式征税,这种法律形式不是真实的而是拟制的。帝普克和琅则认为,德国税法对税收规避之否认,并非对拟制或假定经济事实关系,而是对真实的经济事实课税。

税收规避的矫正效果。税收规避矫正的法律效果即税收规避之否认,并非针对事实上不存在、虚构的、拟制的事实关系征税。即否认税收规避的基础,在已经查清真实的经济事件或状态,并非以适当的法形式拟制非真实的法律事实,因此,仅当形式的法形式本身视同真实事实时,才能认为对拟制事实征税。⑤德国学者认为,法律上无效的交易只要存在经济后果就应征税;不得滥用法律上的构成规避税法。德国联邦财税法院1980年12月9日对通过基地公司分配收入规避所得税案判决,应以基地公司未参与收入分配的事实关

---

① 参见《外国税收征管法律译本》组译:《外国税收征管法律译本》,中国税务出版社2012年版,第1758页。

② 参见[美]维克多・瑟仁伊:《比较税法》,丁一译,北京大学出版社2006年版,第136~137页。

③ 同上书,第160页。

④ 参见陈清秀:《税法总论》,台北,元照出版公司2012年版,第219页。

⑤ Tipke/Kruse, AO, 1989, §42 Tz. 19. 转引自陈清秀:《税法总论》,台北,元照出版公司2012年版,第217页。

系作为课税基础。①

税收规避的矫正克制。日本学者金子宏认为,在税收法律主义下,缺乏法律依据,不应承认行政机关或法院将当事人选择的法律形式矫正为通常使用的法律形式的权力,对于新的税收规避类型,立法机关应迅速响应,进行立法完善。②日本东京高等法院平成11年(1999年)6月21日判决观点大致相同,税收法律主义下如无法律依据,征收机关无权调整相对人选择的法律形式为通常法律形式,从而按满足税收构成征税。德国理论和实务界均认为,对于所得税规避行为,纳税人并无申报所得义务,仅需在所得税申报时表述说明事实法律关系,便于税务机关知悉从而决定是否纳税调整。纳税人仅在纳税申报时对事实尽诚实义务,并无义务服从征税机关的法律观点,即有权主张其不同的法律见解。税收规避行为,仅当纳税人隐匿规避事实,或故意或重大过失违法义务作不完整或不正确的陈述时,始构成逃漏税收而具有可罚性。③对于税收规避存在与否,征税机关负客观的举证责任。④ 即如税收规避存疑时,由征税机关承担不利后果。⑤ 征税机关不能尽到对减轻税收负担的异常税收法律关系的举证责任时,则应有利于纳税人,不成立税收规避。而且并不存在纳税人滥用形成自由之推定,原则上有权自由通过法律关系实现负责多变的经济目标。但当税务机关调查时,纳税人负有协助义务,倘若不履行协力义务或无法提出合理理由时,则可按照证据采信方法,推论理由不存在,无须适用客观的举证责任分配规则。⑥

3. 一般反规避条款之研讨

分析我国反避税制度的立法缺陷主要有:首先,一般反避税条款不具有一般性。反避税立法实践集中在企业所得税领域。我国《企业所得税法》第47

---

① BFH BStBI Ⅱ 1981, S. 339ff. 转引自陈清秀:《税法总论》,台北,元照出版公司2012年版,第217页。

② 参见[日]金子宏:《租税法》(第15版),弘文堂2010年版,第114页。

③ FH v. 1. 2. 1983 BStBI Ⅱ 1983, 534; Albert Hensel, Steuerrecht, 3. Aufl., 1933, S. 97f. 转引自陈清秀:《税法总论》,台北,元照出版公司2012年版,第229页。

④ Tipke/Kruse, AO, 2002, §42 Tz. 21. BVerfg v. 10. 6. 1963 E Bd. 16, S. 203(210); BFH v. 29. 1. 1975 BStBI Ⅱ 1975, S. 553(554). 转引自陈清秀:《税法总论》,台北,元照出版公司2012年版,第232页。

⑤ Klein/Orlopp, AO, 2002, §42 Rn. 7.

⑥ Tipke/Kruse, AO, 2002, §42 Tz. 21. 转引自陈清秀:《税法总论》,台北,元照出版公司2012年版,第232页。

条规定和《企业所得税法实施条例》第120条进行配套规定，将“不具有合理商业目的”解释为，以减少、免除或者推迟缴纳税款为主要目的。《特别纳税调整实施办法（试行）》规定，适用特别纳税调整的范围同样限定在企业所得税领域，包括企业转让定价、预约定价安排、成本分摊协议、受控外国企业、资本弱化以及一般反避税等。[①]而且明确指出，一般反避税管理是指税务机关按照《企业所得税法》第47条的规定进行审核评估和调查调整等工作的总称。[②]这导致一般反避税条款范围狭窄，包容性很差。

其次，一般反避税条款与其解释条款之间存在逻辑不匹配性。《企业所得税法》第47条与《企业所得税法实施条例》第120条存在衔接真空，后者存在扩大解释嫌疑，按照文义理解以推迟缴纳税款为目的的商业安排，显然无法直接减少应税收入或所得额，应不属于税收规避，因而不能按《企业所得税法》第47条进行调整。

再次，一般反避税条款与其他反避税条款之间不具有包容性，不能涵括《税收征管法》第36条规定。该条明显属于《企业所得税法》第47条规定的内容范围，但如前所述《特别纳税调整实施办法（试行）》条款却将其排除在一般反避税之外，而且《企业所得法》第41条与第47条并列，共同放置于该法“第六章特别纳税调整”之下，导致一般反避税条款与第41条关系不明。事实上，一般反避税条款应是纲领性条款，具有内容统摄力和理性张力。实务中，发生在集团企业与关联企业、企业和关系人之间的非常规交易行为，属于常见的税收规避。

最后，一般反避税条款的规避范围窄。“减少其应纳税收入或者所得额”仅为税基规避，未包括纳税主体、税收客体、税率、归属等税收构成要件要素的规避；这种以税基为规避对象的设置技术追求结果导向，其实导致其适用范围窄、延展性差。

本书认为，应加强一般反避税条款立法，增强一般反避税条款的统摄性和纲领性，突破企业所得税税收规避视野，对“无正当理由”“具有合理商业目的的”“不符合独立交易原则”等进行提炼浓缩，扩大税收规避具体对象范围等。一般反避税条款可简要概述为，“纳税人为获得减少、免除、推迟税收债务等不正当的税收利益，实施不符合税收构成要件规范的非正常交易行为，税务机

① 《特别纳税调整实施办法（试行）》（国税发〔2009〕2号文件）第2条。
② 《特别纳税调整实施办法（试行）》（国税发〔2009〕2号文件）第8条。

关有权进行调整"。

4. 对关联交易的税法干预

关于关联交易类型,我国台湾地区学者王志诚认为:(1)不合理有形资产交易:低于成本价;低于同行业标准价;低于同时期同样标的价。(2)免利息资金使用交易:企业法人与关联企业相互融资,不支付利息;企业法人向与其有关联关系的金融机构借款,借款合同规定保证金归金融机构而不计算利息的情形。(3)免费服务(财产)提供交易。企业法人与关联企业之间共同举办员工团体活动,未分摊费用;无偿借用财产营利。①我国台湾地区学者陈清秀总结,不合常规的交易包括3种:第一种为有关收益、成本、费用和损益的摊计,除了上述类型,可列举:资产转让和使用,包括买卖、赠与、交换、设权、出租等;无形资产使用还包括授权、再授权等;无息资金使用,还包括担保、预付款、暂付款、延期收款等安排;免费服务提供,还包括行政、管理、技术、研发、法律、人事等。第二种不合常规的交易还指逃避国内纳税义务的行为,如国内企业从国外关联企业受领对价金额不符合常规交易,以及国内企业给付国外关联企业金额高于常规交易。第三种为企业与关联企业通过第三方介入交易流程,包装成独立企业交易,含资产贩卖和资产购入。②事实上,不合常规交易即关联交易,关联交易类型则可分为真实的关联交易和虚假的关联交易。真实的关联交易,并非公司法明确禁止行为,税法也并非一律干预调整;虚假的关联交易,即滥用交易自由,通过虚假的交易形式,达到逃避缴纳税款的目的。二者外在形式几乎相同,但主观目的和客观结果均不相同。关联交易的前提条件是规避或减少纳税义务;发生在企业与其关联方之间,存在收益、成本、费用和损益的摊算;有股权交易、财产转移或其他虚假经济安排;有法律明确授权对交易行为和内部资源交换行为进行纳税调整。应基于个案考量,参考交易条件、定价原则和正常交易方法进行检验分析。我国规定的税务机关有权合理调整的真实关联业务情形包括:(1)《税收征管法》第36条规定的不按独立企业业务往来收取或者支付价款、费用,而减少应纳税收入或者所得额的;(2)《企业所得税法》第41条规定的不符合独立交易原则而减少应纳税收入或者所得额,以及不按独立交易原则分摊成本的;(3)《企业所得税法》第45条规定的,居民企业或者由其和中国居民控制的设立在实际税负明显低于本

① 参见王志诚:《非常规交易法则之实务发展》,载《财税研究》2008年第40卷第1期。

② 参见陈清秀:《论移转定价税制》,载《法令月刊》2008年第59卷第1期。

法第4条第1款规定税率水平的国家(地区)的企业,并非因合理经营需要而减少或不分配利润的;(4)《企业所得税法》第46条规定从其关联方接受的债权性投资与权益性投资的超规定比例标准的利息支出不得扣除;(5)《企业所得税法》第47条规定的实施其他不具有合理商业目的的安排而减少其应纳税收入或者所得额的。

关于税法干预理由,维护独立法人间的税收平等,从税法上矫正法人的独立人格,矫正市场投机和税收逃避行为,使之还原独立法人间的常规正常交易,进而规范公平透明的市场交易秩序。在此法律关系中,相对人承担资料提供和纳税申报义务,举证责任由税务机关承担,相关方负协助义务。我国《企业所得税法》第43条规定了企业年度纳税时,应附送其关联业务往来年度报告表。税务机关调查时,相关方应当按照规定提供相关资料。税务机关除有确凿证据证明关联交易为虚假交易或不合常规的交易,而改以真实的交易法律关系予以调整,对不合常规的交易,税法有特别规定时,优先适用,不宜运用缺乏客观标准的实质课税原则作为调整依据。

关于税法调整方法:(1)对真实的关联交易,遵循可比较原则,以非关联方从事相同交易的结果,来比较关联交易是否符合正常交易。有形资产转让或使用的关联交易,可采用比较非关联价格法、再售价格法、成本加价法、可比较利润法、利润分割法等判断方法。无形资产转让或使用的关联交易的判断,主要为可比较非关联交易法、可比较利润法、利润分割法等。判断资金使用的关联交易,则主要为非关联交易法和成本加价法等。① (2)对虚假的关联交易,实为逃税行为,可视情节严重程度追究行政责任直至刑事责任。

四、税收构成要件的相邻制度

(一)突出权责法定的超出要素主体

如前文所述,纳税人以外的主体为税收构成要件的超出要素主体。征税主体,分为名义征税主体和实质征税主体。实质征税主体为国家,这个当无异议。国家创设法律,其所属权力义务又服从于法律,因而国家又服从于法律。国家的权力又指国家职能,包括立法权力、行政权力和司法权力。在国家法上,承认一个国家即意味着承认其共同体有一个政府,政府的法律行为和国家的法律行为不可分离。政府依照宪法或法律授权代表国家管理国家事务,国

---

① 参见王志诚:《非常规交易法则之实务发展》,载《财税研究》2008年第40卷第1期。

家意志通过政府的行为执行来体现。行政在宪法预设的意义中,更多的是一种从属性的执行与不带有价值判断的技术——合目的性与效率性对它而言非常重要。①名义征税主体指履行税收征收职权职责的行政机关。政府根据不同事务类型原则,划分为不同种类的行政机关。行政机关的特征在于其具有权限,从权限的角度来规定行政机关的种类为宜。②权限是指行政机关行使行政权的法定范围,一般包括事务、地域和级别3个方面。第一手权限的取得来自法律,然后可转授权委任、委托代理等。在我国,首先立法权进行纵向划分,一级行政权对应一级立法权,行政机关是立法机关的执行机关,③即相当于将行政权力进行纵向分权,划分为中央人民政府和地方人民政府;然后同级政府进行横向权力分配,实行一级政府一级行政机关,一级政府分设出不同的行政机关,履行不同的行政职权职责。④实践税收法律关系中最常见的即征税机关。征税机关属于执法机关、专门行政机关、常设的行政机关,⑤包括税务机关和海关。

1. 税务局法律概念的澄清

我国《税收征管法》关于"税务局"和"税务机关"的规定存在逻辑混乱。其第5条第1款专门授权"税务局"的法律地位,按照国务院划定的征收管理范围从事税收征管;第7条规定"税务机关"应承担税法宣传、涉税辅导等义务;第8条规定"税务机关"应依法履行答复咨询、为纳税人保密、依法进行国家赔偿等义务;第9条规定了"税务机关"加强队伍建设、保护纳税人合法权益、接受监督等义务;第10条规定了"税务机关"建立内部监督制约机制和加强下级监督的义务;第11条明确了"税务机关"内设机构和人员职责的要求;

① 参见[德]康拉德·黑塞:《联邦德国宪法纲要》,李辉译,商务印书馆2007年版,第415页。

② 参见[日]南博方:《行政法》(第6版),杨建顺译,中国人民大学出版社2009年版,第14页。

③ 我国《宪法》第105条规定,"地方各级人民政府是地方各级国家权力机关的执行机关,是地方各级国家行政机关"。

④ 我国《国务院组织法》第10条设置了中央部委的权力;《地方各级人民代表大会和地方各级人民政府组织法》第59条、第61条分别规定了县级以上政府、乡级政府职权(职责)。

⑤ 法国关于行政机关的分类,依业务的性质为标准分为一般行政机关或普通行政机关,和专门行政机关或特别行政机关;依执行公务的方式为标准,分为执行机关、决议机关和咨询机关;依机关设置时间的久暂为标准,分为常设的行政机关和临时的行政机关。参见王名扬:《法国行政法》,北京大学出版社2007年版,第38~39页。

第13条规定了"税务机关"对举报人奖励的义务；第14条明确规定税务机关的内涵和外延大于税务局，①税务局及其所属的可独立对外活动的名义主体包括税务分局、税务所、省以下稽查局等均可统称"税务机关"。明显的逻辑错误在于：首先，混淆了内部主体和外部主体。税务分局、税务所、省以下稽查局等从组织法角度看，均为税务局的内设机构或下属部门（派出机构），除非法定授权并无职权，然而却规定其承担与税务局相同的职责（义务）。其次，混淆了执法主体和非执法主体。执法主体必须具有法定职权、履行法定职责，对外独立承担法律责任。非独立执法主体可以其名义从事活动，但没法定职责、职责要求，无法独立承担责任。税务分局、税务所等无独立法人的主体地位，是否符合承担第8条第4款之应诉、国家赔偿义务？再次，混淆了内部职责和外部职权。前述几条规定，只有第5条第1款为授权条款，即只有"税务局"具有法定的税收征管职能，除此之外的所谓"税务机关"，除非法律明确授权并无对外职权，仅承担内部管理职责和履行外部答复等内部职责。而事实上，税务所、税务分局、稽查局缺乏履行第11条规定的"征收、管理、稽查、行政复议的人员的职责"的现实可能。最后，混淆了内部职责和外部义务。税务局以外的其他税务机关除了履行上述规定的外部义务，如何履行前述条款规定的"机构职责、下级制约监督"等内部职责？因为前述条款的逻辑混乱，导致《税收征管法》后续的相关条款存在明显的法律效力瑕疵，扩大了《税收征管法》第5条的授权主体范围，主要体现在《税收征管法》第二章以下使用"税务机关"的条款占绝大多数，简要列举：第15条"向税务机关申报办理税务登记"、第21条"税务机关是发票的主管机关"、第28条"税务机关依照法律、行政法规的规定征收税款"、第35条"纳税人有下列情形之一的，税务机关有权核定其应纳税额"、第54条"税务机关有权进行下列税务检查"、第63条"对纳税人偷税的，由税务机关追缴其不缴或者少缴的税款、滞纳金"，等等。

事实上，"税务局"是法定授权的第一位阶的法律主体，即履行税收征管职能，其他的所谓"税务机关"，除了少数情形下的法律法规明确授权，②并无

① 《税收征管法》第14条规定，"本法所称税务机关是指各级税务局、税务分局、税务所和按照国务院规定设立的并向社会公告的税务机构"。

② 我国《税收征管法》第74条规定，"本法规定的行政处罚，罚款额在二千元以下的，可以由税务所决定"。《税收征管法实施细则》第9条规定，"税收征管法第十四条所称按照国务院规定设立的并向社会公告的税务机构，是指省以下税务局的稽查局。稽查局专司偷税、逃避追缴欠税、骗税、抗税案件的查处"。

税收征管权限。从法律效力看,除了特定情形,几乎所有的《税收征管法》条款所列“税务机关”均应解释为“税务局”,而不能作“立法上的扩大性立法解释”,陷入循环立法的逻辑谬误。立法上的逻辑错误滋生法源风险,也容易产生执法争议,实践中稽查局的法律定位问题即属一例。

2. 稽查局法律地位的激辩

我国《税收征管法》第 14 条①和《税收征管法实施细则》第 9 条②对稽查局的法律地位及其职责进行了明确,但实践中对稽查局理解不一、争议较大,甚至直接影响诉讼成败。

2015 年 9 月 6 日安徽某橡塑公司诉长丰县地税局稽查局税务行政处罚再审案宣判,地税稽查局胜诉。一审判决认为:③地税局稽查局作为查处偷税、逃避追缴欠税、骗税、抗税案件的税务机构,在其地域管辖范围内开展税收专项检查工作是履行法定职责。即稽查局具有查处“偷逃骗抗案件”以外的税务行政违法行为的权限。二审法院观点完全相反:④《税收征管法实施细则》第 9 条明确规定,《税收征管法》第 14 条所称按照国务院规定设立的并向社会公告的税务机构,是指省以下税务局的稽查局,专司偷逃骗抗案件的查处。县税务局稽查局作出的行政处罚,内容均为对相对人少申报缴纳税款,或者对个人所得税未履行代扣代缴的法定义务的行为进行处罚,不属于税务稽查局法定职责,属于超越职权,因而判决撤销一审判决和税务行政处罚决定。再审判决回到原点:国家税务总局根据《税收征管法实施细则》第 9 条第 2 款授权下发了国家税务总局《关于稽查局职责问题的通知》(国税函〔2003〕140 号),明确规定稽查局可以对各类税收违法案件进行查处。并印发了《税务稽查工作规程》(国税发〔2009〕157 号),再次明确了稽查局职责范围。故税务局稽查局具有查处“偷逃骗抗税案件”之外的税务行政违法行为的权限。

案结事未了,争议仍在继续,类似的案件还在发生。2015 年 6 月 29 日最

---

① 本法所称税务机关是指各级税务局、税务分局、税务所和按照国务院规定设立的并向社会公告的税务机构。

② 《税收征管法实施细则》第 9 条:“税收征管法第十四条所称按照国务院规定设立的并向社会公告的税务机构,是指省以下税务局的稽查局。稽查局专司偷税、逃避追缴欠税、骗税、抗税案件的查处。”

③ 安徽省长丰县人民法院(2014)长行初字第 00007 号行政判决书。

④ 安徽省合肥市中级人民法院(2014)合行终字第 00164 号判决书。

高人民法院公开开庭审理了广州市某房产建设有限公司诉广州市地税第一稽查局税务处理决定申请再审一案,两大争议焦点之一仍是稽查局执法权限问题,截至成文前尚未宣判。实务界刘天永解读,所谓"专司偷逃骗抗"的"专司"有两种文义解释:其一,偷逃骗抗案件仅应由稽查局负责查处,且其不负责查处其他税收违法行为;其二,偷逃骗抗案件仅由稽查局负责查处,其他税务机关无权查处,稽查局也负责查处其他税收违法行为。从体系解释和立法目的解释看,第一种含义符合整个法律体系逻辑。①学者刘剑文认为,税务稽查的职责与职权不明,《税收征管法实施细则》规定了专司偷逃骗抗案件查处,未明确此即稽查的全部职责,导致日常稽查、专案稽查和专项稽查欠缺法律依据。②

本书认为,权责包含职责与职权两个问题,职责与职权既有联系又相互区别,职责对应"单位编制性质",③职权对应法定执法权力。因而,对职责而言,税务局稽查局不是"税务局",不属于地方各级政府组织法意义上的行政机关,而是其他行政主体,即"法律、法规、规章授权"④为履行特定行政职责的非国家行政机关组织,其职能非行政组织法所授,具有不稳定性。《税收征管法实施细则》授权稽查局专司查处偷逃骗抗税案件,授权明确有界;至于"国家税务总局应当明确划分税务局和稽查局的职责"显然不属于授权性条款,而属于倡导性条款。事实上,《税务稽查工作规程》(国税发〔2009〕157 号)对此进行了迂回规定,"稽查局具体职责由国家税务总局依照《税收征管法》、《税收征管法细则》有关规定确定"。据此,稽查局目前的法定职责即专司偷逃骗抗案件查处,国家税务总局下发的一系列关于稽查职能及工作部署的规范性文件,不能作为职责法定依据,如扩大稽查局职责则应通过规章以上法律文件作出规定。

---

① 《聚焦最高法院提审"广州德发案"》,载天涯博客网:http://blog.tianya.cn/,最后访问日期:2016 年 3 月 10 日。

② 参见刘剑文:《走向财税法治——信念与追求》,法律出版社 2009 年版,第 298 ~299 页。

③ 《地方各级人民代表大会和地方各级人民政府组织法》第 64 条规定,"地方各级人民政府根据工作需要和精干的原则,设立必要的工作部门"。

④ 《行政诉讼法》第 2 条第 2 款规定,前款所称行政行为,包括法律、法规和规章授权的组织作出的行政行为。

(二)强调权利导向的审批改革制度

1. 尊重权利:全面取消非许可类审批①

私权和公权的边界永远处在动态变化中,古往今来把权力关进制度笼子被称作尊重权利的制度智慧。

一般禁止(或限制)的有限解禁是行政审批与行政许可的共同特征。关于行政许可的实质,学界有 3 种代表性的观点。第一种观点认为,行政许可是对行政法一般禁止的解除,从相对人的角度来说,行政许可意味着免于限制,恢复权利和自由。②第二种观点认为,行政许可是授益性行政行为,引起的后果是准予行政相对人从事某种特定的行为,该行为存在的前提是法律的一般禁止,而解禁无疑意味着行政相对人获得了某种"特权"。③第三种观点认为,行政许可包括准许或不准许两种具体的行为方式,在性质上行政许可既有赋予性,又有限制性,而且是以限制性为主导。④笔者认为,行政许可是个动态过程,即在"设禁"和"解禁"过程中的有限解禁,根源于国家权力和社会权力、公民权利的关系。在现代社会,个人的自由和权利总需要受到限制,而限制的正当理由,应是公共利益。行政许可的范围也即国家权力与个人自由的界限。⑤我国《行政许可法》对行政许可的范围作了明确规定。行政审批,学界尚未将其列为类型化的具体行政行为在通用教材中进行专门阐述。学者季卫东认为,国家根据公共利益的需要对某类活动进行一般性限制,但通过行政机关对个别请求进行审查并按照一定条件裁量决定,可以解除有关的限制,这种解除一般性限制的决定权,就是行政审批。⑥学者关保英认为,行政审批是指政府行政系统在特定当事人的请求下,对法律禁止的状态或法律不许可的状态,赋予其是否在广延领域内取得权利或利益的行政行为。⑦行政审批具有广义和狭义之分,广义的行政审批既包括政府机关内部事项审核,也包括政府机关对

---

① 参见罗亚苍:《行政审批权力清单制度评析及完善——以国家税务总局 2014 年第 10 号公告为分析模板》,载《中国行政管理》2014 年第 8 期。

② 参见罗豪才、湛中乐主编:《行政法学》(第 2 版),北京大学出版社 2006 年版,第 184 页。

③ 参见姜明安主编:《行政法与行政诉讼法》(第 3 版),北京大学出版社、高等教育出版社 2007 年版,第 260 页。

④ 参见方世荣:《行政许可的涵义、性质及公正性问题探讨》,载《法律科学》1998 年第 2 期。

⑤ 参见姜明安、余凌云主编:《行政法》,科学出版社 2010 年版,第 301 页。

⑥ 参见季卫东:《宪政新论——全球化时代的法与社会变迁》,北京大学出版社 2010 年版,第 592 页。

⑦ 参见关保英:《行政审批的行政法制约》,载《法学研究》2002 年第 6 期。

相对人申请的核准,狭义仅指后者。由上所述,行政审批和行政许可的共同本质特征,均是国家基于公共利益需要设定一般性禁止,而随着社会经济形势发展设定一定条件而进行有限解禁。一般性禁止的范围,是国家权力介入社会、私人领域的限度。从共同特征来看,二者均系双方行为、授益性行为、裁量行为、依申请行为、要式行为;从形式上看,均系国家机关依照法定条件、程序对相对人符合条件的申请予以准许。

立法与实践的紧张关系未有效缓和,是导致行政审批与行政许可分离的结果。立法层面未能处理好“权限法定”与“实践需要”的紧张关系,是导致行政许可和行政审批分离的根本原因。关于行政审批和行政许可的内涵和外延历来争议较大。《行政许可法》起草工作专家认为,行政许可是一种外部的行政行为,而审批则带有一定的内部管理色彩。①《行政许可法》最终采纳了同一概念说,将行政审批与行政许可统一起来,从而对二者区别的争议一锤定音。然而,立法层面最终没有严格对行政审批和行政许可作出严格界定,《行政许可法》在具体定义行政许可行为及界定其调整范围时,并未与国务院“审改办”的行政审批行为的概念和范围保持一致,立法最后从比较严格的角度去定义行政许可,②导致立法层面上行政许可的周延性、包含性不强。而行政事务管理的复杂性、变动性等原因,导致行政实践大量存在的诸多审批事项,无法纳入《行政许可法》调控范围。而面对行政实践中纷繁复杂的各类行政审批依据,立法也未能及时回应进行统一规范。《行政许可法》实施后,中央自上而下推行规范行政审批工作,创造性地把行政审批作为行政许可的上位概念,将行政审批分为许可类和非许可类审批;并通过规范性文件形式进行公布,获得了实践层面分类的法律效力。其实质是行政机关对行政审批和行政许可作出的行政解释,是对实践层面的工作经验总结,但也存在一定弊端;许可类审批和非许可类审批的分类办法,缺乏立法支持,也缺乏理论基础,同时也人为制造了某些许可类审批,成为逃离《行政许可法》规范的制度漏洞。

2. 看护权利:有效监管税收优惠减免

失去监督的权力可能被滥用,不受看护的权利同样可能导致滥用。实践

---

① 参见乔晓阳、张世诚主编:《中华人民共和国行政许可法释义》,中国长安出版社、中国言实出版社2003年版,第32页。

② 参见关于行政审批与行政许可异同的争议,详见王克稳:《我国行政审批与行政许可关系的重新梳理与规范》,载《中国法学》2007年第4期。

中，纳税人滥用税收优惠权利现象层出不穷，越过权利边界而侵害国家税收债权利益。关于其原因：是体系庞杂的税收优惠形式制造了权利投机机会。关于税收优惠的形式，王霞将之细分为：减免税、延期纳税、退税、税收豁免、投资抵免、保税制度、加速折旧、存货计价等。①伍舫认为，税额抵扣、税收抵免、税收饶让、起征点、免征额等均为税收优惠形式。②熊伟采用最广泛的税收优惠概念，他认为除了传统采用的减免税，立法和执法上还经常采用延缓缴税、退税、税额抵扣、税收抵免、税收饶让、投资抵免、加速扣除和折旧、亏损结转、起征点、免征额，甚至包括先征后返、财政奖励等变相的税收优惠。③在一定程度上反映了我国税收优惠政策过多、过泛、过乱的现实状况。二是税收优惠法律体系的结构性缺陷提供了权利滥用的空间。权力分配不规范的立法结构缺陷、普遍授权的立法模式缺陷、原则性与价值规范等缺乏的立法技术缺陷，以及利益平衡缺陷④等税收优惠立法硬伤，却成为纳税人权利滥用的契机和动力。三是取消审批的税收优惠享受形式助长了权利滥用可能。税务行政审批改革全面取消非许可类审批事项后，几乎全部税收优惠通过事中事后备案直接享受，失去事前审查的巨大税收优惠利益，引发了纳税人权利滥用的冲动。

失去监管的市场不会健康有序，不受约束的权利同样无益于权利意识培养。那么，如何有效监管税收优惠政策落实呢？可从以下路径着手：首先，提升税收优惠法治内涵。清理、归并、整合现行税收优惠政策；明确税收优惠类型，其本质是对税收构成要件的要素或整体效果给予税收利益上的不成立、延迟、减轻、抵免、免除等，对税收构成要素的优惠，包括纳税主体优惠、税收客体优惠、税基式优惠、税率式优惠；对税收构成要件的法律效力给予税额式优惠、税收债务迟延、税收抵免抵扣、退税等优惠。明确税收优惠目的。税收优惠集中体现税收的社会经济功能，设置税收优惠应符合比例原则，不得违反量能课税原则，主要针对公共利益、宗教信仰、基本权保障、特定行业发展等设定。加强税收优惠立法。对涉及税收构成要件的基本要素的税收优惠，如纳税主体、税收客体、税基、税率等应严格法定，严格限制授权；对税收构成要件的超出要素，如纳税时间以及税收优惠享受的相关技术规范、程序规定等，可授权立法

---

① 参见王霞：《税收优惠法律制度研究》，法律出版社2012年版，第9～11页。

② 参见伍舫编著：《税收优惠指南》，中国税务出版社2004年版，第20页。

③ 参见熊伟：《法治视野下清理规范税收优惠政策研究》，载《中国法学》2014年第6期。

④ 同上。

甚至由税收规范性文件作出规定。

其次,规范税收优惠监管手段。目前来看,税收优惠享受方式上分为法定减免和酌定减免,即符合法定条件的自主申报享受税收优惠,而酌定减免则实行申请审核确认程序。国家税务总局将减免税分为备案类和核准类,核准类减免税是指法律、法规规定应由税务机关核准;备案类减免税则不需要税务机关核准。①而核准类减免适用范围窄而备案类占绝大多数,完全的纸质资料形式备案的管理方式,显然无法抑制纳税人利益驱动下的滥用权利行为,因而提高备案资料的事后审核质量,建立健全窗口受理、征管巡查、税政评估核查、税务稽查兜底的后续管理机制显得尤为重要。

最后,强化税收优惠配套措施。健全处罚体系,区分税收债务逃避行为和违反协助义务行为;对不当享受税收优惠逃避税收债务的行为,如不符合法定条件而伪造变造骗取优惠资格或超范围享受优惠的要严格追究、符合逃税标准的移送追究刑事责任;对优惠资格或条件取消或停止后不及时报告税务机关的,溯及调整应税税额并责令补缴与享受税收优惠相当税款并加算滞纳金,还辅之以责令改正、警告等行政处罚方法。衔接信用体系,将纳税人是否依法享受税收优惠相关信息作为其纳税信用评定等级、社会信用体系等的基础数据,直接影响纳税人信用。建立优惠管理台账,对纳税人分门别类,享受税收优惠情况详细记载,加大数据分析比对,规范纳税人税收优惠享受情况,发现可疑信息及时推送稽查等部门。

(三)凸显行政自觉的权力清单制度②

推行权力清单制度,是全面深化改革的重要内容。据不完全统计,自2014年以来,全国相继出现了10来份各具特色、不尽相同的省级政府及其工作部门权力清单的地方版本。由于缺乏必要的理论指导,易发生制度变形、功能走样,花样百出而事倍功半;有必要正本清源,从理论上对实践进行及时回应,牵引权力清单制度回归法治轨道进而科学运行。

1. 应然张力:功能定位和逻辑起点

权力清单制度的功能定位是行政自觉优位法律强制。广推权力清单制度,是从中央到地方自上而下施行的政府内部的自觉行动,是一次深具中国特

---

① 《税收减免管理办法》(国家税务总局公告2015年第43号)。

② 参见罗亚苍:《权力清单制度的理论与实践——张力、本质、局限及其克服》,载《中国行政管理》2015年第6期。

色的行政管理色彩强于法律强制要求的自我变革。斟酌起来,有以下功能:第一,推行权力清单制度是提高行政效能的重要方式;第二,推行权力清单制度是调控行政立法的必要补充;第三,推行权力清单制度是深化行政治理的突出体现;第四,推行权力清单制度是优化行政服务的内在要求;第五,推行权力清单制度是推进行政公开的应有之义。

权力清单制度的逻辑起点,在于限制权力而非设定权力,即在“职权法定”的基础上,通过行政层级的内部管理方式,对现有行政权力进行梳理汇总并分类公布。权力清单具有“示范性、规范性、公示性、工具性、变动性”①等特性,在权力制约制度谱系中展示4个维度:第一,权力清单应是伸缩有为的指向标;第二,权力清单应是动静结合的刻度尺;第三,权力清单应是松紧有度的调节阀;第四,权力清单应是公私分明的警戒线。

2. 制度本质:最优选择和行为清单

行政行为是行政权力的外在载体,通过规范行政行为达到控制行政权力,是退而结网的最优选择。实践中,行政权力与行政行为相伴相随,行政行为是行政权力的载体,“无形的”行政权力只有通过“有形的”行政行为来体现;静止状态的权力不具有危害的现实性,运动状态的权力才是利害并行的“双刃剑”;行政权力数量的多少和有无,通过行政行为外化出来,行政行为的效力直接反映行政权力的运行效果,无权或不正当行使行政权力的行为应属无效,反之行政行为无效、被撤销等意味着行政权力越位、失位、越界,因而规范行政行为是约束行政权力的最好抓手,通过规范行政行为,以间接方式达到规范行政权力的直接效果。新修订的《行政诉讼法》扩大了合法性审查对象范围,既包括具体行政行为,并扩大到部分抽象行政行为即规章以下规范性文件的合法性审查。

通过行政行为类型规范权力类型,名为权力清单实为行为清单。将行政行为抽象成不同的类型,具有理论与实践的双重意义,也是规范行政权力类型的基础工程。权力清单其本质是,将行政行为等同于行政权力,按行政行为类型规范行政权力类型,名为行政权力清单实为行政行为清单。

3. 实然局限:实践试错和症结剖析

一方面,实践试错,权力清单暴露内在瑕疵。对出台较早、反响较好、传播

---

① 参见罗亚苍:《行政审批权力清单制度评析及完善——以国家税务总局2014年第10号公告为分析模板》,载《中国行政管理》2014年第8期。

较广的浙江、江苏、安徽权力清单模板比对、分析和评判,暴露出的内在瑕疵:从权力依据、类型和数量看,包含度不够且数量不统一。从职权部门看,职权部门名称及职权认识不规范统一。从清单格式和内容看,各不相同。省政府清单,浙江为部门清单汇总模式,江苏为改进的部门清单汇总模式,安徽为“独立的总清单 + 独立的部门清单”模式;部门清单,格式和内容也不一致。从公布形式看,有单独网络发布、网络加政府文件发布两种。

另一方面,症结剖析。一是功能误区。权力清单并非设定(限定)权力的通行证,而应作为权力运行的正衣镜。

二是调控误区。从各省公布的权力清单来看,清单目录制度调控对象均为执法权;而行政权是集立法、执法、司法三权于一身的复合体,将行政立法权“置之度外”明显欠妥。

三是权责误区。实践中,未正确区分职权和职责的内涵和界限,导致权力清单与责任清单含混不清、夹杂难分。职权与职责相比权力和义务,职权是依据、基础,对某一部门而言是其存在的依据,对某一行政行为而言是其成立的基础;职责是后果、约束,职权应行使未行使或行使不当应承担相应的后果。对此,应达到职权和职责的统一。

四是职能误区。行政职能具有剩余的特征,从制定广泛的政策到对日常事务事无巨细的管理,除了法律明确授权,还有广泛发挥作用但尚未职权法定的实有职能。法律永远落后实践,实有职能并不等量于法定职能,随着社会发展,实有职能和法定职能同处于辩证发展变化中,法定职能和实有职能均应进行制度化调控,但不一定采取“格式化”的清单模式。

五是依据误区。各地公布的权力清单目录,权力事项进行细化分解并将依据精确到条、款、项、目,展示了制度的精细化程度,也不当挤压了行政权力的弹性空间。事实上,往往一个行政管理事项对应多个不同的法律依据或不同的条款,权力清单制度不同于具体办事指南,更不是一个行政处理决定,以条款完全替代条规不值提倡。

六是主体误区。各地的权力清单都把政府部门清单汇总作为政府清单目录,未对政府独享权力开列清单,且政府部门名称和数量严重不对应,暴露出了权力底子不清、职能不顺等问题。

七是运行误区:实体重于程序。各省的权力清单目录均从权力依据的实体法角度进行了制度梳理和架构,而权力如何运行则有所偏失。实体和程序谓之行政行为的双翼,也是行政运行的二轮驱动,缺一不行。

八是衔接误区：权责偏离权义。对权力清单、责任清单和“负面清单”[①]等3份清单的理解和认识不统一、不到位，导致衔接不好、夹杂不清。逻辑起点均为限制行政权力，权力清单突出正向列举、侧重打造阳光政府；责任清单注重中间兜底、彰显建设责任政府；负面清单进行反向限制、凸显私法自治，共同划定国家、社会和私人的治理领域。

4. 局限克服：思路引导和路径选择

首先，思路引导。要推行好权力清单制度，避免制度性误区和盲区，要遵循好以下4个边界：一要遵循政府和市场的边界；二要遵循公权与私权的边界；三要遵循积极行政和消极行政的边界；四要遵循政府职能和部门职能的边界。

其次，路径选择。从已公布的权力清单样本看，“一股脑儿”公布的总清单暴露出制度瑕疵，不可贪一时之功，宜探索路径，着眼长远，稳妥推进。一是轻重缓急，先后有序。二是循序渐进，从粗到细。三是法律保留，程序正当。四是上下联动，内外有别。五是权权相称，权责一致。对具有对外职能、行使权力的部门，要建立权力监督机制，加强行政法制建设，对应逐级完善罚则体系，做到权责统一，确保权力清单制度真正落到实处、取得实效。六是格式统一，形式固定。[②]

（四）注重执法联动的两法衔接制度[③]

税务行政执法和刑事司法衔接机制，简称“两法衔接”，立足于实现行政执法与刑事司法活动的无缝对接，是一种良性的执法互动机制，更是确保税收债务实现的震慑制度。两法衔接机制存在的充分理由在于宽严相济、经济高效、合作互补。

1. 程序流向：两法衔接与协税护税的耦合

现行两法衔接机制的设计思路是行政执法主动衔接刑事司法，刑事司法程序终结主动衔接行政执法。关于行政执法与刑事司法程序共存的问题，有

① 负面清单（Negative List），是指仅列举法律法规禁止的事项，“法不禁止即可行”，系一种国际通行的外商投资管理办法，其特征在于以否定性列表的形式标明外资禁入的领域。参见王利明：《负面清单管理模式与私法自治》，载《中国法学》2014年第5期。

② 参见罗亚苍：《权力清单制度的理论与实践——张力、本质、局限及其克服》，载《中国行政管理》2015年第6期。

③ 参见罗亚苍：《税法二论》，载史际春主编：《经济法学评论》（第14卷），中国法制出版社2014年版，第74～81页。

学者认为,“对行政违法犯罪案件处理,在程序上实行‘刑事优先’既不现实也没有必要性”,①因而行政执法和刑事司法并行,行政执法不必等待刑事司法终结,可先行作出行政处理决定。笔者认为,上述理由并不当然成立,行政执法的主要功能并非制裁而是规范,而刑事司法程序终结后还存有行政处罚之可能,且一旦进入刑事司法程序,被追究对象的资格、人身、财产等必然受到强制,为“避免双重之损害”,在刑事程序终结前,行政执法程序暂且中止为宜。具体就本书前述所引实例来看,刑事司法程序中启动行政执法程序,显有不当。理由有:(1)从刑事优先来看,刑事司法程序启动后,即便最终免遭刑事追诉,也可能面临其他行政处罚。而税务处罚与其他行政处罚的依据不一样,非法所得可能在其他行政处罚中被没收,而消灭征税的现实可能,因而税务执法程序不应启动或应中止。(2)从现实操作来看,税务执法的证据部分或全部来自刑事司法程序,在刑事司法程序终结前,此类证据存在较大的变动性,导致征税对象、事实等不确定,据此进行征税处理或作出处罚决定缺乏稳定性。

税务两法衔接的特殊性在于,行政处罚往往与征税税务行政处理相伴相生。前文已经讨论移送刑事司法前已作处罚和征税处理决定的,决定未被撤销前仍有效;如移送后经认定不构成犯罪,则仍应作出征税和处罚决定。还应建立非税务两法衔接机制与协税护税机制的耦合机制。我国《税收征管法》对涉税护税作了原则性规定。非税务两法衔接中应提示税务问题的处理,以建立其与协税护税机制的沟通。刑事司法机关在移送非税务执法机关时,如认为依法应当给予行政处罚,收入认定非法,应按其他行政法律规范对非法收入进行处理,不宜再作征税决定;如认为不需行政处罚,则将建议书同时抄送税务机关,由税务机关追缴税款并相应作处罚决定。

2. 移送门槛:对逃税罪“去罪化”设计的思考和适用

我国《刑法》第201条规定了逃税罪,该条第4款作了一个附条件的“去罪化”设计,同时也明确了“两法衔接”的具体化条件。“去罪化”设计源自可宽恕事由。不存在一种优先的理由来回答为什么任何一种特定的可宽恕事由

---

① 认为行政执法可与刑事司法并行,主要理由是,“行政处罚中的‘责令停产、停业、暂扣或吊销营业执照’,除达到制裁目的外,更重要的是及时制止行为人违法行为的继续”;“我国现行刑法对行政犯罪的法定刑也没有配置停产、停业、吊销营业执业之类的资格刑”。参见谢治东:《行政执法与刑事司法衔接机制中若干问题理论探究》,载《浙江社会科学》2011年第4期。

应当或不应当被刑法认可。[①]大体来看,逃税罪的“可宽恕理由条款”的设计初衷主要有:(1)符合成本收益学原理。刑事制裁的界限性标准可归结为,首恶之行首罚之(first things first)。刑事制裁是法律的终极威慑,不仅具有强制性,而且极为昂贵,它应被适用于真正危害严重的行为。刑事制裁账册的“进项”是因成功预防或减少“首恶”行为而产生的社会获益,“出项”则是道德成本与实际运作成本。[②](2)符合国家治理和社会控制目标。承认可宽恕事由的理由与预防反社会行为并没有太大关系,只与那些妨碍预防反社会行为的绝对效率有关的价值有关,还和保障个人的自主权以及使实践自由选择的机会最大化有关,也和政府与个人之间保持一个适当的距离有关,和使国家干预个人生活方式的适当场合最小化有关。[③]

如何理解“已受行政处罚”。关于已受处罚的事由,应为《刑法》第201条明确规定的采取欺骗、隐瞒手段进行虚假申报或者不申报的违法情形,主观方面均为故意,不含《税收征管法》规定的其他税收违法行为。关于已受处罚的对象,包括纳税人和扣缴义务人,因为该“去罪化”条件是针对违法行为而非针对违法对象设置,即该条“第一款的行为”。关于已受处罚的“已受”,第一种意见是不管相对人是否接受或服从,只要税务机关作出行政处罚,即可免责;第二种意见是相对人心理上接受并且客观上已缴纳全部罚款,完全不考虑客观履行不能的原因。[④] 笔者认为,“已受”应当是主客观相统一的一种状态,即纳税人主动配合税务机关如实申报未缴税款,自觉接受处罚,如因客观原因不能缴纳,亦应考虑“去罪”的适用;同时,“已受”的判断主体在行政执法移送刑事司法之前应为税务机关,一方面赋予了税务机关一定的裁量权,另一方面也消减了税务执法风险。在具体操作过程中,纳税人主动接受和服从处罚,自愿放弃处罚救济权利,如因客观原因致罚款履行不能时,应允许其通过提供担保等方式,而不因经济条件差异等客观原因而不能享受“去罪”待遇。有一种情况,相对人在税务处理决定生效后,在指定期限内不积极履行,但税务行政行为还处在法定复议期限内,此时税务机关是立即移送刑事司法还是等复议

① 参见[美]哈伯特L.帕克:《刑事制裁的界限》,梁根林等译,法律出版社2008年版,第113页。

② 同上书,第246页。

③ 同上书,第112页。

④ 参见逄锦温:《逃税罪的立法修正与司法适用》,载熊伟主编:《税法解释与判例评注》,法律出版社2010年版,第163页。

期限届满移送？笔者认为，从人性化角度，移送刑事司法以复议期限届满为宜，给予相对人缓冲期也节省了国家管理成本。

怎么判断“不予追究刑事责任”的时间截止点？进入刑事司法程序后，能否因相对人提出主动接受行政处罚而触发或回流至行政执法程序？一种意见认为，公安机关立案后，相对人补缴税款、缴纳滞纳金、接受行政处罚不能带来不予追究刑事责任的法律后果，但可作为量刑情节；另一种意见从为，只要符合刑法规定，无论何种阶段，都应不予追究刑事责任。[①]两种观点都支持刑事司法程序可并存启动行政执法程序，只是强调刑事后果不同。笔者认为，两种意见都失偏颇，如无特殊事由则时间截止点应为刑事立案之日，刑事执法终结前不能回流或启动行政执法程序，理由如下：首先，由刑事执法活动特性决定。刑事司法活动是对立案前所有事实、材料进行甄别、判断、评价的过程，一旦启动刑事司法程序，所有对象均应固化、稳定，不能人为改变事实而导致处理结果不同。其次，法的安定性决定。成文法规范是条件（假定）、行为模式和后果的逻辑统一体，不能因人为原因导致法的适用结果不同。再次，法定不予追究刑事责任与酌情免除刑事责任不同，允许通过事后补救方式而免受刑事责任，违背该条立法初衷。最后，如前文分析原因，刑事执法程序未终结做出行政执法决定存在客观不能。

关于税务机关应作而未作行政处罚，法院能否直接判决定罪的问题。相对人发生《刑法》第201条规定的违法行为，经税务机关处理后补缴税款、缴纳滞纳金，但未作出处罚决定，后进入刑事执法程序，法院能否直接判罪？根据《刑法》第201条第4款之规定，补缴税款、缴纳滞纳金、接受处罚3个条件缺一不可，方可“去罪”，因税务机关原因未作处罚处理是否因此错过“去罪”待遇。笔者认为，此时法官在审理过程中可进行释明，提请检察机关向税务机关发出司法建议，如相对人接受处罚则不予追究刑事责任。[②]

---

① 参见逄锦温：《逃税罪的立法修正与司法适用》，载熊伟主编：《税法解释与判例评注》，法律出版社2010年版，第165页。

② 参见罗亚苍：《税法二论》，载史际春主编：《经济法学评论》（第14卷），中国法制出版社2014年版，第74～81页。

结　论

税收构成要件是个宏大的系统命题，既可取代税收法律关系模型，承担起税法学科独立、税法建构和税制完善等理论机能，亦应作为税收实践中查明要件事实、确定税收债务的实践载体。税收构成要件是判断税收债务成立的唯一标准，是主观和客观、形式和实质的辩证统一体；纳税主体、税收客体、税基、归属和税率等是描述的、客观的、规范的法定构成要件基本要素，既有独立价值也是整体构成。纳税人具有独立法律主体性，重在强调其税收之债的财产负担能力，即以结果为导向的区别于身份或资格为导向的权利能力和行为能力。税收负担义务是绝对、天然、有限和财产负担性的类型法定的公法债务。税收客体兼具经济给付能力和法律负担能力，是对私法权利客体和经济财富客体的统摄化、类型化、法定化的结果。权利客体负担税收债务的正当理由，来自伦理和法定的双重义务；税收客体的经济类型化，是经济学派建构演绎发展税收理论的重要内容，税法类型化则通过3种途径实现。税基是对税收负担能力的定量评价，对税收客体的具体量化；其法定结构以单位面积或重量、合同金额等单一可辨的标志确认；或通过相对复杂的总收入、不征税收入、免税收入、成本费用扣除等计算；税基将税收客体价值和技术衡量标准连接起来，税法通常对财会计量与税收处理进行特别调整。归属，即税收客体与特定纳税人的结合关系，是基于经济或法律的双重关系；形式与实质的归属区别，是不同法律推理方式的反映；民事法人身财产关系是税法适用的基础条件，应作为判断税收负担能力的起点，当违反量能负担等实质原则时，则应允许税法对民法形式事实进行税法实质化。税率，是应纳税额与纳税对象之间的比例，计算应纳税额的尺度；税率的确定关系到量能课税原则及税制调节收入再次分配功能的实现。要充分发挥税收构成要件在落实税收法定、加快税法建设的指导作用，完善作为税收构成要件源头规范的宪法条款，健全作为税收构成要件基础规范的税法体系，严控作为税收构成要件末梢规范的税收规范性文件，提高税法制度建设质量，指导处理税收债务争议。

参考文献

[1]罗亚苍:《基层税收执法风险探析》,载求是理论网:http://www.qstheory.cn/sxxxjy/。

[2]邱本:《经济法研究》(下卷),中国人民大学出版社2008年版。

[3]中国大百科全书编辑部:《中国大百科全书》(法学),中国大百科全书出版社2006年版。

[4]刘隆亨:《流转税法》,北京大学出版社2002年版。

[5]徐国栋:《罗马公法要论》,北京大学出版社2014年版。

[6][英]坎南编:《亚当·斯密:关于法律、警察、岁入及军备的演讲》,陈福生等译,商务印书馆1962年版。

[7][法]孟德斯鸠:《论法的精神》(上卷),许明龙译,商务印书馆2012年版。

[8][法]孟德斯鸠:《论法的精神》(下卷),许明龙译,商务印书馆2012年版。

[9][德]乌茨·施利斯基:《经济公法》,喻文光译,法律出版社2006年版。

[10][英]戴雪:《英宪精义》,雷宾南译,中国法制出版社2001年版。

[11][英]梅特兰:《英格兰宪政史》,李红海译,中国政法大学出版社2010年版。

[12][英]威廉·布莱克斯通:《英国法释义》(第

1 卷),游云庭、缪苗译,上海人民出版社 2006 年版。

[13][美]哈罗德·伯尔曼:《法律与革命——新教改革对西方法律传统的影响》(第 2 卷),苗文龙等译,法律出版社 2008 年版。

[14][德]奥托·迈耶:《德国行政法》,刘飞译,商务印书馆 2014 年版。

[15][德]格奥格·耶利内克:《主观公法权利体系》,曾韬、赵天书译,中国政法大学出版社 2012 年版。

[16][德]威廉·冯·洪堡:《论国家的作用》,林荣远、冯兴元译,中国社会科学出版社 1998 年版。

[17]葛克昌:《税法基本问题》(财政宪法篇),北京大学出版社 2004 年版。

[18]葛克昌:《所得税与宪法》,北京大学出版社 2004 年版。

[19][英]以赛亚·柏林:《自由四论》,陈晓林译,台北,台湾联经出版事业公司 1986 年版。

[20][英]约翰·洛克:《政府论》(下册),叶启芳等译,商务印书馆 1964 年版。

[21]金观涛:《探索现代社会的起源》,社会科学文献出版社 2010 年版。

[22][美]斯蒂芬·霍尔姆斯、凯斯·R. 桑斯坦:《权利的成本——为什么自由依赖于税》,毕竟悦译,北京大学出版社 2011 年版。

[23] Klaus Tipke, Die Steuerrechtsordnung I. 2. Aufl. ,2000, S. 402f,转引自陈清秀:《社会国家原则在税法上之运用》(上),载《台湾法学杂志》2010 年第 164 期。

[24]陈清秀:《利益均衡在税法上之运用》,载《东吴法律学报》2009 年第 3 期。

[25][英]赫伯特·乔治·威尔斯:《文明的故事》,高尧译,时代出版传媒股份有限公司、安徽人民出版社 2012 年版。

[26][法]狄骥:《公法的变迁》,郑戈译,中国法制出版社 2010 年版。

[27][英]伯特兰·罗素:《权力论——新社会分析》,吴友三译,商务印书馆 1991 年版。

[28] De la Souveraineté du roi. liv. I, ch. li. 转引自[法]狄骥:《公法的变迁》,郑戈译,中国法制出版社 2010 年版。

[29][美]罗斯科·庞德:《普通法的精神》(中文修订版),夏登峻审校,

法律出版社 2010 年版。

[30][英]昆廷·斯金纳:《现代政治思想的基础》(下卷),剑桥大学出版社 1978 年版。

[31][日]美浓部达吉:《公法与私法》,黄冯明译,中国政法大学出版社 2003 年版。

[32]宝成关:《政治学思想史》,湖南教育出版社 2004 年版。

[33][德]黑格尔:《法哲学原理》,范扬、张企泰译,商务印书馆 1961 年版。

[34][法]狄骥:《法律与国家》,冷静译,中国法制出版社 2010 年版。

[35]杨兆龙:《大陆法与英美法的区别》,北京大学出版社 2009 年版。

[36][德]拉德布鲁赫:《法学导论》,米健译,商务印书馆 2013 年版。

[37][英]霍布斯:《利维坦》,黎思复、黎廷弼译,商务印书馆 1985 年版。

[38][美]理查德·A. 波斯纳:《正义、司法的经济学》,苏力译,中国政法大学出版社 2002 年版。

[39][奥]尤根·埃利希:《法律社会学基本原理》,叶名怡、袁震译,中国社会科学出版社 2009 年版。

[40][英]伯特兰·罗素:《权威和个人》,储智勇译,商务印书馆 2010 年版。

[41]苏永钦:《寻找新民法》,北京大学出版社 2012 年版。

[42]萧公权:《中国政治思想史》,新星出版社 2010 年版。

[43]Margaret Levi. Of Rule and Revenue. 34 – 36. 转引自林宗弘:《户口的政治——中国大陆与台湾户籍制度之历史比较》,载《中国大陆研究》第 57 卷第 1 期。

[44]张守军:《中国古代的赋税与劳役》商务印书馆 1998 年版。

[45]钱穆:《中国历代政治得失》(新校对本),九州出版社 2012 年版。

[46]王奕:《中国工商税收史资料选编》(明代),中国财政经济出版社 1992 年版。

[47]黄仁宇:《十六世纪明代中国之财政与税收》,生活·读书·新知三联书店 2007 年版。

[48]黄仁宇:《中国大历史》,生活·读书·新知三联书店 2007 年版。

[49]曾康华:《当代西方税收理论与税制改革研究》,中国税务出版社 2011 年版。

[50][美]劳伦斯·M.弗里德曼:《美国法律史》,苏彦新等译,中国社会科学出版社2007年版。

[51][美]迈克尔·桑德尔:《民主的不满》,曾纪茂译,江苏人民出版社2012年版。

[52][德]马克斯·韦伯:《经济与社会》(下卷),林荣远译,商务印书馆1997年版。

[53][英]J.S.密尔:《代议制政府》,汪瑄译,商务印书馆1982年版。

[54]李昌麒:《经济法理念研究》,法律出版社2009年版。

[55][英]大卫·李嘉图:《政治经济学及赋税原理》,郭大力、王亚南译,凤凰出版传媒集团、译林出版社2011年版。

[56][英]理查德·琼斯:《论财富的分配和赋税的来源》,于树生译,商务印书馆1994页。

[57]张守文:《税法学》,法律出版社2011年版。

[58]葛克昌:《租税国危机及其宪法课题》,载《国家学与国家法》,台北,元照出版公司1997年版。

[59][日]大木雅夫:《东西方的法观念比较》,战宪斌译,北京大学出版社2004年版。

[60][英]约翰·奥斯丁:《法理学的范围》,刘星译,中国法制出版社2002年版。

[61][法]泰奥多·德萨米:《公有法典》,黄建华、姜亚洲译,译林出版社2014年版。

[62][英]亨利·萨姆奈·梅因:《古代法》,高敏、翟慧虹译,中国社会科学出版社2009年版。

[63][德]格奥尔格·耶利内克:《〈人权与公民权利宣言〉——现代宪法史论》,李锦辉译,商务印书馆2013年版。

[64][英]彼得·斯坦、约翰·香德:《西方社会的法律价值》,王献平译,中国法制出版社2004年版。

[65][美]布莱恩·Z.塔玛纳哈:《一般法理学:以法律与社会的关系为视角》,郑海平译,中国政法大学出版社2012年版。

[66]张文显:《法哲学范畴研究》(修订版),中国政法大学出版社2001年版。

[67][德]G.拉德布鲁赫:《法哲学》,王朴译,法律出版社2005年版。

[68]李贵连:《法治是什么——从贵族法治到民主法治》,广西师范大学出版社 2013 年版。

[69]Hesse. aaoO. S. 565f. 转引自[日]大木雅夫:《东西方的法观念比较》,战宪斌译,北京大学出版社 2004 年版,第 74 ~ 75 页。

[70]E. Schmidt – Assmann. Der Rechtsstaat. HStR1,1987,24Rn,69f. 转引自葛克昌:《税捐权利救济之法治国要求》,载《月旦法学教室》2011 年第 99 期。

[71]J. Isensee. Steuerstaat als Staatsform. in FS für Ipsen,1977,S. 426. 转引自葛克昌:《行政程序与纳税人基本权》,北京大学出版社 2005 年版,第 103 页。

[72]葛克昌:《制度性保障和地方税》,载《法令月刊》2008 年第 5 期。

[73]葛克昌:《奢侈税及其宪法界限》,载《月旦法学杂志》2009 年第 169 期。

[74][德]鲁道夫 · 冯 · 耶林:《法学是一门科学吗》,李君韬译,法律出版社 2010 年版,第 47 页。

[75][日]小野清一郎:《犯罪构成要件理论》,王泰译,中国人民公安大学出版社 2004 年版。

[76]蔡桂生:《构成要件论》,中国人民大学出版社 2015 年版。

[77][德]恩施特 · 贝林:《构成要件理论》,王安异译,中国人民公安大学出版社 2006 年版。

[78]马克昌:《比较刑法原理——外国刑法学总论》,武汉大学出版社 2002 年版。

[79][苏]A. H. 特拉伊宁:《犯罪构成的一般学说》,薛秉忠等译,中国人民大学出版社 1958 年版。

[80]马克昌:《犯罪通论》,武汉大学出版社 2006 年版。

[81][日]西原春夫:《构成要件的概念与构成要件的理论》,陈家林译,载《法律科学》2007 年第 5 期。

[82]《法国民法典》,罗结珍译,北京大学出版社 2010 年版。

[83]周枏:《罗马法原论》(下册),商务印书馆 2005 年版。

[84]梅仲协:《民法要义》,中国政法大学出版社 2004 年版。

[85]芮沐:《民法法律行为理论之全部》,中国政法大学出版社 2003 年版。

[86]史尚宽:《民法总论》,中国政法大学出版社 2000 年版。

[87]史尚宽:《债法总论》,中国政法大学出版社 2000 年版。

[88]谢怀栻:《外国民商法精要》(增补版),法律出版社 2006 年版。

[89]张俊浩:《民法学原理》(下册),中国政法大学出版社 2000 年版。

[90]梁慧星:《民法总论》,法律出版社 2007 年版。

[91]张新宝:《侵权责任法原理》,中国人民大学出版社 2005 年版。

[92][德]维尔纳·弗卢梅:《法律行为论》,迟颖译,法律出版社 2013 年版。

[93]ick. Lehruch des allgemeinen Steuerrechts. 3Aufl. 1977, Rz. 150. 转引自葛克昌:《税法基本问题》(财政宪法篇),北京大学出版社 2004 年版,第 78 页。

[94]Sohn. Steuerrechtliche Folgenbeseitigung durch Erstattung. 1973, S. 24. 转引自陈清秀:《税法总论》,台北,元照出版公司 2012 年版,第 296 页。

[95]Koch, Halaczinsky. AO. 3. Aufl. , 1986, § 38 Rn. 3. 转引自陈清秀:《税法总论》,台北,元照出版公司 2012 年版,第 296 页。

[96][日]金子宏:《日本税法原理》,刘多田等译,中国财政经济出版社 1989 年版。

[97][日]藤谷武史:《申报纳税方式下的纳税人权利保护》,郑庭侑译,载《月旦财经法杂志》2010 年第 3 期。

[98][德]卡尔·拉伦茨:《法学方法论》,陈爱娥译,商务印书馆 2003 年版。

[99]黄茂荣:《法学方法与现代民法》(第 5 版),法律出版社 2007 年版。

[100]Jescheck, Weigend. AT. S. 26. 转引自林山田:《刑法通论》(上册),北京大学出版社 2012 年版,第 46 页。

[101]盛子龙:《租税法上类型化立法与平等原则》,载《中正财经法学》2011 年第 7 期。

[102]Vgl. Tipke. Die SteuerrechtsordungBandI. 2 Auflage, Köln: Dr. Otto, Schmidt, 2000, 348ff. 转引自盛子龙:《租税法上类型化立法与平等原则》,载《中正财经法学》2011 年第 7 期。

[103]Tipke, Klause, Lang. Joachim Steuerrecht. 19. Auflage, Köln: Dr. Otto, Schmidt, 2008, 4Rn. 132. 转引自盛子龙:《租税法上类型化立法与平等原则》,载《中正财经法学》2011 年第 7 期。

[104]张明楷:《刑法分则的解释原理》(第2版),中国人民大学出版社2011年版。

[105][德]卡尔·恩吉施:《法律思维导论》,郑永流译,法律出版社2014年版。

[106]陈清秀:《税法总论》,台北,元照出版公司2012年版。

[107]Kruse. aaO. ,S. 114f. 转引自陈清秀:《税法总论》,台北,元照出版公司2012年版,第301页。

[108]Kruse. aaO. ,S. 117. 转引自陈清秀:《税法总论》,台北,元照出版公司2012年版,第301页。

[109][美]富勒:《法律的道德性》,郑戈译,商务印书馆2005年版。

[110]《外国税收征管法律译本》组编:《外国税收征管法律译本》,中国税务出版社2012年版。

[111]Kruse. aaO. , S. 114f; Tipke, Lang. Steuerrecht. S. 136. 转引自陈清秀:《税法总论》,台北,元照出版公司2012年版,第301页。

[112]V. 图若尼:《税法的起草与设计》(第1卷),国家税务总局法规司译,中国税务出版社2004年版。

[113]叶必丰:《论行政行为的公定力》,载《法学研究》1997年第5期。

[114]沈岿:《行政行为公定力与妨害公务——兼论公定力理论研究之发展进路》,载《中国法学》2006年第5期。

[115][日]美浓部达吉:《日本行政法》,有斐阁1936年版。

[116]王天华:《行政行为公定力概念的源流——兼议我国公定力理论发展的进路》,载《当代法学》2010年第3期。

[117]叶必丰:《行政行为确定力研究》,载《中国法学》1996年第3期。

[118][德]阿图尔·考夫曼:《当代法哲学和法律理论导论》,郑永流译,法律出版社2013年版。

[119]刘星:《法律是什么》,中国政法大学出版社1998年版。

[120]关保英:《行政公信力研究》,载《求是学刊》2013年第7期。

[121]刘松山:《论政府诚信》,载《中国法学》2003年第3期。

[122]BVerfGE 26,265(276). 转引自盛子龙:《租税法上类型化立法与平等原则》,载《中正财经法学》2011年第7期。

[123]BVerfGE 17,1(24f.);BVerfGE 78,249(288). 转引自盛子龙:《租税法上类型化立法与平等原则》,载《中正财经法学》2011年第7期。

[124]BVerwGE 68,36(41). 转引自盛子龙:《租税法上类型化立法与平等原则》,载《中正财经法学》2011 年第 7 期。

[125]BVerfGE 21,12(27);BVerfGE 65,325(354f.);BVerfGE 96,1(81f).转引自盛子龙:《租税法类型化立法与平等原则》,载《中正财经法学》2011 年第 7 期。

[126][奥]凯尔森:《法与国家的一般理论》,沈宗灵译,中国大百科全书出版社 1996 年版。

[127]Max Weber, *Economy and Society* (Vol. Ⅲ), New York: Bedminister Press, 1968.

[128]Dennis H. Wrong, Power, *Its Forms, Bases and Uses*, New York: Harper & Row Publishers, 1979.

[129][英]罗德里克·马丁:《权力社会学》,丰子义等译,生活·读书·新知三联书店 1992 年版,第 33 页。

[130][英]马克·尼奥克里尔斯:《管理市民社会》,陈小文译,商务印书馆 2008 年版。

[131][美]罗斯科·庞德:《通过法律的社会控制》,沈宗灵译,商务印书馆 1984 年版。

[132]吴崇毅:《财政立法原理》,商务印书馆 1934 年版。

[133]张守文:《税权的定位与分配》,载《法商研究》2000 年第 1 期。

[134]赵立新:《税权的宪政逻辑》,载《政治与法律》2007 年第 1 期。

[135]张富强:《论税权二元结构及其价值逻辑》,载《法学家》2011 年第 2 期。

[136]Ruth Mason, "Federalism and the Taxing Power", *California Law Review*, 2011, 99(4).

[137]Dirter Birk. Steuerrecht IAllgemeines Steuerrecht. 1994, § 8, Rz1. 转引自黄俊杰:《财政宪法》,台北,翰芦图书出版有限公司 2005 年版,第 64 页。

[138]葛克昌:《行政程序与纳税人基本权》,北京大学出版社 2005 年版。

[139]Dirter Birk. Steuerrecht. 3Aulf. ,2000, Rn. 124,126. 转引自葛克昌:《行政程序与纳税人基本权》,北京大学出版社 2005 年版,第 113 页。

[140]冯兴元:《地方政府竞争》,凤凰出版传媒集团、译林出版社 2010 年版。

[141][德]莫妮卡·博姆:《德国联邦和州之间的立法权限划分》,载《立

法权限划分——中德比较》,中国政法大学出版 2015 年版。

[142]韩忠谟:《法学绪论》,北京大学出版社 2009 年版。

[143][德]卡尔·拉伦茨:《德国民法通论》(上册),王晓晔等译,法律出版社 2003 年版。

[144]李昌麟:《经济法学》(第 2 版),法律出版社 2008 年版。

[145]李刚:《税法与私法关系总论——兼论中国现代税法学基本理论》,厦门大学 2008 年博士后论文。

[146]刘剑文、李刚:《税收法律关系新论》,载《法学研究》1999 年第 4 期。

[147]周刚志:《财政转型的宪法原理》,中国人民大学出版社 2014 年版。

[148]王家林:《也从纳税人的权利和义务谈起——就一些税法新理论求教刘剑文教授》,载《法学杂志》2005 年第 5 期。

[149]刘剑文:《财税法学研究述评》,法律出版社 2015 年版。

[150]刘剑文:《财税法专题研究》(第 2 版),北京大学出版社 2007 年版。

[151]柯格钟:《公法债务与私法债务——税捐债务法之基本问题》,载《月旦法学杂志》2014 年第 235 期。

[152][日]中里实:《日本税法概论》,郑林根总校,法律出版社 2014 年版。

[153]陈清秀:《税法学研究方法论初探》,载《台湾法学杂志》2012 年第 5 期。

[154][日]北野宏久:《日本税法学原论》,郭美松、陈刚译,中国检察出版社 2008 年版。

[155][美]维克多·瑟仁多:《比较税法》,丁一译,北京大学出版社 2006 年版。

[156] Victor Thurony, *Comparative Tax Law*, Kluwer Law International, 2003.

[157]黄茂荣:《法学方法与现代税法》,北京大学出版社 2011 年版。

[158]黄茂荣:《税捐法与民事法》,载《月旦财经法杂志》2005 年第 9 期。

[159][日]丹宗昭信、伊从宽:《经济法总论》,吉田庆子译,中国法制出版社 2010 年版。

[160] Kruse. Lebrbuch des SteuerrechtsBand I. 1991, S. 19. 转引自葛克昌:《税法基本问题》(财政宪法篇),北京大学出版社 2004 年版,第 6~7 页。

[161] Georg Crezelius. Steuerrecht II. Die einzelnen Steuerarten, 1994, § 1 Rz. 8. 转引自黄俊杰:《实际意义税法平等对待之立法政策》,载《月旦财经法杂志》2010 年第 6 期。

[162] 漆多俊:《经济法基础理论》,法律出版社 2008 年版。

[163] 刘剑文:《收入分配改革与财税法治创新》,载《中国法学》2011 年第 5 期。

[164] 杨建顺:《行政规制与权利保障》,中国人民大学出版社 2007 年版。

[165] 杨小强:《中国税法原理、实务与整体化》,山东人民出版社 2008 年版。

[166] [德] 沃尔夫冈 · 费肯杰:《经济法》(第 1 卷),张世明等译,中国民主法制出版社 2010 年版。

[167] [德] 罗尔夫 · 施托贝尔:《经济宪法与经济行政法》,谢立斌译,商务印书馆 2008 年版。

[168] D. Birk. Steuerrecht und Verfassungsrecht Die Verwaltung 35. 2002, 91ff. 转引自葛克昌:《暂时权利保护与税法》,载《月旦法学教室》2011 年第 3 期。

[169] Tipke, Lang. Steuerrecht17. Aufl. , 2002, § 19. 转引自黄茂荣:《法学方法与现代税法》,北京大学出版社 2011 年版,第 294 页。

[170] Tipke, Lang. Steuerrecht20. Aufl. , 2000, § 4, Rz. 19ff. 转引自张永明:《宗教团体捐助设立医院之房产税探讨》,载《裁判时报》2011 年第 8 期。

[171] [德] 迪特尔 · 施瓦布:《民法总论》,郑冲译,法律出版社 2006 年版。

[172] 涂龙力、鸿貌:《法定原则与我国税法体系的完善》,载《税务研究》1999 年第 12 期。

[173] 刘剑文:《政法定原则———种权力法治化的现代探索》,载《法学家》2014 年第 4 期。

[174] 刘剑文:《走向财税法治——信念与追求》,法律出版社 2009 年版。

[175] 陈新民:《德国公法学基础理论》(上卷),法律出版社 2010 年版。

[176] 刘隆亨:《财产税法》,北京大学出版社 2006 年版。

[177] Tipke, Lang. Steuerrecht20. Aufl. , 2010, § 8Rz. 29. 转引自陈清秀:《税法总论》,台北,元照出版公司 2012 年版,第 310 页。

[178] [美] 马斯格雷夫:《美国财政理论与实践》,邓子基编译,中国财政

经济出版社 1987 年版。

[179]马寅初:《财政学与中国财政》,商务印书馆 2006 年版。

[180]解学智、张志勇:《世界税制现状与趋势(2014)》,中国税务出版社 2014 年版。

[181][英]约瑟夫·拉兹:《实践理性与规范》,朱学平译,中国法制出版社 2011 年版。

[182][德]伯恩·魏德士:《法理学》,丁晓春、吴越译,法律出版社 2013 年版。

[183][德]罗伯特·霍恩:《德国民商法导论》,中国大百科全书出版社 1996 年版。

[184][美]霍菲尔德:《基本法律概念》,张书友编译,中国法制出版社 2009 年版。

[185][美]卡尔·威尔曼:《真正的权利》,刘振宇等译,商务印书馆 2015 年版。

[186]黄士洲:《税务诉讼的举证责任》,北京大学出版社 2004 年版。

[187]熊伟:《美国联邦税收程序》,北京大学出版社 2006 年版。

[188][德]普维庭:《现代证明责任问题》,吴越译,法律出版社 2006 年版。

[189][日]金子宏:《日本税法》,战宪斌、郑林根等译,法律出版社 2004 年版。

[190]江必新、梁凤云:《行政诉讼法理论与实务》(上卷),北京大学出版社 2011 年版。

[191][德]莱奥·罗森贝克:《证明责任论》,庄敬华译,中国法制出版社 2002 年版。

[192]William Twining, *Rethinking Evidence*, Cambridge University Press, 1990.

[193]John Kaplan: "Decision Theory and the Factfinding Process", *Stan. L. Rev.* 1968,20:1065,1071.

[194]Peter Gottwald, *Fact Finding: A German Perspective, in the Option of Litigating in Europe*, D. L. Carey Miller & Paul R. Beaumont eds. 1993, p. 74.

[195][日]松冈义正:《民事证据论》,张知本译,中国政法大学出版社 2004 年版。

[196]陈清秀:《暂时性行政处分——以德国立法例及学说实务见解为中心》,载《月旦法学杂志》2012 年第 6 期。

[197]葛克昌:《遗产税改革之宪法界限》,载《月旦法学杂志》2008 年第 9 期。

[198]Dieter Birk, Gleichheit und Gesetzmäßigkeit der Besteuerung—Zum Stellenwert zweier Grundprinzipien in der Steuerreform, 1990, StuW: 1989, 212ff.

[199]田中二郎:《租税法》,有斐阁 1968 年版。

[200]何勤华:《西方宪法史》,北京大学出版社 2006 年版。

[201]黄士洲:《租税法定主义之检讨》,载《元旦法学杂志》2014 年第 6 期。

[202]K. Tipke. a. o. O. Fn. 12, S. 120. 转引自黄士洲:《课税要件法定原则与举证责任分配》(上),载《月旦法学教室》2009 年第 84 期。

[203]Tipke, Lang. Steuerrecht20Aufl. ,2010, § 4Rz. 167. 转引自陈清秀:《税法总论》,台北,元照出版公司 2012 年版,第 46 页。

[204]Weber – Grellet. In dubio pro quo?, StuW:1981, S. 48,52. 转引自黄士洲:《课税要件法定原则与举证责任分配》(下),载《月旦法学教室》2009 年第 85 期。

[205]D. Birk. Steuerrecht2Aufl. ,1994, S. 39. 转引自葛克昌:《纳税人权利保护立法及检讨——税捐稽征法第一章之一评析》,载《月旦财经法杂志》2010 年第 9 期。

[206]李惠宗:《法定证据主义的幽灵》,载《法令月刊》2010 年第 3 期。

[207]Heinz – Jürgen Pezzer:《法治国家中税收程序的基本原则》,许闲、朱轶凡译,载《月旦财经法杂志》2009 年第 6 期。

[208]葛克昌:《脱法避税与法律补充》,载《月旦法学教室》1994 年第 76 期。

[209]K. Tipke. StRO. 1993, S. 1329. 转引自葛克昌:《脱法避税与法律补充》,载《月旦法学教室》1994 年第 76 期。

[210][日]芦部信喜:《宪法》(第 3 版),林来梵等译,北京大学出版社 2006 年版。

[211]王士如:《中国税收立法的宪政思考——从税收法定主义谈起》,载《政法论坛》2009 年第 1 期。

[212]葛克昌:《国会保留与税法裁判——税捐稽征法第 11 条之 3 裁判实务》,载《月旦财经法杂志》2013 年第 11 期。

[213]葛克昌:《行政程序与纳税人基本权:税捐稽征法之新思维》(第 3 版),台北,翰芦图书出版公司 2012 年版,第 943 页。

[214]陈清秀:《税收法定主义》,载《税法的基本原理》,台北,元照出版公司 1997 年版,第 93 页。

[215]李惠宗:《税法规范的形式合法性和实质正当性》,载《法令月刊》2009 年第 60 期。

[216]李惠宗:《宪法要义》,台北,元照出版公司 2009 年版。

[217]覃有土、刘乃忠、李刚:《论税收法定主义》,载《现代法学》2000 年第 3 期。

[218][英]肯尼斯·卡尔普·戴维斯:《裁量正义》,毕洪海译,商务印书馆 2009 年版。

[219][德]齐佩利乌斯:《法学方法论》,金振豹译,法律出版社 2009 年版。

[220] BVerfGE 66, S. 214 (223); 67, S. 290. Vg1. Paul. Kirchhof. Steuergleichheit. StuW:1984,S. 304 ff. 转引自陈清秀:《税法总论》,台北,元照出版公司 2012 年版。

[221]Tipke,Lang. aaO. Fn. 2, §4 Rz. 70. 转引自黄茂荣:《法学方法与现代税法》,北京大学出版社 2011 年版,第 66 页。

[222]Tipke,Lang. Steuerrecht. 2008, §4Rz. 85. 转引自陈清秀:《税法总论》,台北,元照出版公司 2012 年版,第 34 页。

[223]Tipke,Lang. Steuerrecht20Aufl. ,2010, § 4Rz. 100. 转引自陈清秀:《税法总论》,台北,元照出版公司 2012 年版,第 37 页。

[224]Tipke,Lang. Steuerrecht. 2008, §4Rz. 88. 转引自陈清秀:《税法总论》,台北,元照出版公司 2012 年版,第 37 页。

[225]Isensee. Steuerstaats als Staatsform. FS für Hans Peter Ipsen:1977,S. 420. 转引自葛克昌:《税法基本问题》(财政宪法篇),北京大学出版社 2004 年版,第 121 页。

[226]Kirchhof. StuW:1985,S. 329. 转引自陈清秀:《税法总论》,台北,元照出版公司 2012 年版,第 29 页。

[227]Kirchhof. Steuergleichheit. StuW,1984,S. 297ff. 转引自葛克昌:《税

法基本问题》(财政宪法篇),北京大学出版社 2004 年版,第 122 ~ 123 页。

[228] Heinrich Wilhelm Kruse. Lehrbuch des SteuerrechtsBand 1. Allgemeiner Teil,1991,S. 50f.

[229]新井隆一:《租税法之基础理论》,林燧生译,台湾,财政部财税人员训练所 1984 年版。

[230]葛克昌:《租税国之宪法界限》,载《所得税与宪法》,台北,翰芦图书出版公司 2009 年版。

[231]柯格钟:《论量能课税》,载《成大法学》2007 年第 14 期。

[232]刘剑文、熊伟:《税法基础理论》,北京大学出版社 2004 年版。

[233]BVerfGE 13,S. 331. 转引自陈清秀:《税法总论》,台北,元照出版公司 2012 年版,第 195 页。

[234]BStB1 Ⅱ. 1968,30. 转引自陈清秀:《税法总论》,台北,元照出版公司 2012 年版,第 199 页。

[235] Beisse. Die wirtschaftliche Betrachtungsweise bei der Auslegunger Steuergesetze in derneueren deutschen Rechtsprechung. StuW:1981,S. 14. 转引自陈清秀:《税法总论》,台北,元照出版公司 2012 年版,第 195 页。

[236]Drüen. aaO. Fn. 42,154,157. 转引自葛克昌:《税捐稽征之法治国要求——国家课税权之基础规范》,载《中正大学法学集刊》

[237]BVefGE 11,156,161;H. W. Kruse. SteuerrechtI. Allgemeiner Teil3. Aufl. ,1973,§ 9 I,S. 98ff. 转引自陈清秀:《税法总论》,台北,元照出版公司 2012 年版,第 191 页。

[238]Tipke,Lang. Steuerrecht. 20Aufl. ,2010,§4Rz. 100. 转引自陈清秀:《税法总论》,台北,元照出版公司 2012 年版,第 193 页。

[239]Tipke. aaO. Fn. 1,S. 1285. 转引自黄茂荣:《税法总论:法学方法与现代税法》(第 2 册),台北,植根法学丛书编辑室 2005 年版,第 92 页。

[240][日]金子宏:《租税法》,蔡宗义译,台湾:台湾"财政部"财税人员训练所 1985 年版。

[241][日]金子宏:《租税法》,日本:昭和六十三年二版。

[242][日]田中二郎:《租税法》(昭和五十六年修订版),第 83 页。转引自陈清秀:《税法总论》,台北,元照出版公司 2012 年版,第 190 页。

[243][日]吉良实:《实质课税主义》(上),郑俊仁译,载《财税研究》第 19 卷第 2 期。

[244][日]吉良实:《实质课税论之展开》,昭和五十六年一版,第 65 页。转引自陈清秀:《税法总论》,台北,元照出版公司 2012 年版,第 190 页。

[245]黄源浩:《税捐规避行为与处罚》,载《月旦法学杂志》2010 年第 187 期。

[246]See generally Madison. supra note 12.

[247]J. Bruce Donaldson, When Substance – Over – Form Argument is Available to the Taxpayer,1964,41,42:United States v. Phellis,257 U. S. 156, 1921;Weiss v. Stearn,265 U. S. 242,1924.

[248]Joseph Bankman. the Economic Substance Doctrine. 74 S. CAL. L. , 2000, 5,7 – 8:also Frank Lyon Co. v. United States, 435 U. S. 561,1978; Knetsch v. United States,364 U. S. 361,1960;Gregory v. Helvering,293 U. S. 465,1935;Goldstein v. Commissioner,364 F. 2d 734,2d Cir. 1966.

[249]ACM Partnership v. Commissioner, 157 F. 3d 231, 248 (3rd Cir. 1998);also Jacobson v. Commissioner,915 F. 2d 832,837 (2d Cir. 1990).

[250]Martin J. McMahon Jr. Beyond A GAAR: Retrofitting the Code to Rein in 21st Century Tax Shelters,TAX NOTES,2003,98(12):1721,1735.

[251]Gregory v. Commissioner,27 B. T. A. 223 (1932).

[252]Gregory v. Commissioner,27 B. T. A. 223 (1932).

[253]Helvering v. Gregory,69 F. 2d 809,2d Cir. 1934.

[254]Gregory v. Helvering,293 U. S. 465,1935

[255]Rice's Toyota World,Inc. v. Commissioner,752 F. 2d 89,91 (4th Cir. 1985);ACM Partnership v. Commissioner,157 F. 3d 231,247 (3rd Cir. 1998);Compaq v. Commissioner,277 F. 3d 778,778 (5th Cir. 2001);United Parcel Service of America,Inc. v. Commissioner,254 F. 3d 1014,1018 (11th Cir. 2001).

[256]Rice's Toyota World,Inc. v. Commissioner,752 F. 2d 89,94,4th Cir. 1985.

[257]Korb. supra note 31,at 10.

[258] Greenberg Traurig & Crowell Moring LLP, Economic Substance Doctrine Codified:Surviving Scrutiny Under New IRC §7701(o). http://www. crowell. com/ documents/Economic – Substance – Doctrine – Codified. pdf. 2015.

[259]Interim Guidance Under the Codification of the Economic Substance

Doctrine and Related Provisions in the Health Care and Education Reconciliation Act of 2010.

[260]I. R. C. §6662(b)(6).

[261]I. R. C. §6662(i)(1).

[262]陈清秀:《现代税法原理与国际税法》,台北,元照出版公司 2008 年版。

[263]柯格钟:《实质课税原则与其在税收程序中之运用——兼论税收稽征法第 12 条之 1 的增订》,载《台湾法学杂志》2012 年第 199 期。

[264]黄茂荣:《税法总论》(一),台北,植根法学丛书编辑室 2005 年版。

[265]陈清秀:《量能课税与实质课税原则》(下),载《月旦法学杂志》2010 年第 184 期。

[266]黄茂荣:《税法总论:法学方法与现代税法》(第 2 册),台北,植根法学丛书编辑室 2005 年版。

[267]张守文:《税法原理》,北京大学出版社 2012 年版。

[268]K. Tipke. Die Steuerrechtsordnung III. 1993, S. 1294. 转引自葛克昌:《行政程序与纳税人基本权》,北京大学出版社 2005 年版。

[269]王泽鉴:《民法总则》(增订版),中国政法大学出版社 2001 年版。

[270][德]哈里·韦斯特曼:《德国民法基本概念》,张定军等译,中国人民大学出版社 2013 年版。

[271]P. Häberl. Das Menschenbild im Verfassung. 1988, S. 375ff. 转引自葛克昌:《税法基本问题》(财政宪法篇),北京大学出版社 2004 年版,第 150 页。

[272][奥]汉斯·凯尔森:《纯粹法学》,刘燕谷译,中国文化服务社 1946 年版。

[273]徐国栋:《民法哲学》,中国法制出版社 2009 年版。

[274]黄右昌:《罗马法与现代》,何佳馨点校,中国方正出版社 2006 年版。

[275]陈卫佐:《德国民法典》(第 3 版),法律出版社 2010 年版。

[276][德]沃尔夫冈·费肯杰:《经济法》(下卷),张世明译,中国民主法制出版社 2010 年版。

[277][英]詹姆斯·塔利:《论财产权:约翰·洛克和他的对手》,王涛译,商务印书馆 2014 年版。

[278][美]斯蒂文·G. 米德玛:《科斯经济学:法与经济学和新制度经济学》,张旭昆校,格致出版社、上海三联书店、上海人民出版社 2010 年版。

[279][德]汉斯·J·沃尔夫、奥托·巴霍夫、罗尔夫·施托贝尔:《行政法》(第 1 卷),高家伟译,商务印书馆 2007 年版。

[280]黄茂寅:《税课收入》(下),载《月旦法学教室》2010 年第 93 期。

[281]刘剑文:《纳税主体法理研究》,经济管理出版社 2006 年版。

[282][荷]格劳秀斯:《战争与和平法》,何勤华等译,上海人民出版社 2005 年版。

[283]葛克昌:《税捐实质正当性与违宪审查》,载《月旦法学杂志》2014 年第 226 期。

[284][德]塞缪尔·普芬道夫:《人和公民的自然法义务》,赵明等编译,商务印书馆 2009 年版。

[285][英]H. L. A. 哈特:《法理学与哲学论文集》,支振锋译,法律出版社 2005 年版。

[286]黄俊杰:《个人提供土地合建分售之课税疑义》,载《月旦法学杂志》2014 年第 10 期。

[287]黄士洲:《修行团体所涉所得税、营业税争议》,载《月旦法学杂志》2012 年第 206 期。

[288] Barbara K. Bucholtz, "Reflections on the Role of Nonprofit Associations in A Representative Democracy", 7 *Cornell J. L. & Pub. Pol'Y*, 1998, 555, 558.

[289] Henry B. Hansmann, "The Role of Nonprofit Enterprise", *The Yale Law Journal*, 1980, 89(4).

[290] Thomas Wolf, *Managing a Nonprofit Organization*, New York: Fireside, 1990.

[291]吴德华:《美国非营利组织课税制度之探讨——以内地税法 §501(c)(3)组织为例》,载《高大法学论丛》2014 年第 2 期。

[292]黄源浩:《法国税法上的非营利组织课税问题》,载《月旦法学杂志》2012 年第 206 期。

[293]蔡孟彦:《试论公益团体租税减免之基础与调整——以日本法制为核心》,载《月旦法学杂志》2012 年第 206 期。

[294]范文清:《宗教团体之地价税优惠与信赖保护——最高行政法

院一〇〇年度判字第八一一号判决评析》,载《月旦法学杂志》2012 年第 206 期。

[295][英]F. H. 劳森、B. 拉登:《财产法》,施天涛等译,中国大百科全书出版社 1998 年版。

[296][德]马克思:《资本论》(第 1 卷),郭大力、王亚南译,上海三联书店 2011 年版。

[297][英]阿尔佛雷德·马歇尔:《经济学原理》,宇琦译,湖南文艺出版社 2012 年版。

[298][法]杜尔哥:《关于财富的形成和分配的考察》,唐日松译,华夏出版社 2007 年版。

[299][德]迪特尔·梅迪库斯:《请求权基础》,陈卫佐等译,法律出版社 2012 年版。

[300][德]迪特尔·梅迪库斯:《德国民法总论》,邵建东译,法律出版社 2013 年版。

[301]严仁群:《诉讼标的之本土路径》,载《法学研究》2013 年第 3 期。

[302][日]高桥宏志:《民事诉讼法:制度与理论的深层分析》,林剑锋译,法律出版社 2003 年版。

[303]陈敏:《对财产转移行为之课税——债权行为或物权行为课税》,载《政大法学评论》2002 年第 69 期。

[304]陈清秀:《量能课税原则在所得税上之实践》,载《现代税法原理与国际税法》2008 年第 51 期。

[305]陈清秀:《豪宅税之合法性探讨——台北高等行政法院 102 年度诉字第 417 号判决评析》,载《月旦裁判时报》2014 年第 26 期。

[306]黄士洲:《课税禁区与纳税人权利保障》,载《月旦财经法杂志》2010 年第 23 期。

[307]BVerfGE 93,121,137. 转引自陈清秀:《量能课税与实质课税原则》(下),载《月旦法学杂志》2010 年第 184 期。

[308]Tipke,Lang. aaO. Fn. 1,S. 95. 转引自陈清秀:《量能课税与实质课税原则》(下),载《月旦法学杂志》2010 年第 184 期。

[309][美]约翰. E. 克里贝特:《财产法:案例与材料》,齐东祥、陈刚译,中国政法大学出版社 2003 年版。

[310][美]约翰·G. 斯普兰克林:《美国财产法精解》(第 2 版),钟书峰译,北京大学出版社 2009 年版。

[311] Vogel. Verfassungsgrenzen für Steuern und Staatsausgaben? FS Maunz,1981,S.425. 转引自葛克昌:《所得税与宪法》,北京大学出版社 2004 年版。

[312] BVerfGE 71,230,246 f.

[313][德]克里斯托夫·默勒斯:《德国基本法:历史与内容》,赵真译,中国法制出版社 2014 年版。

[314][日]渡边洋三:《日本国宪法的精神》,魏晓阳译,凤凰出版传媒集团、译林出版社 2009 年版。

[315]黄源浩:《从"绞杀禁止"到"半数原则"》,载《财政研究》2004 年第 36 期。

[316][德]康拉德·黑塞:《联邦德国宪法纲要》,李辉译,商务印书馆 2007 年版。

[317] P. Kirchhof. VVDStRL Heft 39, 1981, 213., 226ff., 242ff., Verfassungsrecht und Öffentliches Einnahmesystem, in Hansmeyer, Staatsfinanzerung in Wandel,1983,S.40ff. 转引自葛克昌:《税法基本问题》(财政宪法篇),北京大学出版社 2004 年版,第 176 页。

[318] BverfGE 93,149,152ff;BverfGE 93,121;BverfGE 93,121,Leitsatz3. 转引自葛克昌:《税法基本问题》(财政宪法篇),北京大学出版社 2004 年版,第 175 页。

[319]张永明:《租税法定主义之界限》,载《月旦法学教室》第 66 期。

[320]陈清秀:《社会国家原则在税法上之运用》(下),载《台湾法学杂志》2010 年第 165 期。

[321] BverfGE 14,277.

[322] BverfGE 42,76f.;46,34.

[323] A. Smith. Wealth of Nations. Bk. V,347.

[324][美]康芒斯:《制度经济学》(下册),商务印书馆 2006 年版。

[325][美]保罗·萨缪尔森:《经济学》(上册),萧琛等译,商务印书馆 2013 年版。

[326][澳]布伦南:《宪政经济学》,冯克利等译,中国社会科学出版社 2012 年版。

[327] BVerfGE43.1.1. 转引自葛克昌:《证券交易所得税复课之宪法意义及其衍生问题》,载《月旦法学杂志》2012 年第 210 期。

[328]杨仁寿:《法律方法论》,中国政法大学出版社2013年版。

[329]BverfGE9. S. 13;S. 341. 转引自陈清秀:《税法总论》,台北,元照出版公司2012年版,第244页。

[330]Crezelius. aaO. S. 215. 转引自陈清秀:《税法总论》,台北,元照出版公司2012年版,第246页。

[331][美]斯蒂文·萨维尔:《法律的经济分析》,柯华庆译,中国政法大学出版社2009年版。

[332][法]托克维尔:《旧制度与大革命》,冯棠译,商务印书馆1992年版。

[333]黄茂荣:《营业税之税捐客体及其归属与量化》(上),载《植根杂志》1999年第15卷第11期。

[334]葛克昌:《税捐实质正当性与违宪审查》,载《月旦法学杂志》2014年第226期。

[335]陈明璨:《建筑容积转移、捐地与免征土地增值税》,载《月旦法学教室》第86期。

[336]陈清秀:《税法与公司法之互动关系:以专门技术作价投资可否认列成本费用为例》,载《月旦裁判时报》第4期。

[337]黄俊杰:《演艺人员之税收负担》,载《财政研究》2010年第42期。

[338]Georg von. Schanz. Der Einkommensbegriff und die Einkommensteuergesetze. FA,1986. 转引自卢世宁:《专权侵权损害赔偿之所得性质及课税问题研究》,载《法令月刊》2009年第60期。

[339]卢世宁:《专权侵权损害赔偿之所得性质及课税问题研究》,载《法令月刊》2009年第60期。

[340]BverfGE 63,343(368). 转引自葛克昌:《所得税与宪法》,北京大学出版社2004年版,第10页。

[341]Kirchhof. a. a. O,S. 16. 转引自葛克昌:《所得税与宪法》,北京大学出版社2004年版,第12页。

[342]Tipke, Lang. Steuerrecht18. Auf. 2005, §7 Rn. 27. 转引自李介民:《税基的计价标准与租税优惠问题》,载《月旦财经法杂志》2011年第6期。

[343]J. Hey. BverfG zur Erbschaftsteuer:Bewertungsgleichmaβ und Gemeinwohlzwecke. JZ11,2007,S. 569. 转引自李介民:《税基的计价标准与租税优惠问题》,载《月旦财经法杂志》2011年第6期。

[344]许闲:《德国个人所得税家庭申报制度的经验与借鉴》,载《月旦财经法杂志》2009年第9期。

[345]Tipke. StROBand I. 2000, S. 481.

[346]Tipke, Lang. Steuerrecht17. Aufl., 2002, S. 270 f. 转引自陈清秀:《现代税法原理与国际税法》,台北,元照出版公司2008年版,第87页。

[347]蔡维音:《最低生存基础之界定——从社会救助与个人综合所得税进行之交互考察》,载《月旦法学杂志》2013年第212期。

[348][美]曼昆:《经济学原理》(微观经济分册),梁小民等译,北京大学出版社2012年版。

[349]Tipke, Lang. Steuerrecht17 Aufl., KÖln, 2002, S. 225 Rn. 61. 转引自黄士洲:《执行业务者课税与工作权保障》(下),载《月旦法学教室》第97期。

[350]Wolfgang Jakob. Einkommernsteuer 3 Aufl., 2003, München, S. 53, Rn. 134. 转引自黄士洲:《执行业务者课税与工作权保障》(下),载《月旦法学教室》第97期。

[351]TipkeLang. a. a. O. §7 Rn. 31, 32. 转引自李介民:《税基的计价标准与租税优惠问题》,载《月旦财经法杂志》2011年第25期。

[352]李介民:《税基的计价标准与租税优惠问题》,载《月旦财经法杂志》2011年第6期。

[353]黄士洲:《执行业务者课税与工作权保障》(下),载《月旦法学教室》第97期。

[354][美]休·奥尔特:《比较所得税法》,丁一、崔威译,北京大学出版社2013年版。

[355]BVerfGE 30, 59(63).

[356]Tipke, Kruse. Kommentar zur AO und FGO16. Aufl., 1996, §39 Tz13. 转引自黄茂荣:《法学方法与现代税法》,北京大学出版社2011年版,第195页。

[357]D. Birk. Steuerrecht3 Aufl., 2000, Rn. 303. 转引自葛克昌:《行政程序与纳税人基本权》,北京大学出版社2005年版,第212页。

[358][法]弗朗索瓦·泰雷、菲利普·森勒尔:《法国财产法》,罗结珍译,中国法制出版社2008年版。

[359]Tipke, Kruse. AO. 2001, §4 Tz. 333. 转引自陈清秀:《量能课税与实质课税原则》(下),载《月旦法学杂志》2010年第9期。

[360]陈敏:《租税课征与经济事实之掌握》,载《政大法学评论》1982 年第 26 期。

[361][美]P. S. 阿蒂亚、R. S. 萨摩斯:《英美法中的形式与实质》,金敏等译,中国政法大学出版社 2005 年版。

[362]K. Tipke. Die Steuerrechtsordnung III. 1993, S. 1353. 转引自葛克昌:《行政程序与纳税人基本权》,北京大学出版社 2005 年版,第 212 页。

[363] Wolfgan Schön. Die zivilrechtlichen Voraussetzungen steuerlicher Leistungsfähigketit. Stu W:2005, S. 251. 转引自黄士洲:《所得名目、归属及实质课税之运用》,载《月旦法学教室》第 81 期。

[364]黄茂荣:《实质课税原则》(一),载《植根杂志》2009 年第 25 期。

[365]Georg Crezelius. Steuerrecht II, Besonderes Steuerrecht. 1991, S. 111f. 转引自陈清秀:《现代税法原理与国际税法》,台北,元照出版公司 2008 年版,第 84 ~ 85 页;陈清秀:《税法总论》,台北,元照出版公司 2012 年版,第 312 ~ 313 页。

[366]Tipke, Kruse. AO. 2001, §39 Tz. 40. 转引自葛克昌:《行政程序与纳税人基本权》,北京大学出版社 2005 年版,第 218 页。

[367]杨小强、叶金育:《合同的税法考量》,山东人民出版社 2007 年版。

[368]陈清秀:《税捐义务可否继承——评析释字第 622 号解释》,载《台湾本土法学杂志》第 96 期。

[369][英]奥古斯特·哈耶克:《自由宪章》,杨玉生、冯兴元等译,中国社会科学出版社 2012 年版。

[370]郭朝蕾:《新中国成立六十年以来的税制变迁与发展》,载《毛泽东邓小平理论研究》2009 年第 8 期。

[371]谢旭人:《中国财政改革三十年》,中国财政经济出版社 2008 年版。

[372]朱大旗:《中共大陆〈企业所得税法〉纳税主体问题的法律研究》,载《月旦财经法杂志》2008 年第 6 期。

[373]刘剑文等:《〈企业所得税法〉实施问题研究——以北京为基础的实证分析》,北京大学出版社 2010 年版。

[374]陈少英:《税收债法制度专题研究》,北京大学出版社 2013 年版。

[375][美]休·奥尔特:《比较所得税法》,丁一、崔威译,北京大学出版社 2013 年版。

[376]庄义雄、封昌宏:《居住者身份认定的课税争议》,载《法学新论》2012年第234期。

[377]V. 图若尼:《税法的起草与设计》(第2卷),国家税务总局政策法规司译,中国税务出版社2004年版。

[378]财政部税收制度国际比较课题组:《美国税制》,中国财政经济出版社2000年版。

[379]柯格钟:《论所得税法之所得分类》,载《月旦法学教室》第59期。

[380]朴姬善、金兰:《中韩税收比较研究》,中国社会科学出版社2012年版。

[381]全国人大预工会:《增值税法律制度比较研究》,中国民主法制出版社2010年版。

[382]刘剑文:《财税法成案研究》,北京大学出版社2012年版。

[383]王周飞:《浅析房屋权属转移契税纳税义务的发生时间》,载《涉外税务》2010年第12期。

[384]丛中笑:《中国财税立法60年》(1950—2010),载漆多俊主编:《经济法论丛》(第19卷),武汉大学出版社2010年版。

[385][美]亚历山大·汉密尔顿等:《联邦党人文集》,张晓庆译,中国社会科学出版社2009年版。

[386][美]斯坦利·I. 库特勒:《最高法院与宪法——美国宪法史上重要判例选读》,朱曾汶等译,商务印书馆2006年版。

[387]张千帆:《法国与德国宪政》,法律出版社2011年版。

[388]姜士林:《世界宪法全书》,青岛出版社1997年版。

[389]刘剑文:《关于我国税收立宪的建议》,载《法学杂志》2004年第1期。

[390]黄士洲:《税捐稽征法之1实施情况检讨》,载《月旦财经法杂志》2014年第34期。

[391][美]戈登·塔洛克:《官僚体制的政治》,柏克、郑景胜译,商务印书馆2012年版。

[392][德]埃贝哈德·施密特-阿斯曼等:《德国行政法读本》,于安等译,高等教育出版社2006年版。

[393][美]肯尼思·F. 沃伦:《政治体制中的行政法》(第3版),王丛虎、余凌云校,中国人民大学出版社2005年版。

[394][法]让·里韦罗、让·瓦利纳:《法国行政法》,鲁仁译,商务印书馆2008年版。

[395]周旺生:《立法学》(第2版),法律出版社2009年版。

[396][德]施密特·阿斯曼:《秩序理念下的行政法体系建构》,林明锵等译,北京大学出版社2012年版。

[397][德]汉斯·J.沃尔夫、奥托·巴霍夫、罗尔夫·施托贝尔:《行政法》(第2卷),高家伟译,商务印书馆2002年版。

[398][英]A.W.布拉德利、K.D.尤因:《宪法和行政法》,刘刚等译,商务印书馆2008年版。

[399]姜明安:《行政法与行政诉讼法》,北京大学出版社、高等教育出版社2007年版。

[400]翁岳生:《行政法》(上册),中国法制出版社2009年版。

[401][日]盐野宏:《行政法总论》,杨建顺译,北京大学出版社2008年版。

[402]张富强、熊志涛:《论高收入者自行申报与税法程序正当性价值的冲突与融合》,载《月旦财经法杂志》2010年第3期。

[403]藤谷武史:《申报纳税方式下之纳税人权利保护》,郑庭侑译,载《月旦财经法杂志》2010年第3期。

[404]BVerfGE84,239(273).

[405]葛克昌:《税捐权利救济之法治国要求》,载《月旦法学教室》第99期。

[406]陈敏:《租税稽征程序之协力义务》,载《政大法学评论》1988年第37期。

[407]K. Tipke. StROBand III. 1993, S. 1404ff. 转引自黄士洲:《加值型营业税的基本法理与凭证行为罚》(下),载《月旦法学教室》第90期。

[408]陈新民:《公法学札记》,法律出版社2010年版。

[409][美]朱迪·弗里曼:《合作治理与新行政法》,毕洪海、陈标冲译,商务印书馆2010年版。

[410]杨海坤、黄学贤:《行政指导比较研究新探》,载《中国法学》1999年第3期。

[411]J. Grosclaude, P. Marchessou. Procédures fiscalesDalloz. paris: 2001, 237.

[412]柯格钟:《税收规避及其相关联概念之辨证》,载《月旦财经法杂志》2009年第19期。

[413]盖地:《企业税务筹划理论与实务》,东北财经大学出版社2012年版。

[414]计金标:《税收筹划》,中国人民大学出版社2012年版。

[415] U. S. Inernal Revenus Service. Inernal Revenue Manual, Audit Guidelines. sec. 913. 转引自[美]维克多·瑟仁伊:《比较税法》,丁一译,北京大学出版社2006年版,第155页。

[416]IRC v. Willoughby STC995. 1997,1003.

[417]Tipke, Kruse. AO. 2002, §42 Tz. 10ff. 转引自陈清秀:《税法总论》,台北,元照出版公司2012年版,第220页。

[418]葛克昌:《租税规避之研究》,台湾大学法律学研究所1978年硕士学位论文。

[419]葛克昌:《税法基本问题》(财政宪法篇),台北,月旦出版股份有限公司1996年版。

[420]孙健波:《税法解释研究——以利益平衡为研究》,法律出版社2007年版。

[421] Graeme S. Coope、Business Purpose: *Economic Substance and Corporate Tax Shelters: International Experience with General Anti – Avoidance Rules*,54 SMU L,83.

[422]D. Birk. Steuerrecht I. Allgemeines Steuerrecht,1988,S. 96. 转引自陈清秀:《税法总论》,台北,元照出版公司2012年版,第216页。

[423]Tipke, Kruse. AO. 2002, §42 Tz. 15. 转引自陈清秀:《税法总论》,台北,元照出版公司2012年版,第216页。

[424]Tipke, Kruse. AO. 1999, §42 Tz. 11. 转引自陈清秀:《税法总论》,台北,元照出版公司2012年版,第217页。

[425]Tipke, Kruse. AO. 1989, §42 Tz. 19. 转引自陈清秀:《税法总论》,台北,元照出版公司2012年版,第217页。

[426]BFH BStBI Ⅱ 1981,S. 339ff. 转引自陈清秀:《税法总论》,台北,元照出版公司2012年版,第217页。

[427][日]金子宏:《租税法》(第15版),弘文堂2010年版。

[428]BFH v. 1. 2. 1983 BStBI Ⅱ 1983,534; Albert Hensel, Steuerrecht, 3.

Aufl. , 1933, S. 97f. 转引自陈清秀:《税法总论》,台北,元照出版公司 2012 年版,第 229 页。

[429] Tipke, Kruse. AO. 2002, § 42 Tz. 21. BVerfg v. 10. 6. 1963 E Bd. 16, S. 203(210); BFH v. 29. 1. 1975 BStBI Ⅱ 1975, S. 553(554). 转引自陈清秀:《税法总论》,台北,元照出版公司 2012 年版,第 232 页。

[430] Klein, Orlopp. AO. 2002, § 42 Rn. 7.

[431] [日]佐藤义行:《税收回避行为と租税逃脱行为》。

[432] Tipke, Kruse. AO. 2002, § 42 Tz. 21. 转引自陈清秀:《税法总论》,台北,元照出版公司 2012 年版,第 232 页。

[433] 王志诚:《非常规交易法则之实务发展》,载《财税研究》2008 年第 40 卷第 1 期。

[434] 陈清秀:《论移转定价税制》,载《法令月刊》2008 年第 59 卷第 1 期。

[435] [日]南博方:《行政法》(第 6 版),杨建顺译,中国人民大学出版社 2009 年版。

[436] 罗豪才、湛中乐:《行政法学》,北京大学出版社 2006 年版。

[437] 姜明安、余凌云:《行政法》,科学出版社 2010 年版。

[438] 季卫东:《宪政新论——全球化时代的法与社会变迁》,北京大学出版社 2010 年版。

[439] 乔晓阳、张世诚:《中华人民共和国行政许可法释义》,中国长安出版社、中国言实出版社 2003 年版。

[440] 王霞:《税收优惠法律制度研究》,法律出版社 2012 年版。

[441] 伍舫:《税收优惠指南》,中国税务出版社 2004 年版。

[442] 熊伟:《法治视野下清理规范税收优惠政策研究》,载《中国法学》2014 年第 6 期。

[443] 罗亚苍:《行政审批权力清单制度评析及完善——以国家税务总局 2014 年第 10 号公告为分析模板》,载《中国行政管理》2014 年第 8 期。

[444] [美]哈伯特 L. 帕克:《刑事制裁的界限》,梁根林等译,法律出版社 2008 年版。

[445] 逄锦温:《逃税罪的立法修正与司法适用》,载熊伟主编:《税法解释与判例评注》,法律出版社 2010 年版,第 163 页、第 165 页。

后　记

新时代,新希望,新征程。这是一个充满不确定性和充斥怀疑的时代,也是一个特别容易接近梦想实现理想的时代。对于一个长期行走在理论边缘的实务派来说,能有幸将自己有可能被称作专著的文字作品堂皇面世,是一件多么快意人生的事情啊！最近一段时间以来,硕博学位论文抄袭事件层出、炒作正酣,很多同志义愤填膺,恨不得将所有硕博学位论文翻出来品论一番。我想,将自己绞尽脑汁、苦坐板凳、狠敲键盘的博士学位论文出版面世,算是对自己凝聚多年心血的文字成果的一个相对体面的交代,而且可能为弥漫烟雾的如斯氛围注入些许清气。幸逢2019年是个铭刻历史的年份,新中国成立70周年整,谨以此作为即将到来的10月1日中华人民共和国母亲生日虔诚献礼。

本书是本人的博士学位论文,稚嫩难称成熟、多瑕并不完美,但凝聚了我数年工作经历的实践思考,也闪耀着我多年坎坷学路上的思想火花。诸多原因,岗位几多变化、转行叠换,求学断断续续、极不连贯。硕士毕业成为一名基层法院法官,2010年通过公开遴选进入原湖南省地税局(2018年机构改革为国家税务总局湖南省税务局)工作。从法官到税官,全新的工作领域点燃新的学习热情,2011年有幸投入法学泰斗李步云先生门下。时间飞逝、工作多磨,因法学功底薄弱加之写作能力短板,无法宏观把握或微观突破,很多念头一闪而过，不少想法推敲难定，曾经有很长一段时间对博士学位论文题目的确定一筹莫展或踌躇不已。

百筹无法，只得在书堆中找灵感，从前辈那寻启发，在实践中得感悟。如饥似渴翻阅了大量税法学著作，不辞辛劳查阅了海量税法学论文，最终基本平衡了学术雄心和自身力量，毅然决定选择以税收构成要件理论为题，立足中国税收实践冀期实现该理论中国化。基本选题确定后旋即汇报想法，得到李老先生首肯，于是动手搜集资料、整理思路。不可预见的是，税收构成要件作为公法税收债务成立的基础理论基石，虽在德国、日本诸国深入人心，但从翻译引进资料来看，事实上彼国亦缺乏系统阐述和专门著作，犹如一栋高楼大厦虽耸立而起但内部构造并未完成更谈不上装修完工，加之语言不通加大了资料搜集和下笔难度；而国内发表的相关论文更是寥寥无几，直接高度相关博士学位论文出产为零。写作期间遇到的更大难题是，李步云先生与湖南大学法学院合约到期，我和其门下几名博士研究生需重新分配导师。这时候，感谢原湖南大学法学院院长杜钢建老师在师生几乎陌生的情况下毫不犹豫收留了我，然后顺利开题、多轮修改，历经两年多写作最终成功答辩。

回顾过来，激励成文搁笔告一段落，除了导师指导鼓励和学友帮衬鼓劲等因素，最重要的动力可能来自自认为的选题价值和自己骨子里莫名的学术冲动。税收构成要件之于私人财产权益保护，与犯罪构成要件之于公民人身权益保护，二者重要性难分伯仲。然而，相较犯罪构成要件理论，税收构成要件理论是远不成熟且不被重视的。税收债务基础理论薄弱可直接导致立法粗线条、执法弹性大，最终直接影响税法遵从度和税收认同感，严重影响税收在国家治理中基础性、支柱性和保障作用的有效发挥。从时代价值看，未来较长一个时期，建设法治中国，推进财税法治建设成为时代主旋律，成为法治中国建设的主攻点和突破口。深入开展税收构成要件研究，凸显时代使命和责任担当，可为全面深化财税体制改革、实现税收现代化目标提供理论支撑和智力支持。从理论价值看，税法学科建设较其他法学学科远不成熟，税法学研究未提炼出足够支撑税法学科独立发展的话语体系和理论基石，税法学基础理论研究不够深入。事实上，税收债权债务是财税法领域的核心内容，作为其支柱的税收构成要件理论或可成为中国税法学术兴奋点，作为拓展领域法学的理论衔接桥梁、公共财产债务成立的判断指针、推进理财治国的科学法宝，发挥其支撑税法学科发展、突出税法个性特征，完善税法体系、推进税制改革、建设税收现代化等作用。就实践意义而言，2011 年中国已向世界宣告中国特色社会主义法律体系已经建立,但我国税法体系年轻而不完备且位阶不高,落实税收法定任务艰巨。司法实践中我国税务行政诉讼比重很低,在很大程度上依赖于行政协调、模糊执法等非法治方式作用,一些执法守法偏离了税收法治轨道。宜发挥税收构成要件理论的立法指引、释法价值、指导功能,有效化解争议,降低执法风险,推进税收法治良性运行。

在我自以为是的学术设想中,将来尝试构建一个税收构成要件理论与实践相结合的系统工程,具体由总则理论、分则规则和案例解析三部曲组成:一是税收构成要件总论,以博士学位论文为主体内容的税收债务实体法基础理论;二是税收构成要件分论,以分税种的税收构成要件要素为主要内容的税收债务实体法具体规则;三是税收构成要件实践论,以实践中的税收实体债务案例为主要样本的税收债务实体法运用规则。当然,作为一名实务部门的同志,因公务所累、精力受限、能力之制,有所想未必能有所为、有所为未必能有成,不管怎么样,不忘前进、尽力而为。

应该说,由于诸多因素受限,文中很多问题还未及深入探寻,写作成稿的内容仍需继续打磨。值得庆幸的是,三年前博士毕业当月该论文就被学校发布于知网,很骄傲能经受住"文品质疑";而且文中一些内容多次摘取单独成文,并数次获中国法学家论坛征文和中国法学青年论坛征文三等奖等荣誉,多篇已发表于CSSCI期刊,不少被人大复印资料索引并被《新华文摘》全文转载。这些,是对我莫大的鼓励。这次更是一个好的机遇、新的开端,承蒙许多奇教授不吝提携,为论文出版提供了一切可能的条件,圆了我一个不小的学术梦,并在繁忙中拨冗作序推介,感动无法言语,唯有努力前行,不畏艰辛、不负提携。中国法学会财税法学会会长、北京大学法学院刘剑文老师和本人导师杜钢建先生百忙中欣然作序,是对晚学后辈最大的鼓励,当然文责自负,文中谬误皆由本人承担。还得感谢漫漫学途中给过我提携指教的师者长辈,一直给予我支持鼓励的单位领导和同事,背后默默支持我的家人和朋友。文稿最终能顺利出版,不是件非常容易的事情,离不开法律出版社法治与经济分社社长沈小英前辈的热心指导,刘晓萌编辑的悉心斧校。这些,是一辈子的温暖,几世修来的缘分,一路前行的动力!

我思故我在,我行故我成。前路漫漫,依然求索。追求学术与学术追求,是一件幸福的事情。最后以何兆武先生关于幸福的定义作为结束语并自勉:

幸福是圣洁,

是日高日远的觉悟,

是不断地拷问与扬弃，
是一种通过苦恼的欢欣，
而不是简单的信仰。

罗亚苍
2019年7月7日于湖南长沙

图书在版编目(CIP)数据

税收构成要件论 / 罗亚苍著. -- 北京 : 法律出版社, 2019

(金融财税法学前沿问题论丛 / 许多奇主编)

ISBN 978 - 7 - 5197 - 3678 - 1

Ⅰ. ①税… Ⅱ. ①罗… Ⅲ. ①税法 - 研究 - 中国 Ⅳ. ①D922.220.4

中国版本图书馆 CIP 数据核字(2019)第 149521 号

税收构成要件论
SHUISHOU GOUCHENG YAOJIANLUN

罗亚苍 著

策划编辑 沈小英
责任编辑 刘晓萌
装帧设计 汪奇峰

出版 法律出版社
总发行 中国法律图书有限公司
经销 新华书店
印刷 北京虎彩文化传播有限公司
责任校对 郭艳萍
责任印制 吕亚莉

编辑统筹 法治与经济出版分社
开本 710 毫米×1000 毫米 1/16
印张 20.5
字数 345 千
版本 2019 年 8 月第 1 版
印次 2019 年 8 月第 1 次印刷

法律出版社/北京市丰台区莲花池西里 7 号(100073)
网址/www.lawpress.com.cn
投稿邮箱/info@lawpress.com.cn
举报维权邮箱/jbwq@lawpress.com.cn
销售热线/400 - 660 - 8393
咨询电话/010 - 63939796

中国法律图书有限公司/北京市丰台区莲花池西里 7 号(100073)
全国各地中法图分、子公司销售电话:
统一销售客服/400 - 660 - 8393/6393
第一法律书店/010 - 83938432/8433　西安分公司/029 - 85330678　重庆分公司/023 - 67453036
上海分公司/021 - 62071639/1636　深圳分公司/0755 - 83072995

书号:ISBN 978 - 7 - 5197 - 3678 - 1　**定价**:86.00 元